华中人文学术研究文库
编委会

主　编

刘久明

副主编

刘婵娟　路成文　雷家宏

编　委（排名不分先后）

王　毅　周新民　蒋济永　黄仁瑄

刘根辉　梅　兰　李传印

华中人文学术研究文库

2017年度湖北省社会科学基金一般项目（项目编号：2017072）成果
2019年度华中科技大学一流文科基础与前沿专项研究基金项目成果

上古音歌月元三部的共时相通及历时演变研究

THE TONGZHUAN RELATIONSHIP RESEARCH OF
THE ANCIENT CHINESE GE、YUE、YUAN RHYME CATEGORY
WITH THE OTHER RHYME CATEGORIES

齐晓燕 ◎ 著

华中科技大学出版社
http://press.hust.edu.cn
中国·武汉

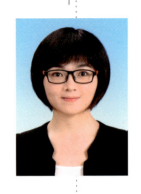

作者简介

齐晓燕　　1986年生，江西上饶人。2009年获武汉大学文学学士学位，2015年获北京大学文学博士学位，主要从事汉语音韵学研究。主持省部级项目1项，中央高校基本科研业务费资助项目2项，在《语言研究》《华中学术》《中国语言学》《澳门语言学刊》《长江学术》《南开语言学刊》《鹅湖月刊》等期刊发表论文多篇。

内容简介

　　本书采用王力先生上古三十韵部系统，主要研究上古时期歌月元三部与其他韵部的通转关系。具体而言，就是研究歌月元三部与其他韵部在共时系统内部的相通和历时层面的相转，包括共时层面和历时层面两个方面。共时层面，搜集罗列了韵文、谐声、读若、异体字等材料，从中探究歌月元三部与其他韵部之间的远近亲疏关系；历时层面，以《说文解字》为出发点，以具体单字为研究对象，结合中古韵书、音义书以及汉魏注音的材料，分析字音的历时演变及其原因。

总序

自1977年创办文科，华中科技大学人文社会科学的发展已走过了40余个春秋。人文学院作为华中大文科发展的最初载体，其机构设置几经变迁，其间的每一次裂变，都意味着一个新的学科的成长与壮大。2020年，人文学院经历了一次新的裂变，哲学系宣告独立，成立了哲学学院。在今天的人文学院框架内，继续保有的中国语言文学和历史两大学科也因此有了更大的生长空间，迎来了新的发展机遇。

无论人文学院的机构如何变迁，喻家山下的人文薪火都会代代相传。作为我校人文学科学术成果的重要展示平台之一，"华中人文学术研究文库"自2017年开始编辑出版以来，一直新作迭出，迄今已出版学术著作20余部。这些著作聚焦人文学科的不同领域，既有对理论问题的探讨，也有对经典文本的阐释；既有对生命意义的叩问，也有对精神价值的追寻；既有对人类历史的回望，亦有对现实问题的关切。作者们力求在一个众声喧哗的时代，发出华中大人文学者的独特声音。因此，本文库在展示这些学者的研究成果的同时，也为繁荣华中大学术做出了重要贡献。

一所一流大学，不仅要有一流的科学家，还要有一流的人文学者；不仅要有一流的理科或工科、医科，还要有一流的人文学科。在华中科技大学建设世界一流大学的征程中，人文学者同样肩负着重要的使命。期待在未来的岁月里，人文学院的学者继续秉承华中大"明德厚学，求是创新"的校训，"在正本清源上展现新担当，在守正创新上实现新作为"，推出更多原创性、高水平、标志性的研究成果，在为祖国、为人民立德立言中成就自我、实现价值，为建设具有中国特色、中国风格、中国气派的人文社会科学，实现中华民族伟大复兴的中国梦做出新的更大贡献！

华中科技大学人文学院院长，教授、博士生导师

2020 年 12 月 6 日

前言

上古韵部真正科学的研究肇始于顾炎武的《音学五书》。之后经过数代人的努力，一直到王力先生古音三十部的确立，古韵分部臻于完善。韵部研究的大势已成，但是支流还有可待深究和商榷的地方，歌月元三部即是其中的一组韵部，故本人择其为博士论文的研究对象。

首先是歌部和月元部配合的问题。元部和月部在上古四等齐全，但是歌部只有三个等；歌部和月元二部的阴阳入对转关系似乎也不如其他组韵部的阴阳入对转那么普遍。文献语料中的具体情况如何，这是本书需要解决的问题之一。为此，本书从谐声、通假、异文、韵文、同源词方面广泛搜罗材料，发现歌部和月元二部的关系不像前人所说的那样松散，彼此之间存在相通的不少例证。

其次，歌月元三部和其他韵部的远近亲疏关系问题。这一部分主要参考了高亨、董治安先生的《古字通假会典》。通过甄别以及类聚通假材料，可以发现，与歌部相关的韵部关系从近到远依次为：支（锡）、微（物文）、鱼（铎）、脂（质）、侯（屋东）、谈（叶）。与元部相关的韵部关系从近到远依次为：文、真、耕、脂（质）、鱼（铎）、微（物）、阳、谈（叶）、东、之（蒸）。与月部相关的韵部关系从近到远依次为：质、物、谈（叶）、鱼（铎阳）、脂（真）、微（文）、侵（缉）。

再次，歌月元三部当中特殊谐声字的时代及其成因考证问题。针对歌月元三部的谐声字，本书先分出谐声层级，然后依次列出它们上古和中古的音韵地位，对于有异部读音的谐声字，本书一一考证异部读音的时间和原因，概括起来，主要原因有同形、字形讹误、同义换读、误判声符、变韵构词、音近相通、方音、语流音变等。

最后，歌月元三部是否应该一分为三，构拟三组元音的问题。本书通过分析歌月元三部在韵文和谐声方面的等呼比例，同时结合双声叠韵联绵词在语音上的表现，认为歌月元三部不宜构拟为"a、e、o"三个主元音。

这本书付梓在即，心里很是忐忑，囿于学识，书中尚有不少存在纰漏和争论的地方，敬请方家指正。在本书的出版过程中，华中科技大学出版社吴柯静女士给予本书很大的帮助，感谢她细致而专业的校读。同时，本书参考了大量书籍文献，为避免罗列脚注占用大量篇幅之困，姑且把常用书籍暂列于兹：

《说文解字》，中华书局1963年版；《说文解字注》，上海古籍出版社1981年版；《方言》，中华书局1985年版；《方言校笺及通检》，科学出版社1956年版；《扬雄方言校释汇证》，中华书局2006年版；《集韵（附索引）》，上海古籍出版社1985年版；《广韵校本》，中华书局1960年版；《宋本玉篇》，中国书店1983年版；《释名疏证补》，中华书局2008年版；《广雅疏证》，中华书局2008年版；《经典释文汇校》，中华书局2006年版；《十三经注疏（附校勘记）》，中华书局1982年版；《文选》，上海古籍出版社1986年版；《文选》，中华书局1987年版；《史记》，中华书局2013年版；《汉书》，中华书局2013年版；《后汉书》，中华书局2012年版；《说文通训定声》，武汉市古籍书店1983年版；《说文解字系传》，中华书局1987年版；《篆隶万象名义》，中华书局1995年版；《说文解字义证》，上海古籍出版社1987年版；《古文字诂林》，上海教育出版社2001年版；《古字通假会典》，齐鲁书社1997年版；《一切经音义：三种校本合刊》，上海古籍出版社2008年版；北京师范大学图书馆藏《大宋重修广韵》（重刻张氏泽存堂本）；中国人民大学图书馆藏《文源》（据1920年写本影印）。

目录

绪论 / 1
 一、研究对象 / 1
 二、前人对"通转"的研究 / 3
 三、前人对"阴阳对转"的研究 / 8
 四、前人对歌月元三部的研究 / 10
 五、研究目的和意义 / 17

第一章　材料统计 / 21
 一、《说文》谐声情况的统计分析 / 22
 二、歌月元三部在《广韵》中的又音统计 / 27
 三、《经典释文》歌月元部字音注的统计分析 / 35
 四、《古字通假会典》的材料统计 / 48
 五、其他材料的分析 / 49

第二章　歌月元三部及相关韵部相通举例 / 54
 一、元部与歌部 / 54
 二、元部与月部 / 60
 三、歌部与月部 / 68
 四、元部与文部 / 69
 五、元部与真部 / 76
 六、元部与耕部 / 80
 七、元部与阳部 / 83
 八、元部与东部 / 85
 九、元部与微部、物部 / 85
 十一、元部与支部、锡部 / 88
 十二、元部与鱼部、铎部 / 90
 十三、元部与谈部、叶部 / 92
 十四、元部与之部、蒸部 / 93
 十五、歌部与支部、锡部 / 93
 十六、歌部与微部、物部、文部 / 98
 十七、歌部与脂部、质部 / 102
 十八、歌部与鱼部、铎部 / 103

十九、歌部与侯部、屋部、东部 / 106
二十、歌部与侵部、缉部、谈部、盍部 / 106
二一、月部与物部 / 107
二二、月部与质部 / 110
二三、月部与脂部、真部 / 114
二四、月部与微部、文部 / 116
二五、月部与谈部、叶部 / 116
二六、月部与缉部、侵部 / 118
二七、月部与鱼部、铎部、阳部 / 119
二八、歌月元与其他韵部 / 120
二九、异文材料中与歌月元语音相通无关的例证 / 121

第三章 元部字与其他韵部相通的时代考证 / 133

一、萬声 / 133
二、单声 / 137
三、旦声 / 147
四、難（难）声 / 151
五、番声 / 155
六、耑声 / 161
七、奂声 / 167
八、干声 / 174
九、虐声 / 179
十、象声 / 185
十一、开声 / 189
十二、算声 / 199
十三、阁声 / 201
十四、臬声 / 202
十五、犬声 / 204
十六、丸声 / 204
十七、夗声 / 206
十八、官声 / 209
十九、安声 / 211
二十、欮声 / 213

二一、见声 / 215

二二、晏声 / 217

二三、谷声 / 218

二四、厂声 / 221

二五、朿声 / 224

二六、鲜声 / 226

二七、隽声 / 227

二八、赞声 / 228

二九、肙声 / 231

三十、采声 / 232

三一、袁声 / 235

三二、免声 / 239

三三、回声 / 242

三四、言声 / 245

三五、般声 / 246

第四章 月部字与其他韵部字相通的时代考证 / 248

一、叕声 / 248

二、叡声 / 251

三、兑声 / 253

四、昏（舌）声 / 256

五、毳声 / 260

六、芈声 / 263

七、剌声 / 266

八、叚声 / 268

九、柰声 / 269

十、屮声 / 273

十一、折声 / 276

十二、大声 / 278

十三、世声 / 280

十四、曷声 / 282

十五、曰声 / 285

十六、肖声 / 289

十七、歺声 / 289

第五章　歌部字与其他韵部字相通的时代考证 / 291
　　一、多声 / 291
　　二、嬴声 / 294
　　三、果声 / 297
　　四、爲声 / 299
　　五、差声 / 301
　　六、巫声 / 303
　　七、禾声 / 305
　　八、妥声 / 310
　　九、乜声 / 313
　　十、坐声 / 315

第六章　歌月元三部及其相关韵部的语音分析 / 317
　　一、歌月元三部相关的语音分析 / 317
　　二、歌月元三部与其他韵部相通原因分析 / 335

参考文献 / 353
　　一、数据源 / 353
　　二、参考论著 / 355

绪论

一、研究对象

"上古"的断代问题。研究汉语史,必须要有明确的历史概念。王力先生曾在《汉语史稿》中把汉语史分为四个阶段:公元三世纪以前为上古期;公元四世纪到十二世纪为中古期;公元十三世纪到十九世纪为近代;公元二十世纪以来为现代。[①]这是就整个汉语史而言的。单就两汉及两汉以前的汉语分期状况,孙玉文《试论跟明母谐声的晓

---

① 王力《汉语史稿》,北京:中华书局,2004年,43页。

母字的语音演变》一文指出：周秦到两汉的汉语，归为上古汉语；殷商甲骨文时代的汉语，归为远古汉语；远古以前的汉语，归为原始汉语①。本书所指"上古"阶段就是周秦两汉时期，即从西周立国到东汉灭亡这一时段。把周秦两汉放在一起研究，一方面是考虑到先秦两汉语言有更大的一致性及文献材料的连贯性。我们现今所接触的先秦文献，比如《诗经》、先秦诸子等，时代虽然较早，但由于秦火，大多数经过汉人传抄、整理，有时候哪些音属于先秦，哪些属于汉代，不易区分。另一方面，周秦两汉统归为上古汉语，并不是把周秦和两汉看作一个静态的时间，我们依然要用历时的眼光分析材料：《诗经》《楚辞》的押韵不等同于汉赋，《诗经》的连绵词能反映周代的语音状况；《孟子》"庠者养也，序者射也"能反映战国时期的语音面貌。再比如"胥"字，先秦属鱼部，《说文》"读若细"表明汉代已属脂部。"麚"字，有两个读音，均为支韵，先秦时属歌部；到了东汉，歌部中支韵字已经转出，则"麚"字在东汉有同声韵、同开合两个音，反映的是支部重纽的对立。可见，即使在上古汉语内部，我们也要有历史的观念。

本书所研究的"歌类韵部"，是举平以赅上去的说法，即传统音韵学中的歌月元三部。从顾炎武的古韵十部开始，到王力先生的三十韵部，形成了歌月元阴阳入三配的格局，且基本已成定局。

本书所研究的"通转"，与传统的"通转"概念不完全对等，确切地说，外延要更大一些，主要指歌月元与其他韵部的字在共时系统内部的相通和历时层面的相转，包括共时层面和历时层面两个方面。各个韵部囿于时空的关系，在历时层面会发生音变、音转，在共时层面会发生与其他韵部的相通，这是语音的发展规律。诚如陈第《毛诗古音考自序》所说："盖时有古今，地有南北，字有更革，音有转移，亦势所必至。"②又如他《读诗拙言》中所说："一郡之内，声有不同，系乎地者也。百年之中，语有递转，系乎时者也。"③段玉裁《六书音均表》也有言："音韵之不同，必论其世。……古人之文具在，凡音转、

---

① 孙玉文《试论跟明母谐声的晓母字的语音演变》，载《上古音丛论》，北京：北京大学出版社，2015年，2页。
② 陈第《毛诗古音考》，学津讨原本（影印本），11页。
③ 陈第《毛诗古音考》，学津讨原本（影印本），411页。

音变、四声，其迁移之时代皆可寻究。"①这样的音转、音变、音通现象，在汉魏人的注解中不乏其例。如《公羊传·隐公五年》："公曷为远而观鱼？登来之也。"何休注："'登'读言'得'。'得来之'者，齐人语也。"《诗经·豳风·东山》："有敦瓜苦，烝在栗薪。"郑玄注："古者声栗、裂同也。"《说文》："存，从子，才声。""存"与"在"音义同，而《诗经》当中，却与"门云巾员"等字押韵，说明"存"字在《诗经》时代已属文部。《说文》："元，从一，兀声。"经典中常与元部字异文。《史记·高祖功臣表》："厌次侯元顷。"《汉书》作"爰顷"。扬雄《方言》卷十一："蠰蟖谓之蟥，自关而东谓之蝤蠰，或谓之蚕蠋，或谓之蝖螜，梁益之间谓之蛒，或谓之蝎，或谓之蛭蛒。秦晋之间谓之蠹，或谓之天蝼，四方异语而通者也。"刘熙《释名·释车》："车，古者曰车，声如居，言行所以居人也。今曰车，声近舍，车，舍也，行者所处，若居舍也。"

二、前人对"通转"的研究

"通转"这一理念，虽然出现很早，但真正出现"转语"一类的术语，最早要属扬雄的《方言》。从汉代到清代，学者们对"通转"理论的研究大致可以分为汉魏、宋元、明清三个阶段。

（一）汉魏时代

西汉末扬雄《方言》初创"转语"之名。《方言》中"转语"共出现 6 次。卷三："庸谓之倯，转语也。"又："廷，空也。语之转也。"卷十："煤，火也，楚转语也，犹齐言烜火也。"卷十："嘳哗，謰謱，拏也。东齐周晋之鄙曰嘳哗嘳哗，亦通语也。南楚曰謰謱，或谓之支注，或谓之詀謕，转语也。"卷十一："绀、末、纪，绪也。南楚皆曰绀，或曰端，或曰纪，或曰末，皆楚转语也。"卷十二："蠾蝓者，侏儒语之转也。"对于《方言》当中的"转语"，现在学术界普遍认为就

---

① 段玉裁《六书音均表》，北京：中华书局，1983 年，17 页。

是"音转"之义，然赵振铎就曾指出扬雄的"转语"实际上包含了"音转""形转""义转"三个条例。《方言》卷三："铤，空也。"钱绎笺疏："逞与铤声近义通。""铤"为古语辞，《左传·文公十七年》："铤而走险，急何能择。"杜预注："铤，急走皃。"指在被逼走投无路的时候奔赴险处。《说文·辵部》："逞，通也。从辵，呈声。楚谓疾行为逞。《春秋传》曰：'何所不逞欲。'""铤"定纽耕部，"空"溪纽东部，二者读音相差很远，不能构成音转。"铤"有"空"义乃是它的引申义。又比如《方言》卷十："继、末、纪，绪也。南楚皆曰继，或曰端，或曰纪，或曰末，皆楚转语也。""绪"，邪纽鱼部；"继"，心纽月部；"纪"，见纽之部；"端"，端纽元部；"末"，明纽月部。这组转语，彼此之间韵部与声纽相差甚远，此处所谓的"转语"当为"义转"。

晋代郭璞给扬雄《方言》做注，涉及语转共15次，列举如下。卷一："敦、丰、厖、夸、憮、般、嘏、奕、戎、京、奘、将，大也。凡物之大貌曰丰厖，深之大也。东齐海岱之间曰夸，或曰憮。宋鲁陈卫之间谓之嘏，或曰戎。秦晋之间，凡物壮大谓之嘏，或曰夏。秦晋之间凡人之大谓之奘，或谓之壮，燕之北鄙，齐楚之郊或曰京，或曰将，皆古今语也。"注："语声转耳。"只言"嘏夏""奘壮""京将"之间有语转。卷二："剀、躐、狯也。秦晋之间曰狯，楚谓之剀，或曰躐，楚郑曰蔫，或曰姞。"注："蔫音指搞，亦或声之转也。"卷三："蓾，芥草也。"注："蓾，《汉书》曰樵蓾而爨。蓾犹芦，语转也。"又："讹、譁、涅、化也。"注："譁，五瓜反，皆化声之转也。"卷五："臿，燕之东北，朝鲜洌水之间谓之斛。"注："斛，汤料反，此亦锹声转也。"又："薄，宋魏陈楚江淮之间谓之苗，或谓之曲。"注："此直语楚声转也。"又："自关而西秦晋之间谓之杠，南楚之间谓之赵。"注："赵当作兆，声之转也。中国亦呼杠为桃床，皆通也。"又："杷，宋魏之间谓之渠挐，或谓之渠疏。"注："渠疏，语转也。"卷七："夠，貌，治也。吴越饰貌为夠，或谓之巧。"注："巧，语楚声转耳。"卷八："尸鸠，燕之东北朝鲜洌水之间谓之鶝鴂，自关而东谓之戴鵀，东齐海岱之间谓之戴南，南犹鵀也。"注："南犹鵀也，此亦语楚声转也。"卷十："崽者，子也。"注："崽音枲，声之转也。"又："諰，不，知也。"注："諰，音痴眩，江东曰咨此亦痴声之转也。"又："湘，或也。沅澧之间凡言或如此者曰湘如是。"注："亦此憖声之转耳。"卷十一："蝇，东齐谓之羊。"注："此亦语转耳，今江东人呼羊声如蝇，凡此之类皆不宜别立名也。"卷十三："瘃，极也。"注："江东呼极为瘃，倦声之转也。"

考察郭璞的"转语"可以发现郭璞保留了一部分"义转"的例子。比如卷三："芡，茿，鸡头也。北燕谓之芡，今江东亦呼芡耳。青徐淮泗之间谓之茿，南楚江湘之间谓之鸡头，或谓之鴈头，或谓之乌头。"注："状似乌头，故转以名之。"在郭璞的"转语"中，韵部和声母都要相同或相近，韵部的制约作用大于声母。比如"蘸犹芦，语转也"，蘸，心母模韵；芦，来母鱼韵。"斛，汤料反，此亦锹声转也"，斛，透母萧韵；锹，清母宵韵。

可以说汉扬雄"语转"是"音转""义转"甚至"形转"的综合，晋郭璞的"语转"更多地固定在"音转"层面，指声母或韵部相近或相同，强调韵在音转中的作用。

（二）宋元时代

宋元之际的戴侗《六书故》[①]率先提出"一声之转"的说法，提出声纽是音转的关键。《六书通释》认为"声为阳，韵为阴，声为律，韵为吕"。虽然所做比喻很抽象，但仍然可以看出戴侗音转以声为主，韵是辅助成分。他更加注重声母在音转中的作用。如《六书故》卷七："冶，羊者切，冰释也。引之则镕金曰冶。冶之声转而为羊，俗作烊。"卷九："奚，何，胡，曷，一声之转，其义一也。"卷十四："扣摸一声之转，其义一也。"明末方以智《通雅》[②]明确提出"转"的地方更是多达 170 多处，主要强调声母在音转中的作用。扬雄主要用转语来概括方言同源词，戴侗则是解释音义皆有关联的一组词，实际上不限于方言的同源词。

（三）明清时代

"一声之转"的理论方法的建立，为近现代同源字的研究奠定了基础。明陈第、方以智和清代前期的戴震及其学生段玉裁、王念孙等人，大力弘扬戴侗的"一声之转"说。但用古音学的研究成果来指导音转研究，主要还是清代学者的功劳。

---

① 戴侗《六书故》，上海：上海古籍出版社，2007 年。
② 方以智《通雅》，北京：中国书店，1990 年。

戴震的语音转变思想，见于《答段若膺论韵》和《转语二十章·序》。《答段若膺论韵》："其余论异平同入，或得或失，蒸之职登咍德一类，如陕由之转登，能由咍转登，等由海转等，及凝从疑之属，书内举得来为登来，螾蟫为螾䗢，证陆韵以职德配蒸登非无见。因谓蒸登与之咍同入，此说是也。……音声洪细，如阴阳表里之相配。……凡五方之音不同，古犹今也，故有合韵，必转其读，彼此不同，乃为合韵。"①《转语二十章》是戴震有感于"古今言音声之书纷然淆杂"而作，致力于研究语音转变规律，可惜今仅存其《序》。其序曰："按位以谱之，其为声之大限五，小限各四，于是互相参伍而声之用盖备矣。……凡同位为正转，位同为变转。尔女而戎若谓人之词，而如若然义又交通，并在次十有一章。……凡同位则同声，同声则可以通乎其义。位同则声变而同，声变而同则其义亦可以比之而通。更就方音言，吾郡歙邑读若摄失叶切，唐张参《五经文字》，颜师古注《汉书地理志》已然。歙之正音读如翕翕，与歙声之位同者也。用是听五方之音及少儿学语未清者，其展转讹溷，必各如其位，斯足证声之节限位次自然而成，不假人意厝设也。"②"位"，发音部位；"次"，发音方法。"同位"指发音部位相同，"位同"指"发音方法相同"。"同位为正转"，即"双声之转"，如"尔女而若"，"位同为变转"，即"叠韵之转"，如"弯"音转为"关"。戴震之后，其弟子段玉裁和王念孙将这种理论全面地运用于《说文解字注》和《广雅疏证》。

音转规律中，声和韵是两个不可分割的语音要素。自戴侗、戴震以降，钱大昕、郝懿行直至近代学者王国维、钱玄同，多认为音转与韵无涉。如果把"音转"仅仅设定在声纽的相同或相近上，这种音转理论难以成立。程瑶田意识到这一点，在他的《果嬴转语记》中，将双声和叠韵结合起来研究连绵词，使得音转理论形成了较为科学的方法。他既重视音理，又重视义理，这种做法被王念孙继承了下来。王念孙的《广雅疏证》以音为纲，"就古音以求古义，引申触类，不限行体"。作者不局限前人旧注，旁征博引，参互比证，凡音义相通的字都比合在一起，执简驭繁，与段玉裁的《说文解字注》媲美。本书依照王力先生的上古韵部，统计出王念孙《广雅疏证》中"转语"这一术

---

① 戴震《东原文集》，合肥：黄山书社，2008年，105页。
② 戴震《东原文集》，合肥：黄山书社，2008年，139页。

语共出现 333 次，其中《释诂》部分"一声之转"出现了 66 次。在这 66 次中，全部具有韵转关系的占 62%，基本上具有韵转关系的占 24%，无韵转关系的占 14%。必须承认王氏的"音转"大部分具有韵转关系，但是有的韵转尚可商榷。如《释诂》："裎，徒，裼，袒也。"疏证："徒与袒一声之转也。《韩非子·初见秦篇》云：'顿足徒裼。'《韩策》云：'秦人捐甲徒裎以趋敌。'""徒"，定母鱼部，"袒"，定母元部。"徒"，本义为"步行"，不凭借交通工具叫"徒"，所以陆行不用车叫"徒行"，水行不用船叫"徒涉"。由此引申为"空"，形容词，《孟子·离娄上》："徒善不足以为政，徒法不能以自行。""袒"的本义为脱去上衣，露出身体的一部分，亦有"空"义。"徒"与"袒"与其说是"一声之转"，不如说是意义相关。又如《释诂》："庸，资，由，以，用也。"疏证："庸，由，以，一声之转。《盘庚》云：吊由灵。""庸"（以母东部），《说文》："用也，从用从庚。""以"（以母之部），《说文》："用也，从反巳。""庸"与"以"应该是同义词，不能算是"一声之转"。

（四）存在的问题

音转原理之发现，对训诂学的发展起到了很大的推动作用，但渐渐地也出现了一种滥用音转的现象。王力先生指出："自从清人提倡声韵之学以后，流风所播，许多考据学家都喜欢拿双声叠韵来证明字义的通转，所谓'一声之转'，往往被认为是一个有力量的证据。其实这种证据的力量是很微弱的；除非我们已经有了别的有力的证据，才可以把'一声之转'来稍助一臂之力。如果专靠语音的近似来证明，就等于没证明。双声叠韵的字极多，安知不是偶合呢？"[①]即他反对对于读音稍有联系的字词，字面上一时又难以理解，就都用"转"来解释。清程瑶田曾提醒后人说："音语相转是考字要义，然必旁举数事，证之使确，乃可定其说。不然，何字无音，何音不转？举可比而同之也哉。"[②]王力先生又指出："双声叠韵的证明力量是有限的，前辈大约

---

① 王力《新训诂学》，载《龙虫并雕斋文集》（第一册），北京：中华书局，2015 年，303 页。
② 程瑶田撰，陈冠明等校点《通艺录·九谷考》，载《程瑶田全集》，合肥：黄山书社，2008 年，26 页。

因为太重视音韵之学了,所以往往认双声叠韵为万能的。其实,无论在何种情况之下,双声叠韵只能作次要的证据。……试把最常用的二三千字捻成纸团,放在碗里搞乱,随便拈出两个字来,大约每十次总有五六次遇着双声叠韵,拿这种偶然的现象去证明历史上的事实,这是多么危险的事。"①他批评章太炎先生滥用双声叠韵:"章太炎先生一部《新方言》,十分之八九是单凭双声叠韵去证明今之某音出于古之某字,这样研究方言,可以'言人人殊',除令人钦佩作者博闻强记之外,对语言的历史实在没有什么贡献。"指出章氏过分强调双声叠韵的作用,忽略直接证据,这样下去势必不能得出科学的结论。

三、前人对"阴阳对转"的研究

"阴阳对转"是古音学上的一个概念。传统音韵学家根据韵尾的不同,把汉语韵母分为阴声韵、阳声韵、入声韵。清人的"阴阳对转"指相配的无韵尾或有元音韵尾的韵同鼻音韵尾的韵互相转变。他们基本上将入声归入阴声,如果将入声独立,则阴阳对转,包括阴声韵、阳声韵、入声韵三者的互相转化。谐声方面如:"仍"从"乃声",属之部,"仍"属蒸部。"涸"从"固声",属鱼部,"涸"属铎部。"毗"从"比声",属脂部,"毗"属真部。"鹺"从"差声",属歌部,"鹺"属铎部。方言中也不乏其例。扬雄《方言》卷一:"佫,至也。邠、唐、冀、兖之间曰假,或曰佫。"现代方言如山西临县方言:班颁般搬,音[pæ]。山东淄博:南[nai],前[qiai],和普通话 nan、qian 不同。"阴阳对转"是一直存在的客观事实。但是直到清代,才逐渐形成比较系统的理论。

戴震首先提出这一理论。此前已有顾炎武的"入声归入阴声"、江永的"数韵共一入"、段玉裁的"异平同入"说和"合韵"说。② 戴震

---

① 王力《王力语言学论文集》,北京:商务印书馆,2000 年,512-513 页。
② 王力《清代古音学》,载《王力全集》(第六卷),北京:中华书局,2013 年,139 页。

《声类表》把古韵分为九类二十部,每一类阴阳入相配:歌鱼铎、蒸之职、东尤屋、阳萧药、庚支陌、真脂质、元祭月、侵缉、覃合。这九类"共入声互转",是为"对转"。戴震还有"正转"和"旁转"。在这九类中,戴震把"歌戈麻"看作"阳声韵"、与"鱼模"相配,把"阳庚"与"萧宵肴豪"相配,把"祭泰夬废"看作"阴声韵"、与"元月"相配,不尽合理。

明确创立"阴阳对转"学说的是戴震的学生孔广森。他的《诗声类》分古韵十八部,阴声韵:阴一歌类(歌部)、阴二支类(支部、脂部)、阴三鱼类(鱼部)、阴四侯类(侯部)、阴五幽类(幽部、宵部、之部)、阴六合类(合部)。阳声韵:阳一原类(元部)、阳二丁类(耕部、真部)、阳三阳类(阳部)、阳四东类(东部)、阳五冬类(冬部、侵部、蒸部)、阳六谈类(谈部)。孔广森说:"通韵聚为十二,取其收声之大同;本韵分为十八,乃有剖析于敛侈清浊豪厘纤眇之际。"上面十八部为本韵,阴阳十二类为通韵。在孔广森看来,"阴阳对转"指的是一个字从一部转到相配的另一部,如脂为真之阴声,古从参之字可变为从氐。齐为先之阴声,故西字亦可转读如先。他指出发生阴阳对转的原因是方言所致。跟戴震以"宵"配"阳"不同,孔广森以"宵"配"侵",并且把"合部"看作"阴声韵",这是他的不合理之处。

孔广森之后有严可均,他的《说文声类》分古韵十六部,采用孔广森的"阴阳对转"学说,根据十六部确定对转关系:之蒸对转、支耕对转、脂真对转、歌元对转、鱼阳对转、侯东对转、幽侵对转、宵谈对转。他的十六部,真文不分,并冬于侵。除了宵谈对转,尚待商榷外,其他对转都是可信的。

章太炎则从音理上阐明"阴声""阳声"的定义。他的《成均图》分古韵二十三部,以"阴弇、阴轴、阴侈""阳弇、阳轴、阳侈"为基准,立有"正对转、次对转、近旁转、次旁转、交纽转、隔越转"之名,指出阳声韵有"撮唇鼻音""上舌鼻音""独发鼻音"的区别,认识到阳声韵韵尾有"-m、-n、-ŋ"的区别。

"阴阳对转"理论发展至此,有了分歧。孔广森、严可均、章太炎认为古韵分阴阳两类,戴震、黄侃则认为古韵分阴阳入三类,他们的分歧点在于对入声性质的认识:入声究竟应该并入阴声韵,还是与阴声性质不同,应该独立分类?清代的古音学者中顾炎武、江永、段玉裁、王念孙、江有诰、章太炎都把入声并入阴声,他们的依据主要是先秦韵文。他们被称为"考古派",戴震、黄侃则是"审音派"。戴、黄从语言系统出发,认为入声应独立。戴震的阴阳入三分体系,虽确立了入声的独立地位,但他的古韵分部较为粗略,阴阳入的相配不尽妥当。黄侃在章太炎二十三部的基础上,更将"锡、铎、屋、沃、德"五部入声从阴声中独立出来,订古韵为二十八部,阴阳入相配的体系才基本确立。

  一种理论建立以后,常有质疑的观点出现。"阴阳对转"学说也不例外。清代的姚文田就反对对转之说。近人张世禄、周长楫、史存直也对这一理论持怀疑态度。但是如果我们结合现在方言的研究成果,会发现这一理论是可靠的,也是语言系统性的表现形式,在语言发展过程中是存在的。

四、前人对歌月元三部的研究

(一)音类研究

  汉语上古音的研究有音类的区分和音值的构拟两大任务。自宋代吴棫《韵补》问世以来,上古音的研究成为音韵学的一个重要分支。到了有清一代,上古音的研究进入到繁荣时期,古韵分部渐臻科学。从顾炎武的古韵十部到王力的古韵三十部,中间经历了漫长曲折的过程,由"歌月元"三部的分合可见一斑。

  作为古音学的奠基人,顾炎武《音学五书》创立了离析唐韵之法,《古音表》作为顾氏古音学的总结,分古韵为十部。这十部中与歌月元相关的韵部有如下几部。第二部支部:支*脂之微齐佳皆灰咍尤*,祭泰夬废。入声质术栉昔*职物迄屑薛锡*月没曷末黠辖德麦*。第四部真部:真谆臻文殷元魂痕寒桓删山先仙。第六部歌部:歌戈麻*支*。顾氏把歌部独立了出来,但元部混于真部,月部混于支部。江永在顾炎武古韵十部的基础上,分古韵平上去声各十三部,入声八部。与歌月元相关的韵部有如下几部。第二部支部(与顾炎武支部相同)。第五部元部:元寒桓删山先仙。第七部歌部:歌戈麻*支*。入声第三部:屑薛曷末黠辖月。到了江氏这里,歌部独立,元部从真部中独立出来,入声月部独立，但平入的分配不尽妥当。段玉裁《六书音均表》分古韵为十七部，与歌月元相关的韵部有如下几部。第十四部元部：元寒桓删山先仙。第十五部脂部：脂微齐皆灰祭泰夬废术物迄月没曷末黠辖薛。第十七部歌部：歌戈麻。歌部独立，元部独立。《答江晋三论韵》中段玉裁把物月分开，物部作为文部相应之入，但由于他认为古无去声，所以不肯立祭部。戴震《声类表》分古韵九类二十五部，与歌月元相关的韵部有如下几类。第一类：阿第一（歌戈麻）、乌第二（鱼虞模）、垩第三（铎）。第七类：安第十九（元寒桓删山先仙）、霭第二十（祭泰夬废）、遏第二十一（月曷末黠辖屑薛）。戴震祭部独立，但是作为阴声，与遏部阴入相承。孔广森《诗声类》分古韵为十八部，与歌月元相关的韵部有：原类第一（元寒桓删山仙先）、歌类第十（歌戈麻支）、脂类第十二（脂微齐皆灰，祭泰夬废，质术栉物迄屑薛月没曷末黠辖）。王念孙《与李方伯书》分古韵为二十一部，与歌月元相关的韵部有：元第九、歌第十、祭第十四（去声祭泰夬废，入声月曷末黠辖屑薛），延续了戴氏的祭部独立，但把去声韵（祭泰夬废）和入声韵（月曷末黠辖屑薛）合并为为一部。江有诰《音学十书》分古韵为二十一部，与歌元月相关的韵部有：歌部第六（歌戈麻半）、祭部第九（去声祭泰夬废，入声月曷末辖薛黠半）、元部第十（寒桓删山仙先半）。歌部元部无入声，祭部无平上。夏炘、章太炎、黄侃、王力都延续了王念孙的祭部。只是章太炎改祭部为"泰部"，黄侃为"曷部"，确立了"歌元曷"阴阳入相配的格局。

现代古音学家中，王力先生早年分古韵二十三部，晚年主张阴阳入三分，分古韵二十九部，增加了六个入声韵部，歌部月部元部三部阴阳入相配。李方桂《上古音研究》中指出："祭部，这一部也有入声韵跟阴声韵两类，不过阴声韵都是去声。歌部，这一部是古韵分部中唯一没有与入声相配的阴声韵，但是他仍有跟元部谐声及押韵的痕迹。"[①]李方桂认为祭部不与元部、歌部相配，歌部配元部。董同龢《上古音韵表稿》中歌部独立，祭部与元部相配：一等寒桓、泰、曷末，二三四等分两个支派，删仙$_2$元、夬祭$_2$废、辖薛$_2$月，山仙$_1$先，皆祭$_1$齐，黠薛$_1$屑。周祖谟分《诗经》为三十一韵部、"两汉"为二十七个韵部，祭部和月部分立，并且写道："《诗经》韵类中祭部和脂部

---

① 李方桂《上古音研究》，北京：商务印书馆，2001年，53页。

段氏《六书音均表》立为一部，戴震、王念孙、江有诰都分为两部，这是很正确的。这一部没有平声字和上声字。王念孙《古韵谱》里所列的《诗经》韵字有去声，又有入声，去入两声是合写在一起的。事实上去声字独用的例子很多，应当跟入声分开。"[1]李新魁主张祭月独立，他在《汉语音韵学》[2]中分上古韵部三十六部，并且进一步把祭部分为祭部和废部，将"歌月元"分为"歌曷寒"与"戈月桓"六部，"祭部"包括《广韵》中的"祭泰夬怪霁"等韵的一部分字，"废部"包括《广韵》"泰祭"韵的合口字和"废韵"字。现将歌月元三部的音类分合与相配关系整理如下表（表0-1）。

表0-1　歌月元三部音类分合与相配关系

	阴声韵	阳声韵	入声韵
顾炎武	第二部支部：支半脂之微齐佳皆灰咍尤半，祭泰夬废。入声质术栉昔半职物迄屑薛锡半月没曷末黠辖德麦半。 第六部歌部：歌戈麻半支半。	第四部真部：真谆臻文殷元魂痕寒桓删山先仙。	
江永	歌	元	月
段玉裁	第十五部脂部：脂微齐皆灰，祭泰夬废，术物迄月没曷末黠辖薛。 第十七部歌部：歌戈麻。	第十四部元部：元寒桓删山先仙。	
戴震	鱼 祭：祭泰夬废。	歌：歌戈麻 元：元寒桓删山先仙。	铎 月：月曷末黠辖屑薛。
孔广森	脂类：脂微齐皆灰，祭泰夬废，质术栉物迄屑薛月没曷末黠辖 歌类：歌戈麻支。	原类：元寒桓删山仙先。	

---

[1] 罗常培、周祖谟《汉魏晋南北朝韵部演变研究》，北京：中华书局，2007年，31页。

[2] 李新魁《汉语音韵学》，北京：北京出版社，1986年。

续表

	阴声韵	阳声韵	入声韵
章太炎		歌→元 泰→元	
黄侃	歌戈	寒桓	曷末
王力	歌	元	月
李方桂	祭（月） 歌 ←→ 元		
董同龢	歌 祭 ←→ 元		
周祖谟	祭 歌	元	月
邵荣芬	歌、祭	元	月
李新魁	歌、祭（次入韵，开口） 戈、废（次入韵，合口）	曷（开口） 月（合口）	寒（开口） 桓（合口）
郑张尚芳	歌（戈） 歌 歌（地）	月（脱） 月（曷） 月（灭）	元（算） 元（寒） 元（仙）

脂祭分部是从戴震开始的，祭部独立也是毫无疑问的，但是祭部是否应该和月部合并？学者有不同的意见。王念孙、江有诰、黄侃、王力认为祭月应该合为一部，而戴震和罗常培、周祖谟等先生主张祭月应该分立。王念孙、江有诰主张祭月合一，是因为他们都不主张入声独立。黄侃、王力主张阴阳入三分，又都主张古无去声，所以认为祭部归入月部。祭部独立的学说，孔广森、严可均都未采纳。孔广森主张东冬分部，明确提出阴阳对转理论，厥功甚伟，但是他的古音研究仍存在许多不尽合理之处。他否认上古有入声，认为"盖入声创自江左，非中原旧读"。除闭口韵缉叶两韵可算入声外，其余都应该分隶于支脂鱼侯幽宵七部。孔氏的这些说法不妥。语言是社会的产物，决非是某人所能创造出来的。如果如他所说，入声创自江左，何以又承认缉叶两部入声？阴声韵后来何以又变成入声呢？严可均之所以没有

采纳戴震的祭部独立之说,是因为他分古韵十六部,入声一律不独立,附于阴声韵中,它们形成严格的阴阳对转局面:之蒸对转、支耕对转、脂真对转、歌元对转、鱼阳对转、侯东对转、幽侵对转、宵谈对转。

  针对李新魁先生祭部再分出祭废二部的做法,刘冠才《论祭部》一文利用李先生所依据的材料证明:"《诗经》废部入韵 15 字,独用者未见。同样就《楚辞》用韵而论,歌戈也不能分为两部。"[①]郑张尚芳《上古音系》根据主元音的不同分为"歌(戈)、歌、歌(地);月(脱)、月(曷)、月(灭);元(算)、元(寒)、元(仙)"九部[②],以一部多元音来解释上古的谐声、通转现象。如果一部有多个主元音,试问彼此之间还存在押韵的可能吗?王力先生《汉语语音史》分古韵三十部,歌月元只有三部。按照王力先生的系统,元部和月部四等齐全,而歌部只有一二三等,阴阳入三者没有严格的对应关系,歌月元三部关系到底如何,有没有进一步再分的可能性?祭月的关系怎样?祭部有没有再分出废部的可能?这是本书所要探讨的问题之一。

(二)音值构拟

  二十世纪以来,汉语音韵学的研究在西方语言学理论的影响下取得重大进展,最明显的标志就是从传统的音类研究走向音值的拟测,尤其是高本汉《中国音韵学研究》的发表,开启了构拟中国古音韵的新时代。对中古音的构拟,像赵元任、王力、董同龢、周法高、李荣、李方桂等一批学者都在高本汉的基础上,结合方言、译文等材料取得了可观的成绩。相比之下,上古音的构拟不如中古音的成绩大。材料不足、时代久远都是重要的影响因素。尽管如此,近现代学者仍做了不少努力,结论逐步趋于一致。

  尉迟治平先生曾指出:"如果将拟音简单地理解为对上古音类读音的假定,那么,清代的古音学家早就在进行这方面的工作了。"[③]顾炎武《唐韵正》卷首说:"凡韵中之字今音与古音同者,即不复注,其不同者乃韵谱相传之误,则注云古音某,并引经传之文以正之。……同

---

① 刘冠才《论祭部》,载《古汉语研究》,2004 年第 2 期。
② 郑张尚芳《上古音系》,上海:上海教育出版社,2003 年,72 页。
③ 尉迟治平《鱼歌二部拟音述评》,载《龙岩师专学报》,1986 年第 2 期。

者半，不同者半，则同者注其略，不同者注其详，且明其本二韵，而误并为一，五支是也。"①支韵，此韵当分为二，一半入第二部支脂之微，一半入第六部歌戈。对于支韵中古音属歌部的字，顾氏全都加上改音。比如"移，弋支切"，注："古音弋多反。""移"上古属歌部字，顾氏改"支"为"多"字，已在做支部和歌部读音的区分工作。又比如九麻，一半入鱼虞模，一半入歌戈支。在麻韵末尾，顾氏写道："(麻韵)岂非其出于西音邪？"段玉裁在《六书音均表·古十七部音变说》："古音分十七部矣。今韵平五十有七，上五十有五，去六十，入三十有四，何分析之过多也？曰：音有正变也。音之敛侈必适中，过敛而音变矣，过侈而音变矣。""元者，音之正也，寒桓删山仙者，元之变也。……歌戈者，音之正也，麻者，歌戈之变也。"②戴震《答段若膺论韵》："阿第一，乌第二，垩第三，此三部皆收喉音。……殷第十六，衣第十七，乙第十八，安第十九，霭第二十，遏第二十一，此六部皆收舌齿音。……收喉音者，其音引喉，……收舌齿音者，其音舒舌而冲齿。"③此后孔广森、江有诰皆对《唐韵》同韵而古音不同部的字加上改音，法同顾、江等人。章太炎《成均图》："然鼻音有三孔道，其一弇音，印度以西皆以半那字收之，今为青、真、谆、寒诸部，名曰上舌鼻音。"诸家描述古韵部音值的角度虽有不同，但却是一脉相承的。诚如尉迟治平先生所言："清儒仅从古今韵部分合主观猜测上古韵部读音，又缺乏对音值进行描写和规定的科学工具，还不能说是科学的拟音工作。"④

1923 年，汪荣宝发表《歌戈鱼虞模古读考》，利用梵汉对音的材料，指出："唐宋以上，凡歌戈韵之字皆读 a 音。"此文引起古音学界的第一场大辩论。钱玄同《〈歌戈鱼虞模古读考〉附记》则提出歌读长 a，麻读短 a，并在 1934 年《古韵廿八部音读之假定》中把歌月元分别构拟为 a、an 和 at。高本汉《中上古汉语音韵纲要》把上古韵部分为三十五部。其中歌月元三部，高氏分成五类：寒部收-n 尾，月部收-t 尾，祭部收-d 尾，罿部收-r 尾，歌部无韵尾。主元音一等为 a，二三四等为 a。他把歌部的拟音一分为二:收-r 尾的罿部(第八部)和收元音韵尾

---

① 顾炎武《音学五书》，北京：中华书局，2005 年，223 页。
② 段玉裁《六书音均表》，北京：中华书局，1983 年，15 页。
③ 戴震撰《戴震全书三》，合肥：黄山书社，1994 年，356 页。
④ 尉迟治平《鱼歌二部拟音述评》，载《龙岩师专学报》，1986 年第 2 期。

的歌部(第三十五部)。收-r 尾的鼉部字主要是能够与收-n 尾的字押韵、谐声或者异读的字,如那觯妥揣惴果鼙播等字。① 如此构拟的理由是-r 的发音部位与-d 相同,构拟为-r 能很好地解释为什么歌部经常与-n 尾发生关系,而不与-m、-ŋ 尾发生关系。董同龢《上古音韵表稿》把阴声韵与入声韵合并为一部,如果入声韵独立,则其分上古韵部为三十一部。② 在元音构拟上面,受高本汉的影响,同一韵部的字往往构拟好几个主元音。祭部(阴声 âd、ad、äd、ăd,入声 ât、at、ät、ăt)歌部(â、a),元部(ân、an、än、ăn)。高本汉把歌部拆成收-r 尾和元音收尾的两部,董氏认为非但没有使诗韵与谐声上的一些"例外"得到较好的解释,反而增加了更多的新的例外,所以他把歌部全部构拟成开音尾。对于开尾韵字为什么只跟-n 尾字对转这样的问题,董同龢给出的解释是:"我们可以设想上古的-n 是语音上弱或短的,所以除能偶与-d、-t、-r 接触之外还可以兼及于无韵尾字。同时,-m 与-ŋ 当时强而长的,所以只能跟同部位的韵尾转。"董氏的古音构拟,系统性不强。阴声韵都有辅音结尾,歌部却以元音结尾。在主元音方面,他实际上把韵部等同了韵摄,一个韵部构拟多个主元音,并没有很好地解决押韵和谐声的问题。陆志韦《古音说略》对祭元歌三部的构拟分别是:祭部(阴声:ɑd、ad、ɐd,入声:ɑt、at、ɐt、ɛt);元部:ɑn、an、ɐn、ɛn;歌部:æd、ad、ɑd。③ 陆志韦看到了更多的-m、-n、-ŋ 通阴声的现象,所以对-r 的构拟很不满意,而改拟为-d。李方桂《上古音研究》把阴声和入声合为一部,共分二十二部。④ 阴声韵收浊塞音尾,入声韵收清塞音尾,所以能够分开,祭部(阴声为-ad,入声为-at),歌部(-ar),元部(-an)。王力先生《汉语史稿》和《汉语语音史》都对上古韵部进行了构拟。歌月元三部,《汉语史稿》构拟成 a、at、an。《汉语语音史》构拟成 ai、at、an。《汉语语音史》将歌部构拟为 ai,将鱼部构拟为 a 主元音,能更好地解释鱼部和歌部相通的现象。王力先生的上古

---

① 高本汉著,聂鸿音译《中上古汉语音韵纲要》,济南:齐鲁书社,1987 年,139 页。

② 董同龢《上古音韵表稿》,南京:历史语言研究所,1948 年,92 页。

③ 陆志韦《古音说略》,载《陆志韦语言学著作集(一)》,北京:中华书局,1985 年,156 页。

④ 李方桂《上古音研究》,北京:商务印书馆,2001 年,35 页。

音构拟和李方桂一样，一部只有一个主元音，所不同于以上各家的是阴声韵开尾韵，没有塞音韵尾。

高本汉把歌部一分为二，一方面看到了-r尾字和-n尾字的密切关系，另一方面却忽视了-a的字也可以和-r尾押韵。如《诗经·小雅·隰桑》阿（a）与傩（-ar），《诗经·卫风·竹竿》左（-a）与傩（-ar）押韵。歌部字一方面和其他阴声韵一样，可与相配的鼻音韵尾阴阳对转，一方面又具有与其他阴声韵不一样的特质：不与-t尾字阴阳对转。古音学家在构拟时，或分别对待，如高本汉，或着眼于前者，如陆志韦将歌部构拟为 ad，或着眼于后者，如董同龢将歌部构拟为开尾韵。李方桂反对高本汉将歌部分为两类，认为其中的界限难以划分，于是将歌部构拟为-ar。可以说这是折中的好办法，一方面-r和-d发音部位相同，所以可以同-n尾对转，另一方面发音方法又不同于-t，所以不发生阴入对转。高本汉、董同龢、陆志韦在上古音构拟上共同的问题是：一个韵部构拟了多个元音，这是不符合上古内证材料事实的。李方桂和董同龢的共同问题是：没有将只跟入声韵相配的阴声韵和其他的阴声韵分开来，归入入声（王力先生的长入），而是跟其他阴声韵混为一类，这是非常明显的失误。对阴声韵是否是闭尾韵，高本汉各部处理不一，李方桂、陆志韦有闭尾韵，但表现出的信心不足。诚如李氏所言："-b、-d、-g这样的韵尾辅音是否是真的浊音，我们实在没有什么很好的证据去解决他。"[①]王力先生把阴声韵的辅音韵尾全部去掉，反而使得上古的韵部构拟的系统性大大加强，能更好地解释上古的内证材料。

五、研究目的和意义

歌月元三部之间与其他韵部之间的相转关系，前人早有发现。顾炎武《唐韵正》中分析了"罿""蟠""鄩""怛""獭"等字[②]，江永于

[①] 李方桂《上古音研究》，北京：商务印书馆，2001年，33页。
[②] 顾炎武《音学五书》，北京：中华书局，2005年，260页、460页，

平声第五部"补考"中也考察了"鼍、皤、鄱"等字①,几乎是承顾炎武而来,段玉裁于第十四部"古本音"中分析了"番、皤、繇、獻、儺、癉"等字②,孔广森于"阳声第一原类"中指出:"凡此类谐声而《唐韵》误在他部之字并当改入,唯与歌哿个戈果过麻马禡部可以互收。"又于"阴声第一歌类"中指出:"凡此类谐声而《唐韵》误在他部之字并当改入,唯与元阮愿寒旱翰桓缓换删潸谏山产襉仙狝线部可以互收。"并且于此部下列出"兼入元韵原字""兼入寒韵难字"条。③ 近人杨树达《积微居小学金石论丛》讨论"歌部与元部""月部与元部",所举之例比较广泛。④ 王力先生《上古韵母系统研究》在分析各韵部之间关系时,有"训诂对转证",如"何曷、磨灭、热然、多单"等;"同部声训证",如"热烈、闲限、难惮、离丽"等,也注意到了歌月元三部及其与相关韵部的相转关系。⑤

纵观既往所做的研究,还有不少需要补充的地方。其一,对"歌月元"三部字的考察,多为举例性质,略举一二而已,即使像杨树达先生那样穷尽性地举例,也只是考察了歌部与元部、月部与元部,至于歌部与月部、歌月元三部与其他韵部的关系却只字未提,可以说这是前人研究中不足的地方。其二,前人对语音相通这一现象,无论是声母方面还是韵母方面都做了不少的描述,但是对"为什么会产生音转"这一疑问却很少给予解释,戴震认为是方音使然。我们要问:怎么知道是方音使然呢?方音中的这些音转又是如何以及何时产生的呢? 我们要知其然,更应该知其所以然。其三,对于发生韵转的这些字,在等和呼中有没有规律可循,或者说有没有等呼的制约,如果有,是怎样的表现,如果没有,何以会如此,既往的学者也多没有加以考虑。我们不能苛求前人,一方面当时音韵学还没有完全摆脱经学独立出来,另一方面古代的学者没有科学的记音工具,也不可能进行全面的方言调查,他们往往用有限的方音知识去推测古代的语音,例如上

---

① 江永《古韵标准》,北京:中华书局,1982年,30页。
② 段玉裁《六书音均表》,北京:中华书局,1983年,53页。
③ 孔广森《诗声类》,北京:中华书局,1983年,21页。
④ 杨树达《积微居小学金石论丛》,北京:中华书局,1983年,109页。
⑤ 王力《上古韵母系统研究》,载《王力语言学论文集》,北京:商务印书馆,2001年,65页。

古音中有些韵属于同部，于是戴震在《答段若膺论韵》中认为陆法言等人定韵"有意求其密，用意太过，强生轻重，不足凭也"。这都是前人研究存在的局限性。

基于以上诸点，本书将从以下几方面进行研究。第一，穷尽性地搜集上古歌月元音转的各种材料。所谓"穷尽性"，包含两层含义，一是例证的穷尽性，所有与"歌月元"相关的例子本书都收入；二是韵部关系的穷尽性，不仅考察"歌月元"三部之间的关系，所有和"歌月元"三部发生关系的韵部都在本书的考察范围之内。第二，利用文献材料对歌月元三部的通转的具体时代一一做出大致的考证。在未经考证之前，任何两部之间的韵转并不能说是真正的韵转关系，姑且名之为"准韵转"。比如"能"字，中古有奴登切一音，然从能得声的字或在之部，或在职部。我们不能单纯凭借中古奴登切一音就认为从"能"得声的字发生了韵转关系，据顾炎武在《音学五书·唐韵正》中考证："江左以降，始以方音读为奴登反。"也就是说"能"发生阴阳对转的历史音变是魏晋以后的事。第三，尽量解释为什么会产生音转。韵部相通反映的语言现象纷纭错杂：有些相通不是真正的相通，跟语音现象无关。如"俯、俛、俯"三字本分属侯部、元部和宵部，后来同读方矩切，乃是由于训读所致。第四，探讨与歌月元韵部有关的古音问题，比如开合口问题、次入韵问题、唇化元音问题、歌月元与其他韵部的关系亲疏问题。

本书的意义主要体现在音韵学上和训诂学上。音韵学上，上古韵部经过有清一代及近现代学者的共同努力，基本上已成定局，但这并不能表明上古韵部研究没有可以进一步探索的地方。第一，通过探讨歌月元三部与其他韵部的亲疏关系，可以检验各家古音分部及音值构拟科学与否。第二，为上古韵母系统的构拟提供参考基础。通过对与歌月元相关的文献材料的分析考证，可以解决上古音拟测所面临的分歧和争议。第三，古音学研究的是汉语的声、韵、调系统。声母、韵母、声调在同一个语音系统中，往往是相互印证、相互影响的。声纽方面，近现代学者倾向于用复辅音这一理论来解释特殊谐声，但是很明显复辅音理论是经不住汉语内证材料的检验的，相关文章可参阅孙玉文（2015）、李建强（2006）、郑妞（2021）的文章。本书将通过对音转的研究，从特殊韵转关系这一角度证明用复辅音理论来解释声母特殊谐声的不科学性。以元部为例，与元部相通的韵部有歌部、月部、真部、文部、鱼部、阳部、东部、微部、物部、脂部、质部，对这些韵部之间的相通现象，无论是古代学者还是现代学者，都没有为这些字构拟一个新的韵部，何以对声母之间的特殊谐声却构拟复辅音呢？这在研究方法上没有遵守同一律，显然有失科学性。训诂学上，通过对谐声、押韵、异文、读若等材料的统计，可以发现两韵部之间相通的比例非常小。而近年来一些训诂学家动辄用通转之法来说解古文，滥用通转之倾向非常严重。间或能找出某两个韵部之间相通的例证，也许另有他因，不足为据，现今多数学者却往往"一叶障目不见泰山"。王力先生 1937 年写过一篇短文《双声叠韵的应用及其流弊》，1956 年收入《汉语史论文集》时加附记说："其中谈的都是极浅近的道理，似乎没有收入《汉语史论文集》的必要。但是，就在最近的一二年来，仍旧有许多人把双声叠韵看作是从语言学上考证古代历史和古代文学史的法宝，因此，把这篇文章再印出来，也还不算是浪费纸墨。"[①]

综上：本书以王力先生《汉语语音史》三十韵部系统为基准，以郭锡良先生《汉字古音手册》（增订本）为参考，以高亨《古字通假会典》为主要共时材料，以《说文解字》谐声字为主要历时材料，考察上古歌月元三部及其相关韵部之间的共时相通和历时相转关系。

[①] 王力《文言的学习》，北京：商务印书馆，2018 年，203 页。

第一章 材料统计

本书的研究材料主要来自以下几个方面，一是《说文解字》（以下简称《说文》）的谐声字，二是《广韵》（若《广韵》没有注音，则参考《集韵》）、《经典释文》中的"又音""或音"，三是高亨的《古字通假会典》（以下简称《会典》），四是古书中的注疏材料，五是以江有诰《音学十书》为基础的韵文材料。其他材料还有《说文》的读若、重文，声训材料，古文字研究材料，文献中的异文、连绵词、同源词。

一、《说文》谐声情况的统计分析

（一）谐声字的确定及数据统计

本书主要使用陈昌治大徐本《说文》[①]，参照小徐本《说文解字系传》及《说文解字注》《说文通训定声》。在确定谐声字时，有以下几个原则。

第一，本书所统计的形声字除了《说文》标有"某声""某亦声"的形声字以外，还根据小徐本和段注补录了会意兼形声字，主要有以下字：元芝藑蒚䓿莫詹遯逐路千肧䝮说弇羍燮矏习受盇肜枓㯻囮盟室罪帅爇豷保卾视喦崔盇羇思泐台佞茧绥塞斩釿祀夗戉詹鼎袷祟珩瑞葬君命癹道御衙卫骰肉乔纠博謑讷与阅瀫改败畋睡眇瞑嚣雀幼刵耕奇号桓鮷今籴厚羿贇华朙莍杲窡冒置俦倪俒俓奀居顺胝礁謽乤毦譯胞哥晷骦廌愳态澄泞瀮牏觅冬电䤲缫衔茁仰伍。

第二，有些字大徐本没有收录，同样依照小徐本及段注补录。比如，肉部："脧，赤子阴也。从肉，夋声。"段注："按，此字各本无之，《老子音义》引《说文》可据。"马部："骤，马转卧土中也。从马，展声。"段注："按，各本无此篆，《艺文类聚》引《说文》有之。今依《玉篇》列字次弟补于此。"邑部："鄇，地名。从邑，兴声。"段注："铉无，锴有。今按《广韵》蒸韵，《集韵》证韵皆引《说文》，则有者是也。"鼎部："鼏，鼎覆也，从鼎冖，冖亦声。"段注："此九字各本无。以鼏篆鼏解牛头马脯而合之。今补正。"《说文》鼏鼎二字，鼏，义为鼎覆，从冖得声。鼏，义为"以木横贯鼎耳举之"，从鼎，门声。后代字书把该二字合为一字。

第三，大徐本一些形误的字，据段注改正。食部："饧，饴和馓者也，从食，易声。"段注："各本篆作鍚，云易声。今正。按饧从易声，故音阳，亦音唐。"米部："㪶，恶米也。从米，比声。"段注："各本篆作粩。解云北声。今正。㪶在古音十五部，不当用一部之北谐声也。《经典释文》《五经文字》皆不误。"水部："滋，益也。从水，兹声。"段注："各本篆作滋，解作兹声。误也。"耳部："聊，耳鸣也。从耳，

[①] 按：在统计过程中，大徐本的新附字不在统计范围之内。

卯声。"段注："卯各本讹作卯，篆体亦讹，今并正。"手部："挟，俾持也。从手，夹声。"段注："各本作夹声，篆体亦从二人，今皆正。从二入以形声中有会意也。"

第四，有些形声字依甲骨金文材料需要改动声符。如必字，八部："必，分极也。从八弋，弋亦声。"必、弋二字不仅声母相差很远，而且韵部相差也很远。段玉裁改为"从八弋，八亦声"。"必"，金文作🖋（南宫乎钟）、🖋（休盘）。于省吾："金文必字休盘作🖋，……为由🖋而🖋而🖋而🖋而🖋。《说文》：必，分极也。从八弋，弋亦声。按从戈乃形之讹。段玉裁改为从八戈，八亦声。不知古文本不从八。"聿字，聿部："聿，所以书也。楚谓之聿，吴谓之不律，燕谓之弗。从聿，一声。"段玉裁认为是个会意字。"甲骨文从又持笔，笔行或作丨，为合体象形字。"① 寽字，一声。段玉裁认为声疑衍，一谓所寽也，是指事字。季旭升："捋即寽字的后起字。……甲骨文未见。金文作一手持一物，另一手夺取之，……所寽取的东西，早期多作一圆点，晚期多作一横笔。……合体象形。"② 敢，古声，段玉裁认为此于双声合韵求之。徐中舒认为其甲骨文像双手持干刺豕形，上像倒豕，周初金文🖋省中为口，省廾为又，"口"又声化为"甘"形。战国文字"敢"字字形变化甚多，"口"形与其上的笔划结合，成为"古"形。所以"敢为会意字"③。再如"裘"字，衣部："从衣，求声。一曰象形，与衰同意。"段注认为是象形字。裘为之部字，在古文字中"裘"字从又得声，如周朝中期《次卣》"锡马锡裘"之"裘"作🖋、《卫簋》作🖋和🖋。其他如肙彭虢虞短仓次需染冶飘等字大小徐本皆认为是形声字，皆据古文字材料改正。

第五，《说文》重出的字，本书只取其中一个。形声字有："吁"字同时出现于口部和于部，本书采用口部；"恺"字同时出现于心部和岂部，本书采用心部；"塗"同时出现于水部和土部，本书采用水部；"否"同时出现于口部和不部，本书采用不部。会意字有："吹"字同时出现于口部和欠部，本书采用欠部；"右"字同时出现于口部和又部，本书采用又部；"敖"字同时出现于出部和放部，本书采用放

---

① 季旭升《说文新证》，福州：福建人民出版社，2010年，218页。
② 季旭升《说文新证》，福州：福建人民出版社，2010年，336页。
③ 季旭升《说文新证》，福州：福建人民出版社，2010年，338页。

部;"误"字于言部出现两次;"讳"于言部出现两次。

第六,《说文》当中,有些字有多个声符,如窃字,米部:"窃,盗自中出曰窃,从穴米,离廿皆声也。廿古文疾。离偰字也。"本书放在离声下。韱字,韭部:"韱,从韭,次束皆声。"本书放在次声下。

第七,对于《说文》中的非字声符,我们不算做是形声字。所谓的"非字声符"指的是许慎认定为"某声"的声符,在小篆或小篆以前的古文字中原本就不是一个字,仅仅是构字符号,没有独立的音和义。如"少,不多也,从小,丿声""尐,从小,乁声""言,从口,䇂声""延,长行也,从延,丿声""系,从糸,丿声""孚,从爪,一声""南,草木在南方,有枝任也,从宋,羊声",又如"也""世"从乁得声,"厄、曳、延"从厂得声,都不在本书的统计之列。

根据以上原则,本书找出 8268 个谐声字,然后依谐声层级分级,得出 899 个谐声系列。其中最多的层级为六层,如:父、甫、尃、溥、薄、欂;刀、召、昭、照、羔、糕,共 2 个。五层的如:冃、冒、曼、蔓、鄤;兀、元、完、莞、薍;不、否、音、部、篰,共 20 个。①四层的如:畐、夏、复、覆;且、沮、菹、蒩,共 140 个。三层的如:石、橐、檴;庶、度、斀,共 425 个。二层的如:果、课;毳、臁,共 312 个。

(二)确定主谐字和被谐字读音的原则

对《说文》所收的字的读音取舍,首先按照《说文》的释义,结合大徐本所附《唐韵》反切,参考《玉篇》《广韵》《集韵》《经典释文》以及文献的音注材料,整理出该词的音义关系,然后再判断这个字的读音。有以下几种情况。

第一,《广韵》《唐韵》皆有异音。如"髟",《说文》:"长髪髟髟也。从长从彡,凡髟之属皆从髟。"必凋切,又所衔切。《广韵·宵韵》:"甫遥切。长发貌。又所衔切。"《广韵·衔韵》:"所衔切,屋翼也。又长发貌。"《广韵·幽韵》:"甫烋切,长发貌,又标彡二音。"段注:"彡犹毛也,会意。《五经文字》必由反,可得此字正音矣,音转乃必凋切,匹妙切。其云所衔切者,大谬。误认为彡声也。"故不取所衔切。

---

① 这里统计的 2 个、20 个等只包含六层、五层。

《集韵》师衔切之"髟"亦承此讹。

第二，《唐韵》只有一音，《广韵》有异音。如"髤"，《说文·桼部》："髤，桼也。从桼，髟声。"许由切。段注："韦昭曰：'刷桼曰髤'，师古曰：'以桼桼物谓之髤'。"《广韵》休小韵下"髤"同"髹"。"髹，《周礼》：'駹车有髤饰。'注谓：髤漆，赤多黑少也。"《广韵》次小韵七四切下："髤，以漆涂器。"《说文》以桼释髤，说明桼髤在词义上有相通的地方。"桼"，《广韵》七小韵亲吉切下："桼，胶桼。《说文》曰：'木汁可以髤物，从木象形，桼如水滴而下也。经典通作漆。'"可见髤字七四切的读音乃由桼字读音而来。我们取幽韵音。

第三，《广韵》只有一音，《唐韵》有异音。如"鋀"，《说文·勹部》："鋀，饱也。从勹，叟声。民祭祝曰厌鋀。"己又切，又己庶切。《广韵·宥韵》居佑切："鋀，《说文》饱也。"我们取己又切。

本书采用王力先生上古30韵部对《说文》谐声韵部进行分析。各韵部的谐声情况见图1-1（图中竖行为主谐字，横行为被谐字，如个，从竹，固声。固是主谐字，鱼部；个是被谐字，歌部。中间对角线是各韵部自谐的情况）。

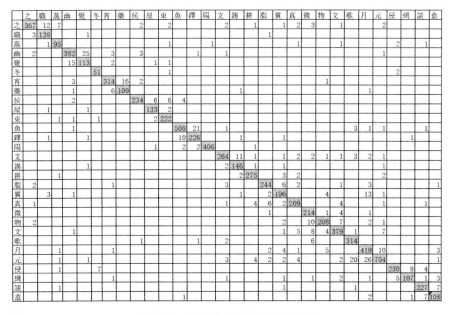

图1-1 《说文》各韵部谐声情况

之部共 402 次，其中自谐 367 次，占 91.3%，其次与职部 12 次，蒸部 7 次。

职部共 143 次，其中自谐 138 次，占 96.5%，其次与之部 3 次。

蒸部共 103 次，其中自谐 95 次，占 92.2%，其次与侵部 2 次，职部 1 次。

幽部共 418 次，其中自谐 382 次，占 91.4%，其次与觉部 25 次。

觉部共 132 次，其中自谐 113 次，占 85.6%，其次与幽部 15 次。

冬部共 54 次，其中自谐 51 次，占 94.4%，其次与侵部 2 次。

宵部共 336 次，其中自谐 314 次，占 93.5%，其次与药部 16 次。

药部共 118 次，其中自谐 109 次，占 92.4%，其次与宵部 6 次。

侯部共 252 次，其中自谐 234 次，占 92.9%，其次与屋部 6 次，东部 6 次。

屋部共 137 次，其中自谐 133 次，占 97.1%，其次与东部 2 次。

东部共 227 次，其中自谐 222 次，占 97.8%，其次与屋部 2 次。

鱼部共 537 次，其中自谐 508 次，占 94.6%，其次与铎部 21 次。

铎部共 241 次，其中自谐 226 次，占 93.8%，其次与鱼部 10 次。

阳部共 412 次，其中自谐 406 次，占 98.5%，其次与鱼部 2 次，铎部 2 次。

支部共 289 次，其中自谐 264 次，占 91.3%，其次与锡部 11 次。

锡部共 152 次，其中自谐 146 次，占 96.1%，其次与支部 2 次。

耕部共 285 次，其中自谐 275 次，占 96.5%，其次与质部 3 次。

脂部共 263 次，其中自谐 244 次，占 92.8%，其次与质部 6 次。

质部共 221 次，其中自谐 196 次，占 88.7%，其次与月部 13 次。

真部共 229 次，其中自谐 209 次，占 91.3%，其次与脂部 6 次。

微部共 221 次，其中自谐 214 次，占 96.8%，其次与文部 4 次。

物部共 232 次，其中自谐 208 次，占 89.7%，其次与微部 10 次，文部 7 次。

文部共 406 次，其中自谐 379 次，占 93.3%，其次与微部 8 次，元部 7 次。

歌部共 324 次，其中自谐 314 次，占 96.9%，其次与微部 6 次。

月部共 446 次，其中自谐 419 次，占 93.9%，其次与元部 10 次。

元部共 820 次，其中自谐 754 次，占 92.0%，其次与月部 26 次，歌部 20 次。

侵部共 250 次，其中自谐 230 次，占 92.0%，其次与缉部 8 次，冬部 8 次。

缉部共 123 次，其中自谐 107 次，占 87.0%，其次与侵部 5 次。

谈部共 237 次，其中自谐 227 次，占 95.8%，其次与盍部 7 次。

盍部共 119 次，其中自谐 108 次，占 90.8%，其次与谈部 7 次。

通过统计各韵部的谐声字自谐和他谐的比率，可以发现在《说文》谐声中，30 韵部的自谐是主流，其他各韵部之间的他谐占次要地位，这说明清代迄今的古音分部是科学的。

二、歌月元三部在《广韵》中的又音统计

表 1-1、表 1-2、表 1-3 中所统计的字头，大部分都见于《说文》当中，间或有些字不见于《说文》，但出现于上古其他文献材料当中。

表 1-1　歌部字在《广韵》中的又音统计

例字	音一	音二	音三	音四
疼 透歌	歌韵 托何切	个韵 丁佐切		寒韵 他干切
臝 来歌	支韵 力为切	过韵 鲁过切		山韵 力顽切
蠃 来歌	支韵 力为切			先韵 落贤切
崎 溪歌	支韵 去奇切			微韵 渠希切
离 来歌	支韵 吕支切	寘韵 力智切	霁韵 郎计切	
戏 晓歌	支韵 许羁切	支韵 香义切		模韵 荒乌切
挼 晓歌	戈韵 奴禾切		脂韵 儒佳切	灰韵 素回切
蛇 余歌、船歌	歌韵 托何切	支韵 弋支切		
鹾 初歌、从歌	歌韵 昨何切	支韵 楚宜切	支韵 士宜切	
差 从歌	歌韵 昨何切	支韵 楚宜切		
囮 疑歌	戈韵 五禾切			尤韵 以周切
詑 定歌	戈韵 土禾切	支韵 弋支切、香支切	歌韵 徒河切	哿韵 徒可切

续表

例字	音一	音二	音三	音四
跛 帮歌	戈韵 博禾切		纸韵 匹靡切	
碆 帮歌	戈韵 博禾切	戈韵 薄波切		桓韵 薄官切
腄 定歌、端歌	支韵 竹垂切	真韵 驰伪切		尤韵 羽求切
闚 匣歌	纸韵 韦委切	佳韵 苦緺切		
蕊 日歌	纸韵 如累切	旨韵 如垒切		
蘂 日歌	纸韵 如累切	旨韵 如垒切		
哆 昌歌	纸韵 尺氏切	哿韵 丁可切	个韵 丁佐切	志韵 昌志切
騧 见歌	麻韵 古华切	佳韵 古蛙切		
緺 见歌	麻韵 古华切	佳韵 古蛙切		
娲 见歌	麻韵 古华切	佳韵 古蛙切		
蜗 见歌	麻韵 古华切	佳韵 古蛙切		
罢 并歌	蟹韵 薄蟹切	支韵 符羁切	纸韵 皮彼切	
輠 见歌	果韵 古火切	果韵 胡果切	贿韵 胡罪切	马韵 胡瓦切
粿 匣歌	果韵 古火切	卦韵 傍卦切		
鯑 定歌	果韵 徒果切	戈韵 他果切		旨韵 以水切
伙 匣歌	果韵 胡果切	蟹韵 怀撋切		
堁 溪歌	果韵 苦果切	过韵 苦卧切	过韵 于卧切	队韵 苦对切
貤 余歌	真韵 以豉切	至韵 羊至切	至韵 神至切	
餧 影歌、泥微			真韵 于伪切	贿韵 奴罪切
癳 来歌	过韵 鲁过切		泰韵 郎外切	
侻 透歌	过韵 汤卧切	泰韵 他外切		
莝 清歌	过韵 粗卧切	戈韵 昨禾切		屋韵 昨木切
座 明歌	过韵 摸卧切			灰韵 莫杯切
蹉 初歌	支韵 楚宜切	歌韵 苏可切		铎韵 仓各切
崫 崇歌	佳韵 士佳切			脂韵 取私切
黟 影歌			脂韵 于脂切	齐韵 乌奚切
㮃 日微		脂韵 儒佳切		
绥 心微	脂韵 息遗切			

续表

例字	音一	音二	音三	音四
移余歌	支韵 弋支切	支韵 移尔切		齐韵 成巂切
差初歌	支韵 楚宜切	佳韵 楚佳切	麻韵 初牙切	皆韵 楚皆切
麆明歌			纸韵 文彼切	脂韵 武悲切
捼泥歌	戈韵 奴禾切	脂韵 儒佳切	灰韵 乃回切	
挼泥歌		脂韵 儒佳切	灰韵 素回切	
倭影歌	戈韵 乌禾切	支韵 于为切	戈韵 乌果切	

上古从歌部得声的字，中古又音情况是：寒韵1次，山韵1次，先韵1次，桓韵1次，仙韵1次，尤韵2次，模韵1次，宵韵1次，泰韵1次，屋韵1次，铎韵1次。

表1-2　月部字在《广韵》中的又音统计

例字	音一	音二	音三	音四
娺端月	黠韵 丁滑切			脂韵 陟佳切
趣邪真			谆韵 详遵切	线韵 辞恋切
将来月、来元	薛韵 力辍切			狝韵 力夋切
杀山月	黠韵 所八切		怪韵 所拜切	
蜇端月	薛韵 职悦切		霁韵 都计切	
懫定月	夬韵 丑辖切		霁韵 特计切	
祭精月、庄月	祭韵 子例切			怪韵 侧界切
毳清月	祭韵 此芮切			线韵 尺绢切
势章月	祭韵 舒芮切			至韵 脂利切
劓余月	祭韵 余制切			至韵 羊至切
盖见叶、匣叶	泰韵 古太切			盍韵 胡猎切、古盍切
奈泥月	泰韵 奴带切			歌韵 奴个切
大定月	泰韵 徒盖切			个韵 唐佐切
妎匣月	泰韵 胡盖切		霁韵 胡计切	

续表

例字	音一	音二	音三	音四
浿滂月	泰韵 普盖切			怪韵 普拜切
酹来月	泰韵 郎外切			代韵 卢对切
磕溪叶	泰韵 苦盖切	曷韵 苦曷切		盍韵 苦盍切
溘溪叶	泰韵 苦盖切	合韵 口答切		
䫒匣叶	泰韵 苦盖切			盍韵 胡腊切、苦盍切
蜕透月	泰韵 他外切	薛韵 弋雪切		过韵 汤卧切
咶匣月	夬韵 火夬切	辖韵 丁刮切		怪韵 火怪切
铩山月	祭韵 所例切			怪韵 所拜切
鏾匣月	泰韵 黄外切			霰韵 胡甸切
蜕透月	祭韵 舒芮切	泰韵 他外切	薛韵 弋雪切	过韵 汤卧切
擳心月	薛韵 私列切		质韵 鱼乙切	
苇帮月			物韵 分勿切	未韵 方味切
泼帮月	月韵 方伐切			物韵 分勿切
岥帮月			末韵 北末切	物韵 分勿切
契溪月、心月	屑韵 苦结切	霁韵 苦计切	迄韵 去讫切	
㹮晓月	月韵 许月切			怪韵 古怀切
猲晓月	月韵 许竭切	曷韵 许葛切		乏韵 起法切
刖疑月	月韵 鱼厥切	辖韵 五刮切		没韵 五忽切
恬透谈、见月	末韵 古活切			忝韵 他玷切
𦧲透谈、见月	末韵 古活切		盐韵 息廉切	忝韵 他玷切
栔溪月	屑韵 苦结切			霁韵 苦计切
𢶉透月	薛韵 丑列切			锡韵 他历切
𦡁透月	薛韵 丑列切			寒韵 他干切
挩章月、透月	薛韵 职悦切	末韵 他括切		没韵 他骨切

上古从月部得声的字，中古又音情况是，寒韵 1 次，线韵 3 次，狝韵 1 次，霰韵 1 次，愿韵 1 次，歌韵 1 次，个韵 1 次，盍韵 3 次，过韵 2 次，乏韵 1 次，锡韵 1 次。

表 1-3　元部字在《广韵》中的又音统计

例字	音一	音二	音三	音四
瘅端元	寒韵 都寒切	寒韵 徒干切	哿韵 丁可切	个韵 丁佐切
鴠定元	寒韵 徒干切		齐韵 杜奚切	霁韵 特计切
驒定歌、定元	寒韵 徒干切		先韵 都年切	歌韵 徒河切
觲端歌				哿韵 丁可切
軃端歌				哿韵 丁可切
觯章支			寘韵 支义切	支韵 章移切
鼉定歌				歌韵 徒河切
番滂元、并元、帮歌	元韵 孚袁切		过韵 补过切	戈韵 薄禾切
磻帮歌	桓韵 薄官切			戈韵 薄波切、博禾切
嶓帮歌				戈韵 博禾切
蟠、颁并歌				戈韵 博禾切
播帮歌				过韵 补过切
譒帮歌				过韵 补过切
鄱并歌				戈韵 薄波切
靼端月			薛韵 旨热切	曷韵 当割切
怛端月				曷韵 当割切
妲端月				曷韵 当割切
炟端月				曷韵 当割切
呾端月				曷韵 当割切
笪端月	翰韵 得按切	旱韵 多旱切		曷韵 当割切
狙端月	翰韵 得按切	旱韵 多旱切		曷韵 当割切
赶群元	元韵 巨言切			月韵 其月切
讦见月	薛韵	祭韵 月韵		
鼾溪元	翰韵 苦旰切		曷韵 苦曷切	泰韵 苦盖切
駻匣元	翰韵 侯旰切			哿韵 虚我切

续表

例字	音一	音二	音三	音四
齜定月				曷韵 才割切
钀疑月			薛韵 鱼列切	曷韵 五割切
櫱疑月				曷韵 五割切
蠥疑月				曷韵 五割切
钀疑月			月韵 语讦切	薛韵 鱼列切
䚂疑元	狝韵 鱼蹇切			薛韵 鱼列切
献晓元	愿韵 许建切			歌韵 素何切
褍端元	桓韵 多官切			果韵 丁果切
稄端元	桓韵 多官切			果韵 丁果切
篅禅元	仙韵 市缘切			支韵 是为切
圌禅元	仙韵 市缘切			支韵 是为切
揣定元、初歌、章歌		集韵 徒官切	纸韵 初委切	果韵 丁果切
瑞禅歌				寘韵 是伪切
貒透元	换韵 通贯切	线韵 丑恋切		恩韵 徒困切
啄馀晓月	废韵 许秽切			
娩明元、明元	阮韵 无远切	愿韵 无贩切		问韵 亡运切
免明元	狝韵 亡辨切			问韵 亡运切
絻明元	桓韵 毋官切	狝韵 亡辨切		问韵 亡运切
挽明元	阮韵 无远切	愿韵 无贩切		问韵 亡运切
婏滂母	愿韵 无贩切			遇韵 芳遇切
菀影元	阮韵 于阮切			物韵 纡物切
豌影元	阮韵 于阮	元韵 于袁切		过韵 乌卧切
輐影元	元韵 于袁切		文韵 于云切	吻韵 于粉切
鸳影元	元韵 于袁切			魂韵 乌浑切
婠影元	桓韵 一丸切			黠韵 乌八切
管见元	缓韵 古满切			恩韵 古困切
揞影月				末韵 乌括切
鬓初月			辖韵 初刮切	薛韵 侧劣切

续表

例字	音一	音二	音三	音四
瀡心月	线韵 息眷切			祭韵 以芮切
頞影月				曷韵 乌葛切
跧庄元	仙韵 庄缘切	删韵 阻顽切		谆韵 将伦切
絟清元	仙韵 此缘切			薛韵 七绝切
俒匣元			魂韵 户昆切	慁韵 胡困切
帴精元	先韵 则前切	寒韵 昨干切	黠韵 所八切	翰韵 苏旰切
僎精元、崇元	线韵 士恋切	臻韵 将伦切	狝韵 士免切	
般并元	桓韵 薄官切	桓韵 北潘切	删韵 布还切	末韵 北末切 又音钵
媻并元	桓韵 薄官切			戈韵 薄波切
靴晓月				屑韵 虎结切
覼来歌				戈韵 落戈切
髋溪元	桓韵 苦官切	魂韵 苦昆切		
酇精元	桓韵 在丸切	缓韵 作管切	缓韵 作管切	歌韵 昨何切
嚉定月				曷韵 末韵切
嗎晓月			曷韵 他达切	怪韵 许介切
䁲明元	愿韵 无贩切			祭韵 力制切
瞒明月			怪韵 许介切	夬韵 莫结切、火辖切
樠明元	元韵 武元切	桓韵 母官切	魂韵 莫昆切	
懑明元	缓韵 莫旱切	混韵 模本切	慁韵 莫困切	
骭溪元	删韵 可颜切	山韵 苦闲切		黠韵 恪八切
蜿影元	阮韵 于幰切	铣韵 于殄切		
瞞明元	桓韵 母官切	魂韵 莫奔切		
䑞精元	狝韵 子兖切			支韵 遵为切
檇精支			脂韵 醉绥切	至韵 将遂切
狷见元、影月	先韵 古玄切		屑韵 于决切	薛韵 于列切
坌帮元		问韵 方问切	文韵 府文切	

续表

例字	音一	音二	音三	音四
拚并元、帮元	线韵 皮变切	问韵 方问切		
蘭群元	狝韵 渠缘切	轸韵 渠殒切		
絭见元	愿韵 居愿切	愿韵 去愿切	线韵 居倦、区倦	
楥邪元	仙韵 似宣切	谆韵 相伦切		
嬛群耕、晓元	仙韵 于缘切	清韵 渠营切	仙韵 许缘切	
瑝匣蒸				耕韵 户萌切
瞏邪元、群耕		集韵 旬宣切		清韵 渠营切
齱泥歌		齐韵 人兮切	歌韵 诺何切	齐韵 奴低切
傩泥歌				歌韵 诺何切
魋泥歌				歌韵 诺何切
繁并歌、并元	元韵 孚袁切	桓韵 薄官切		戈韵 薄波切
咺晓元	元韵 况袁切			支韵 许羁切
吅晓元	元韵 况袁切	仙韵 须缘切		用韵 似用切
卵来元	缓韵 卢管切			果韵 郎果切
㬎(㬎)晓元	铣韵 呼典切			合韵 五合切
甇日元	狝韵 而兖切	稕韵 子峻切		虞韵 人朱切
屽透元	狝韵 丑善切		蒸韵 陟陵切	江韵 宅江切
涣晓元	桓韵 火贯切			泰韵 呼会切
羡邪元	线韵 似面切	线韵 予线切		脂韵 以脂切
阏影月	仙韵 于干切	先韵 乌前切	曷韵 乌葛切	月韵 于歇切
烜晓元		阮韵 况晚切		纸韵 许委切
蓶匣歌				纸韵 韦委切
㐮心支	褐韵 苏佃切			支韵 息移切
獌《说文》无	山韵 直闲切	真韵 丑人切	仙韵 力延切	
輚崇元	产韵 士限切	谏韵 士谏切		
虥崇元	产韵 士限切	山韵 士山切		
俴崇元	产韵 士限切	线韵 士恋切		

三、《经典释文》歌月元部字音注的统计分析

《经典释文》(以下简称《释文》)的注音方式,大而言之主要有三种:反切、直音和如字。表1-4、表1-5、表1-6为就歌月元部字的注音状况做的一个统计。

表1-4 《经典释文》歌部字注音的情况统计

例字	歌部	其他韵部	例字	歌部	其他韵部	例字	歌部	其他韵部	例字	歌部	其他韵部
跛	18		陂	25	质部1	披	15		被	69	
诐	1		簸	2		颇	15		鈹	4	
秛	3		疲	1		髲	6		婆	1	
罢	8	元部:音反[①]1	羆	9		攉	1		和	51	
果	2	元部2	倮	6		夥	1		踝	1	
輠	1		蠃	2		裸	1		惈	2	
裹	1		祼		之部音埋1 元部17	蓏	6		戈	3	
摩	5		磨	4		劘	1		麽	8	
垂	1		捶	9		唾	5		倕	3	
锤	3		甄	2		厜	1		棰	1	
萐	2		睡	2		妥	7		桵		微部2
挼	1		餒	1	微部1	委	29	微1			
矮	1		萎	3		巍		微部2			
差	78		嗟	1		蹉	1		磋	9	
瑳	4		瘥	4		鹾	1		莝	1	
鲝	1		髭	13		佐			槎	2	
溠	1	铎部1	科	7		个	21	元部1	個	1	
过	85		樝	2		蜗	9		騧	3	

---

① 反字,当为"皮"字讹误。抱经堂本作"音皮"。

续表

例字	歌部	其他韵部	例字	歌部	其他韵部	例字	歌部	其他韵部	例字	歌部	其他韵部
蒚	1		馶	1		吹	3		炊	1	
柯	24		哥	2		訶	1		笴	3	元部 2
阿	2		呵	3		苛	18		荷	10	
何	16		妸	1		奇	26		畸	2	
倚	49		齮	3		羁	9		掎	4	
觭	3		踦	2		崎	1		锜	11	
骑	3		猗	15		輢	3		椅	4	
沙	3		莎	14		娑	3		纱	1	
鲨	1		琐	12		璅①	2				
它	13		佗	32		沱	8		鮀	4	
陀	1		驼	1		蛇	18		他	3	
笹	1		池	3		虵	1		地	1	
訑		元部 1	迤	3		迱	1		杝	3	
柂	1		匜	5		酏	6		髢		锡部 5
施	98		箷	2		弛	22				
隋	18		髾	4		椭	1		惰	30	
堕	1		髄	2		猗	1		薩	1	
灕	2		随	1		堕	28		漶	2	
哆	2		跢		侯部 1	侈	36		移	6	
籖	1		誃	1		袳	2		扅	2	
鉹	1		誃	1		侈	1		屍	1	
螭	5		縭	3		欐	1		摛	1	
离	78		篱	2		蓠	2		罹	6	
萝	4		貏②	1							

① 璅字为琐字的讹误。
② 原文作"貏",据罗常培《经典释文音切考》改正:"《周礼》作'貏'"。

续表

例字	歌部	其他韵部	例字	歌部	其他韵部	例字	歌部	其他韵部	例字	歌部	其他韵部
为	1099		妳	7		譌	1		鄥	2	
寪	1		蒍	10		撝	1		伪		微1
訛	7		縈	1							
我	3		义	2		仪	1		蚁	7	
蛾	6		莪	11		鹅	7		俄	2	
峩	1		峨	1		睋	1		羲	1	
牺	16		戏	18							
坐	35		挫	7		痤	8		剉	1	
莝	2		脞	1		左	7				
蠃	12		蠃	8		蠃	13		騾	1	
架	1		珈	2		枷	1		驾	1	
茄	1		那	6		哪①	2				

表1-5 《经典释文》元部字注音的情况统计

	元部	其他韵部		元部	其他韵部		元部	其他韵部		元部	其他韵部
播		歌部14	赞	1		贩	5		筌	1	
蟠		歌部6	贊	1		阪	13		痊	1	
嶓		歌部1	钻	9		扳	3		輇	4	
藩	17		缵	3		贩	1		荃		
蕃	40		攒	3		钣	1		栓	9	
番	4	歌部3	瓚	9		版	11		駩	1	
潘	12		横	7		叛			銓	1	
燔	24		酇	6	歌部3	頵	3		迁	1	
蟠	3		篡	29		饭	39		僊	5	
蹯	4		纂	3		坂	3		窜	12	

① 哪与那同字。

续表

	元部	其他韵部		元部	其他韵部		元部	其他韵部		元部	其他韵部
幡	6		簨	2		返	2		縓	7	
翻	1		衍	17		昄	1		羱	1	
膰	5		餐	2		瓣	4		粲	9	
翻	1		愆	30		辩	18	谈部音贬1	羡	6	
蹯	1		蠹	1		办	4		鱻	1	
璠	1		缮	8		辨	8		鲜	110	
蕃	1		膳	4		卞	9		癣	2	
鞭	5		营	17		汴	1		蹿	1	
便	66		管	3		玣	1		尟	2	
笲	1		痯	1		犿	1		散	29	
楩	2		馆	1		餁	2		巽	6	
弁	15		輨	1		胖	11		选	23	
开	1		馆	3		泮	6		撰	5	
絣	1		棺	7		眫	1		馔	20	
笄	6		逭	2		判	2		襈	1	
曼	5		倌	1		绊	5		僎	6	
鄤	1		錧	1		靽	1		膘	2	
缦	6		樌		支部6	婏	1		譔	1	
幔	2					繁	3	歌部1	线	4	
慢	9		奸	2		蘩	14		线	1	
漫	9		闲	78		樊	14		酸①	2	
嫚	3		简	2		蠜	3		算	4	
僈	1		蕳	1		襥	1		筭	4	
谩	2		涧	6		般	31		蒜	1	

① 从夋得声的字，俊晙焌峻骏陵峻浚陵鵔竣峻浚陵鵔竣俊趁逡魏踆为文部字，狻酸为元部字。

续表

	元部	其他韵部		元部	其他韵部		元部	其他韵部		元部	其他韵部
镘	2		睴	3		礜	2		匽	1	
蔓	14		闲	1		盘	8		竿	1	
缦	1		鳏	11		盘	4		散	10	
芮	1		瘝	3		盘	3		霰	1	
瞒	4		捐	4		繁	1		潸	1	
楠	1		涓	2		洐	4		献	1	歌部8
瞒	1		绢	1		晛	3		谳		月部2
懑	1		鞙	3		免	24		轙		月部1
断	138		狷	3		冕	5		鑯		月部2
短	2		琄	2		挽	1		甗	1	
亶	14		胃	1		浼		微部1	甑	1	
瘅	2		悁	2		悗	4		咺	1	
鳣	4		蜎	3		鞔	3		梴	1	
澶	1		豜	1		俛	7		僝	1	
禅	12		趼	2		娩	4		輚	1	
僤	1		汧	6		挽	9		删	2	
蟺	1		雅	1		缅	1		山	1	
坛	18		研	2		腼	2		讪	5	
襢	1		菺	1		涵	3		汕	2	
檀	9		肩	2		蝒	1		蠋	8	支部音圭1
毡	3		顅	1		蛮	1		干	19	
旜	4		茧	14		绵	4		干	7	
馆	4		襺	3		瞑	1		飦	2	
鹯	4		盥	22		笾	2		秆	1	
皽	1		盷	7		端	1		刊	9	
膻	5	耕部音馨2	眽	2		端	1		旰	5	

续表

	元部	其他韵部		元部	其他韵部		元部	其他韵部		元部	其他韵部
擅	19		葟	20	微部音佳1	顓	22		邗	1	
墠	2		观	108		湍	2		竿	8	
澶	8		灌	15		貒	3		肝	2	
旃	15		鹳	5		喘	4		奸	16	
段	11		瓘	4		遄	14		干	14	
锻	8		爟	2		歂	4		焊	1	
椴	3		矔	9		輲	1		旱	1	
殿	4		权	2		揣		歌部2	鳱	2	
专	2		勧	35		惴		歌部7	犴	5	
専	2		罐	2		瑞		歌部6	岸	2	
鹯	1		驩	7		单	16		豻	2	
缚	3		杈	1		惮	22	歌部3 月部3	衎	14	
传	132		瓘	1		瘅	4	歌部1	罕	5	
团	1		贯	37		啴	4		轩	5	
抟	2		摜	2		驒		歌部2	汗	4	
转	2		惯	1		潬	1		虷	1	
剸	1		丱	1		弹	10		干	1	
砖	1		冠	74		樿	2		扞	18	
膊	1		完	8		燀	1		悍	3	
榑	2		莞	13		战	2		晘	1	
鱄	7		梡	1		阐	7		捍	2	
鄟	7		浣	6		灛	1		馯	1	
砖	1		阮	1		僤	1		玕	3	
歲	1		祁	1		幝	1		澣	4	
兖	2		鯇	1		蝉	1		韓	1	
莐	1		皖	1		禅	7		闲	2	

续表

字	元部	其他韵部	字	元部	其他韵部	字	元部	其他韵部	字	元部	其他韵部
沿	6		睆	5		襢	9		骭	4	
铅	2		筦	2		亶	1		翰	10	
延	1		輐	1		笪	10		乾	1	
诞	8		玩	4		郸	5		讦		月部2
綖	3		垸	4		繟	1		款	3	
莚	4		瓩	3		殚	2		窾	1	
筵	4		忨	1		亸	1		侃	2	
蜒	1		虳	1		埠	11		詻	4	
郔	3		毳	6		鼉		歌部4	遣	17	
羡	2		丸	2		觯		支部14	谴	17	
廛	4		疛	1		旦	1	真部音神1	缱	1	
缠	2		芄	2		但	1		虔	5	
瀍	2		寒	10		坦	11		楗	1	
爰	3		攥	1		袒	27		言	2	
暖	10		搴	1		妲		月部2	唁	11	
裷	1		骞	1		怛		月部12	谚	11	
暖	2		搴	4		展	4		喭	2	
谖	9		建	1		辗	1		蒇	5	
缓	1		鞬	1		蹍	2		谊	2	
援	31		键	4		嘆	1		晅	1	
鍰	2		楗	1		欸	3		咺	9	
瑗	13		捷	1		燂	2		烜	1	歌部1 微部音毁2
媛	3		寋	1		暵	8		垣	18	
猨	6		冤	6		雗		歌部3	貆	2	
奐	3		菀	1		鷽		歌部4	峘	1	
㬮	1		宛	30		难	348	歌部11	萱	1	

续表

元部	其他韵部	元部	其他韵部	元部	其他韵部	元部	其他韵部
撋		月部3	怨	13	甗	2	桓	1
愞	1		苑	8	炭	5	洹	1
陾		蒸部1	鸳	1	象	5	儇	1
㐮[①]	9		菀		物部音郁3	掾	1	环	6
渜	1		酯	1	缘	70	还	72
濡	1		婉	18	瑑	5	輮	6
擩	1		鵷	1	篆	7	攇	3
偄	1		豌	1	椽	4	愪	1
瓀	1		惌	1	蠉	7	寰	4
濡	1		琬	3	腞	2	圜	24
嚅	1		蜎	1	喙		月部16 侯部1	显	2	阳部音皇1
礝[②]	1		婠	2	餘		月部1	韗	1
需	2		窾	1	鶨	1	夬	7
擩		月部2	腕	1	见	628	涣	6
腝		歌部3	焉	136			焕	2
软	1		鄢	11	晛	1	换	1
刓	2		宴	5	俔	2	雚	1
厉		月部9	偃	6	苋	3	幻	2
砺		月部3	晏	8	睍	1	愿	9
疠		月部5	鷃	3	蚬	1	螈	1
粝		月部1	鴳	3	靦	1	邍	1
栾	11		鞍	9	俶	2	嫄	1
鸾	4		頞		月部1	煎	2	騵	2

---

① 罗常培《经典释文音切考》："《释文》耎需时混,愞懦实同字也。"
② 这些从"需"的字,《广韵》皆从"耎"。如"礝"字,《广韵》作"碝"。

续表

	元部	其他韵部		元部	其他韵部		元部	其他韵部		元部	其他韵部
峦	1		按	2		䨽	9		县	113	
挛	4		骏	1		髌	1		悬	1	
癴	1		衔	2		箭	1		宣	2	
繺	1		连	6		荋	2		蠉	1	
脔	7		莲	1		揃	4		萲	1	
娈	4		涟	5		湔	1		匧	1	
联	6		琏	1		戋	2		蜎	1	
卵	14		辇	1		钱	4		鰥	2	
卷	39		鄟	1		践	6		鹓	1	
绻	1		兰	1		栈	7		褑	1	
眷	1		烂	3		笺	1		鸢	7	
卷	2		爛	1		俴	3		变	1	
倦	8		澜	1		划	3		篃	1	
券	1		瀾	1		醆	6		然	1	
勌	1		栏	1		琖	3		远	130	
腃	1		蕑	1		饯	7		蓮		歌部9
豢	6		桊	1		幓	1		辕	6	
貗	1		豢	1		爨	22		衰		耕部1
鞬	1		圈	5		餐	3		嬛		耕部2
鬈	2		拳	9		澯	1		燕	28	
睠	1		錬	1		驦	1		鄢	1	

表1-6 《经典释文》月部字注音的情况统计

	月部	其他韵部		月部	其他韵部		月部	其他韵部		月部	其他韵部
敝	20		截	4		秣	10		介	124	
币	2		埶	4		靺	10		芥	3	

续表

	月部	其他韵部		月部	其他韵部		月部	其他韵部		月部	其他韵部
蔽	21		褻①	22		沫	7		妎	1	
鳖	11		艺	2		胅	1		紒	11	
鳖	3		蓺	5		茷	10		疥	5	
蠱	1		槷	1		鱥	1		玠	1	
蟹	1		爇	5		袜	1		匄	11	
嫳	2		埶埶②	7		篾	1		丐	1	
蟞	1		曳	6		袂	18		会	40	
鷩	10		绁	2		决	16		襘	2	
毙	21		泄	15		带	3		浍	9	
獘	2		泄	30		蝳	1		脍	7	
弊	15		绁	6		带	1		郐	3	
败	45		靹	1		墆	1		桧	4	
别	270		抴	1		蒂	1		憺	1	
发	5		枻	1		滞	1		哙	2	
拨	8		贳	3		遰	1		鲙	1	
废	5		勩	1		懘	1		瞖	1	
癈	1		薛	3		蜇	3		夬	4	
肺	12		祭	24		缀	22		狭	1	
芾	7		蔡	2		惙	3		决	7	
柿	1		瘵	2		辍	8		玦	4	
牺	1		际	1		啜	5		诀	3	
旆	13		杀	114	之部 97	掇	7		快	6	
沛	20		椴	4		剟	1		鸩	2	

① 褻，该字《释文》作褻，误。
② 该二字应该从埶，而非从执。

续表

	月部	其他韵部		月部	其他韵部		月部	其他韵部		月部	其他韵部
绂	2		薉	1		樧	1		抉	5	
跋	8		秡	4		鷢	2		缺	11	歌部1 支部1
拔	23		蓟	1		翳	2		蒛	1	
茇	4		剡	5		歜	8		苂	1	
载	7		适	3		折	74	歌部1	薂	2	叶部1
胈	2		括	23		哲	5		厥	1	
魃	1		栝	2		悊	2		蹶	11	
斮	18		涺	1		喆	2		橛	5	
帗	2		聒	6		誓	2		蕨	2	
犮	4		鸹	1		菪①		锡部1	蠍	1	
袯	10		活	2		兑	16		鱖	1	
伐	1		刮	3		蜕	4	歌部1	槩	2	
茷	7	1	恬	1		说	267		爈	4	
筏	1		姡	2					蕨	1	
呎	7		阔	2		脱	26		阙	5	
末	8		曷	10		税	29	元部3	䴘	1	
昧	4		竭	1		捝	8		劂	6	
达	2		羯	4		鮵	1		瀱	1	
挞	12		楬	7		税	5		藅	1	
囟	2		毼	1		悦	10		孑	3	
大	351		渴	4		浼	6		艾	35	
汏	7		偈	3		锐	9		餃	2	

① 罗常培《经典释文音切考》认为，该字本作"摘"。

续表

	月部	其他韵部		月部	其他韵部		月部	其他韵部		月部	其他韵部
杕	2		愒	5		睿	1		乂	1	
忕	8		揭	25		叡	1		刈	3	
泰	4		藒	1		蛋	13		桀	4	
汏	3		碣	1		嚻	2		榤	1	
轪	1		朅	2		彻	7		杰	2	
契	32		褐	7		澈	1		孽	14	
楔	7		餲	2		辙	2		孼	3	
瘗	1		蔼	3		撤	1		蘖	3	
挈	22		蝎	4		列	2		枿	4	
絜	6		猲	2		洌	3		臬	4	
鍥	1		歇	5		疠	1		甈	1	
喆	13		暍	1		裂	6		陧	1	
剌	2		遏	19		茢	12		瀎	1	
赖	1		褐	2		例	1		秒	9	
籁	3		害	1		烈	1		餞	1	
獭	4		割	1		鴷	1		哕	3	
藾	3		辖	1		鴷	1		威	1	
捋	4		辖	3		蛚	1		伐	1	
埒	1		鸹	1		刷	4		越	6	
最	1		宪		元部 4	掣	4		钺	15	
撮	7		櫼	4		毳	12				
蕞	1		剒	15		蟼	3	元部 2	辇	2	
嘬	1		曰	14		筮	10		璇		元部 2
脆	12		汩		物部 6	噬	9				
脃	12		蕨	1		澨	5		篲	2	
			罚	3		遾	1				

从表 1-4 至表 1-6 中可以看出，《释文》中歌月元三部字的注音发生韵转的情况几乎都限于歌月元三部之内，与其他韵部发生韵转的情况所占比例非常小。

《释文》给上古月部 296 个字注音，其中有例外注音的 10 个，它们是：折，歌部 1 次；蜕，歌部 1 次；礿，锡部 1 次；税，元部 3 次；窡，元部 2 次。缺，歌部 1 次，支部 1 次；杀，之部 97 次；宪，元部 4 次；璇，元部 2 次；汩，物部 6 次。

《释文》给上古歌部 214 个字注音，其中有例外注音的 13 个。它们是：訑，元部 1 次；髢，锡部 5 次；果，元部 2 次；裸，之部 1 次，元部 17 次；笴，元部 2 次；个，元部 1 次；陂，质部 1 次；搓，铎部 1 次；委，微部 1 次；跨，侯部 1 次；巍，微部 2 次；餧，微部 2 次；桵，微部 2 次。

《释文》给上古元部 600 个字注音，其中有例外注音的 48 个。它们是：番，歌部 3 次；播，歌部 14 次；皤，歌部 6 次；蹯，歌部 1 次；辩，谈部 1 次；繁，歌部 1 次；洝，微部 1 次；惮，歌部 3 次，月部 3 次；瘅，歌部 1 次；驒，歌部 2 次；亶，歌部 4 次；膻，耕部 2 次；觯，支部 14 次；旦，真部 1 次；姐，月部 2 次；怛，月部 12 次；难，歌部 11 次；傩，歌部 3 次；戁，歌部 4 次；揱，月部 3 次；懦，月部 2 次；蠲，支部 1 次；蕳，微部 1 次；烜，歌部 1 次，微部 2 次；显，阳部 1 次；菀，物部 3 次；喙，月部 16 次，侯部 1 次；餘，月部 1 次；厉，月部 9 次；砺，月部 3 次；疠，月部 5 次；粝，月部 1 次；鄭，歌部 3 次；献，歌部 8 次；讞，月部 2 次；钀，月部 2 次；櫱，月部 1 次；讦，月部 2 次；蓮，月部 9 次；頞，月部 6 次；揣，歌部 2 次；惴，歌部 7 次；陕，蒸部 1 次；腝，歌部 3 次；橢，支部 6 次；罴，耕部 1 次；嬛，耕部 2 次。

由此可见，歌月元三部，有例外注音的比例非常小，并且这些例外注音大都是歌月元三部之间的音转。与其他韵部发生音转，多与形讹或连读音变有关。比如"显"字，《礼记•祭法》："显考无庙，有祷焉，为坛祭之。"郑玄注："显考无庙，非也，当为'皇考'，字之误。"《释文》："显考无庙，显音皇，依注。""膻"字，《礼记•祭义》："建设朝事，燔燎膻芗，见以萧光，以报气也。"郑玄注："膻，当为馨，声之误也。燔燎馨香，见以萧光，取牲祭脂也。"《释文》："膻，依注音馨，许经反。""裸"字，《周礼•春官•小宗伯》："庙用修，凡山川四方用蜃,凡祼事用概,凡䱉事用散。"郑玄注:"祼,当为'埋'字之误也。"《释文》:"凡祼,音埋,出注。"

四、《古字通假会典》的材料统计

通过对《古字通假会典》(以下简称《会典》)中有关歌月元三部穷尽性的统计,歌部共有 615 条例证,月部共有 767 条例证,元部共有 1309 条。除却由于时代(时代晚于东汉的例子本书不予采纳)、字形讹误、字义(包括可作两解和语义相关两种情况)、高亨书本身讹误等因素,共得到歌部相通的例子 570 条,月部相通的例子 705 条,元部相通的例子 1203 条。《会典》中主要收录了上古时期大部分主要著作中音近或音同的异文通假,但同时也涵盖了少部分的古今字、异体字与简化字。因此为了照应本书主题,首先需要筛除全部与语音现象无关的材料;其次对于非上古时期的材料,我们需要再次择取。由于《会典》中的通假、异文数量庞大,且性质复杂,因此校勘工作难免会有所疏漏。而倘若不细心选取便将《会典》的内容作为异文通假的材料,所得结果自然在可信性上有所欠缺。因此我们参考邵荣芬在《敦煌俗文学中的别字异文和唐五代西北方音》一文中筛选材料的办法,特制订以下原则,具体如表 1-7、表 1-8 所示。

表 1-7 非上古材料筛取原则表

典籍类别	材料性质	选取原则	说明
宋代以前的注释与注疏	古籍中记录的上古异文和汉魏学者的注释	看作是对上古典籍材料的补充,大都采用	如彭与鼋,《史记·商君列传》:"杀之于郑黾池"。《索隐》:"《盐铁论》云:商君困于彭池。"(《盐铁论》乃西汉桓宽之作)
	唐代著名学者的经典注疏	根据具体情况有选择地采用	孔颖达《五经正义》、贾公彦《周礼义疏》、颜师古《汉书注》、李贤《后汉书注》、李善《文选注》、陆德明《经典释文》、司马贞《史记索引》

续表

典籍类别	材料性质	选取原则	说明
宋代以前的注释与注疏	唐代学者所撰对后世文字训诂研究极为重要的其他专书	根据具体情况有选择地采用	林宝《元和姓纂》、段成式《酉阳杂俎》
	不属于上述情况	一律不采用	
两汉以后的韵书与字书	《广韵》《集韵》《古文四声韵》	除此之外一律不用	两汉以后的古籍虽然部分记录了上古著作中的异文和汉魏六朝时的经注,但终究不是一手材料,有可能经历辗转移抄而丧失原貌

表1-8 异文通假材料筛选原则

	原则	示例	说明
与语音无关的材料	因字形讹误通假者不取	"皞"与"曎"、"蹢"与"躢"	
	意义各有所当而异者不取	"承"与"黏"、"桥"与"樿"	
	语义相关通假者不取	"称"与"骋"、"伤"与"殃"	
	缺乏根据者不取		
有两个读音的材料	取与所通之字读音近同者	"莹"与"英"	"英"为庚韵,"莹"字两读分别属于庚韵与径韵,音注为"永兵、乌定",取其庚韵读音

五、其他材料的分析

(一)韵文材料

研究先秦两汉古韵的材料有二:一是传世典籍中的韵文,二是出土古器物上的韵文。关于前者，本书主要参考的书籍有王力先生《诗经韵读》《楚辞韵读》①，江有诰《音学十书》中的群经韵读（《易经》《书经》《仪礼》《考工记》《礼记》《左传》《论语》《孟子》《尔雅》）、宋赋（《风赋》《高唐赋》《神女赋》《登徒子好色赋》《大言赋》《小言赋》《钓赋》《笛赋》《舞赋》）、先秦韵读（《国语》《老子》《管子》《孙武子》《晏子春秋》《家语》《庄子》《列子》《吴子》《山海经》《穆天子传》《逸周书》《六韬》《三略》《战国策》《墨子》《文子》《荀子》《韩非子》《吕氏春秋》《鹖冠子》《素问》《灵枢》《鬼谷子》《秦文》），以及罗常培、周祖谟《汉魏晋南北朝韵部演变研究》的两汉诗文韵谱②。关于后者，以青铜器铭文为最多，本书主要参考王国维《两周金石文韵读》③、郭沫若《金文韵读补遗》④、陈世辉《金文韵读续辑》⑤、陈邦怀《金文韵读辑遗》⑥、罗江文《金文韵读续补》⑦，共有250余条铭文韵读，歌月元三部的韵文所占比例较少，兹列如下。《南疆钲》："勿丧勿败，余处此南疆万叶之外。"（《补遗》，月部）。《晋邦盏》："乌昭万年，晋邦佳雗。"（《补遗》，真元合韵）《中山王方壶》："于呼，允哉若言。明大之于壶，而时观焉。"（《续辑》，元部）。《叔鼎》："弋休则尚安，永宕乃子心安，永袭叔身。"（《辑遗》，元真合韵）《田季加匜》："唯田季加，自乍宝匜。"（《辑遗》，歌部）《鄂君启舟节》："女载马牛羊以出内关，则政于大䏿，母政于关。"（《续补》，元部）

---

① 王力《诗经韵读 楚辞韵读》，北京：中国人民大学出版社，2004 年。

② 罗常培、周祖谟《汉魏晋南北朝韵部演变研究》（第一分册），北京：中华书局，2007 年，124 页。

③ 王国维《两周金石文韵读》，载《王国维先生全集（初编）》（第 11 册），台北：台湾大通书局，1976 年，4843 页。

④ 郭沫若《金文韵读补遗》，载《金文丛考》，北京：北京人民出版社，1954 年，131 页。

⑤ 陈世辉《金文韵读续辑》，载《古文字研究》（第五辑），北京：中华书局，1981 年，169 页。

⑥ 陈邦怀《金文韵读辑遗》，载《古文字研究》（第九辑），北京：中华书局，1984 年，445 页。

⑦ 罗江文《金文韵读续补》，载《玉溪师范高等专科学校学报》（社会科学版），1999 年第 1 期，70 页。

（二）音注材料

这些音注材料包括郑玄对三礼的注释、许慎《说文》中的"读若"，《史记》三家注、颜师古的《汉书注》、郭璞的《尔雅注》《方言注》、李贤的《后汉书注》、高诱的《淮南子注》《吕氏春秋注》。这些材料本身就是研究古音系的材料，同时也与其他材料有互证作用。运用这些注音材料要有校勘的自觉意识。一部《文选》，李善注和六臣注应该分清，一部《淮南子》，高诱、许慎两家的注应该分开。本书对《说文》的"读若"做了一个统计，见图1-2（横行是读若字，纵行是被读若字。如褫，从衣。虒声。读若池。褫，是被读若字，支部，池是读若字，歌部）。

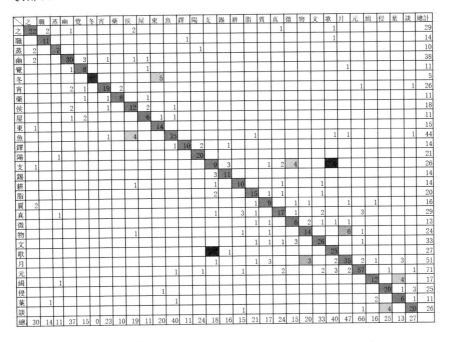

图1-2 《说文》各韵部读若关系表

对角线表示各韵部内部的读若关系，通过图1-2我们可以发现，韵部内部的读若占该韵部读若的主流。之部共出现37次，之部与之部22次，占59.4%；职部共出现17次，职部与职部11次，占64.7%；蒸部共出现14次，蒸部与蒸部之间7次，占50%；歌部共出现42次，歌部与歌部之间25次，占59.5%；月部共出现63次，月部与月部之间35次,占55.5%;元部共出现80次,元部与元部之间57次,占71.2%。

(三)异文材料

本书所说的"异文"包含三种含义,第一种指的是同一种文献,不同版本用字上的不同,或者他书引用该书同原书文字上的不同,或者出土文献和传世文献的不同。不同版本的如三家诗和毛诗的不同,《诗经·国风·关雎》:"辗转反侧",三家诗"辗"作"展"。他书引用的如"关关雎鸠",《玉篇》《广雅》引《诗经》"关"作"喧"。又如《周易·系辞下》:"天地絪缊",《集解》絪缊作壹壹,《说文·壶部》引作"壹壹"。出土文献如武威汉简中《仪礼·燕礼》和传世《仪礼》的文字异同,郭店楚简《老子》和传世《老子》的比较。对于这些异文,首先要做比对工作,确定哪些是跟古音有关,哪些无关。《论语·宪问》:"不患人之不己知,患其不能也。"《论语·卫灵公》:"君子病无能也,不病人之不己知也。""患"与"病"同义词互代。又如《老子》第六十四章:"九层之台,起于累土。"汉马王堆帛书作"九重之台","层"与"重"可能是同义互代。再如《诗经·大雅·四月》:"乱离瘼矣,爰其适归。"《孔子家语·辨政篇》引作"奚其适归","奚"与"爰"可能是形讹,这就不能作为研究古音的材料。第二种指的是古书中的通假材料。通假也可视为广义异文的一种。第三种指的是异体字,包括俗体和正体,古今字以及古文、籀文和篆体的不同。其中有些是不同的形符,有些是不同的声符,后者可以作为我们考证古音时的佐证。《说文》就有不少异体字:"璚,琼或从矞。瓗,琼或从巂。琁,琼或从旋省。""䃽,《夏书》䃽为嶭。"

(四)上古文献本身所反映出的信息

连绵词的音节构成反映了当时的音系面貌,尤其是双声或叠韵连绵词,在知道其中一个字读音的情况下,我们可以得出另一个字的读音状况。据孙玉文研究,双声兼叠韵连绵词,往往等相同,声调相同,开合相反,如绵蛮、辗转、睍睆等。再比如"䔳"字,从能得声,能从以得声,属于之部字。《说文·日部》:"䔳,埃䔳,日无光也。""埃䔳"为叠韵字,"埃"属于之部字,则"䔳"为之部无疑。《玉篇·日部》:"䔳,奴代切,无光也。"《广韵》代韵奴代切:"䔳,日无光也。"

又比如"等"从"寺"得声，本属之部字。《说文·走部》："赵，疑之等赵而去也。从走，才声。""等赵"为叠韵字，"赵"为之部字，则"等"本为之部字无疑。《玉篇·竹部》："等，都肯都怠二切，类也，辈也。"《广韵》为多改切，又多肯切，义同。在先秦韵文中，"等"与之部字押韵。《管子·四称》使等为韵；《逸周书·周祝解》等改为韵；《韩非子·爱臣》等子为韵。《释文》没有为"等"注音，但是三次用"苦等反"为"肯"注音。《玉篇》把都肯切放在首位，可见至晚南北朝时期"等"已有等韵的读法了。又比如"胶"从翏得声，翏为来母，"胶"为见母字，至晚在《诗经》时代已然。《诗经·郑风·风雨》："风雨潇潇，鸡鸣胶胶。"下一章"风雨凄凄，鸡鸣喈喈"。"潇潇""凄凄"同为齿音字，"胶胶""喈喈"同为牙音字，可见"胶"已读为牙喉音无疑。古人的名字往往也有讲究，或者双声，或者叠韵。比如秦始皇二子"扶苏"叠韵，"胡亥"双声。再比如《论语·微子》："周有八士：伯达，伯适；仲突，仲忽；叔夜，叔夏；季随、季騧。"伯、仲、叔、季八人名字依次为月部、物部、鱼部和歌部。

第二章 歌月元三部及相关韵部相通举例

本章将从韵文、谐声、重文、读若、异文、同源词、音注七个方面尽可能地列举所有与歌月元三部相关的通转现象，从中可以看出歌月元三部与其他韵部的亲疏远近关系。

一、元部与歌部

（一）韵文

（1）《诗经·小雅·桑扈》："之屏之翰，百辟为宪。不戢不难，受福不那。"翰宪难那为韵。翰宪难元部，那歌部。

(2)《诗经·陈风·东门之枌》:"谷旦于差,南方之原。不绩其麻,市也婆娑。"差原麻娑为韵。原元部,差麻娑歌部。

(3)《诗经·小雅·隰桑》:"隰桑有阿,其叶有难。既见君子,其乐如何。"难何为韵,难元部,何歌部。

(二)谐声字

1.声首为元部字

(1)瑞从耑声,《说文·玉部》:"瑞,以玉为信也。从玉耑。"段注本:"从玉,耑声。"是伪切。耑_{端元},瑞_{禅歌}。

(2)椯从耑声,《说文·木部》:"椯,棰也。从木,耑声。一曰椯度也。一曰剟也。"兜果切。耑_{端元},椯_{端歌}。

(3)惴从耑声,《说文·心部》:"惴,忧惧也。从心,耑声。《诗》曰:'惴惴其栗。'"之瑞切。耑_{端元},惴_{章歌}。

(4)揣从耑声,《说文·手部》:"揣,量也。从手,耑声。度高曰揣。一曰捶之。"初委切。耑_{端元},揣_{初歌}。

(5)骫从丸声,《说文·骨部》:"骫,骨端骫䏽也。从骨,丸声。"于诡切。丸_{匣元},骫_{影歌}。

(6)傩从难声,《说文·人部》:"傩,行有节也。从人,难声。《诗》曰:'佩玉之傩。'"诺何切。难_{泥元},傩_{泥歌}。

(7)魶从难声,《说文·鬼部》:"魶,见鬼惊词。从鬼,难省声,读若《诗》'受福不傩。'"诺何切。难_{泥元},傩_{泥歌}。

(8)鼉从单声,《说文·黾部》:"鼉,水虫。似蜥易,长大。从黾,单声。"徒何切。单_{端元},鼉_{定歌}。

(9)驒从单声,《说文·马部》:"驒,驒騱,野马也。从马,单声。一曰青骊白鳞,文如鼉鱼。"代何切。单_{端元},驒_{定歌}。

(10)觛从单声,《说文·奢部》:"觛,富觛觛貌。从奢,单声。"丁可切。单_{端元},觛_{端歌}。

(11)瘅从单声,《说文·疒部》:"瘅,劳病也。从疒,单声。"丁干切,又丁贺切。丁贺切读入歌部。单_{端元},瘅_{端歌}。

(12)籎从𢏐声,《说文·竹部》:"籎,筵也。从竹,𢏐声。"武移切。𢏐_{帮元},籎_{明歌}。

（13）覢从矞声，《说文·见部》："覢，好视也。从见，矞声。"洛戈切。矞 来元，覢 来戈。

（14）雅从犬声，《说文·隹部》："雅，鸟也。从隹，犬声。睢阳有雅水。"五加切。犬 溪元，雅 疑歌。

（15）譒从番声，《说文·言部》："譒，敷也，从言，番声。《商书》曰：'王譒告之。'"补过切。番 并元，譒 帮歌。

（16）鄱从番声，《说文·邑部》："鄱，鄱阳，豫章县。从邑，番声。"薄波切。番 并元，鄱 并歌。

（17）皤从番声，《说文·白部》："皤，老人白也。从白，番声。《易》曰：'贲如皤如。'頿，皤或从页。"薄波切。番 并元，皤 并歌。

（18）磻从番声，《说文·石部》："磻，以石箸弋缴也。从石，番声。"博禾切。番 并元，磻 帮歌。

（19）播从番声，《说文·手部》："播，穜也。一曰布也。从手，番声。敡，古文播。"补过切。番 并元，播 帮歌。

（20）愞从耎声，《说文·心部》："愞，驽弱也。从心，耎声。"乃卧切。耎 日元，愞 泥歌。

（21）偄从耎声，《说文·人部》："偄，弱也。从人，从耎。"奴卧切。会意兼形声字。耎 日元，偄 泥歌。

（22）薳从远声，《说文·艸部》："薳，艸也。《左氏传》：'楚大夫薳子冯。'从艸，远声。"韦委切。远 匣元，薳 匣歌。

2.声首为歌部字

（23）祼从果声，《说文·示部》："祼，灌祭也。从示，果声。"古玩切。果 见歌，祼 见元。

（三）重文

（1）轙与钀：《说文·车部》："钀，轙，或从金从献。"

（2）地与墬：《说文·土部》："墬，籀文地从隊。"地 歌部，墬，小徐本作："从𨸏土，象声。"象 元部。《周易·坤》："地势坤。"《汉书·叙传》地势作墬势。《周礼·春官·大司乐》："冬日，至于地上之圜丘，奏之。"《汉书·郊祀志》引地作墬。《汉书·郊祀志》："天墬之祀。"颜注："墬，古地字也。下皆类此。"

（四）读若

1.元部字读若歌部字

（1）献读为仪：《周礼·春官·司尊彝》："郁齐献酌。"郑玄注："郑司农云：'献读为仪。'"献_晓元_，仪_疑歌_。

（2）献读为牺：《周礼·春官·司尊彝》："用两献尊。"郑玄注："献读为牺。"献_晓元_，牺_晓歌_。

（3）献读为沙：《仪礼·大射仪》："两壶献酒。"郑玄注："献读为沙。"献_晓元_，沙_心歌_。

（4）献读为莎：《周礼·春官·司尊彝》："郁齐献酌。"郑玄注："献读为摩莎之莎。"《礼记·郊特牲》："汁献涗于醆酒。"郑玄注："献当读为莎。"献_晓元_，莎_心歌_。

（5）萑读若和：《说文》："萑，读若和。"萑_匣元_，和_匣歌_。

（6）楥读若撋：《说文》："楥，读若指撋。"楥_匣元_，撋_晓歌_。

（7）劌读曰随：《庄子·天运》："孰居无事淫乐而劝是。"《释文》："而劝，司马本劝作劌，云：'读曰随。'"劌_群元_，随_邪歌_。

（8）彖读若弛：《说文》："彖，读若弛。"彖_透元_，弛_书歌_。

（9）煊读若捶：《说文》："煊，读若捶击之捶。"煊_章元_，捶_章歌_。

（10）窾读为科：《淮南子·原道训》："员者常转，窾者主浮，自然之势也。"高诱注："窾读科条之科。"窾_溪元_，科_溪歌_。

2.歌部字读若元部字

（11）和读曰桓：《尚书·禹贡》："和夷底绩。"《释文》："郑云：'和读曰桓。'"平行的例证还有《水经注》卷三十六："桓水出蜀郡岷山，西南行羌中，入于南海。"注："郑玄曰：'和上，和读曰桓。'"[①]《史记·孝文本纪》："诽谤之木。"《索隐》："郑玄注《礼》云：一纵一横为午，谓以木贯表柱四出，即今之华表。崔浩以为木贯柱四出名桓。陈楚俗桓声近和，又云和表。则华与和又相讹也。"桓_匣元_，和_匣歌_。

[①] 郦道元著，陈桥驿校证《水经注校证》，北京：中华书局，2007 年，823 页。

（12）酏读曰飺：《礼记·内则》："羞，糗饵粉酏。"郑玄注："此酏当为飺。"《释文》："酏读曰餐，又作飺。"《礼记·内则》："以与稻米为酏。"《周礼·天官·兽人》贾疏引酏作飺。《释文》："酏读为飺。"酏余歌，飺余元。

（13）个读为干：《周礼·冬官·梓人》："上两个与其身三，下两个半之。"郑玄注："个读如齐人搳干之干。"《释文》："两个，读为干。"个见歌，干见元。

（14）撝读为宣：《周易·谦》："六四：无不利，撝谦。"《释文》："撝郑读为宣。"撝晓歌，宣心元。

（五）异文

（1）献与仪：《尚书·益稷》："万邦黎献，共惟帝臣。"汉《孔宙碑》《费凤碑》《田君碑》用"黎仪"二字。《尚书·大诰》："民献有十夫。"《尚书大传》引献作仪。献晓元，仪疑歌。

（2）献与牺：《周礼·春官·司尊彝》："其朝践用两献尊。"《释文》："两献，本或作戏，注作牺，同。"《说文·酋部》："尊，《周礼》：六尊。牺尊，象尊，箸尊，壶尊，大尊，山尊。"引献作牺。《礼记·礼器》："罍尊在阼，牺尊在西。"郑玄注："牺，《周礼》作献。"献晓元，戏晓歌，牺晓歌。

（3）灌与戈：《左传·襄公四年》："使浇用师，灭斟灌及斟寻氏。"《史记·夏本纪》："辛氏、冥师、斟戈氏。"《索隐》："《左传》《系本》皆云斟灌氏。"灌见元，戈见歌。

（4）猗与猗：《尚书·秦誓》："如有一介臣，断断猗，无他伎。"《公羊传·文公十二年》："惟一介断断焉，无他技。"猗影歌，焉影元。

（5）豢与牺：《庄子·达生》："吾将三月豢汝，十日戒，三日齐。"《释文》："豢，音患，司马云：养也。本亦作牺。"豢，《说文》为豢，豢匣元，牺晓歌。

（6）坛与疸：《史记·司马相如列传》："衍曼流烂，坛以陆离。"《汉书·司马相如传》引坛作疸："衍曼流烂，疸以陆离。"坛定元，疸透歌。

（7）啴与疼：《诗经·小雅·四牡》："四牡騑騑，啴啴骆马。"《说文·疒部》《玉篇·疒部》引啴啴作疼疼。啴端元，疼透歌。

（8）款与颗：《尔雅·释草》："菟奚，颗涷。"郭璞注："颗涷，款涷也，紫赤华，生水中。"郝懿行《义疏》："颗涷即款涷。颗款声转，涷冬声同也。"①款溪元，颗溪歌。

（9）繁与皮：《仪礼·乡射礼》："君国中射，则皮树中，以翿旌获。"郑玄注："今文皮树为繁竖。"皮并歌，繁并元。

（10）诞与訑：《史记·龟策列传》："人或忠信而不如诞谩，或丑恶而宜大官。"《集解》："徐广曰：'诞一作訑。'音吐和反。"《庄子·知北游》："天知予僻陋慢訑，故弃予而死。"《白孔六帖》八八、《太平御览》七八引訑作诞，罗振玉影日本抄本《玉篇》引同。诞定元，訑定歌。

（11）蛮与麻：《后汉书·光武纪上》："因遣祭遵围蛮中贼张满。"李注："蛮中，聚名，故戎蛮子国，在今汝州西南，俗谓之麻城。"蛮明元，麻明歌。

（12）藩与披：《仪礼·既夕礼》："设披。"郑玄注："今文披皆为藩。"披帮歌，藩并元。

（13）伪与然：《庄子·齐物论》："道恶乎隐而有真伪？言恶乎隐而有是非？"《释文》："真伪，一本作真诡，崔本作真然。"伪疑歌，然日元。

（14）捶与锻：《庄子·知北游》："大马之捶钩者年八十矣，而不失豪芒。"《释文》："或说云：江东三魏之间人皆谓锻为捶音，字亦同。"捶章歌，锻端元。

（15）韩与何：《史记·周本纪》："何不令人谓韩公叔？"《集解》："徐广曰：韩一作何。应劭曰：'《氏姓名注》云，以何姓为韩后。'"韩匣元，何匣歌。

（16）爨与炊：《左传·宣公十五年》："敝邑易子而食，析骸以爨。"《史记·楚世家》："易子而食，析骨而炊。"爨清元，炊昌歌。

（17）泮与破：《老子》六十四章："其脆易泮，其微易散。"帛书《老子》甲本："其脆也，易破也。其微也，易散也。"泮滂元，破滂歌。

（18）鄐与醛：《周礼·天官·酒正》："一曰泛齐，二曰醴齐，三曰盎齐。"郑玄注："盎犹翁也，成而翁翁然，葱白色如今鄐白矣。"《释文》："鄐白，即今之白醛酒也，宜作醛。作鄐，假借也。"鄐精元，醛从歌。

（19）愆与过：《尚书·牧誓》："今日之事，不愆于六步七步，乃止齐焉。"《史记·周本纪》："今日之事，不过六步七步，乃止齐焉。"愆溪元，过见歌。

---

① 郝懿行《尔雅义疏》，上海：上海古籍出版社，1983年，1024页。

（20）骞与亏：《诗经·小雅·天保》："如月之恒，如日之升；如南山之寿，不骞不崩。"《诗经·鲁颂·閟宫》："不亏不崩。"骞溪元，亏溪歌。

（六）同源词

（1）鹅与䳘：《说文》："䳘，鹅也。"《尔雅·释鸟》："舒䳘，鹅。"李注："野曰䳘，家曰鹅。"鹅疑歌，䳘疑元。

（2）佐与赞：《小尔雅·广诂》："赞，佐也。"①《尚书·大禹谟》："益赞于禹曰。"《传》："赞，佐也。"《左传·襄公二十七年》："能赞大事。"注："赞，佐也。"佐精歌，赞精元。

（3）陂与阪：《说文》："陂，阪也。"《说文》："阪，坡者曰阪。"阪帮元，陂帮歌。

（4）延与施：《尔雅·释诂》："延，长也。"《诗经·周南·葛覃》："葛之覃兮，施于中谷。"《传》："施，移也。"《诗经·大雅·皇矣》："施于孙子。"郑笺："施，犹易也，延也。"《诗经·大雅·旱麓》："莫莫葛藟，施于条枚。"《吕氏春秋·知分》："《诗》曰：莫莫葛藟，延于条枚。"②引施作延。《史记·秦始皇本纪》："延及孝文王、庄襄王，享国日浅，国家无事。"《新书·过秦论》《汉书·陈胜传》《文选·过秦论》延作施。施余歌，延余元。

二、元部与月部

（一）韵文

（1）《诗经·周颂·访落》："于乎悠哉，朕未有艾。将予就之，继犹判涣。维予小子，未堪家多难。"艾涣难为韵。涣难元部，艾月部。

---

① 孔鲋著，杨琳注《小尔雅今注》，上海：汉语大词典出版社，2002年，56页。

② 许维遹撰，梁运华整理《吕氏春秋集释》，北京：中华书局，2009年，555页。

（2）《老子》第六十四章："其脆易破，其微易散。为之于未有，治之于未乱。合抱之木，生于毫末。"散乱末为韵。散乱元部，末月部。

（3）《文子·道原》："以治国则乱，以治身则秽。"①乱秽为韵。乱元部，秽月部。

（4）《文子·微明》："事者，难成易败；名者，难立易废；凡人皆轻小害，易微事，以至于大患。"②败废害患为韵。败废害月部，患元部。

（5）《孔子家语·观周》："无多言，多言多败；无多事，多事多患。"③败患为韵。败月部，患元部。

（6）《庄子·在宥》："大德不同，而性命烂漫矣；天下好知，而百姓求竭矣。"漫竭为韵。漫元部，竭月部。

（7）《礼记·礼运》："以四时为柄，故事可劝也。以日星为纪，故事可列也。月以为量，故功有艺也。"劝列艺为韵。劝元部，列艺月部。

（二）谐声字

1.声首为元部字

（1）喙从彖声，《说文·口部》："喙，口也，从口，彖声。"许秽切。彖_{透元}，喙_{晓月}。

（2）讦从干声，《说文·言部》："讦，面相斥罪，相告讦也。从言，干声。"居谒切。干_{见元}，讦_{见月}。

（3）斡从倝声，《说文·斗部》："斡，蠡柄也。从斗倝声。杨雄、杜林说皆以为轺车轮斡。"乌括切。斡_{影月}，倝_{见元}。

（4）靬从见声，《说文·革部》："靬，系牛胫也。从革，见声。"已彳切。见_{见元}，靬_{晓月}。

（5）轙从献声，《说文·车部》："轙，载高貌。从车，櫱省声。"五葛切。献_{晓元}，轙_{疑月}。

---

① 王利器《文子疏义》，北京：中华书局，2000年，30页。
② 王利器《文子疏义》，北京：中华书局，2000年，316页。
③ 王国轩、王秀梅译注《孔子家语》，北京：中华书局，2012年，91页。

（6）瀚从献声，《说文·水部》："瀚，议辠也。从水献。与法同意。"鱼列切。会意兼形声。献晓元，瀚疑月。

（7）櫱从献声，《说文·木部》："櫱，伐木余也。从木，献声。《商书》曰：'若颠木之有㽕櫱。'枿，或从木，辥声。不，古文从木无头。栕，亦古文櫱。"五葛切。献晓元，櫱疑月。

（8）齾从献声，《说文·齿部》："齾，缺齿也。从齿，献声。"五辖切。献晓元，齾疑月。

（9）捾从官声，《说文·手部》："捾，搯捾也。从手，官声。一曰援也。"乌括切。官见元，捾影月。

（10）頞从安声，《说文·页部》："頞，鼻茎也。从页，安声。䶇，或从鼻曷。"乌割切。安影元，頞影月。

（11）黦从冤声，《说文·黑部》："黦，黑有文也。从黑，冤声，读若饴䬾字。"于月切。冤影元，黦影月。

（12）迈从万声，《说文·辵部》："迈，远行也。从辵，万声。"莫话切。万明元，迈明月。

（13）劢从万声，《说文·力部》："劢，勉力也。《周书》曰：'用劢相我邦家。'读若万。从力，万声。"莫话切。万明元，劢明月。

（14）蠇从万声，《说文·虫部》："蠇，蚌属。似螊，微大，出海中，今民食之。从虫，万声。读若赖。"力制切。万明元，蠇来月。

（15）糲从万声，《说文·米部》："糲，粟重一䄷，为十六斗太半斗，舂为米一斛曰糲。从米，万声。"洛带切。万明元，糲来月。

（16）䜕从万声，《说文·言部》："䜕，諯也。从言，万声。"莫话切。万明元，䜕明月。

（17）揞从匽声，《说文·手部》："揞，拔也。从手，匽声。"乌黠切。匽影元，揞影月。

（18）纂从算声，《说文·黑部》："纂，黄黑而白也。从黑，算声。一曰短黑。读若以芥为齑，名曰芥荃也。"初刮切。算心元，纂初月。

（19）潩从算声，《说文·水部》："潩，饮歠也。一曰吮也。从水算声。"衫洽切。又先活切。潩心月，算心元。

（20）怛从旦声，《说文·心部》："怛，憯也。从心，旦声。"得案切，又当割切。旦端元，怛端月。

（21）黵从旦声，《说文·黑部》："黵，白而有黑也。从黑，旦声。五原有莫黵县。"当割切。旦端元，黵端月。

（22）炟从旦声，《说文·火部》："炟，上讳。"徐铉："汉章帝名也。《唐韵》曰：火起也。从大，旦声。"当割切。旦端元，炟端月。

（23）靼从旦声，《说文·革部》："靼，柔革也。从革，从旦声。鞋，古文靼从亶。"旨热切。旦端元，靼端月。

（24）屵从厂声，《说文·屵部》："屵，岸高也。从山厂，厂亦声。"五葛切。厂晓元，屵疑月。

（25）焆从肙声，《说文·火部》："焆，焆焆，烟皃。从火，肙声。"因悦切。肙见元，焆影月。

（26）舌从干声，《说文·舌部》："舌，在口，所以言也、别味也。从干从口，干亦声。"食列切。干见元，舌船月。

（27）兑从㕣声，《说文·儿部》："兑，说也。从儿，㕣声。"大外切。㕣余元。兑定月。

2.声首为月部字

（28）懒从赖声，《说文·女部》："懒，懈也，怠也。一曰卧也。从女，赖声。"洛旱切。赖来月，懒来元。

（29）璿从睿声，《说文·玉部》："璿，美玉也。从玉，睿声。《春秋传》曰：璿弁玉缨。叡，籀文璿。"睿余月部，璿邪元。

（30）宪从害声，《说文·心部》："宪，敏也。从心从目，害省声。"许建切。害匣月，宪晓元。

（31）擘从臤声，《说文·手部》："擘，手擘也。杨雄曰：'擘，握也。'从手，臤声。"乌贯切。臤影月，擘影元。

（32）瑿从臤声，《说文·玉部》："瑿，石之似玉者。从王，臤声。"乌贯切。臤影月，瑿影元。

（33）叡从𣦼声，《说文·又部》："叡，残穿也。从又𣦼，𣦼亦声。"昨干切。𣦼疑月，叡从元。

（34）䖝从中声，《说文·中部》："䖝，虫曳行也。从虫，中声。读若骋。"丑善切。中透月，䖝透元。

（35）叀从中声，《说文·中部》："叀，专小谨也。从幺省；中，财见也；中亦声。"职缘切。中透元，叀章元。

（三）重文

（1）頞与齃，《说文》："頞，齃，或从鼻曷。"
（2）櫠与梻，《说文》："梻，亦古文櫠。"
（3）櫱与櫱，《说文》："櫱，櫱，或从木，辥声。"
（4）篆与蒝，《史记·叔孙通列传》："及上左右为学者，与其弟子百余人，为绵蕞野外。"《索隐》："《篆文》云：'蒝，今之篆字。'"

（四）异文

（1）睆与刮，《礼记·檀弓上》："华而睆，大夫之箦与？"郑玄注："睆字或为刮。"睆$_{匣元}$，刮$_{见月}$。
（2）筦与斡，《史记·平准书》："桑弘羊为治粟都尉，领大农，尽代仅筦天下盐铁。"《汉书·食货志》筦作斡。《楚辞·天问》："斡维焉系。"《考异》："斡一作筦。"《补注》引《匡谬正俗》引斡作筦。[①] 筦$_{见元}$，斡$_{影月}$。
（3）按与遏，《诗经·大雅·皇矣》："爰整其旅，以按徂旅。"《释文》："以按，本又作遏。"《孟子·梁惠王上》引按作遏。按$_{影元}$，遏$_{影月}$。
（4）鲜与逝，《诗经·大雅·桑柔》："谁能执热，逝不以濯。"《墨子·尚贤》引该诗："孰能执热，鲜不用濯。"逝$_{禅月}$，鲜$_{心元}$。
（5）鸦与鹖，《礼记·月令》："鹖旦不鸣，虎始交。"《淮南子·时则训》鹖旦作鸦鸣。鸦$_{见元}$，鹖$_{匣月}$。
（6）遣与活，《尚书·太甲中》："天作孽，犹可违；自作孽，不可遣。"《孟子·公孙丑上》引《太甲》曰："自作孽，不可活。"遣$_{匣元}$，活$_{匣月}$。
（7）錧与辖，《仪礼·既夕礼》："木錧，约绥，约辔。"郑玄注："今文錧为辖。"錧$_{见元}$，辖$_{匣月}$。
（8）戋与戬，《尚书·秦誓》："惟戬戬善谝言，俾君子易辞。"《说文·戈部》引《周书》曰："戋戋巧言。"《公羊传·文公十二年》："惟諓諓善竫言，俾君子怠。"《潜夫论》："浅浅善靖，俾君子怠。"[②]

---

① 朱熹《楚辞集注》，上海：上海古籍出版社，1979年，50页。
② 王符著，汪继培笺，彭铎校正《潜夫论笺校正》，北京：中华书局，1985年，262页。

戈从元，諓从元，浅精元，截从月。

（9）襚与税，《礼记·玉藻》："君命屈狄，再命褘衣，一命襢衣，士襚衣。"郑玄注："襚或作税。"《礼记·丧大纪》："士妻以税衣。"《周礼·天官·内司服》郑玄注、《通典·礼四十三》引税作襚。襚透元，税书月。

（10）颛与制，《礼记·王制》："凡制五刑，必即天伦。"《孔子家语·刑政》："颛五刑必即天伦。"①引制作颛。《庄子·在宥》："于是乎釿锯制焉，绳墨杀焉。"《太平御览》七六三引制作颛。颛章元，制章月。

（11）旦与缀，《庄子·大宗师》："且彼有骇形而无损心，有旦宅而无情死。"《淮南子·精神训》："且人有戒形而无损心，有缀宅而无耗精。"②旦端元，缀端月。

（12）裔与胔，《汉书·司马相如传》："曾不下舆，胔割轮焠，自以为娱。"颜师古注："胔字与裔同。"《吕氏春秋·察今》："尝一胔肉。"③《意林》及《北堂书钞》一四五、《太平御览》八六三引胔作裔。裔来元，胔来月。

（13）连与烈，《左传·昭公二十九年》："有烈山氏之子曰柱为稷。"《帝王世纪》作"连山氏"。烈来月，连来元。

（14）莲与裂，《老子》三十九章："天无以清将恐裂。"汉帛书乙本裂作莲。裂来月，莲来元。

（15）廛与滞，《周礼·地官·廛人》："凡珍异之有滞者，敛而入于膳府。"郑玄注："故书滞或作廛。"滞定月，廛定元。

（16）刖与椽，《周易·困》："劓刖，困于赤绂，乃有所说，利用祭祀。"汉帛书本刖作椽。刖疑月，椽定元。

（17）沛与蘋，《周易·丰》："丰其沛，日中见昧。"汉帛书本沛作蘋。蘋并元，沛滂月。

（18）駾与瘝，《诗经·大雅·绵》："混夷駾矣。"《广韵》引该诗作："昆夷瘝矣。"駾透元，瘝晓月。

（19）阙与关，《左传·昭公二十六年》："赵鞅帅师纳王，使女宽

---

① 王国轩、王秀梅译注《孔子家语》，北京：中华书局，2012年，245页。
② 何宁《淮南子集释》，北京：中华书局，1998年，528页。
③ 许维遹撰，梁运华整理《吕氏春秋集释》，北京：中华书局，2009年，391页。

守阙塞。"《释文》:"女,本亦作汝;阙,原作关。"阙₍溪月₎,关₍见元₎。

(20)瘅与滞,《周礼·地官·泉府》:"敛市之不售,货之滞于民用者。"郑玄注:"故书滞为瘅,杜子春云:'瘅当为滞。'"瘅₍端元₎,滞₍定月₎。

(21)延与誓,《礼记·射义》:"射至于司马,使子路执弓矢出延射。"郑玄注:"延或为誓。"延₍余元₎,誓₍禅月₎。

(22)冠与会,《诗经·卫风·淇奥》:"有匪君子,充耳琇莹,会弁如星。"郑笺:"会,谓弁之缝中,饰之以玉,皪皪而处,状如星也。"《吕氏春秋·上农》高注引会作冠。冠₍见元₎,会₍匣月₎。

(五)读若

(1)虇与綷,《说文》:"虇,又读若綷。"虇₍晓元₎,綷₍心月₎。
(2)帴与杀,《说文》:"帴,读若末杀之杀。"帴₍精元₎,杀₍山月₎。
(3)赖与蠇,《说文》:"蠇,读若赖。"蠇₍来月₎,赖₍来月₎。

(六)音注

(1)䵨与漫,《汉书·文三王传》:"污䵨宗室。"孟康曰:"䵨音漫。"䵨₍明月₎,漫₍明元₎。

(2)噮与餯,《吕氏春秋·审时》:"得时之黍,芒茎而徼下,穗芒以长,抟米而薄糠,舂之易而食之,不噮而香。"高诱注:"噮读如餯厌之餯。"①噮₍影元₎,餯₍影月₎。

(3)穿与窆,《周礼·春官·小宗伯》:"卜葬兆,甫窆,亦如之。"郑玄注:"郑大夫读窆皆为穿。"窆₍清月₎,穿₍昌元₎。

(4)迣与厉,《汉书·礼乐志》:"体容与,迣万里。"颜师古注:"迣读与厉同。"迣₍章月₎,厉₍来月₎。

(5)捖与刮,《周礼·考工记》:"攻皮之工五,设色之工五,刮摩之工五。"郑玄注:"故书刮作捖,郑司农云:'捖读为刮。'"捖₍匣元₎,刮₍见月₎。

---

① 许维遹撰,梁运华整理《吕氏春秋集释》,北京:中华书局,2009年,697页。

（七）同源词

（1）勉与励，《小尔雅·广言》："励，勉也。"①《后汉书·陶谦列传》："襄贲励德，维城燕北。"注："励，勉也。"勉明元，励明月。

（2）害与患，《淮南子·修务》："时多疾病毒伤之害。"注："害，患也。②"《吕氏春秋·贵生》："恶为君之患也。"注："患，害也。③"害匣月，患匣元。

（3）大与诞，《尔雅·释诂》："诞，大也。"《书·汤诰》："诞告万方。"《传》："诞，大也。"《书·酒诰》："诞惟民怨。"《疏》："诞训为大。"大定月，诞定元。

（4）断与绝，《说文》："断，截也。"《周易·系辞下》："断木为杵。"《释文》："断，断绝。"《说文》："断，绝丝也。"《战国策·秦策五》："必绝其谋。"注："绝，断也。"④断定元，绝从月。

（5）慢与蔑懱，《广雅·释诂三》："慢，伤也。"《说文》："懱，轻易也。"慢明元，蔑明月，懱明月。

（6）羯与犍，《说文》："羯，羊羖犗也。"《说文》："犍，犗牛也。"羯见月，犍见元。

（7）爇与然（燃），《说文》："爇，烧也。"《左传·僖公二十八年》："爇僖负羁氏，魏犨伤于胸。"杜预注："爇，烧也。"《说文》："然，烧也。或作蘩。"爇日月，然日元。

（8）雪与霰，《说文》："霰，稷雪也。霰或从见。"霰心元，雪心月。

（9）宽与阔，《汉书·王莽传上》："愿陛下爱精休神，阔略思虑。"颜师古注："阔，宽也。"阔溪月，宽溪元。

---

① 孔鲋著，杨琳注《小尔雅今注》，上海：汉语大词典出版社，2002年，136页。

② 何宁《淮南子集释》，北京：中华书局，1998年，1311页。

③ 许维遹撰，梁运华整理《吕氏春秋集释》，北京：中华书局，2009年，39页。

④ 刘向集录，范祥雍笺证《战国策笺证》，上海：上海古籍出版社，2006年，476页。

三、歌部与月部

（一）异文

（1）折与科，《周易·说卦传》："离，其于木也，为科上槁。"《释文》："科，虞作折。"《集解》科作折。科_{溪歌}，折_{章月}。

（2）掣与觢，《周易·睽》："见舆曳，其牛掣。"《释文》："掣，荀作觢。"掣_{昌月}，觢_{溪歌}。

（3）彻与池，《礼记·檀弓上》："主人既祖，填池，推柩而反之。"郑玄注："填池，当为奠彻，声之误也。"《周礼·春官·丧祝》贾疏引填池作奠彻。池_{定歌}，彻_{透月}。

（二）读若

（1）娺与唾，《说文》："娺，读若唾。"娺_{端月}，唾_{透歌}。

（2）檜与裹，《说文》："檜，读若裹。" 檜_{溪月}，裹_{见歌}。

（三）同源词

（1）介与箇（个），《书·秦誓》："如有一介臣。"《释文》："介字又作个。"《礼记·大学》引作"若有一个臣"。《礼记·月令》："天子居明堂在个。"《初学记·岁时部》引个作介。《左传·襄公八年》："亦不使一介行李。"《释文》引介作个，《唐石经》同。《左传·昭公四年》："使实馈于个而退。"《文选·思玄赋》李注引个作介。介_{见月}，箇（个）_{见歌}。

（2）痂与疥，《说文》："痂，疥也。"段玉裁注："按痂本谓疥，后人乃谓疮所蜕鳞为痂，此古义今义之不同也。盖疮鳞可曰介，介与痂双声之故耳。"疥_{见月}，痂_{见歌}。

（3）何与曷（害），《尚书·汤誓》："时日曷丧。"《史记·殷本纪》："是日何时丧。"何_{匣歌}，曷_{匣月}。

（4）施与设，《史记·韩世家》："公战而胜楚，遂与公乘楚，施三川而归。"正义："施犹设也。"《说文》："设，施陈也。"《广雅·释诂三》："设，施也。"施_{书歌}，设_{书月}。

（5）挩与夺，《淮南子·人间训》："秦牛缺径于山中而遇盗……挩其衣被。"注："挩，夺也。"① 挩透歌，夺定月。

四、元部与文部

（一）韵文

（1）《诗经·邶风·新台》："新台有洒，河水浼浼。燕婉之求，籧篨不鲜。"洒浼鲜为韵。浼元部，洒鲜文部。

（2）《诗经·秦风·小戎》："俴驷孔群，厹矛鋈錞，蒙伐有苑。"群錞苑为韵。群錞文部，苑元部。

（3）《诗经·王风·大车》："大车啍啍，毳衣如璊。岂不尔思？畏子不奔。"啍璊奔为韵。璊元部，啍奔文部。

（4）《诗经·小雅·楚茨》："我孔熯矣，式礼莫愆。工祝致告，徂赉孝孙。"熯愆孙为韵。熯愆元部，孙文部。

（5）《楚辞·天问》："悟过改更，我又何言？吴光争国，久余是胜，何环穿自闾社丘陵，爰出子文。"② 言文为韵。言元部，文文部。

（6）《楚辞·九章·抽思》："兹历情以陈辞兮，荪详聋而不闻。固切人之不媚兮，众果以我为患。"③ 闻患为韵。闻文部，患元部。

（7）《楚辞·九章·悲回风》："孤子吟而抆泪兮，放子出而不还；孰能思而不隐兮，照彭咸之所闻。"④ 还闻为韵。还元部，闻文部。

（8）《楚辞·九章·悲回风》："吸湛露之浮凉兮，漱凝霜之雰雰；冯昆仑以瞰雾兮，忽倾寤以婵媛。"⑤ 雰媛为韵。雰文部，媛元部。

（9）《楚辞·九辨》："食不偷而为饱兮，衣不苟而为温；窃慕诗人之遗风兮，愿托志乎素餐；蹇充倔而无端兮，泊莽莽而无垠；无衣

---

① 何宁《淮南子集释》，北京：中华书局，1998年，1287页。
② 朱熹《楚辞集注》，上海：上海古籍出版社，1979年，70-71页。
③ 朱熹《楚辞集注》，上海：上海古籍出版社，1979年，85页。
④ 朱熹《楚辞集注》，上海：上海古籍出版社，1979年，101页。
⑤ 朱熹《楚辞集注》，上海：上海古籍出版社，1979年，102页。

裘以御冬兮,恐溘死不得见乎阳春。"①温餐垠春为韵。温垠春文部,餐元部。

(10)《楚辞·招魂》:"步及骤处兮,诱骋先;抑鹜若通兮,引车右还;与王趋梦兮,课后先;君王亲发兮,惮青兕。"②先还先兕为韵。还元部,先文部,兕脂部。

(11)《楚辞·远游》:"道可受兮,不可传;其小无内兮,其大无垠;毋滑而魂兮,彼将自然;一气孔神兮,于中夜存;虚以待之存,无以为先;庶类以成兮,此德之门。"③传垠然存先门为韵。传然元部,垠存先门文部。

(12)《周易·蒙》:"勿用取女,行不顺也;困蒙之吝,独远实也;童蒙之吉,顺以巽也;利用御寇,上下顺也。"顺实巽顺为韵。顺文部,实质部,巽元部。

(13)《周易·涣》:"初六之吉,顺也;涣奔其机,得愿也。"顺愿为韵。顺文部,愿元部。

(14)《管子·枢言》:"圣人用其心,沌沌乎博而圜,豚豚乎莫得其门。"④圜门为韵。圜元部,门文部。

(15)《晏子春秋·谏下》:"冻水洗我,若之何;太上靡散我,若之何。"洗散何为韵。洗文部,散元部,何歌部。

(16)《三略·上略》:"士骄则下不顺,将忧则内外不信,谋疑则敌国奋,以此攻伐则致乱。"⑤顺信奋乱为韵。顺奋文部,信真部,乱元部。

(17)《三略·上略》:"强宗聚奸,无位而尊,威而不震,葛藟相连,种德立恩,夺在权位,侵侮下民,国内哗喧,臣蔽不言:是谓乱根。"⑥奸尊震连恩权民喧言根为韵。尊根震恩文部,奸连权喧言元部,

---

① 朱熹《楚辞集注》,上海:上海古籍出版社,1979年,126页。
② 朱熹《楚辞集注》,上海:上海古籍出版社,1979年,143页。
③ 朱熹《楚辞集注》,上海:上海古籍出版社,1979年,108页。
④ 黎翔凤撰,梁运华整理《管子校注》,北京:中华书局,2004年,246页。
⑤ 娄熙元、吴树平译注《吴子译注·黄石公三略译注》,石家庄:河北人民出版社,1992年,57页。
⑥ 娄熙元、吴树平译注《吴子译注·黄石公三略译注》,石家庄:河北人民出版社,1992年,75页。

民真部。

（18）《三略·下略》："嫉贤者，其名不全；进贤者，福流子孙。"①全孙为韵。全元部，孙文部。

（19）《文子·微明》："故察于刀笔之迹者，不知治乱之本；习于行阵之事者，不知庙战之权。"②本权为韵。本书部，权元部。

（20）《文子·上仁》："进不敢行者，退不敢先也；恐自伤者，守柔弱、不敢矜也；谦恭敬者，自卑下、尊敬人也；不敢积藏者，自损弊、不敢坚也。不敢廉成者，自亏缺不敢全也；不敢清明者，处浊辱而不敢新鲜也；不敢盛盈者，见不足而不敢自贤也。夫道，退故能先，守柔弱故能矜，自卑下故能高人，自损弊故实坚，自亏缺故盛全，处浊辱故新鲜，见不足故能贤。"③先矜人坚全鲜贤为韵。先矜人文部，坚贤真部，全鲜元部。

（21）《吕氏春秋·下贤》："莫知其门，莫知其端，莫知其源。"④门端源为韵。门文部，端源元部。

（22）《素问·离合真邪论》："岐伯曰：必先扪而循之，切而散之，推而按之。"⑤循散按为韵。循文部，散按元部。

（23）《灵枢·九针十二原》："粗守形，上守神。神乎神，客在门。未睹其疾，恶知其原。"⑥神门原为韵。神门文部，原元部。

（24）《灵枢·刺节真邪》："切而循之，按而弹之。"⑦循弹为韵。循文部，弹元部。

---

① 娄熙元、吴树平译注《吴子译注·黄石公三略译注》，石家庄：河北人民出版社，1992年，101页。

② 王利器《文子疏义》，北京：中华书局，2000年，312页。

③ 王利器《文子疏义》，北京：中华书局，2000年，459页。

④ 许维遹撰，梁运华整理《吕氏春秋集释》，北京：中华书局，2009年，370页。

⑤ 刘越图解，刘山雁、刘泉整理《皇帝内经素问》，北京：人民卫生出版社，2004年，202页。

⑥ 南京中医学院中医系编著《黄帝内经灵枢译释》，上海：上海科学技术出版社，1986年，2页。

⑦ 南京中医学院中医系编著《黄帝内经灵枢译释》，上海：上海科学技术出版社，1986年，463页。

（二）谐声字

1.声首为元部字

（1）衮从公声，《说文·衣部》："衮，天子享先王。卷龙绣于下常。幅一龙。蟠阿上乡。从衣，公声。"古本切。公元部，衮文部。

2.声首为文部字

（2）沇从允声，《说文·水部》："沇，沇水，出河东东垣王屋山，东为泲。从水，允声。㳂，古文沇。"以转切。沇余元，允余文。

（3）狻从夋声，《说文·犬部》："狻，狻麑，如虦猫，食虎豹者。从犬，夋声。见《尔雅》。"素官切。狻心元，夋精文。

（4）酸从夋声，《说文·酉部》："酸，酢也。从酉，夋声。关东谓酢曰酸。"素官切。酸心元，夋精文。

（5）暵从堇声，《说文·日部》："暵，干也。耕暴田曰暵。从日，堇声。《易》曰：'燥万物者莫暵于离。'"呼旰切。堇见文，暵晓元。

（6）鸂从堇声，《说文·鸟部》："鸂，鸟也。从鸟，堇声。雗，或从隹。"那干切。鸂泥元，堇见文。

（7）誾从门声，《说文·言部》："誾，和说而诤也。从言，门声。"语巾切。门明文，誾疑元。

（三）重文

（1）璊与玧，《说文》："璊，或体玧。"

（2）沇与㳂，《说文》："㳂，古文沇。"

（3）迁与拪，《说文》："拪，古文迁从手西。"

（4）琨与瑻，《说文》："瑻，琨或从贯。"

（5）觯与觘，《说文》："觘，觯或从辰。"

（6）遁与遯，《说文》徐铉注："遯，古文遁。"《汉书·匈奴传》："遯逃窜伏。"颜注："遯，古遁字。"

（四）异文

（1）宛与箢，《吕氏春秋·直谏》："荆文王得茹黄之狗，宛路之䗫。"①《说苑·正谏》："荆文王得如黄之狗，箘簬之矰。"②宛路作箘簬。宛影元，箘溪文。

（2）绻与衮卷，《诗经·豳风·九罭》："我觏之子，衮衣绣裳。"《释文》："衮，字或作卷。"《玉篇·系部》引《韩诗》衮作绻。《礼记·礼器》："天子龙衮。"《释文》衮作卷。《礼记·祭统》："君卷冕立于阼。"《大戴礼·诸侯迁庙》卢注引卷作衮。卷见元，绻影元，衮见文。

（3）䪥与纁，《周礼·天官·染人》："春暴练，夏纁玄。"郑玄注："故书纁作䪥。"䪥影元，纁晓文。

（4）圜与员，《周礼·冬官·轮人》："无所取之，取诸圜也。"郑玄注："故书圜或作员。"《礼记·经解》："不可欺以方圜。"《史记·礼书》："规矩诚错，不可欺以方员。"圜匣元，员匣文。

（5）圁与银，《汉书·地理志》："圁阴，惠帝五年置。"颜师古注："今有银州银水，即是旧名犹存，但字变耳。"圁匣元，银疑文。

（6）捆与窘僒，《史记·贾谊列传》："拘士系俗兮，捆如囚拘。"《文选·贾谊〈鵩鸟赋〉》捆作窘。《汉书·贾谊传》作僒。捆匣元，窘群文，僒群文。

（7）偃与隐，《国语·齐语》："定三革，隐五刃。"③《管子·匡君小匡》："定三革，偃五兵。"④偃影元，隐影文。

（8）串与昆，《诗经·大雅·皇矣》："帝迁明德，串夷载路。"《孟子·梁惠王下》："是故汤事葛，文王事昆夷。"串夷作昆夷。串见元，昆见文。

（9）昆与畎，《汉书·匈奴传》："周西伯昌伐畎夷。"颜注："畎夷又曰昆夷。"《孟子·梁惠王下》："文王事昆夷。"《史记·匈奴列传》《汉书·匈奴传》昆夷作畎夷。昆见文，畎见元。

（10）豢与圂，《礼记·少仪》："君子不食圂腴。"郑玄注："《周礼》圂作豢。"《释文》："圂与豢同。"圂匣文，豢匣元。

---

① 许维遹撰，梁运华整理《吕氏春秋集释》，北京：中华书局，2009年，625页。

② 刘向著，韩书文等译《说苑》，北京：北京电子出版社，2001年，275页。

③ 徐元诰撰，王树民、沈长云点校《国语集解》，北京，中华书局，2002年，241页。

④ 黎翔凤撰，梁运华整理《管子校注》，北京：中华书局，2004年，440页。

（11）裷与衮，《荀子·富国》："故天子袾裷衣冕，诸侯玄裷衣冕。"杨倞注："裷与衮同。"① 裷 影元，衮 见文。

（12）全与遵，《仪礼·乡饮酒礼》："遵者降席，席东南面。"郑玄注："今文遵为僎，或为全。"全 从元，僎 精元，遵 精文。

（13）全与朘，《老子》第五十五章："未知牝牡之合而全作。"《释文》："全，河上公作峻，本一作朘。"朘 精文，全 从元。

（14）轸与蜃，《周礼·地官·遂师》："共丘笼及蜃车之役。"郑玄注："蜃，《礼记》或作轸，或作槫。"蜃 禅文，轸 禅元，槫 定元。

（15）满与蘮，《尔雅·释草》："蔷蘮，蘮冬。"郭注："蘮冬一名满冬。" 蘮 晓文，满 明元。

（16）姗与姺，《史记·司马相如列传》："媥姺徶㣤。"《汉书·司马相如传》《文选·上林赋》姺作姗。姺 心文，姗 心元。

（17）选与遵，《史记·周本纪》："遵修其绪。"《集解》引徐广曰："遵一作选。"遵 精文，选 心元。

（18）僎与遵，《仪礼·乡射礼》："大夫若有遵者。"郑玄注："今文遵为僎。"《仪礼·乡饮酒礼》："遵者降席。"郑玄注："今文遵为僎。"僎 精元，遵 精文。

（19）论与挛，《周易·小畜》："有孚挛如，富以其邻。"汉帛书本挛作论。挛 来元，论 来文。

（20）荃与荪，《楚辞·离骚》："荃不察余之中情也。"②《补注》："荃与荪同。"③ 荃 清元，荪 心文。

（21）輲与蜃，《礼记·杂记上》："至于家而说輤，载以輲车。"《仪礼·既夕礼》郑玄引輲作团："《周礼》谓之蜃车。"蜃 禅文，輲 禅元。

（22）蹑与跈，《庄子·外物》："哽而不止，则跈。"《释文》："跈，本或作蹑。"《庄子·天下》："轮不蹑地。"《释文》："蹑，本又作跈。"蹑 泥元，跈 定文。

---

① 王先谦撰，沈啸寰、王星贤点校《荀子集解》，北京：中华书局，1988年，178页。

② 朱熹《楚辞集注》，上海：上海古籍出版社，1979年，5页。

③ 洪兴祖撰，白化文、许德楠等点校《楚辞补注》，北京：中华书局，2002年，9页。

（五）读若

（1）卵与鲲，《礼记·内则》："濡鸡醢酱，濡鱼卵酱。"郑玄注："卵读为鲲。"卵_{来元}，鲲_{见文}。

（2）怨与蕴，《荀子·哀公》："富有天下而无怨财，布施天下而不病贫。"杨倞注："怨读为蕴。"① 怨_{影元}，蕴_{影文}。

（3）蕴与宛，《荀子·富国》："使民夏不宛暍，冬不冻寒。"杨倞注："宛读为蕴。"② 宛_{影元}，蕴_{影文}。

（4）选与毨，《说文》："毨，读若选。"毨_{心文}，选_{心元}。

（5）羴与垄，《说文》："垄，读若羴。"垄_{帮元}，羴_{帮文}。

（6）珣与宣，《说文》："珣，读若宣。"珣_{心文}，宣_{心元}。

（六）同源词

（1）忞与勉，《说文》："忞，强也。"《玉篇》："忞，自勉强也。"《说文》："勉，强也。"《小尔雅·广诂》："勉，力也。"③ 忞_{明文}，勉_{明元}。

（2）蕴与菀，《诗经·桧风·素冠》："我心蕴结兮，聊与子如一兮。""蕴结"即"菀结"。菀_{影元}，蕴_{影文}。

（3）岸与垠，《说文》："垠，地垠也。一曰：岸也。"《广雅·释丘》："垠，厓也。"垠_{疑文}，岸_{疑元}。

（4）幋与帉，《说文》："幋，覆衣大巾。或以为首鞶。"《说文》："帉，楚谓大巾曰帉。"帉_{滂文}，幋_{并元}。

（5）棞与梡，《说文》："棞，梡木未折也。"《说文》："梡，棞木薪也。"棞_{匣文}，梡_{匣元}。

（6）圆与圜，《说文》："圆，圜全也。"《列子·说符》："悬水三十仞，圜流九十里。"④《释文》："圆与圜同。"《周易·系辞上》："著

---

① 王先谦撰，沈啸寰、王星贤点校《荀子集解》，北京：中华书局，1988年，540页。

② 王先谦撰，沈啸寰、王星贤点校《荀子集解》，北京：中华书局，1988年，189页。

③ 孔鲋著，杨琳注《小尔雅今注》，上海：汉语大词典出版社，2002年，68页。

④ 杨伯峻《列子集释》，北京：中华书局，1985年，248页。

之德圆而神。"《仪礼·少牢馈食礼》郑玄注引圆作圜。《文选·西京赋》："圜阙竦以造天。"李注："《字书》曰：'圜亦圆字也。'"圆匣文，圜匣元。

（7）分与半，《说文》："分，别也。"《公羊传·庄公四年》："师丧分焉。"注："分，半也。"《说文》："半，物中分也。"分帮文，半帮元。

（8）闷与烦，《说文》："闷，懑也。"《说文》："懑，烦也。"《玉篇》："烦，愤闷烦乱也。"闷明文，烦并元。

（9）焚与燔，《左传·成公十三年》："遂从而尽焚之。"注："焚，烧也。"《说文》："燔，爇也。"《汉书·宣帝纪》："人民饥饿，相燔烧以求食。"颜注："燔，焚也。"焚并文，燔并元。

（10）觐与见，《尚书·舜典》："觐四岳群牧。"《史记·封禅书》引觐作见。《礼记·王制》："觐诸侯。"《说苑·修文》觐作见。觐见文，见见元。

五、元部与真部

（一）韵文

（1）《诗经·大雅·生民》："厥初生民，时维姜嫄。"民嫄为韵。民真部，嫄元部。

（2）《楚辞·九歌·湘君》："石濑兮浅浅，飞龙兮翩翩。交不忠兮怨长，期不信兮告余以不闲。"① 浅翩闲为韵。浅清元，翩滂真，闲见元。

（3）《楚辞·九章·抽思》："轸石崴嵬，蹇吾愿兮。超回志度，行隐进兮。"② 愿进为韵。愿元部，进真部。

（4）《素问·宝命全角论》："五虚勿近，五实勿远；至其当发，间不容瞚。手动若务，针耀而匀；静意视义，观适之变。"③ 远瞚匀变为韵。瞚匀真部，远变元部。

---

① 朱熹《楚辞集注》，上海：上海古籍出版社，1979年，34页。
② 朱熹《楚辞集注》，上海：上海古籍出版社，1979年，87页。
③ 刘越图解，刘山雁、刘泉整理《皇帝内经素问》，北京：人民卫生出版社，2003年，191页。

（5）《素问·八正神明论》："请言神，神乎神，耳不闻，目明，心开而志先，慧然独悟，口弗能言，俱视独见，适若昏，昭然独明，若风吹云，故曰神。三部九候为之原，九针之论，不必存也。"①神闻先言昏云原存为韵。先神真部，闻昏云存文部，言原元部。

（6）《素问·天元纪大论》："太虚廖廓，肇基化元。万物资始，五运终天。布气真灵，总统坤元。九星悬朗，七曜周旋。"②元天元旋为韵。天真部，元旋元部。

（二）谐声字

1.声首为元部字

（1）衒从言声，《说文·行部》："衒，行且卖也。从行从言。衒，衒或从玄。"黄绚切。会意兼形声。言疑元，衒匣真。

（2）䰽从柬声，《说文·申部》："䰽，击小鼓，引乐声也。从申，柬声。"羊晋切。柬见元，䰽余真。

2.声首为真部字

（3）奭（䡣䡣）从囟声，《说文·舁部》："奭，升高也。从舁，囟声。"七然切。囟心真，奭清元。

（三）异文

（1）绵与民，《诗经·大雅·常武》："如川之流，绵绵翼翼。"《释文》："绵，《韩诗》作民。"《诗经·周颂·载芟》："厌厌其苗，绵绵其麃。"《韩诗》作"民民"。 绵明元，民明真。

（2）涵缅与泯，《尚书·吕刑》："泯泯棼棼。"《汉书·叙传》《论衡·寒温》③并云："涵涵纷纷。"《三国志·魏志·夏侯尚传》曰："缅

---

① 刘越图解，刘山雁、刘泉整理《皇帝内经素问》，北京：人民卫生出版社，2003年，198页。

② 刘越图解，刘山雁、刘泉整理《皇帝内经素问》，北京：人民卫生出版社，2003年，463页。

③ 黄晖《论衡校释（附刘盼遂集解）》，北京：中华书局，1990年，628页。

缅纷纷。"①涵_明元_，缅_明元_，泯_明真_。

（3）干与渊，《周易·渐》："鸿渐于干。"汉帛书本干作渊。干_见元_，渊_影真_。

（4）捐与身天，《汉书·西域传》："北与捐毒，西与大月氏接。"颜师古注："捐毒即身毒，天笃也，本皆一名，语有轻重耳。"《汉书·西南夷两粤朝鲜传》："从东南身毒国。"颜注："身毒亦曰捐毒也。"身_书真_，天_透真_，捐_余元_。

（5）身与干，《史记·西南夷列传》："从东南身毒国，可数千里，得蜀贾人市。"《集解》："徐广曰：《史记》一本作干毒。骃案：《汉书音意》曰：一名天竺。"身_书真_，干_群元_。

（6）駂与驎，《尔雅·释畜》："白马黑唇，駂。"《释文》："駂，本或作驎。"駂_从元_，驎_来真_。

（7）半与徧，《战国策·秦策四》："今大国之地，半天下有二垂，此从生民以来，万乘之地未尝有也。"②《史记·春申君列传》："今大过之地，徧天下有二垂。"《新序·善谋》亦作徧。半_帮元_，徧_帮真_。

（8）箭与晋，《周礼·夏官·职方氏》："其利金锡竹箭。"郑玄注："故书箭为晋。杜子春曰：'晋当为箭，书亦或为箭。'"《仪礼·大射礼》："缀诸箭，盖幂如勺，又反之。"郑玄注："古文箭为晋。"晋_精真_，箭_精元_。

（9）䵼与戬，《诗经·商颂·閟宫》："居岐之阳，实始䵼商。"《说文·戈部》戬字下引《诗》曰："实始戬商。"戬_精真_，䵼_精元_。

（10）玄与元，《尔雅·释天》："在辛曰重光，在壬曰玄黓。"《淮南子·天文》玄黓作元黓。玄_匣真_，元_疑元_。

（11）均与沿，《尚书·禹贡》："沿于江海，达于淮泗。"《释文》："沿，马本作均。"《史记·夏本纪》作"均江海"。《汉书·地理志》引沿作均。沿_余元_，均_见真_。

（12）钧与专，《史记·贾生列传》："大专盘物兮，坱轧无垠。"《集解》："《汉书》专字作钧。"《索隐》："此专读曰钧。"专_章元_，钧_见真_。

（13）笋与篔笢，《周礼·冬官·梓人》："为笋虡。"《释文》笋作

---

① 陈寿撰，宋裴松之注《三国志》，北京：中华书局，1959年，295页。
② 刘向集录，范祥雍笺证《战国策笺证》，上海：上海古籍出版社，2006年，400页。

簴，云："本又作笋。"《礼记·檀弓上》："有钟磬而无簨虡。"《仪礼·既礼夕》郑玄注引簨作笋。《周礼·春官·典庸器》："而设笋虡。"郑玄注："杜子春云：'笋读为博选之选。'"笋$_{心真}$，选$_{心元}$，簨$_{心文}$。

（14）缱与紧，《楚辞·疾世》："心紧絭兮伤怀。"①《考异》："紧絭一作缱绻。"②紧$_{见真}$，缱$_{溪元}$。

（四）读若

（1）虔与矜，《说文》："虔，读若矜。"矜$_{见真}$，群元部。

（2）边与牑，《说文》："牑，读若边。"牑$_{帮真}$，边$_{帮元}$。

（五）同源词

（1）咽与嚥，《玉篇·口部》："咽，吞也。"《汉书·苏武传》："天雨雪，武卧啮雪，与旃毛并咽之。"颜注："咽，吞也，音宴。"《汉书·匈奴传下》："稚子咽哺。"颜注："咽，吞也。"《广韵》去声霰韵："嚥，吞也。咽，通嚥。"咽$_{影真}$，嚥$_{影元}$。

（2）陈与展，《说文》："陈，列也。"《左传·成公十六年》："展车马。"注："展，陈也。"《左传·襄公三十一年》："各展其物。"传："展，陈也。"陈$_{定真}$，展$_{端元}$。

（3）谝与便，《说文》："谝，便巧言也。"《论语·季氏》："友便佞。"③《集解》引郑玄注："便，辩也。"④皇疏："便佞，谓辩而巧也。"⑤便$_{并元}$，谝$_{并真}$。

---

① 洪兴祖撰，白化文、许德楠等点校《楚辞补注》，北京：中华书局，2002年，319页。

② 洪兴祖撰，白化文、许德楠等点校《楚辞补注》，北京：中华书局，2002年，319页。

③ 程树德撰，程俊英、蒋见元点校《论语集释》，北京：中华书局，1990年，1149页。

④ 程树德撰，程俊英、蒋见元点校《论语集释》，北京：中华书局，1990年，1151页。

⑤ 程树德撰，程俊英、蒋见元点校《论语集释》，北京：中华书局，1990年，1149页。

六、元部与耕部

（一）谐声字

1. 声首为元部字

（1）鈃从幵声，《说文·金部》："鈃，似钟而颈长。从金，幵声。"户经切。鈃匣耕，幵见元。

（2）邢从幵声，《说文·邑部》："邢，周公子所封，地近河内怀。从邑，幵声。"户经切。邢匣耕，幵见元。

（3）形从幵声，《说文·彡部》："形，象形也。从彡，幵声。"户经切。形匣耕，幵见元。

（4）并从幵声，《说文·从部》："并，相从也。从从幵声。一曰从持二为并。"府盈切。并帮耕，幵见元。

（5）瞏从袁声，《说文·目部》："瞏，目惊视也。从目，袁声。《诗》曰：'独行瞏瞏。'"渠营切。瞏群耕，瞏邪元，袁匣元。

2. 声首为耕部字

（6）奂从夐省声，段注本《说文·奴部》："奂，取奂也。一曰大也。从廾，夐省声。"呼贯切。奂晓元，夐晓耕。

（7）甍（瞏）从夐省声，段注本《说文·甍部》："甍，柔韦也。从北，从皮省，从夐省声。读若耎。"而兖切。夐晓耕，甍日元。

（二）重文

（1）琁与璚，《说文》："琁，璚或从旋省。"璚群耕，琁邪元。

（三）读若

（1）缮与劲，《周礼·夏官·序官》："缮人。"郑玄注："缮之言劲也。"《礼记·曲礼上》："急缮其怒。"郑玄注："缮读曰劲。"

（2）省与狝，《礼记·玉藻》："唯君有黼裘以誓省。"郑玄注："省当为狝。"《礼记·明堂位》："秋省而遂大蜡。"郑玄注："省读为狝。"省_{山耕}，狝_{心元}。

（3）䖵与骋，《说文》，"䖵，虫曳行也。从虫，中声。读若骋。"骋_{透耕}，䖵_{透元}。

（四）异文

（1）璇与琼，《史记·封禅书》："舜在璇玑玉衡，以齐七政。"《汉书·郊祀志》璇作琼。琼_{群耕}，璇_{邪元}。

（2）萤与蚈，《礼记·月令》："腐草为萤。"《淮南子·时则训》："鹰乃学习，腐草花为蚈。"①萤_{匣耕}，蚈_{溪元}。

（3）荣与环，《老子》二十六章："虽有荣观，燕处超然。"汉帛书甲本："唯有环官，燕处□□若。"乙本："虽有环官，燕处则昭若。"荣_{匣耕}，环_{匣元}。

（4）莹与匽，《大戴礼·帝系》："帝舜娶于帝尧之子谓之女匽氏。"②《史记·五帝本纪》："帝饬下二女于妫汭。"《索隐》："《列女传》云：二女长曰娥皇，次曰女英。《系本》作女莹，《大戴礼》作女匽。"匽_{影元}，莹_{匣耕}。

（5）偃与缨，《左传·鲁僖公元年》："公败邾师于偃。"《公羊传》："公败邾娄师于缨。"缨_{影耕}，偃_{影元}。

（6）偃与罃，《公羊传·襄公十四年》："叔孙豹会晋荀偃。"徐彦疏："旧本作'荀偃'，若作'荀罃'者，误。"偃_{影元}，罃_{影耕}。

（7）鲜与耿，《尚书·立政》："以觐文王之耿光，以扬武王之大烈。"汉石经耿作鲜。鲜_{心元}，耿_{见耕}。

（8）倪与磬，《诗经·大雅·大明》："大邦有子，倪天之妹。"《释文》："倪，《韩诗》作磬。"倪_{溪元}，磬_{溪耕}。

（9）顅髽与牼，《周礼·冬官·梓人》："数目顅豆。"郑玄注："故书顅或作牼。郑司农云：'牼读为髽头无髮之髽。'"顅_{溪元}，髽_{溪元}，牼_{溪耕}。

---

① 何宁《淮南子集释》，北京：中华书局，1998年，405页。
② 王聘珍《大戴礼记解诂》，北京：中华书局，1983年，130页。

（10）瞷与牼，《左传·襄公十七年》："邾子牼卒。"《公羊传》："邾娄子瞷卒。"《谷梁传》亦同。牼_{溪耕}，瞷_{匣元}。

（11）练与灵，《尚书·吕刑》："苗民弗用灵，制以刑。"《墨子·尚同中》引该句作："苗民否用练，折则刑。"① 练_{来元}，灵_{来耕}。

（12）卷与坰，《尚书·仲虺之诰》："至于大坰。"《史记·殷本纪》："汤归至于泰卷陶，中垒作诰。"《索隐》："邹诞生'卷'作'坰'，又作'泂'。其下'陶'字是衍耳。何以知然？解《尚书》者以大坰今定陶是也，旧本或傍记其地名，后人转写遂衍斯字也。"坰_{见耕}，卷_{见元}。

（13）践与靖，《诗经·郑风·东门之墠》："东门之栗，有践家室。"《韩诗》践作靖。践_{从元}，靖_{从耕}。

（14）边与跰，《庄子·大宗师》："其心闲而无事，跰𨇤而鉴于井。"《释文》："跰𨇤，崔本作边鲜。"跰_{帮耕}，变_{帮元}。

（15）宁与曼，《史记·晋世家》："晋侯子宁族，是为武侯。"《索隐》："《系本》作曼期。谯周作曼旗也。"《史记》族字乃旗之误。宁_{泥耕}，曼_{明元}。

（16）平与便辨辩，《尚书·尧典》："平秩东作。"《史记·五帝本纪》："便程东作。"《周礼·春官·冯相氏》郑玄注引平作辩。《风俗通·祀典》："《青史子书》说：鸡者，东方之牲也。岁终更始，辨秩东作。"②《尚书·尧典》："平章百姓。"《史记·五帝本纪》："便章百姓。"《尚书·洪范》："王道平平。"《史记·张释之冯唐列传》引该句作："王道便便。"《诗经·小雅·采菽》："平平左右，亦是率从。"《释文》："平平，《韩诗》作'便便'。"《左传·襄公十一年》引该诗："便蕃左右，亦是帅从。"平_{並耕}，便_{並元}，辨_{並元}，辩_{並元}。

上古汉语中，耕部和元部的元音以及韵尾都有很大的差异，段玉裁十七部六类表中，耕部属于第四类、十一部，元部属于第五类、十五部。两部不同类，且相隔较远。但从上述谐声、读若、异文、重文来看，耕部与元部的关系还是比较密切的。前辈学者对此多有论及。

---

① 吴毓江撰，孙启治点校《墨子校注》，北京：中华书局，1993年，119页。
② 应劭撰，王利器校注《风俗通义校注》，北京：中华书局，1981年，374页。

章太炎《成均图》："青寒亦有旁转者，如荧荧亦作嬛嬛。"①汪启明《先秦两汉齐语研究》②认为这是一种方言现象，但没有解释这是怎样一种音变。耕部 eng 受高元音的制约作用，词尾发生前移，eng>en，则与真部关系密切。《诗经·墉风·蝃蝀》第三章人姻信命为韵，《诗经·齐风·东方未明》第二章颠令为韵，《诗经·齐风·卢令》第一章令仁为韵，《诗经·唐风·扬之水》第三章鹑命人为韵，《诗经·唐风·采苓》第一章苓苓巅信为韵，《诗经·秦风·车邻》第一章邻颠令为韵，《诗经·小雅·十月之交》第三章电令为韵，例子不一而足。而真部与元部，韵尾相同，段玉裁同归为第五类，如此则能解释为何耕部与元部发生通转的例证会如此之多。

七、元部与阳部

（一）韵文

（1）《诗经·大雅·抑》："告之话言，顺德之行。"言行为韵。言元部，行阳部。

（二）异文

（1）殚与赏，《礼记·祭法》："帝喾能序星辰以着众，尧能赏均刑法以义终。"《周礼·春官·大司乐》郑玄注引赏作殚。赏 书阳，殚 端元。

（2）繁与萌，《礼记·月令》："天地和同，草木萌动。"《吕氏春秋·孟春》："天地和同，草木繁动。"③萌 明阳，繁 并元。

---

① 这两个例子是否属于通转，还有待考证，见后文。
② 汪启明《先秦两汉齐语研究》，成都：巴蜀书社，1998年。
③ 许维遹撰，梁运华整理《吕氏春秋集释》，北京：中华书局，2009年，10页。

（三）同源词

（1）强与健，《说文》："强，弓有力也。"《广韵》："强，健也。"《一切经音义》六引《仓颉》："强，健也。"《左传·文公十年》："三君皆将强死。"疏："强，健也。"《战国策·秦策二》："使者多健。"注："健者，强也。"① 健_{群元}，强_{群阳}。

（2）广与宽，《史记·贾生列传》："以为寿不得长，乃为赋以自广。"《索隐》："广，犹宽也。"《老子》第十五章："旷兮其若谷。"传："旷者，宽大。"宽_{溪元}，旷_{溪阳}。

（3）抗与捍，《说文》："抗，捍也。"《小尔雅·广言》："抗，御也。"②《荀子·礼论》："抗折其貌以象槾茨番阏也。"杨倞注："抗，所以御土。"③《战国策·西周策》："而设以国为王捍秦。"注："捍，御也。"④ 捍_{匣元}，抗_{溪阳}。

（4）享与献，《说文》："享，献也。"《诗经·小雅·天保》："吉蠲为饎，是用孝享。"传："享，献也。"《诗经·小雅·楚茨》："以享以祀。"笺："享，献也。"享_{晓阳}，献_{晓元}。

（5）戕与残，《小尔雅·广言》："戕，残也。"⑤《尚书·盘庚中》："汝有戕。"传："戕，残也。"《诗经·小雅·十月之交》："曰予不戕。"笺："戕，残也。"《国语·楚语下》："戕懿公于囿竹。"注："戕，残也。⑥"戕_{从阳}，残_{从元}。

---

① 刘向集录，范祥雍笺证《战国策笺证》，上海：上海古籍出版社，2006年，265-266页。

② 孔鲋著，杨琳注《小尔雅今注》，上海：汉语大词典出版社，2002年，123页。

③ 王先谦撰，沈啸寰、王星贤点校《荀子集解》，北京：中华书局，1988年，371页。

④ 刘向集录，范祥雍笺证《战国策笺证》，上海：上海古籍出版社，2006年，114页。

⑤ 孔鲋著，杨琳注《小尔雅今注》，上海：汉语大词典出版社，2002年，120页。

⑥ 徐元诰撰，王树民、沈长云点校《国语集解》，北京：中华书局，2002年，531页。

八、元部与东部

（一）异文

（1）蔓与蒙，《尔雅·释草》："厘，蔓华。"郭璞注："一名蒙华。"蔓_明元_，蒙_明东_。

（二）同源词

（1）空与窾，《说文》："空，窍也。"段注："今俗语所谓孔也。"《广雅·释诂三》："窾，空也。"《庄子·达生》："款启寡闻之民。"《释文》引李注："款，空也。"《史记·太史公自序》："实不中其声者谓之窾。"《集解》引徐广："窾，空也。"空_溪东_，窾_溪元_。

九、元部与微部、物部

（一）韵文

（1）《诗经·小雅·谷风》："习习谷风，维山维巇。无草不死，无木不萎。忘我大德，思我小怨。"巇萎怨为韵。巇萎[①]微部，怨元部。

（二）谐声

（1）元从兀声，段注本《说文》："元，始也。从一，兀声。"愚袁切。元_疑元_，兀_疑物_。

---

① 萎，王力先生归入微部，郭锡良先生《汉字古音手册》（增订本）归歌部。

（三）读若

（1）烜与毁，《周礼·秋官·叙官》："司烜氏，下士六人，徒十有二人。"郑玄注："烜读如卫侯毁之毁。"毁晓微，烜晓元。

（四）重文

（1）髡与髨，《说文》："髡，髡或从元。"

（五）异文

（1）浘与浼，《诗经·邶风·新台》："新台有洒，河水浼浼。"《释文》："浼浼，《韩诗》作浘浘。"浼明元，浘明微。

（2）宛与郁（鬱），《诗经·秦风·晨风》："鴥彼晨风，郁彼北林。"《周礼·冬官·函人》："凡察革之道，视其钻孔，欲其惌也。"郑玄注："郑司农云：惌读为'宛彼北林'之宛。"《礼记·内则》："兔为宛脾。"郑玄注："宛或为郁。"鬱影物，宛影元。

（3）冤与郁，《楚辞·九章·怀沙》："郁结纡轸兮，离慜而长鞠。"①《史记·屈原列传》："冤结纡轸兮，离慜之长鞠。"鬱影物，冤影元。

（六）同源词

（1）希与罕，《尔雅·释诂》："希，罕也。"注："罕亦希也。"《诗经·郑风·大叔于田》："叔发罕忌。"传："罕，希也。"罕晓元，希晓微。

（2）回与还环，《说文》："回，转也。"《国语·吴语》："将还玩吴国于股掌之上。"注："回，旋也。"②《楚辞·招魂》："引车右还。"注："还，转也。"③《国语·晋语二》："戎翟之民实环之。"注："环，绕也。"④回匣微，还匣元，环匣元。

---

① 朱熹《楚辞集注》，上海：上海古籍出版社，1979年，88页。
② 徐元诰撰，王树民、沈长云点校《国语集解》，北京：中华书局，2002年，539页。
③ 朱熹《楚辞集注》，上海：上海古籍出版社，1979年，143页。
④ 徐元诰撰，王树民、沈长云点校《国语集解》，北京：中华书局，2002年，288页。

（3）暵与晞，《说文》："暵，干也。"《说文》："晞，干也。"晞晓微，暵晓元。

十、元部与脂部、质部

（一）韵文

（1）《周易·蒙》："勿用取女，行不顺也；困蒙之吝，独远实也；童蒙之吉，顺以巽也；利用御寇，上下顺也。"顺实巽顺为韵。顺文部，实质部，巽元部。

（二）谐声

1.声首为元部字

（1）筓从开声，《说文·竹部》："筓，簪也。从竹，开声。"古兮切。筓见脂，开见元。

（2）枅从开声，《说文·木部》："枅，屋栌也。从木，开声。"古兮切。枅见脂，开见元。

（3）羿从开声，《说文·弓部》："羿，帝喾射官，夏少康灭之。从弓，开声。《论语》曰：'羿善射。'"五计切。羿疑质，开见元。

（4）翳从开声，《说文·羽部》："翳，羽之翳风。亦古诸侯也。一曰射师。从羽，开声。"五计切。翳疑质，开见元。

2.声首为质部字

（1）棻从八声，《说文·棻部》："棻，赋事也。从棻从八。八，分之也。八亦声。读若颁。一曰读若非。"布还切。八帮质，棻帮元。

（三）读若

（1）寅与迡，《说文》："迡，读若寅。"迡章月，寅章脂。

十一、元部与支部、锡部

（一）谐声

1.声首为元部字

（1）盱从开声，《说文·目部》："盱，蔽人视也。从目，开声，读若携手。一曰直视也。"苦兮切。盱_{匣支}，开_{见元}。

（2）觯从单声，《说文·角部》："觯，乡饮酒角也。《礼》曰：'一人洗，举觯。'觯受四升。从角，单声。"觯_{章支}，单_{端元}。

（3）檇从隽声，《说文·木部》："檇，以木有所捣也。从木，隽声。《春秋传》曰：'越败吴于檇李。'"遵为切。檇_{精支}，隽_{精元}。

（4）霰从鲜声，《说文·雨部》："霰，小雨财雩也。从雨，鲜声。"息移切。霰_{心支}，鲜_{心元}。

2.声首为锡部字

（5）蠉从益声，《说文·虫部》："蠉，马蠉也。从虫目，益声。了，象形。《明堂月令》曰：腐艸为蠉。"古玄切。蠉_{见元}，益_{影锡}。

3.声首为支部字

（6）瘫从徙声，《说文》无。徙_{心支}，瘫_{心元}。

（二）读若

（1）霰与斯，《说文》："霰，读若斯。"
（2）盱与携，《说文》："盱，读若携手。"

（三）重文

（1）觯与觗，《说文》："觯，《礼经》作觗。"

（四）异文

（1）瘫与癣，《国语·吴语》："夫齐鲁譬诸疾，疥癣也。"① 《史记·越王勾践世家》："吴有越，腹心之疾；齐与吴，疥瘫也。"《索隐》："疥瘫音介匙。"癣 心元，瘫 心元。

（2）鲜与嶰，《尔雅·释山》："小山别大山，鲜。"《文选》中左思《吴都赋》李注引《尔雅》曰："小山别大山曰嶰。"嶰 匣锡，鲜 心元。

（3）鲜与誓，《尔雅·释诂上》："鲜，善也。"《释文》："鲜，本或作誓。"誓 心支，鲜 心元。

（4）鲜与斯，《诗经·小雅·瓠叶》："有兔斯首，炮之燔之。"郑笺："斯，白也，今俗语斯白之字作鲜，齐鲁之间声近。"斯 心支，鲜 心元。

（5）鲜与析，《尚书·禹贡》："昆仑、析支、渠搜。"《大戴礼·五帝德》析支作鲜支。《史记·五帝本纪》："西戎、析枝、渠廋。"《索隐》："鲜析音相近。"析 心锡，鲜 心元。

（6）骞与奚，《吕氏春秋·悔过》："师过周而东。郑贾人弦高、奚施将西市于周，道遇秦师。"② 《淮南子·人间训》："过周以东，郑之贾人弦高、骞他相与谋曰。"③ 奚 匣支，骞 见元。

（7）栈与柴，《公羊传·哀公四年》："亡国之社盖揜之，揜其上而柴其下。"《周礼·地官·媒氏》："凡男女之讼，听之于胜国之社。"郑玄注："亡国之社，奄其上而栈其下。"《周礼·春官·丧祝》郑玄注亦同。栈 崇元，柴 崇支。

（8）连与丽，《仪礼·士丧礼》："设决丽于掔，自饭持之。"郑玄注："古文丽亦为连。"丽 来支，连 来元。

（9）圭与蠲：《诗经·小雅·天保》："吉蠲为饎。"《周礼·秋官·蜡氏》："凡国之大祭祀，令州里除不蠲。"郑玄注："蠲读如'吉圭惟饎'之圭。"《仪礼·士虞礼》郑玄注同。蠲 见元，圭 见支。

---

① 徐元诰撰，王树民、沈长云点校《国语集解》，北京：中华书局，2002 年，541 页。

② 许维遹撰，梁运华整理《吕氏春秋集释》，北京：中华书局，2009 年，410 页。

③ 何宁《淮南子集释》，北京：中华书局，1998 年，1272 页。

十二、元部与鱼部、铎部

（一）韵文

（1）《楚辞·大招》："二八接舞，投诗赋只。叩钟调磬，娱人乱只。四上竞气，极声变只。魂乎归徕！听歌譔只。"①赋乱变譔为韵。赋鱼部，乱变譔元部。

（二）谐声

（1）鱻从虍声，《说文·鬲部》："鬻，鬲属。从鬲，虍声。"虍晓鱼，鬻疑元。

（三）读若

（1）袢与普，《说文》："袢，读若普。"袢並元，普帮鱼。
（2）曼与母，《汉书·高帝纪》："信亡走匈奴，与其将曼丘臣、王黄共立故赵后赵利为王。"②颜注："姓曼丘，名臣也。曼丘、母丘本一姓也，语有缓急耳。"

（四）异文

（1）番与蒲，《史记·赵世家》："番吾君自代来。"《正义》："《括地志》云：'蒲吾故城在恒州房山县东二十里。'番、蒲古今音异耳。"《史记·赵世家》："秦攻番吾。"《正义》："番又作蒲。"《史记·苏秦列传》："踰漳据番吾。"《集解》引徐广曰："常山有蒲吾县。"《正义》："番又音蒲。"蒲並鱼，番並元。
（2）曼与蒲，《左传·成公十八年》："庚申，晋弑其君州蒲。"《史记·晋世家》："十九年夏，立其太子寿曼为君，是为厉公。"州蒲作寿曼。蒲並鱼，曼明元。

---

① 朱熹《楚辞集注》，上海：上海古籍出版社，1979年，149页。
② "（与）其将曼丘臣、王黄共立故赵后赵利为王"，朱子文说"与"字衍。王先谦认为朱说是。

（3）瞒与忱抚，《庄子·天地》："子贡瞒然惭俯而不对。"《释文》："瞒，司马本作忱。崔本作抚。"忱明鱼，抚滂鱼，瞒明元。

（4）蟠与扶，《汉书·天文志》："一曰：晷长为潦，短为旱，奢为扶。"颜师古注引郑氏曰："扶当为蟠，齐鲁之间声如酺，酺扶声近。"扶並鱼，蟠並元。

（5）胖与肤，《礼记·内则》："麋肤，鱼醢。"郑玄注："肤，切肉也。肤或为胖。"肤帮鱼，胖滂元。

（6）烦与夫，《礼记·少仪》："剑则启椟，盖袭之，加夫襓与剑焉。"郑玄注："夫，或为烦，皆发声。"夫帮鱼，烦並元。

（7）献与禓，《礼记·郊特牲》："乡人禓。"郑玄注："禓，强鬼也，谓时傩。禓，或为献，或为傩。"禓书阳，献晓元。

（五）同源词

（1）乌恶与安焉：《广雅·释诂四》："乌，词也。"《吕氏春秋·明理》："乌闻至乐？"注："乌，安也。"①《汉书·司马相如传下》："况乎上圣，又乌能已？"颜注："乌，犹焉也。"《左传·桓公十六年》："恶用子矣？"注："恶，安也。"《论语·为政》："人焉廋哉？"皇疏："焉，安也。"乌影鱼，恶影鱼，安影元，焉影元。

（2）于和爰，《尚书·咸有一德》："爰革夏正。"传："爰，于也。"《尚书·盘庚上》："既爰宅于兹。"郑玄注："爰，于也。"《诗经·大雅·卷阿》："亦集爰止。"笺注："爰，于也。"爰匣元，于匣鱼。

（3）哗与讙，《说文》："哗，讙也。"《说文》："讙，哗也。"《汉书·刘向传》："流言飞文哗于民间。"颜注："哗，讙也。"《史记·陈丞相世家》："诸将尽讙。"《索隐》："讙，哗也。"讙晓元，哗晓鱼。

（4）余与羡，《诗经·小雅·十月之交》："四方有羡，我独居忧。"传："羡，余也。"《诗经·小雅·采芑》笺："羡卒尽起。"《释文》："羡，余也。"《周礼·地官·小司徒》："大故致余子。"郑司农注："余子，谓羡也。"羡邪元，余余母。

（5）隙与间，《说文》："间，隙也。"《左传·昭公十三年》："诸

---

① 许维遹撰，梁运华整理《吕氏春秋集释》，北京：中华书局，2009年，153页。

侯有间也。"注:"间,隙也。"《国语·周语上》:"搜于农隙。"注:"隙,间也。"①"间见元,隙溪铎。

(6) 额与颜,《广雅·释亲》:"颜,额也。"《史记·高祖本纪》:"隆准而龙颜。"《集解》引应劭:"颜,额颡也。"《说文》:"颜,眉目之间。"颜疑元,额疑铎。

(7) 暮(莫)与晚,《说文》:"莫,日且冥也。"《诗·齐风·东方未明》:"不夙则莫。"《传》:"莫,晚也。"《诗经·大雅·抑》:"谁夙知而莫成。"传:"莫,晚也。"《说文》:"晚,莫也。"暮明铎,晚明元。

(8) 幕与幔,《说文》:"幕,帷在上曰幕。"《广雅·释器》:"幕,帐也。"《说文》:"幔,幕也。"幔明元,幕明铎。

(9) 岸与圻,《广韵》:"圻,垠圻。"张衡《西京赋》:"在彼灵囿之中,前后无有垠圻。"注引许慎《淮南子》注:"垠圻,端匡也。"圻疑铎,岸疑元。

十三、元部与谈部、叶部

(一) 谐声

(1) 甋从奭声,《说文·瓦部》:"甋,蹈瓦声。从瓦,奭声。"零帖切。甋来叶,奭日元。

(二) 异文

(1) 散与憸,《尚书·盘庚上》:"相时憸民。"《隶释》载《汉石经》憸作散。憸心谈,散心元。

(三) 读若

(1) 钱与箝,《说文》:"钱,读若箝。"箝从谈,钱从元。

---

① 徐元诰撰、王树民、沈长云点校《国语集解》,北京,中华书局,2002年,25页。

（四）同源词

（1）岸与岩，《说文》："岸，水厓高者。"《说文》："岩，岸也。"岸_{疑元}，岩_{疑谈}。

十四、元部与之部、蒸部

（一）谐声

（1）奭从而声，《说文·大部》："奭，稍前大也。从大，而声，读若畏偄。"而沇切。奭_{日元}，而_{日之}。

（2）陾从奭声，《说文·阜部》："陾，筑墙声也。从阜，奭声。《诗》云：'捄之陾陾。'"如乘切。奭_{日元}，陾_{日蒸}。

十五、歌部与支部、锡部

（一）韵文

（1）《楚辞·九歌·少司命》："悲莫悲兮生别离，乐莫乐兮新相知。"[①] 离知为韵。离歌部，知支部。

（2）《楚辞·大招》："姱修滂浩，丽以佳只。曾颊倚耳，曲眉规只。滂心绰态，姣丽施只。小腰秀颈，若鲜卑只。魂乎归徕！思怨移只。"[②] 佳规施卑移为韵。施移歌部，佳规卑支部。

（3）《老子》第十章："载营魄，抱一能无离乎？专气致柔，能婴儿乎？涤除玄览，能无疵乎？爱民治国，能无为乎？天门开阖，能为雌乎？明白四达，能无知乎？"离儿疵为雌知为韵。离为歌部，儿疵

[①] 朱熹《楚辞集注》，上海：上海古籍出版社，1979年，40页。

[②] 朱熹《楚辞集注》，上海：上海古籍出版社，1979年，149页。

雌知支部。

（4）《老子》第二十八章："知其雄，守其雌，为天下溪。为天下溪，恒德不离；恒不离，复归婴儿。"雌溪溪离儿为韵。雌溪儿支部，离歌部。

（5）《管子·内业》："彼道不离，民因以知。"① 离知为韵。知支部，离歌部。

（6）《管子·版法解》："天下所谋，虽立必隳；天下所持，虽高不危。"② 隳危为韵。隳歌部，危支部。

（7）《庄子·在宥》："各复其根，各复其根而不知；浑浑沌沌，终身不离；若彼知之，乃是离之。"知离知离为韵。知支部，离歌部。

（8）《逸周书·周祝解》："叶之美也，解其柯；柯之美也，离其枝。"③ 柯枝为韵。柯歌部，枝支部。

（9）《三略·上略》："柔有所设，刚有所施。弱有所用，强有所加。兼此四者而制其宜。端末未见，人莫能知。天地神明，与物推移。变动无常，因敌转化。不为事先，动而辄随。"④ 施加宜知移化随为韵。施加宜移化随歌部，知支部。

（10）《文子·微明》："智圆者，无不知也；行方者，有不为也。"⑤ 知为为韵。知支部，为歌部。

（11）《韩非子·外储说上》："慎而言也，人且知女；慎而行也，人且随女。"⑥ 知随为韵。知支部，随歌部。

（12）《鬼谷子·抵巇》："物有自然，事有合离。有近而不可见，有远而可知。"⑦ 离知为韵。离歌部，知支部。

（13）《吕氏春秋·精谕》："不言之谋，不闻之事，殷虽恶周，不

---

① 黎翔凤撰，梁运华整理《管子校注》，北京：中华书局，2004年，935页。
② 黎翔凤撰，梁运华整理《管子校注》，北京：中华书局，2004年，1205页。
③ 黄怀信、张懋镕、田旭东《逸周书汇校集注（修订本）》，上海：上海古籍出版社，2007年，1059页。
④ 娄熙元、吴树平译注《吴子译注·黄石公三略译注》，石家庄：河北人民出版社，1992年，56页。
⑤ 王利器《文子疏义》，北京：中华书局，2000年，321页。
⑥ 王先慎撰，钟哲点校《韩非子集解》，北京：中华书局，1998年，318页。
⑦ 许富宏《鬼谷子集校集注》，北京：中华书局，2008年，64页。

能疵矣。口唅不言，以精相告，纣虽多心，弗能知矣。目视于无形，耳听于无声，商闻虽众，弗能窥矣。同恶同好，志皆有欲，虽为天子，弗能离矣。"①疵知窥离为韵。离歌部，疵知窥支部。

（14）《琅琊台刻石铭》："应时动事，是维皇帝。匡饬异俗，陵水经地。忧恤黔首，朝夕不懈。除疑定法，咸知所辟。方伯分职，诸治经易。举错必当，莫不如画。"帝地懈辟易画为韵。地歌部，帝懈辟易画锡部。

（二）谐声

1.声首是歌部字

（1）竵从𠦞声，《说文·立部》："竵，不正也。从立，𠦞声。"火鼃切。竵晓支，𠦞见歌。

2.声首是支部字

（2）頠从危声，《说文·页部》："頠，头闲习也。从页，危声。"语委切。頠疑歌，危疑支。

（3）攲从支声，《说文·危部》："攲，攲隑也。从危，支声。"去其切。攲溪歌，支章支。

（4）蘤从甤声，《说文·艸部》："蘤，黄华。从艸，甤声，读若坏。"乎瓦切。蘤晓歌，甤匣支。

（三）重文

（1）輢与輗，《说文》："輢，輗或从宜。"
（2）𦂁与紫，《说文》："𦂁，古文紫从隋省。"
（3）芰与茤，《说文》："茤，杜林说芰从多。"
（4）䅃与䄬，《说文》："䄬，䅃或从也。"
（5）鬎与髢，《说文》："髢，鬎或从也声。"

---

① 许维遹撰，梁运华整理《吕氏春秋集释》，北京：中华书局，2009年，482页。

（6）姼与姼，《说文》："姼，或体姼。"

（7）弛与豛，《说文》："豛，弛或从虒。"

以上重文反映了汉代歌部支韵和支部支韵合流。

（四）异文

（1）倮与儶，《荀子·赋》："有物于此，儶儶兮其状，屡化如神。"杨倞注："儶读如其虫倮之倮。儶儶，无毛羽之貌。"①儶 来支，倮 来歌。

（2）蠃与螺，《周易·说》："离为蠃。"《释文》："蠃，京作螺，姚作蠡。"《文选》中班昭《东征赋》："谅不登樔而椓蠡兮，得不陈力而相追。"李注："蠡与蠃，古字通。"蠡 来支，蠃 来歌。

（3）离与丽，《诗经·小雅·渐渐之石》："月离于毕，俾滂沱兮。"《淮南子·原道》、《论衡·说日》、《吕氏春秋·孟春纪》高注引离作丽。这反映了汉代支韵和支部支韵合流。

（4）离与俪，《仪礼·士冠礼》："主人酬宾束帛、俪皮。"郑玄注："俪皮，两鹿皮也。古文俪为离。"俪 来支，离 来歌。

（5）蹝与沙，《战国策·燕策一》："则燕赵之弃齐也，犹释敝蹝。"姚本注："一云：'脱屣也。'"②马王堆汉墓帛书《战国纵横家书》第二十章作"说沙"。蹝 山支，屣 山支，沙 山歌。

（6）骴与骼，《礼记·月令》："毋聚大众，毋置城郭，掩骼埋骴。"郑玄注："骨枯曰骼，肉腐曰骴。"《吕氏春秋·孟春》："无聚大众，无置城郭，掩骼霾髊。"③骴作髊。髊 从歌，骴 从支。

（7）䡞与𫐓，《礼记·曲礼上》："国君不乘奇车，车上不广咳，不妄指，立视五䡞。"郑玄注："䡞犹规也，谓轮转之度。䡞或为𫐓。"𫐓 日歌，䡞 匣支。

（8）彼与辟，《诗经·周颂·载见》："载见辟王，曰求厥章。"《墨

---

① 王先谦撰，沈啸寰、王星贤点校《荀子集解》，北京：中华书局，1988年，477页。

② 刘向集录，范祥雍笺证《战国策笺证》，上海：上海古籍出版社，2006年，1691-1692页。

③ 许维遹撰，梁运华整理《吕氏春秋集释》，北京：中华书局，2009年，11页。

子·尚同中》引该诗："载来见彼王，聿求厥章。"①辟帮锡，彼帮歌。

（9）阿与庪，《仪礼·士昏礼》："宾升西阶，当阿，东面致命。"郑玄注："阿，栋也。入堂深，示亲亲。今文阿为庪。"庪见支，阿影歌。

（10）猗与技，《庄子·养生主》："导大窾，因其固然，技经肯綮之未尝。"《释文》："技经，本或作猗。"猗影歌，技群支。

（11）伪与危，《庄子·渔父》："苦心劳形，以危其真。"《释文》："以危，危或作伪。"危疑支，伪疑歌。

（12）诡与伪，《庄子·齐物论》："道恶乎隐而有真伪，言恶乎隐而有是非？"《释文》："真伪，一本作真诡。"伪疑歌，诡见支。

（13）诡与亏，《史记·齐太公世家》："多内宠，如夫人者六人，长卫姬，生无诡。"《索隐》："无诡，《左传》作'无亏'也。"诡见支，亏溪歌。

（14）兮与呵，《老子》四章："渊兮似万物之宗。"汉帛书甲本："渊呵始万物之宗。"乙本："渊呵似万物之宗。"兮匣支，呵晓歌。

（15）祇与多，《左传·襄公二十九年》："欲之而言叛，祇见疏也。"《释文》："祇见，本又作多。"《正义》："'多见疏'，犹《论语》云'多见其不知量'也。服虔本作'祇见疏'，解云：祇，适也。晋、宋杜本皆作'多'。古人多、祇同音。"多端歌，祇章支。

（16）襦与拕，《周易·讼》："或锡之鞶带，终朝三襦之。"《释文》："襦，郑本作拕。"襦透支，拕透歌。

（17）轆与磨，《墨子·备高临》："如如弋射，以磨轆卷收。"②《方言》第五："繀车，赵魏之间谓之轆辘车，东齐海岱之间谓之道轨。"磨明歌，轆来锡。

（18）婐与傞，《诗经·小雅·宾之初筵》："侧弁之俄，屡舞傞傞。"《说文·女部》："婐，妇人小物也。从女，此声。《诗》曰：'屡舞婐婐。'"傞心歌，婐精支。

（19）惕与施，《尚书·盘庚上》："非予自荒兹德，惟汝含德，不惕予一人。"《白虎通·号》引该句："故《尚书》曰：不施予一人。③"惕透锡，施书歌。

---

① 吴毓江撰，孙启治点校《墨子校注》，北京：中华书局，1993年，121页。
② 吴毓江撰，孙启治点校《墨子校注》，北京：中华书局，1993年，838页。
③ 陈立撰，吴则虞点校《白虎通疏证》，北京：中华书局，1994年，47页。

（五）读若

（1）丽与罗，《周礼·秋官·小司寇》："以八辟丽邦法。"郑玄注："杜子春读丽为罗。"丽 来支，罗 来歌。

（2）妫与鬻，《说文》："鬻，读若妫。"鬻 见支，妫 见歌。

（3）陞与嫙，《说文》："嫙，读若陞。"嫙 晓支，陞 晓歌。

（4）渍与髊，《吕氏春秋·孟春》："掩骼霾髊。"高注："髊读作水渍物之渍。"① 髊 从歌，渍 从锡。

（5）麿与洇，《说文》："麿，读若洇水。"麿 明歌，洇 明支。

（6）罢与庳，《周礼·夏官·司弓矢》："恒矢、庳矢用诸散射。"郑玄注："郑司农云：'庳读为人罢短之罢。'玄谓庳读如痹病之痹。"罢 并歌，庳 并支。

十六、歌部与微部、物部、文部

（一）韵文

（1）《楚辞·远游》："祝融戒而还衡兮，腾告鸾鸟迎宓妃。张《咸池》奏《承云》兮，二女御《九韶》歌。使湘灵鼓瑟兮，令海若舞冯夷。玄螭虫象并出进兮，形蟉虬而逶蛇。雌蜺便娟以增挠兮，鸾鸟轩翥而翔飞。音乐博衍无终极兮，焉乃逝以徘徊。"② 妃歌夷蛇飞徊为韵。妃飞徊微部，歌蛇歌部，夷脂部。

（2）《楚辞·九歌·东君》："驾龙辀兮乘雷，载云旗兮委蛇。长太息兮将上，心低佪兮顾怀。羌声色兮娱人，观者憺兮忘归。"③ 雷蛇怀归为韵。蛇歌部，雷怀归微部。

---

① 许维遹撰，梁运华整理《吕氏春秋集释》，北京：中华书局，2009年，11页。

② 朱熹《楚辞集注》，上海：上海古籍出版社，1979年，111页。

③ 朱熹《楚辞集注》，上海：上海古籍出版社，1979年，41页。

（3）《尚书·仲虺之诰》："德日新，万邦惟怀；志自满，九族乃离。"怀离为韵。怀微部，离歌部。

（二）谐声

1.声首是歌部字

（1）绥从妥声，段注本《说文·糸部》："绥，车中把也。从糸，妥声。"息遗切。绥_{心微}，妥_{透歌}。

（2）桵从妥声，《说文·木部》："桵，白桵，棫。从木，妥声。"儒佳切。桵_{日微}，妥_{透歌}。

（3）陂从巫声，《说文·阜部》："陂，磊陂也。从阜，巫声。"洛猥切。陂_{来微}，巫_{禅歌}。

（4）巍从委声，《说文·嵬部》："巍，高也。从嵬，委声。牛威切。"巍_{疑微}，委_{影歌}。

（5）錗从委声，《说文·金部》："錗，侧意。从金，委声。"女恚切。錗_{泥微}，委_{影歌}。

（6）餧从委声，《说文·食部》："餧，饥也。从食，委声。一曰鱼败曰餧。"奴罪切。餧_{泥微}，委_{影歌}。

2.声首是文部字

（1）梭从夋声，《说文·木部》："梭，梭木也。从木，夋声。"私□□。梭_{心文}，梭_{心歌}，夋_{清文}。

（三）重文

（1）轙与羁，《汉书·刑法志》："是犹以轙而御駻突。"颜注引晋灼曰："轙，古羁字。"轙_{见微}，羁_{见歌}。

（2）隑与碕，《史记·司马相如列传》："临曲江之隑州兮,望南山之参差。"《索隐》："隑即碕。"《汉书·司马相如传》："临曲江之隑州兮。"颜注："隑即碕字耳。"隑_{群微}，碕_{群歌}。

（四）读若

（1）羸与纍累蘲，《周易·大壮》："羸其角。"《释文》："羸，王肃作缧，郑、虞作纍。蜀才作累。张作蘲。"《周易·姤》："羸豕孚蹢躅。"《释文》："羸豕，陆读为累。"《周易·井》："羸其瓶。"《释文》："羸，蜀才作累。郑氏读曰蘲。"羸_{来歌}，纍_{来微}，累_{来微}，蘲_{来微}。

（2）随与遗，《诗经·小雅·角弓》："莫肯下遗，式居娄骄。"郑笺："遗读曰随。"遗_{余微}，随_{邪歌}。

（3）靡与穦，《说文》："穦，读若靡。"穦_{并微}，靡_{明歌}。

（五）异文

（1）嘉与绥，《尚书·盘庚下》："用降我凶德，嘉绩于朕邦。"《汉石经》嘉作绥。绥_{心微}，嘉_{见歌}。

（2）堕与绥，《仪礼·士虞礼》："祝命佐食堕祭。"郑玄注："今文堕为绥。"《仪礼·士虞礼》："不绥祭。"郑玄注："绥当为堕。"《礼记·曾子问》："不绥祭。"郑玄注："绥，《周礼》作堕。"堕_{端歌}，绥_{心微}。

（3）彼与匪，《诗经·小雅·桑扈》："彼交匪敖，万福来求。"《左传·襄公二十七年》："赵孟曰：'匪交匪敖'，福将焉往？"《荀子·劝学》："《诗》曰：匪交匪敖，天子所予。"① 匪_{帮微}，彼_{帮歌}。

（4）隤与妥，《周易·系辞下》："夫乾，确然示人易也；夫坤，隤然示人简矣。"《释文》："隤然，陆、董、姚作妥。"隤_{定微}，妥_{透歌}。

（5）威与委，《周易·大有》："厥孚交如，威如，吉。"汉帛书本威作委。《周易·家人》："有孚威如，终吉。"汉帛书本威作委。威_{影微}，委_{影歌}。

（6）祎与委，《诗经·召南·羔羊》："委蛇委蛇，退食自公。"《隶释》引《韩诗》委蛇作祎隋。《尔雅·释训》："委委、佗佗，美也。"《释文》："委委，诸儒本并作祎。"委_{影歌}，祎_{晓微}。

（7）排与縻，《韩非子·说难》："大意无所拂悟，辞言无所系縻。"②

---

① 王先谦撰，沈啸寰、王星贤点校《荀子集解》，北京：中华书局，1988年，18页。

② 王先慎撰，钟哲点校《韩非子集解》，北京：中华书局，2003年，91页。

《史记·韩非子列传》:"大忠无所拂悟,辞言无所系摩。"《索隐》:"系摩,无别有所系射排摈。按:《韩非子》作系靡。"靡 明歌,排 并微。

(8) 螘与蛾,《尔雅·释虫》:"蚍蜉,大螘。"《释文》:"螘,本亦作蛾。"《史记·贾生列传》:"横江湖之鳣鲔兮,固将制于蝼蚁。"《汉书·贾谊传》蚁作螘。螘 疑微,蛾 疑歌。

(9) 糜与虋,《尔雅·释草》:"虋,赤苗。"《释文》:"虋,《诗》作糜。"《诗经·大雅·生民》:"维秬维秠,维糜维芑。"虋 明文,糜 明歌。

(六) 同源词

(1) 嵬与巍,《说文》:"嵬,高不平也。"《广雅·释训》:"嵬嵬,高也。"《尔雅·释山》:"山顶,冢,崒者厜巍。"《释文》:"巍,又作峩。"朱骏声:"按厜巍字后出,叠韵连语,与嵯峩同,实即崔嵬之转语也。"嵬 疑微,巍 疑歌。

(2) 椎与棰(捶),《说文》:"椎,击也。"段注:"所以击也。"《说文》:"捶,以杖击也。"《荀子·正论》:"捶笞膑脚。"注:"捶笞谓杖击也。"①椎 定微,捶 章歌。

(3) 蕤荣与绥,《说文》:"蕤,草木华垂貌。"《说文》:"荣,垂也。"《说文》:"绥,系冠缨也。"段注:"系冠缨垂者。"朱骏声:"谓缨之垂者。"绥 心微,荣 日歌,蕤 日微。

(4) 茥与摧,《诗经·小雅·鸳鸯》:"乘马在厩,摧之秣之。"毛传:"摧,茥也。"郑笺:"摧,今莝字也。"摧 清微,茥 清歌。

(5) 堕与坠,《广雅·释诂二》:"坠,堕也。"《公羊传·文公三年》:"死而坠也。"何休注:"坠,隋地也。"《楚辞·离骚》:"朝饮木兰之坠露兮,夕餐秋菊之落英。"王逸注:"坠,堕也。"②坠 定物,堕 定歌。

---

① 王先谦撰,沈啸寰、王星贤点校《荀子集解》,北京:中华书局,1988年,342页。

② 朱熹《楚辞集注》,上海:上海古籍出版社,1979年,7-8页。

十七、歌部与脂部、质部

（一）韵文

（1）《诗经·商颂·玄鸟》："四海来假，来假祁祁。景员维河。殷受命咸宜，百禄是何。"祁河宜何为韵。祁脂部，河宜何歌部。

（二）读若

（1）夆与迟，《说文》："夆，读若迟。"夆_{床歌}，迟_{定脂}。

（三）异文

（1）离与鵹，《尔雅·释鸟》："鵹黄，楚雀。"《释文》："鵹，《诗》传作离。"鵹_{来脂}，离_{来歌}。

（2）弛与矢，《诗经·大雅·江汉》："矢其文德，洽此四国。"《礼记·孔子闲居》引该诗："弛其文德，协此四国。"矢_{书脂}，弛_{书歌}。

（3）施与𪓑，《诗经·邶风·新台》："燕婉之求，得此戚施。"《说文·黾部》："𪓑，《诗》曰：得此𪓐𪓑。"段注："今《诗》作戚施。"施_{书歌}，𪓑_{书支}。

（4）翳与委，《左传·宣公二年》："宣子田于首山，舍于翳桑。"《淮南子·人间训》："赵宣孟活饥人于委桑之下，而天下称仁焉。"[①]翳作委。翳_{影脂}，委_{影歌}。

（5）离与䴇，《尔雅·释鸟》："鸟少好长丑为鶹䴇。"《诗经·邶风·旄丘》："琐兮尾兮，流离之子。"毛传："琐尾，少好之貌。流离，鸟也，少好长丑。"《说文·鸟部》鶹䴇作流离。䴇_{来质}，离_{来歌}。

（6）挟与朵，《周易·颐》："舍尔灵龟，观我朵颐。"汉帛书本朵作挟。挟_{透质}，朵_{端歌}。

---

① 何宁《淮南子集释》，北京：中华书局，1998年，1299页。

十八、歌部与鱼部、铎部

（一）韵文

（1）《楚辞·九辩》："彼日月之照明兮，尚黯黮而有瑕。何况一国之事兮，亦多端而胶加。"① 瑕加为韵。瑕_{见鱼}，加_{见歌}。

（2）《管子·四称》："居处则思义，语言则谋谟。"② 义谟为韵。义_{疑歌}，谟_{明鱼}。

（3）《鹖冠子·度万》："过生于上，罪死于下。有世将极，驱驰索祸。"③ 下祸为韵。下_{匣鱼}，祸_{匣歌}。

（4）《鹖冠子·世兵》："事成欲得，又奚足夸；千言万说，卒赏谓何。"④ 夸何为韵。夸_{溪鱼}，何_{匣歌}。

（二）谐声字

1.声首为鱼部字

（1）个从固声，《说文·竹部》："个，竹枚也。从竹，固声。"古贺切。个_{见歌}，固_{见鱼}。

（2）䖒从虍声，《说文·豆部》："䖒，古陶器也。从豆，虍声。"许羁切。䖒_{晓歌}，虍_{晓鱼}。

（3）亐从虐声，《说文·亐部》："亐，气损也。从亐，虐声。"去为切。亐_{溪歌}，虐_{晓鱼}。

（三）重文

（1）花与蘤，《后汉书·张衡传》："百卉含蘤。"李注："张揖《字诂》曰：蘤，古花字。"

---

① 朱熹《楚辞集注》，上海：上海古籍出版社，1979 年，128 页。
② 黎翔凤撰，梁运华整理《管子校注》，北京：中华书局，2004 年，619 页。
③ 黄怀信《鹖冠子汇校集注》，北京：中华书局，2004 年，145 页。
④ 黄怀信《鹖冠子汇校集注》，北京：中华书局，2004 年，300-301 页。

(2) 奢与奓，《说文》："奢，籀文奓。"

(3) 驾与輅，《说文》："驾，籀文作輅。"

（四）异文

（1）为与于，《周易·萃》："若号，一握为笑。"汉帛书本为作于。《诗经·鄘风·定之方中》："定之方中，作于楚宫。揆之以日，作于楚室。"《文选·魏都赋》刘注、《鲁灵光殿赋》并引于作为。《仪礼·聘礼》："贿在聘于贿。"郑玄注："于读曰为，言当视宾之礼，而为之财也。"于匣鱼，为匣歌。

（2）嘉与假，《诗经·大雅·假乐》："假乐君子，显显令德。"《左传·襄公二十六年》："晋侯赋《嘉乐》诗。"《礼记·中庸》引假作嘉。嘉见歌，假见鱼。

（3）被与蒲，《庄子·应帝王》："啮缺因跃而大喜，行以告蒲衣子。"《释文》："蒲衣子，崔云：即被衣，王倪之师也。《淮南子》曰：'啮缺问道于被衣。'"蒲并铎，被并歌。

（4）乎与戏，《诗经·周颂·烈文》："于乎前王不忘。"《礼记·大学》引于乎作于戏。《汉书·韦玄成传》："于戏后人。"颜注："于戏读曰呜乎。"乎晓鱼，戏晓歌。

（五）读若

（1）沙与疏，《周礼·春官·典瑞》："疏璧琮以敛尸。"郑玄注："郑司农疏读为沙。"疏山鱼，沙山歌。

（2）沙与捎，《周礼·春官·巾车》："木车：蒲蔽，犬衣冥，尾橐疏饰。"郑玄注："故书疏为捎。杜子春读捎为沙。"捎心鱼，沙心歌。

（六）同源词

（1）纡迂与委逶，《楚辞·九章·惜诵》："心郁结而纡轸。"王逸注："纡，曲也。"①《国语·周语下》："见其语迂。"注："迂，迂回加

---

① 朱熹《楚辞集注》，上海：上海古籍出版社，1979年，77页。

诬于人也。"① 《汉书·郊祀志上》："言神事，如迂诞。"颜注："迂，回远也。"《楚辞·九叹·远游》："委两馆于咸唐。"注："委，曲也。"② 《后汉书·杨秉传》："逶迤退食。"注："逶迤，委曲自得之貌。"纡_{影鱼}，迂_{影鱼}，委_{影歌}，逶_{影歌}。

（2）芦与萝，《说文》："芦，芦菔也。"段注："今之萝卜也。"《方言》第三："芜菁，其紫华者谓之芦菔。"徐灏："芦菔即莱菔，俗云萝卜。"萝_{来歌}，芦_{来鱼}。

（3）驴与骡，《说文》："驴，似马长耳。"段注："驴，骡，……太史公皆谓为匈奴奇怪畜，本中国所不用，故字皆不见经传，盖秦人造之耳。"驴_{来鱼}，骡_{来歌}。

（4）奢与侈，《说文》："奢，张也。奓，籀文。"《论语·八佾》："礼，与其奢也宁俭。"皇侃疏："奢，侈也。"奢_{书鱼}，侈_{昌歌}。

（5）无与靡，《尔雅·释言》："靡，无也。"《诗·邶风·泉水》："靡日不思。"笺："靡，无也。"《诗经·鄘风·柏舟》："之死矢靡他。"传："靡，无也。"《诗经·大雅·抑》："人亦有言，靡哲不愚。"《淮南子·人间训》："《诗》曰：人亦有言，无哲不愚。"③《汉书·扬雄传》："然则靡玄无所成名乎？"颜师古注："靡亦无。"靡_{明歌}，无_{明鱼}。

（6）播与布，《广雅·释诂三》："播，布也。"《尚书·舜典》："播时百种。"传："播，布也。"播_{帮歌}，布_{帮鱼}。

（7）露与裸，《楚辞·九章·涉江》："露申辛夷，死林薄也。"王逸注："露，暴也。"④《史记·南越列传》："其西瓯骆裸国亦称王。"《索隐》："裸，露形也。"裸_{来歌}，露_{来铎}。

（8）簵与笋，《说文》："簵，梧簵也。"徐锴曰："犹今人言笋。"笋_{来歌}，簵_{来铎}。

---

① 徐元诰撰，王树民、沈长云点校《国语集解》，北京：中华书局，2002年，83页。
② 洪兴祖《楚辞补注》，北京：中华书局，1983年，310页。
③ 何宁《淮南子集释》，北京：中华书局，1998年，1288页。
④ 朱熹《楚辞集注》，上海：上海古籍出版社，1979年，80页。

十九、歌部与侯部、屋部、东部

（一）谐声字

（1）遳从騒声，《说文·辵部》：''遳，不行也。从辵，騒声。''中句切。遳_{端侯}，騒_{章歌}。

（二）读若

（1）遳与住，《说文》：''遳，读若住。''

（三）异文

（1）何与侯，《战国策·秦策三》：''君欲成之，何不使人谓燕相国。''^①汉帛书本何作侯。何_{匣歌}，侯_{匣侯}。

（2）羁与驹，《公羊传·昭公二十五年》：''子家驹。''《左传》杜预注作''子家羁''。《左传·昭公五年》：''子家羁。''《公羊传·昭公二十五年》作''子家驹''。羁_{见歌}，驹_{见侯}。

二十、歌部与侵部、缉部、谈部、盍部

（一）谐声字

（1）䣝从冄声，《说文·邑部》：''䣝，西夷国。从邑，冄声。安定有朝䣝县。''诺何切。䣝_{泥歌}，冄_{日谈}。

（二）异文

（1）痤与辄，《左传·昭公二十一年》：''八月乙亥，叔辄卒。''《谷

---

① 刘向集录，范祥雍笺证《战国策笺证》，上海：上海古籍出版社，2006年，285页。

梁传》同。《公羊传》叔辄作叔痤。《释文》:"叔痤,在禾反,《左氏》作'叔辄'。"痤从歌,辄端叶。

(三) 同源词

(1) 科与坎,《广雅·释诂三》:"科,空也。"《孟子·离娄下》:"盈科而后进。"注:"科,坎也。"《说文》:"坎,陷也。"科溪歌,坎溪谈。

二一、月部与物部

(一) 韵文

(1)《诗经·小雅·出车》:"彼旟旐斯,胡不旆旆?忧心悄悄,仆夫况瘁。"旆瘁为韵。旆月部,瘁物部。

(2)《诗经·大雅·生民》:"荏菽旆旆,禾役穟穟。"旆穟为韵。旆月部,穟物部。

(3)《楚辞·九辩》:"被荷裯之晏晏兮,然潢洋而不可带。既骄美而伐武兮,负左右之耿介。憎愠惀之修美兮,好夫人之忼慨。众踥蹀而日进兮,美超远而逾迈。农夫辍耕而容与兮,恐田野之芜秽。事绵绵而多私兮,窃悼后之危败。世雷同而炫曜兮,何毁誉之昧昧!"①带介慨迈秽败昧为韵。慨昧物部,带介迈秽败月部。

(4)《老子》第四十五章:"大直若屈,大巧若拙,大辩若讷,躁胜寒,静胜热。"屈拙讷热为韵。屈拙讷②物部,热月部。

(二) 谐声字

1. 声首为月部字

(1) 汩从曰声,《说文·水部》:"汩,治水也。从水,曰声。"于

---

① 朱熹《楚辞集注》,上海:上海古籍出版社,1979年,128页。
② 内声字原在缉部,有些后来异化,转入物部。

笔切。汩见物，曰匣月。

（2）欥从曰声，《说文·欠部》："欥，诠词也。从欠从曰，曰亦声。《诗》曰：'欥求厥寧。'"余律切。欥余物，曰匣月。

（3）㥛从毳声，《说文·心部》："㥛，精戆也。从心，毳声。"㥛晓物，毳清月。

（4）舠从刖声，段注本《说文·刀部》："舠，船行不安也。从舟，刖省声。读若兀。"五忽切。舠疑物，刖疑月。

2.声首为物部字

（5）韰从㪅声，《说文·韭部》："韰，菜也。叶似韭。从韭，㪅声。"胡戒切。韰匣月，㪅见物。

（6）岁从戌声，《说文·步部》："岁，木星也。越历二十八宿，宣遍阴阳，十二月一次。从步戌声。"相锐切。岁心月，戌心物。

（三）读若

（1）赘与㲞，《说文》："㲞，读若赘。"㲞心物，赘章月。

（2）㕒与啐，《说文》："啐，读若㕒。"㕒山月，啐山物。

（3）舠与兀，《说文》："舠，船行不安也。从舟，刖省声。读若兀。"舠疑物，兀疑物。

（4）孽与聉，《说文》："聉，读若孽。"聉疑物，孽疑月。

（5）寽与律，《说文》："寽，读若律。"寽来月，律来物。

（6）缀与䡐，《周礼·冬官·舆人》："以为䡐围。"郑玄注："郑司农云：'䡐读如系缀之缀。'"䡐端物，缀端月。

（7）禬与溃，《周礼·春官·大宗伯》："以禬国之凶荒。"郑玄注："禬读如溃痈之溃。"禬见月，溃匣物。

（四）重文

（1）帅与帨，《说文》："帨，帅或从兑。"帨书月，帅山物。

（2）跀与趴，《说文》："趴，跀或从兀。"跀疑月，趴疑月。

（五）异文

（1）餲与薆，《文选》中司马相如《上林赋》："肸蠁布写，晻薆咇茀。"李善注："《说文》曰：'䬺餲，香气奄蔼也。'餲与薆音义同。"薆 影物，餲 见月。

（2）屈与厥，《左传·襄公元年》："晋韩厥帅师伐郑。"《谷梁传》同，《公羊传》韩厥作韩屈。《左传·文公十年》："楚子蔡侯次于厥貉。"《谷梁传》同，《公羊传》厥貉作屈貉。厥 见月，屈 见物。

（3）阙与屈，《周礼·天官·内司服》："掌王后之六服：袆衣、揄狄、阙狄、鞠衣、襢衣、褖衣。"郑玄注："郑司农云：'《丧大记》曰：夫人以屈狄。屈者，音声与阙相似。'"《礼记·玉藻》亦作"屈狄"。阙 溪月，屈 见物。

（4）乞与揭，《史记·司马相如列传》："揭车衡兰，槀本射干。"《集解》："郭璞曰：'揭车一名乞舆。'"揭 见月，乞 溪物。

（5）说与谇，《庄子·徐无鬼》："察士无凌谇之事则不乐。"《释文》："谇，一本作说。"谇 心物，说 书月。

（6）缀与对，《仪礼·士丧礼》："缀足用燕几。"郑玄注："今文缀为对。"缀 端月，对 端物。

（7）辍与诎，《礼记·聘义》："叩之，其声清越以长，其终诎然，乐也。"郑玄注："诎，绝止貌也。"《荀子·法行》诎作辍。辍 端月，诎 溪物。

（8）杀与瘁，《礼记·乐记》："是故志微，噍杀之音作，而民思忧。"疏："噍杀，谓乐声噍蹙杀小。"《汉书·礼乐》："是以纤微噍瘁之音作，而民思忧。"颜师古注："噍瘁，谓减缩也。"《史记·乐书》："是故志微，焦衰之音作，而民思忧。"杀 山月，瘁 从物。

（9）怢与说悦，《史记·南越列传》："且先王昔言，事天子期无失礼，要之不可以说好语入见。"《索隐》说作悦，云："悦，《汉书》作怢。韦昭云：诱怢好语。"说 余月，悦 余月，怢 透物。

（10）翇与披拂，《庄子·天运》："孰居无事而披拂是？"成玄英疏："披拂，犹扇动也。"《释文》："拂，披拂，风貌。司马本作翇。"翇 帮月，拂 滂物。

（11）茀与绋，《诗经·小雅·车攻》："赤茀金舄，会同有绎。"《白虎通·绋冕》引芾作绋："《诗》曰：赤绋金舄，会同有绎。"① 绋帮物，芾帮月。

（六）同源词

（1）劂与剠，《说文》："剠，刻剠也。"《淮南子·本经训》："无所错其剞劂削锯。"注："劂，锯尺。"②《广韵》："劂，刻刀。"《汉书·扬雄传》："般倕弃其剞劂兮。"《集注》引应劭："剞，曲刀也；劂，曲凿也。"劂见月，剠见物。

（2）掘与阙，《广雅·释诂三》："掘，穿也。"《国语·吴语》："阙为石郭。"注："阙，穿也。"③《周易·系辞下》："断木为杵，掘地为臼。"《集解》引掘作阙。《左传·隐公元年》："若阙地及泉。"《后汉书·周举传》引阙作掘。阙溪月，掘见物。

（3）龁与啮，《说文》："龁，啮也。"《广雅·释诂三》："龁，啮也。"龁匣物，啮疑月。

二二、月部与质部

（一）韵文

（1）《诗经·小雅·正月》："心之忧矣，如或结之。今兹之正，胡然厉矣？燎之方扬，宁或灭之？赫赫宗周，褒姒威之！"结厉灭威为韵。结质部，厉灭威月部。

（2）《诗经·小雅·十月之交》："天命不彻，我不敢效我友自逸。"彻逸为韵。彻月部，逸质部。

（3）《诗经·小雅·雨无正》："周宗既灭，靡所止戾。正大夫离

---

① 陈立撰，吴则虞点校《白虎通疏证》，北京：中华书局，1994年，494页。
② 何宁《淮南子集释》，北京：中华书局，1998年，561页。
③ 徐元诰撰，王树民、沈长云点校《国语集解》，北京：中华书局，2002年，541页。

居，莫知我勩。"灭瘵勩为韵。瘵质部，灭勩月部。

（4）《诗经·大雅·瞻卬》："瞻卬昊天，则不我惠？孔填不宁，降此大厉。邦靡有定，士民其瘵。蟊贼蟊疾，靡有夷届。"惠厉瘵疾届为韵。厉瘵月部，惠届疾质部。

（5）《六韬·文韬》："故以饵取鱼，鱼可杀。以禄取人，人可竭。以家取国，国可拔。以国取天下，天下可毕。"①杀竭拔毕为韵。杀竭拔月部，毕质部。

（6）《文子·守平》："知养生之和者，即不可悬以利；通内外之符者，不可诱以势。"②利势为韵。利质部，势月部。

（7）《吕氏春秋·慎势》："故以大畜小吉，以小畜大灭。"③吉灭为韵。吉质部，灭月部。

（8）《灵枢·九针十二原》："虚则实之，满则泄之。"④实泄为韵。实质部，泄月部。

（9）《灵枢·根结》："故能知终始，一言而毕；不知终始，针道咸绝。"⑤毕绝为韵。毕质部，绝月部。

（二）谐声字

1.声首为月部字

（1）窃从卨声，《说文·米部》："窃，盗自中出曰窃。从穴从米，卨、廿皆声。廿，古文疾。卨，古文偰。"千结切。窃_{清质}，卨_{心月}。

（2）𣶒从曰声，《说文·川部》："𣶒，水流也。从川，曰声。"于笔切。𣶒_{匣质}，曰_{匣月}。

---

① 魏征、虞世南、褚亮、萧德言合编，群书治要学习小组译注《群书治要译注》，北京：中国书店，2012年，4页。

② 王利器《文子疏义》，北京：中华书局，2000年，135页。

③ 许维遹撰，梁运华整理《吕氏春秋集释》，北京：中华书局，2009年，462页。

④ 南京中医学院中医系编《黄帝内经灵枢译释》，上海：上海科学技术出版社，1986年，9页。

⑤ 南京中医学院中医系编《黄帝内经灵枢译释》，上海：上海科学技术出版社，1986年，51页。

(3) 隶从柰声，《说文·隶部》："隶，附箸也。从隶，柰声。"郎计切。隶_{来质}，柰_{泥月}。

2.声首为质部字

（4）轧从乙声，《说文·车部》："轧，輾也。从车，乙声。"乌辖切。轧_{影月}，乙_{影质}。

（5）札从乙声，《说文·木部》："札，牒也。从木，乙声。"侧八切。札_{庄月}，乙_{影质}。

（6）叞从乙声，徐锴本《说文·叜部》："叞，撮也。从叜，乙声。"力辍切。叞_{来月}，乙_{影质}。

（7）曰从乙声，《说文·口部》："曰，词也。从口，乙声。亦象口气出也。"王代切。曰_{匣月}，乙_{影质}。

（8）绝从卪声，段注本《说文·糸部》："绝，断丝也。从刀糸，卪声。"情雪切。绝_{从月}，卪_{精质}。

（9）硈从吉声，《说文·石部》："硈，石坚也。从石吉声。一曰突也。"格八切。硈_{溪月}，吉_{见质}。

（三）异文

（1）谲与决，《荀子·儒效》："若夫谲德而定次，量能而授官。"杨倞注："谲或亦多作谲，与决同。"①谲_{见质}，决_{见月}。

（2）介与计，《汉书·地理志》："计斤，莒子始起此，后徙莒。"颜师古注："即《春秋左氏传》所谓介根也，语音有轻重。"计_{见质}，介_{见月}。

（3）紒与结，《仪礼·士冠礼》："将冠者采衣紒。"郑玄注："古文紒为结。"《仪礼·士冠礼》："主人紒而迎宾。"郑玄注："古文紒为结。"紒_{见月}，结_{见质}。

（4）褻与肆，《礼记·表记》："君子庄敬日强，安肆日偷。"郑玄注："肆，犹放恣也。肆或为褻。"褻_{心月}，肆_{心质}。

（5）洌与戾，《周易·井》："井洌，寒泉食。"汉帛书本洌作戾。

---

① 王先谦撰，沈啸寰、王星贤点校《荀子集解》，北京：中华书局，1988年，123页。

洌 来月，戾 来质。

（6）勚与肆，《尔雅·释诂下》："勚，劳也。"《释文》："勚，字或作肆。"肆 余质，勚 余月。

（7）厉与戾，《诗经·小雅·小宛》："宛彼鸣鸠，翰飞戾天。"《文选》中班固《西都赋》李注引《韩诗》戾作厉。《诗经·小雅·旱麓》："鸢飞戾天，鱼跃于渊。"《潜夫论·德化》引戾作厉。《墨子·非命中》："国为虚厉。"①《公孟》《鲁问》二篇则厉作戾。《庄子·让王》："则必不赖，高节戾行。"《吕氏春秋·离俗》戾作厉。戾 来质，厉 来月。

（8）厉与利，《史记·田敬仲完世家》："陈完者，陈厉公佗之子也。"《索隐》："《陈世家》有利公跃，利即厉也。"《论语·卫灵公》："必先利其器。"《汉书·梅福传》引利作厉。厉 来月，利 来质。

（9）恤与灭，《庄子·徐无鬼》："天下马有成材，若恤若失，若丧其一。"《淮南子·道应训》恤作灭："相天下马者，若灭若失，若亡其一。"②恤 心质，灭 明月。

（10）逸与辙彻，《庄子·田子方》："夫子奔逸绝尘，而回瞠若乎其后矣。"《后汉书·逸民传》李善注引逸作辙。《释文》："逸，司马本又作彻。"逸 余质，彻 透月，辙 定月。

（11）肆与绁，《老子》五十八章："直而不肆。"汉帛书乙本肆作绁。肆 心质，绁 心月。

（12）轶与辙，《史记·孝文本纪》："故遣使者冠盖相望，结轶于道。"《汉书·文帝纪》轶作辙。《庄子·徐无鬼》："超轶绝尘。"《淮南子·道应训》轶作辙。轶 余质，辙 定月。

（13）质与洁，《楚辞·七谏》："内怀情之洁白兮。"③《考异》："洁一作质。"④洁 见月，质 端质。

（14）挈与蒂，《文选》贾谊《鵩鸟赋》："细故蒂芥何足以疑。"李善注："《鹖冠子》曰：'细故挈蓟。'挈蓟与蒂芥古字通。"挈 清质，蒂 端月。

（15）紒与髻，《文选》李康《运命论》："椎紒而守敖庾海陵之会。"

---

① 吴毓江撰，孙启治点校《墨子校注》，北京：中华书局，1993年，414页。
② 何宁《淮南子集释》，北京：中华书局，1998年，859页。
③ 洪兴祖《楚辞补注》，北京：中华书局，1983年，251页。
④ 洪兴祖《楚辞补注》，北京：中华书局，1983年，251页。

李注："张揖《上林赋注》曰：'紒，鬟后垂也。'紒即髻字也。"紒_{见月}，髻_{见质}。

（四）读若

（1）真与子，《说文》："真，读若子。"真_{见质}，子_{见月}。

（2）结与趌，《说文》："趌，读若髻结之结。"趌_{见月}，结_{见质}。

（3）裂与栗，《诗经·豳风·东山》："烝在栗薪。"郑笺："古者声栗裂同也。"《周礼·冬官·弓人》："弓人菑栗不迤。"郑玄注："栗读为裂繻之裂。"栗_{来质}，裂_{来月}。

（4）税与繐，《左传·襄公二十七年》："公丧之如税服终身。"杜注："税即繐也。"《释文》："税，徐云：'读曰繐。'"税_{书月}，繐_{心质}。

（五）同源词

（1）颲与颲，《说文》："颲，烈风也。"《玉篇》："颲，恶风也。"《说文》："颲，风雨暴疾也。"颲_{来月}，颲_{来质}。

（2）蔽与覕，《说文》："蔽，障也。"《说文》："覕，蔽不相见也。"蔽_{帮月}，覕_{明质}。

（3）质与贽，《说文》："质，以物相贽也。"《说文》："贽，以物质钱。"《汉书·贾谊传》："家贫子壮则出赘。"颜注："赘，质也。"质_{端质}，赘_{章月}。

二三、月部与脂部、真部

（一）韵文

（1）《诗经·大雅·皇矣》："作之屏之，其菑其翳。修之平之，其灌其栵。"翳栵为韵。翳脂部，栵月部。

（二）谐声字

1.声首为月部字

（1）彝从互声，《说文·糸部》："彝，宗庙常器也。从糸；糸，絭也。廾持米，器中宝也。互声。"以脂切。彝余脂，互见月。

（2）趏从叡声，《说文·走部》："趏，走貌，从走，叡声。"趏邪真，叡余月。

2.声首为脂部字

（3）毅从矢声，《说文·互部》："毅，豕也。后蹏发谓之毅。从互，矢声。"直例切。毅定月，矢书脂。

（4）柰从示声，《说文·木部》："柰，果也。从木，示声。"奴带切。柰泥月，示船脂。

（5）祋从示声，《说文·殳部》："祋，殳也。从殳，示声。"丁外切。祋定月，示船脂。

（三）异文

（1）裂与履，《左传·隐公二年》："纪裂繻来逆女。"《公羊传》《谷梁传》并裂繻作履繻。裂来月，履来脂。

（2）誓与矢，《周易·晋》："悔亡，失得勿恤，往吉，无不利。"《释文》："失，孟马郑虞王肃作矢，虞云：'矢，古誓之。'"《礼记·表记》："信誓旦旦。"《释文》："誓，本亦作矢。"誓禅月，矢书脂。

（3）翳与委，《左传·宣公二年》："舍于翳桑，见灵辄饿。"《淮南子·人间训》翳作委："赵宣孟活饥人于委桑之下。"①翳影脂，委影歌。

（4）劓与劀：《周易·困》："劓刖，困于赤绂。"汉帛书本劓作劓。劓疑月，劓日脂。

（5）柢与蒂，《老子》五十九章："是谓深根固柢，长生久视之道。"《释文》："柢，亦作蒂。"今河上公本作蒂。柢端脂，蒂端月。

（6）礼与带，《史记·晁错传》："与雒阳宋孟及刘礼同师。"《汉书·晁错传》刘礼作刘带。礼来脂，带来月。

---

① 何宁《淮南子集释》，北京：中华书局，1998年，1299页。

二四、月部与微部、文部

（一）谐声字

（1）卫从韦声，《说文·行部》："卫，宿卫也。从韦币，从行。行，列卫也。"于岁切。会意兼形声。卫匣月，韦匣微。

（二）读若

（1）啮与頼，《说文》："頼，读又若《春秋》陈夏啮之啮。"頼来微，啮泥月。

（三）同源词

（1）围与卫，《说文》："卫，宿卫也。从韦币从行。"段注："韦者围之省。"卫匣月，围匣微。

（四）异文

（1）会与缋，《尚书·益稷》："日月星辰山龙华虫作会。"《周礼·春官·司服》郑玄注："玄谓《书》曰：予欲观古人之象，日月星辰山龙华虫作缋。"缋匣微，会匣月。

（2）筋与蓟，《周礼·冬官·弓人》："夫目也者必强，强者在内而摩其筋。"郑玄注："故书筋或作蓟，郑司农云：当为筋。"筋见文，蓟见月。

二五、月部与谈部、叶部

（一）谐声字

1.声首是月部字

（1）枼从世声，《说文·木部》："枼，楄也。枼，薄也。从木，丗声。"与涉切。枼余叶，世书月。

（2）衋从大声，段注本《说文·血部》："衋，覆也。从血，大声。"胡腊切。衋匣叶，大定月。

2.声首为叶部字

（3）瘗从疾声，《说文》："瘗，幽薶也。从土，疾声。"于罽切。瘗影月，疾溪叶。

（二）异文

（1）擖与揲叶，《仪礼·士冠礼》："加柶覆之面叶。"郑玄注："古文叶为擖。"《仪礼·士昏礼》："赞者酌醴，加角柶，面叶。"郑玄注："古文叶为擖。"《礼记·少仪》："执箕膺擖。"《礼记·曲礼上》《释文》引擖作叶，《管子·弟子职》擖作揲。擖溪月，揲余叶，叶余叶。

（2）泄与渫，《庄子·秋水》："尾闾泄之。"《文选·江赋》李注引泄作渫。泄心月，渫心叶。

（3）泄与媟，《荀子·荣辱》："憍泄者，人之殃也；恭俭者，偋五兵也。"杨倞注："泄与媟同。"①泄心月，媟心叶。

（4）渫与洩，《左传·哀公二年》："洩庸。"《文选》王褒《四子讲德论》作"渫庸"。洩心月，渫定叶。

（5）缕与绁，《楚辞·离骚》："登阆风而缕马。"《考异》："缕一作绁。"②缕心叶，绁心月。

（6）跇与渫，《周易·井》："井渫不食，为我心恻。"汉帛书本渫作跇。渫定叶，跇余月。

（三）同源词

（1）介与甲，《诗经·郑风·清人》："驷介旁旁。"传："介，甲也。"《诗经·大雅·瞻卬》："舍尔介狄。"笺："介，甲也。"介见月，甲见叶。

---

① 王先谦撰，沈啸寰、王星贤点校《荀子集解》，北京：中华书局，1988年，52-53页。

② 朱熹《楚辞集注》，上海：上海古籍出版社，1979年，17页。

（2）札与牒，《说文》："札，牒也。"《说文》："牒，札也。"牒$_{定叶}$，札$_{庄月}$。

（3）斩与杀，《尔雅·释诂》："斩，杀也。"《说文》："杀，戮也。"《荀子·王制》："养长时则六畜育，杀生时则草木殖。"注："杀生，斩伐。"杀$_{山月}$，斩$_{庄谈}$。

（四）读若

（1）竭与瘞，《说文》："竭，读若瘞。"竭$_{影月}$，瘞$_{影叶}$。

（五）重文

（1）会与佮，《说文》："佮，古文会如此。"

（2）縿与绁，《说文》："縿，绁或从枼。"《韩诗外传》七："摄缨而纵绁之。"[①]《新序·杂事五》绁作縿。绁$_{心月}$，縿$_{心叶}$。

二六、月部与缉部、侵部

（一）谐声字

（1）裔从冏声，《说文·衣部》："裔，衣裾也。从衣，冏声。"余制切。裔$_{余月}$，冏$_{泥缉}$。

（二）读若

（1）挞与縺，《说文》："縺，读若挞。"縺$_{从缉}$，挞$_{透月}$。

（2）箾与夲，《说文》："夲，读若箾。"夲$_{透月}$，箾$_{泥叶}$。

[①] 韩婴撰，赖炎元注译《韩诗外传今注今译》，台北：台湾商务印书馆，1979年，301-302页。

二七、月部与鱼部、铎部、阳部

（一）谐声字

（1）阏从於声，《说文·门部》："阏，遮拥也。从门，於声。"乌割切。阏_{影月}，於_{影鱼}。

（二）异文

（1）贳与射，《史记·项羽本纪》："乃封项伯为射阳侯。"《正义》："射音食夜反。"《汉书·高惠高后孝文功臣表》射阳作贳阳。《史记·高祖功臣侯者年表》："射阳。"《索隐》："射一作贳。"贳_{书月}，射_{船铎}。

（2）喝与嗄，《庄子·庚桑楚》："老子曰：终日号而嗌不嗄，和之至也。"《释文》："嗄，崔本作喝。"嗄_{山鱼}，喝_{影月}。

（三）同源词

（1）幭与幕，《礼记·曲礼下》："素幭。"郑玄注："幭或为幕。"幭_{明月}，幕_{明铎}。

（2）界与疆，《说文》："畺，界也。"《小尔雅·广诂》："疆，界也。"①《广雅·释诂三》："疆，界也。"界_{见月}，疆_{见阳}。

（3）亡与灭：《战国策·西周策》："秦饥而宛亡。"注："亡，灭也。"②《战国策·秦策四》："始吾不知水之可亡人之国也。"注："亡，灭也。"③《谷梁传·襄公六年》："家有既亡，国有既灭。"注："亡犹灭，灭犹亡。"灭_{明月}，亡_{明阳}。

（4）举与揭：《说文》："举，擎也。"《庄子·逍遥游》："其坚不能自举也。"《说文》："揭，高举也。"《管子·君臣上》："犹揭表而令

---

① 孔鲋著，杨琳注《小尔雅今注》，上海：汉语大词典出版社，2002年，49页。

② 刘向集录，范祥雍笺证《战国策笺证》，上海：上海古籍出版社，2006年，125页。

③ 刘向集录，范祥雍笺证《战国策笺证》，上海：上海古籍出版社，2006年，383页。

之止也。"注："揭，举也。"①《文选》贾谊《过秦论》："揭竿为旗。"注引《埤苍》："揭，高举也。"揭见月，举见鱼。

（5）枯与渴：草木缺水为枯，江河缺水为竭，为歇，为涸，人缺水欲饮为渴。枯溪鱼，渴溪月。

（6）去与竭："祛"是"去"的使动词（使去），"竭"是"去"的内动词（去来），实为同源。《说文》："竭，去也。"段注："古人文章多云'竭来'，犹'去来'也。"《文选》张衡《思玄赋》："迥志竭来从玄谋。"旧注："竭，去也。"竭溪月，去溪鱼。

（7）如与奈：《公羊传·昭公十二年》："如尔所不知何？"注："如，犹奈也。"《论语·子罕》："匡人其如予何？"皇疏："如予何者，犹言奈我何也。"如日鱼，奈泥月。

（8）豫与悦：《庄子·应帝王》："何问之不豫也？"《释文》引简文注："豫，悦也。"《孟子·公孙丑下》："夫子若有不豫色然。"注："颜色不悦也。"《荀子·礼论》："说豫娩泽。"注："豫，乐也。"②

（9）赊与贳，"赊"是赊入，"贳"是赊出（使赊）。《说文》："赊，贳买也。"这种关系和"买卖""籴粜"的关系是一样的。赊书鱼，贳书月。

（10）蔑与无，《诗经·大雅·板》："丧乱蔑资。"传："蔑，无也。"《左传·僖公十年》："蔑不济也。"注："蔑，无也。"《汉书·楚孝王嚣传》："蔑之，命矣夫。"颜师古注："蔑，无也。"蔑明月，无明鱼。

二八、歌月元与其他韵部

（一）谐声字

（1）截从雀声，《说文·戈部》："截，断也。从戈，雀声。"昨结切。雀精药，截从月。

（2）兢从丰声，《说文·兄部》："兢，竞也。从二兄。二兄，竞

---

① 黎翔凤撰，梁运华整理《管子校注》，北京：中华书局，2004年，545页。
② 王先谦撰，沈啸寰、王星贤点校《荀子集解》，北京：中华书局，1988年，364页。

意。从丰声，读若矜。"競_{见蒸}，丰_{见月}。

（二）读若

（1）蜺与啮，《汉书·天文志》："晕适背穴，抱珥虹蜺。"颜注引如淳曰："蜺读曰啮。"蜺_{疑支}，啮_{疑月}。

（2）笴与藁，《周礼·冬官·考工记》："妢胡之笴。"郑玄注："杜子春云：'笴读为藁。'"按：藁旧作櫜，误，从段玉裁《周礼汉读考》说改。《周礼·冬官·矢人》："以其笴厚为之羽深。"郑玄注："笴读为藁，古文假借字。"笴_{见歌}，藁_{见宵}。

二九、异文材料中与歌月元语音相通无关的例证

歌、月、元三部与其他韵部之间的关系错综复杂，所涉及的材料也相当丰富。处理材料时我们应加以判断、甄别。以下几种情况无关乎歌月元三部同其他韵部的相通。

（一）解读不同

（1）祢_{疑月}与艺_{泥脂}，《尚书·舜典》："归格于艺祖。"旧题孔安国传："巡守四岳然后归，告至文祖之庙。艺，文也。"孔颖达疏："才艺文德，其义相通，故艺为文也。"《史记·五帝本纪》："归，至于祖祢庙。"正义："何休云：生曰父，死曰考，庙曰祢。"《公羊传·隐公八年》何注引艺作祢。祢，《说文》："亲庙也。"

（2）战_{章元}与祗_{章脂}，《诗经·小雅·小旻》："战战兢兢，如临深渊，如履薄冰。"毛传："战战，恐也。兢兢，戒也。"《史记·三王世家》："战战兢兢。"《汉书·广陵厉王胥传》战战作祗祗："祗祗兢兢。"颜师古注："祗祗，敬也。兢兢，慎也。"

（3）洒_{山支}与陂_{帮歌}，《尚书·禹贡》："九山刊旅，九川涤源，九泽既陂，四海会同。"旧题孔安国传："九州岛岛之泽已陂障无决溢矣。"《史记·河渠书》："九川既疏，九泽既洒，诸夏艾安。"《河渠书》："难以行

平地，数为败，乃厮二渠以引其河。"《索隐》："厮，《汉书》作酾，《史记》旧本亦作洒，字从水。按：韦昭云：'疏决为酾'。"《说文•酉部》："酾，下酒也。一曰醇也。从酉，丽声。"段玉裁注："《小雅》曰：'酾酒有藇。'又曰：'有酒湑我。'传曰：'以筐曰酾，以薮曰湑。湑茜之也。'引申为分疏之义。《沟洫志》云'酾二渠以引河'是也。《司马相如传》借洒。"

（4）践从元与斩庄谈，《史记•秦始皇本纪》："斩华为城。"《史记•陈涉世家》："然后践华为城，因河为池。"《汉书•陈胜传》《文选•过秦论》作践。《集解》："徐广曰：'斩一作践。'骃案：服虔曰：断华山为城。"《索隐》："斩亦作践，亦出贾本论。又崔浩云：践，登也。"

（5）说书月与襚邪物，《诗经•卫风•硕人》："硕人敖敖，说于农郊。"郑笺："说，当作襚。《礼》《春秋》之襚，读皆宜同。衣服曰襚，今俗语然。此言庄姜始来，更正衣服于卫近郊。"《释文》："说，本或作税，毛始锐反，舍也。郑作襚，音遂。"

（6）炳日月与掇端月，《战国策•秦策二》："中国无事于秦，则秦且烧炳获君之国。"高诱注："烧炳，犹灭坏。"鲍彪注："炳，亦烧也。言火其国以得其地。"①《史记•张仪列传》炳作掇："中国无事，秦得烧掇焚杅君之国。"《索隐》："掇音都活反，谓焚烧而侵掠。《战国策》云：'秦且烧炳君之国。'是说其事也。"

（7）加见歌与假见鱼，《论语•述而》："加我数年，五十以学《易》，可以无大过矣。"疏："加我数年，方至五十，谓四十七时也。"《史记•孔子世家》加作假："假我数年，若是，我于《易》则彬彬矣。"《风俗通义•穷通》卷亦引作"假"。"假"，通"叚"，借。《广雅》："假，借也。"《左传•隐公十一年》："而假手于我寡人。"

（8）檥疑歌与漾余阳，《史记•项羽本纪》："乌江亭长檥船待。"《集解》："骃案：应劭曰'檥，正也'。孟康曰'檥音蚁，附也，附船着岸也'。如淳曰'南方人谓整船向岸曰檥'。"《索隐》："檥字，服、应、孟、晋各以意解尔。邹诞生作'漾船'，以尚反，刘氏亦有此音。"

---

① 刘向集录，范祥雍笺证《战国策笺证》，上海：上海古籍出版社，2006年，246页。

（二）形误

分为两种，一为直接相误，一为辗转相误。我们先看直接相误。

（1）麊_{明脂}与糜_{明歌}，《礼记·月令》："（仲秋之月）是月也，养衰老，授几杖，行糜粥饮食。"《吕氏春秋·仲秋纪》糜作麊："是月也，养衰老，授几杖，行麊粥饮食。"① 麊，《说文·鹿部》："麊，鹿属。从鹿，米声。麊，冬至解其角。"糜，《说文·米部》："糜，糁也。从米，麻声。"

（2）晏_{影元}与炅_{见耕}，《楚辞·九辨》："被荷裯之晏晏。"《考异》："《艺文类聚》作'披荷裯之炅炅'。"王逸注："晏晏，盛貌也。"洪兴祖《楚辞补注》："《尔雅》晏晏，柔也。"② 炅，《说文·火部》："见也，从火日。"

（3）軝_{见脂}与軹_{章支}，《周礼·夏官·大驭》："仆左执辔，右祭两軹。"郑玄注："故书軹为軝。杜子春云：'軝当为軹，軹谓车两轊。或读軝为簪笄之笄。'"戴震《考工记图注》："毂末出轮外似笄出发外也。'軹''軝'，经传中往往讹溷，先儒以其所知改所不知，于是经书字书不复有'軝'字矣。"③ 段玉裁《周礼汉读考》："轴端之键曰辖，亦曰軹，谓制毂之铁，竖贯轴头，有似又首之笄也。子春易为'軹'，则与'轛内之軹'同名矣。"④

（4）蔺_{见元}与蔺_{来真}，《庄子·山木》："蔺且从而问之：'夫子何为顷间甚不庭乎？'"《释文》："蔺，一本作蔺。"

（5）鳝_{禅院}与鱏_{余侵}，《楚辞》王褒《九怀·通路》："鲸鱏兮幽潜，从虾兮游陼。"《考异》："鱏一作鳝。"⑤ 鳝，《说文》："鱼名。皮可为鼓。"段注："今人所食之黄鳝也。"《说文》："蟬，非蛇鲜之穴无所庇。"鲜即鳝的假借字。鱏，《说文》："鱼名。从鱼覃声。传曰：'伯牙鼓琴，鱏鱼出听。'"段注："刘注《蜀都赋》曰：'鱏鱼出江中，头与身正半，口在腹下。'诸书或作鱏鱼。或作淫鱼。或作潜鱼。"鳝为穴居之鱼，

---

① 许维遹撰，梁运华整理《吕氏春秋集释》，北京：中华书局，2009 年，176 页。

② 洪兴祖《楚辞补注》，北京：中华书局，1983 年，194 页。

③ 戴震《考工记图》卷上，北京：商务印书馆，1955 年，12 页。

④ 段玉裁《周礼汉读考》，载《续修四库全书·经部·礼类》，上海：上海古籍出版社，2002 年，329 页。

⑤ 洪兴祖《楚辞补注》，北京：中华书局，1983 年，194 页。

鱣为江中之鱼。

（6）锐_{余月}与鈗_{余文}，《尚书·顾命》："一人冕，执锐，立于侧阶。"旧题孔安国传："锐，矛属也。"《说文·金部》鈗下引锐作鈗："侍臣所执兵也。从金，允声。《周书》曰：'一人冕，执鈗。'"阮元校："岳珂《沿革例》曰'锐实鈗字也'，《说文》以为兵器，今注中释为矛属，而陆德明又音'以税反'。且诸本皆作'锐'，独越中注疏于正文作'鈗'尔，疏中亦皆作'锐'，案《玉篇》中无'鈗'字，《广韵》十七准亦无'鈗'字，则《说文》古本'鈗'字有无未可定也。"段玉裁《说文解字注》鈗字条下认为"锐"为正字，"鈗"为讹字，当删。

（7）甀_{疑月}与毁_{晓微}，《周礼·地官·牧人》："凡外祭毁事，用尨可也。"郑玄注："故书毁作甀。杜子春云：'甀当为毁。毁谓副辜侯禳毁除殃咎之属'。"甀，《说文》："康瓠，破罂。从瓦，𦥑声。"

（8）苹_{並真}与蘋_{並元}，《楚辞·九歌·湘夫人》："登白蘋兮骋望，与佳期兮夕张。"《考异》："蘋或作苹。"①蘋，《说文》："青蘋，似莎者。"苹，《说文》作䕞："䕞，大萍也。"《诗经·召南·采苹》："于以采苹，南涧之溪。"毛传："苹，大萍也。"

（9）线_{心元}与综_{精冬}，《周礼·冬官·鲍人》："视其着，欲其浅也；察其线，欲其藏也。"郑玄注："故书线或作综。杜子春云：'综当为系旁泉，读为綖，谓缝革之缕。'"且下文有："察其线而藏，则虽敝不甀。"此处"线"不误。

（10）需_{心侯}与㬎_{日元}，《周礼·冬官·鲍人》："欲其柔滑而腥脂之，则需。"郑玄注："故书'需'作'㓞'。"《释文》："则需，人充反。作㓞，而随反，又人充反。"段玉裁《周礼汉读考》据此："故书㬎作㓞。"②《史记·天官书》："入三日乃复盛出，是谓㬎。"《索隐》作需，云："需又作㬎。"

（11）愞_{泥歌}与懦_{泥歌}，《左传·僖公二年》："宫之奇之为人也，懦而不能强谏。"《释文》："懦，《字林》作愞。"段玉裁《说文·心部》愞字下注云："本乃乱切，音转为乃过切。《广韵》狝韵愞，而兖切，换韵愞，奴乱切，过韵愞，乃卧切，《玉篇·心部》愞乃乱、乃过二切，

---

① 洪兴祖《楚辞补注》，北京：中华书局，1983年，65页。
② 段玉裁《周礼汉读考》，载《续修四库全书·经部·礼类》，上海：上海古籍出版社，2002年，354页。

皆训弱也。此自古相传不误之字也，因形近或讹为懦，再讹为儒。其始尚分愞懦为二字二音。故《玉藻》注云：'舒愞者，所畏在前也。'《释文》云：'愞乃乱反，又奴卧反，怯愞也。又作懦，人于反，弱也。'而转写愞讹为懦。故《五经文字》曰：'懦人于反，又乃乱反。'于是有懦无愞，而以愞之反语入于懦下。《广韵》虞韵懦字下人朱切，又乃乱切，其误正同。盖需耎二声古分别画然，需声在古音四部，人于切。耎声在古音十四部，乃乱切。而自张参以来，改耎为需，不能諟正。"凡从耎之字多有虞韵之音。"濡"，人朱切，又乃官切；"懦"，人朱切，又而充切、乃乱切。皆是二字字形相溷所致。下（12）（13）（14）同。

（12）濡_{日侯}与澳_{泥元}，《仪礼·士丧礼》："澳濯弃于坎。"《通典·礼四十四》引澳作濡。

（13）换_{日月}与擩，《仪礼·特牲馈食礼》："右取菹换于醢。"《仪礼·士虞礼》换作擩："右取肝，擩盐。"

（14）瑌_{日元}与瑌，《礼记·玉藻》："士佩瑌玟而缊组绶。"《释文》："瑌，徐又作瑌。"

（15）原与京，《礼记·檀弓下》："从先大夫于九京也。"郑玄注："晋卿大夫之墓在九原，京盖字之误，当为原。"金文和战国文字中原与京的形体相近。京，汉礼器碑阴作"京"，熹平石经《周易》同；原字，《睡虎地·经法》一九六作"原"，马王堆帛书同，居延简中有一字形作撇极短，几与"京"同，甘肃博物馆 129《注维摩诘经》卷第三："汝不能知众生根原，无得发起。"①所以原与京的讹误应该是汉代隶变以后的事。

（16）廗与席_{邪铎}，《文选》司马相如《上林赋》："于是二子愀然改容，超若自失，逡巡避廗。"李善注："《孝经》曰：'曾子避席。'廗与席，古字通。"汉代桓宽《盐铁论·论功》："织柳为室，旃廗为盖。"②廗字，《说文》《广韵》中未见，《玉篇》："邪廗也。"《集韵》当盖切："屋邪。"席字有写作廗者。黄征《敦煌俗字典》："《太上洞玄灵宝妙经众篇序章》：'天遵回驾，诸天降廗。'"又："《灵宝自然斋仪》：'卫

---

① 黄征《敦煌俗字典》，上海：上海教育出版社，2005年，521页。
② 王利器校注《盐铁论校注》，北京：中华书局，1992年，542页。

师子之两座，整旋行之四席。'"①颜之推《颜氏家训·书证》："世间小学者，不通古今，必依小篆，是正书记；……自成讹谬，过成鄙俗，'乱'旁为'舌'，'席'中加'带'，'恶'上为'西'，'鼓'外设'皮'……如此之类，不可不治。"②

其次，辗转相误。

（1）披_{帮歌}与防_{并阳}，《周礼·春官·丧祝》："掌大丧劝防之事。"郑玄注："郑司农云：'劝防，引柩也。'杜子春云：'防当为披。'玄谓劝犹倡帅前引者，防谓执披备倾戏（按：戏当为亏）。"《释文》："披，彼寄反。下同。"孔颖达疏："防，谓披，在柩车旁，备倾亏。""披"存在变调构词，孙玉文对此有考证。"披"读去声披义切，义为"古代系在柩车两旁，备牵挽之用的丧具"。《仪礼·既夕礼》："设披。"郑玄注："披，络柳棺上，贯结于戴，人君旁牵之以备倾亏。""披"，《说文》："从旁持曰披。"段注："《五帝本纪》：'黄帝披山通道。'徐广曰：'披，他本亦作陂字，盖当音波。陂者，旁其边之谓也。'按披陂皆有旁其边之意。""防"，《说文》："堤也。"二者意义不同，韵部亦不相近，当是字误。"披"与"陂"通，"陂"又讹作"防"。故杜子春云："当为披。"且义正与例中之义相符。

（2）琐（瑣）_{心歌}与璅_{精宵}，《周易·旅》："旅琐琐。"《释文》："琐琐，或作璅字。"《诗经·邶风·旄丘》："琐兮尾兮。"《释文》琐作璅，云："依字作琐。"《诗经·小雅·节南山》："琐琐姻娅。"《释文》："琐，本或作璅，非。"《礼记·檀弓上》："县子琐曰。"《释文》琐作璅，云："依字作琐。"《文选·东京赋》："既璅璅焉。"薛注："璅一作琐。"黄征《敦煌俗字典》："琐写作瑣，甘博 003《佛说观佛三昧海经》卷第五：竖大铁幢，两头系瑣。按：'瑣'字《大藏经》作'锁'，可见二字通用。"③又："P.2542《语对》：'丹楹绿墀，青瑣朱邸，兰房桂户。'"平行的例子有"锁与鏁鑠"。"S.462《金光明经果报记》：'问辩答款，着枷被鏁'。""《双恩记》：'于是鏁钥齐开，封题并坼。'"瑣与璅形似，辗转变为琐，与璅通用。

（3）鮄与鯆，《山海经·北山经》："其中多鮄鮄之鱼。"郭注："鮄，

---

① 黄征《敦煌俗字典》，上海：上海教育出版社，2005 年，440 页。
② 颜之推《颜氏家训》，上海：上海古籍出版社，2006 年，316 页。
③ 黄征《敦煌俗字典》，上海：上海教育出版社，2005 年，393 页。

或作鯆。"①鯆,《广韵》博孤切,《集韵》奔模切:"鯆,鯆鮢,鱼名。或作鮬。亦作鯆。"鯆或作鮬。鮓与鮬形似,鮬讹为鮓,于是鯆与鮓通。无独有偶,拊与拚有相讹。②《颜氏家训·书证》:"《诗》云:'伐木浒浒。'毛《传》云:'浒浒,柿貌也。'史家假借为肝肺字,俗本因是悉作脯腊之脯。或为反哺之哺。"③

（4）俄与戌_{心物},《庄子·大宗师》:"成然寐。"《释文》:"成,本或作戌,本亦作俄然。""成"字与"戌"字形近,"戌"字为戌,"我"字为我,二者形似。该例中"戌"当为"我"字之误。

（5）世_{书月}与賁_{帮文},《周易·賁》:"賁于丘园。"《释文》:"賁,黄本作世。"李富孙《周易异文释》曰:"世与卉形相似。"由賁讹为卉再讹为世。

（6）暖_{泥元}与爋,《楚辞·九思》:"风习习兮觫暖,百草萌兮华荣。"④《考异》:"暖古作爋。"⑤暖与煖义同,《说文·火部》:"煖,温也,从火,耎声。"又:"暖,温也,从火,爰声。"煖与爋形似,辗转相误,故该例暖与爋异文。

（7）陾_{日蒸}与仍_{日蒸}、陑_{日之},《诗经·大雅·绵》:"捄之陾陾。"《玉篇·手部》引陾作陑。《一切经音义》七五引陾作濡。《说文·手部》引陾作仍。陾字乃隔字之误,隔字从而得声,由之部而声转为蒸部,如耳孙又可称仍孙也。故《说文》引作"仍"。隔讹为陾,故导致陾与仍、陑异文。

（8）跨_{端歌}与趨_{清侯},《周礼·春官·乐师》:"趨以来荞。"郑玄注:"故书趨作跨。郑司农云:'跨当为趨。书亦或为趨。'"趨与趨形似,二者常有讹误,《诗经·齐风·猗嗟》:"巧趨跄兮。"《释文》:"趨本又作趨。"《公羊传·庄公十二年》:"仇牧闻君弑,趨而至。"《新序·义勇》趨作趨。趨,《说文》:"趨趙,久也。从走多声。" 趨与跨同,趨与趨形似,故该例跨与趨通。

---

① 袁珂校注《山海经校注·北山经》,上海:上海古籍出版社,1980年,76页。
② 毛远明《汉魏六朝碑刻异体字研究》,北京:商务印书馆,2012年。
③ 颜之推《颜氏家训》,上海:上海古籍出版社,2006年,295页。
④ 洪兴祖《楚辞补注》,北京:中华书局,1983年,323页。
⑤ 洪兴祖《楚辞补注》,北京:中华书局,1983年,323页。

（9）謹晓元与雍影东，《尚书·无逸》："言乃雍。"《礼记·檀弓·坊记》引雍作謹。"雍"古文作㐭，与吅形似，吅与謹通，《说文》："吅读若謹。"故该例謹与雍异文。

（10）缀端月与级见缉、及见缉，《礼记·乐记》："屈伸俯仰，缀兆舒疾。"《史记·乐书》缀作级："诎信俯仰，级兆舒疾。"《索隐》："徐广曰：'级，今《礼》作缀。'《礼》皆作'缀'，盖是字之残缺讹变耳，故此为级，而下又为及也。"《礼记·乐记》："其治民劳者，其舞行缀远。其治民逸者，其舞行缀短。"《史记·乐书》缀并作级："其治民劳者，其舞行级远。"《正义》："本或作缀。缀，谓缵列也。"

（11）艾疑月与鄑匣宵，《左传·桓公十五年》："公会齐侯于艾。"《公羊传》艾作鄑。《谷梁传》作蒿。艾与蒿义同，蒿与鄑音同，故该例艾与鄑通。

（12）宜心元与撝晓歌，《周易·谦》："撝谦。"《释文》："撝，郑读为宜。"宋翔凤《周易考异》云："宜当作宜。"宜疑歌，与撝声韵皆相近。

（13）氎见月与毹明宵，《周礼·春官·巾车》："有翣羽盖。"郑玄注："故书翣为毹，杜子春云：'书亦或为氎'。"毹，有两个读音。《集韵》莫褒切，力涉切，音猎。《释文》："毹音猎，或音毛。"段玉裁《周礼汉读考》曰："氎者，毹之讹。"①从葛之字常与从鼠之字讹。《楚辞·九歌·国殇》："凌余阵兮躐余行。"②《考异》："躐，一作躅。"③氎与毹形似，毹与氎音同，故该例氎与毹异文。

（14）嚛定月与哗匣耕，《文选》陆机《文赋》："务嘈嚛而妖冶。"李善注："《埤苍》曰：'嘈哗，声貌。'哗与嚛及嚛同。"'哗'，应作'哗'。哗与哗不同，哗从幸声，《集韵》《类篇》并牙葛切，音辝。又《集韵》才达切，音截，与嚛同。哗，从㚔声，《集韵》亨孟切，与誩同。㚔，《说文》本作奊。《说文》："奊，吉而免凶也。从屰从夭。夭，死之事。故死谓之不奊。"胡耿切。㚔，《说文》："所以惊人也。从大从羊。一曰：大声也。"因㚔与㚔形似而误，嚛与哗义同，故该例嚛与哗异文。

---

① 段玉裁《周礼汉读考》，载《续修四库全书·经部·礼类》，上海：上海古籍出版社，2002年，318页。

② 朱熹《楚辞集注》，上海：上海古籍出版社，1979年，146页。

③ 朱熹《楚辞集注》，上海：上海古籍出版社，1979年，146页。

（三）义近异文

（1）营_{余耕}与还_{匣元}、环_{匣元}，《诗经·齐风·还》："子之还兮。"《齐诗》作营，《汉书·地理志》《水经注·淄水》引还作营。《韩非子·五蠹》："古者仓颉之作书也，自环者谓之私。"①《说文》引作"自营为厶"。《说文·宫部》："营，市（段玉裁改为帀）居也。从宫，荧省声。"余倾切。段注："帀居谓围绕而居，如市营曰阛，军垒曰营皆是也。"环，《说文》："璧肉好若一谓之环。"段注："引申为围绕无端之义。"营与还环义同。

（2）诞_{定元}与永_{匣阳}，《尚书·盘庚中》："汝不谋长，以思乃灾，汝诞劝忧。"汉石经诞作永。诞在古书中常与延通用。《尚书·无逸》："乃逸乃谚既诞。"汉石经诞作延。延，《说文》："长行也。"永，《说文》："水长也。"《诗经·周南·汉广》："江之永矣，不可方思。"引申为凡物之长，与"永"义同，《方言》："延、永，长也。凡施于年者谓之延，施于众长谓之永。"

（3）会_{匣月}与合_{匣缉}，《老子》五十五章："未知牝牡之合而朘作。"汉帛书乙本合作会。会，《说文》："合也，从亼，从曾省。曾，益也。"合，《说文》："合口也。从亼从口。"引申为凡会合之称。《尔雅·释诂》："敁、合、盍、翕、仇、偶、妃、匹、会，合也。"又："妃、合、会，对也。"

（4）说_{透月}与释_{书铎}，《战国策·燕策一》："犹释弊蹝。"②汉帛书书释作说。释，《说文·釆部》："解也。"挩，《说文·手部》："解挩也。"段注："今人多用脱。古则用挩。是则古今字之异也。今脱行而挩废矣。"释与挩义同，说与挩音同。

（5）撮_{清月}与聚_{从侯}，《庄子·秋水》："鸱鸺夜撮蚤，察毫末。"《释文》："夜撮，崔本作'最'。"《淮南子·主术训》作"鸱夜聚蚤"。聚，《说文》："会也。"《公羊传》："会犹最也。"何休注："冣之为言聚。"冣，《说文》："积也。"段注："积以物言。聚以人言。其义通也。"《广雅·释诂》："撮，持也。"王念孙《疏证》："撮之言最也，谓聚持之也。"

---

① 王先慎撰，钟哲点校《韩非子集解》，北京：中华书局，1998 年，450 页。
② 刘向集录，范祥雍笺证《战国策笺证》，上海：上海古籍出版社，2006 年，1691-1692 页。

是最、撮、聚皆有"会聚"之义。

（6）杀_{山月}与弑_{书职}，《周易·坤》："臣弑其君，子弑其父，非一朝一夕之故。"《释文》："弑，本或作杀。"《周礼·夏官·大司马》："放弑其君则残之。"《释文》："弑，本又作杀。"弑，《说文》："臣杀君也。"段注："经传杀弑二字转写既多讹乱。多有杀读弑者。按述其实则曰杀君。正其名则曰弑君。春秋正名之书也。故言弑不言杀。三传述实以释经之书也。故或言杀，或言弑。不必传无杀君字也。许释弑曰臣杀君。此可以证矣。"

（7）杀_{山月}与窜_{清元}，《尚书·舜典》："流共工于幽州，放驩兜于崇山，窜三苗于三危，殛鲧于羽山。"《孟子·万章上》云："舜流共工于幽州，放驩兜于崇山，杀三苗于三危，殛鲧于羽山。"段玉裁《说文解字注》窜字条下："窜与言流，言放，言极一例。谓放之令自匿。故《孟子》作杀三苗。既《左传》粲蔡叔之粲。粲为正字。"粲，《说文·米部》："糂粲，散之也。"桑割切。粲与杀音同，粲与窜义同。

（8）窆_{清月}与穸_{帮谈}，《周礼·地官·遂人》："及穸陈役。"郑众注云："穸，谓葬下棺也。"《释文》穸作窆，云："本作穸。"穸，《说文》："葬下棺也。"《说文》："窆，穿地也。从穴，乏声。"段注："郑大夫读窆皆为穿。杜子春读窆如甚，皆谓葬穿圹也。"《广雅·释诂》："窆，穿也。"王念孙《疏证》："《小尔雅》云：'圹谓之窆。'"

（9）货_{晓歌}与贿_{晓之}，《左传·昭公十六年》："尔有利市宝贿，我勿与知。"《释文》："宝贿，呼罪反，或作货。"贿，《说文》："财也。"货，《说文》："财也。"段注："《周礼》注曰：'金玉曰货，布帛曰贿。'析言之也。许浑言之，货贿皆释曰财。"

（10）存_{从文}与全_{从元}，《周易·系辞下》："龙蛇之蛰，以存其身。"《释文》存作全云："全身，本亦作存身。"《唐石经》存作全。疏："以此存身，是后动也。"存，本义为存在，《尔雅》："存，存在也。"郭璞注："存即在。"全，《说文》："完也。"完，《说文》："全也。"全，义为完好之义，又义为保全。诸葛亮《出师表》："苟全性命。"

（11）毁_{晓微}与亏_{溪歌}，《周易·谦》："天道亏盈而益谦。"《释文》："亏，马本作毁。"《史记·太史公自序》："是余之罪也夫！身毁不用矣。"《汉书·司马迁传》毁作亏。毁，《说文》："缺也。"亏，《说文》："气损也。"段注："引申为凡损皆曰亏。"

（12）揆_{群脂}与察_{初月}，《楚辞·离骚》："荃不察余之中情兮。"《考异》：

"察，一作揆。"①揆，《说文》："度也。"度量、考察之义，《离骚》："皇览揆余初度兮，肇锡予以嘉名。"②

（13）裞(审月)与襚(邪物)，《左传·文公九年》："秦人来归僖公成风之襚。"《释文》："襚，《说文》作裞。"裞，《说文》："赠终者衣被曰裞。"襚，《说文》："衣死人也。从衣，遂声。《春秋传》曰：'楚使公亲襚。'"

（14）刿(见月)与切(清质)，《淮南子·泛论训》，"方正而不以割，廉直而不以切。"③《文子·上义》切作刿。切，《说文》："刌也。"刿，《说文》："利伤也。"段注："利伤者，以芒刃伤物。"《老子》五十八章："廉而不刿。"

（15）噬(匣叶)与咥(定质)，《周易·履》："履虎尾，不咥人。"《音训》："咥，晁氏曰：'荀作噬。'"《文选》潘岳《西征赋》李注引郑本咥作噬。噬(禅月)，咥(定质)。噬，《说文》："啗也。喙也。"《周易·杂卦》："噬嗑，食也。"《左传·哀公十二年》："国狗之瘈，无不噬也。"咥，本义为笑，《说文》："大笑也。"《诗经·卫风·氓》："兄弟不知，咥其笑矣。"又有"咬"义。《周易·履》："履虎尾，不咥人。"郑玄注："咥，啮也。"

（16）为(匣歌)与谓(匣物)，《周易·系辞下》："小人以小善为无益而弗为也，以小恶为无伤而弗去也。"《潜夫论·慎微》引"为无益""为无伤"二为字作谓。《尚书·说命中》："时谓弗钦。"《礼记·缁衣》引《兑命》曰："是为不敬。"《礼记·礼运》："是谓乱国。"《孔子家语·礼运》谓作为。谓有"称作、叫做"义，《孟子·滕文公下》："富贵不能淫，贫贱不能移，威武不能屈，此之谓大丈夫。"又有"认为、以为"义，《左传·僖公二十四年》："臣谓君之入也，其知之矣。"

（17）槎(崇歌)与柞(庄铎)，《文选》张衡《西京赋》："樊菜平场，柞木翦棘。"李注："贾逵《国语注》曰：'槎，邪斫也。'槎与柞同。"《说文·木部》："柞，柞木也。"段注："按柞可薪。故引伸为凡伐木之偁。周礼有柞氏。《周颂》传曰：除艹曰芟，除木曰柞。"《木部》："槎，衺斫也。从木，差声。"可见柞与槎意义相近。

（18）倚(影歌)、觭(溪歌)与只(章铎)，《公羊传·僖公三十三年》："然而晋人与姜戎要之肴而击之，匹马只轮无反者。"《谷梁传》只作倚。《汉书·

---

① 朱熹《楚辞集注》，上海：上海古籍出版社，1979 年，5-6 页。
② 朱熹《楚辞集注》，上海：上海古籍出版社，1979 年，3 页。
③ 何宁《淮南子集释》，北京：中华书局，1998 年，966 页。

五行志》引只作觭。《说文·角部》觭字段玉裁注："觭，角一俯一仰。觭者，奇也。奇者，异也。一曰不耦也。故其字从奇。《公羊传》：匹马轮无反者。《穀梁》作倚轮。《汉书·五行志》作觭轮。此不耦之义之引伸也。"

（19）大_{定月}与善_{禅元}，《周易·系辞上》："成天下之亹亹者，莫大乎蓍龟。"疏："成就天下之亹亹者，唯卜筮能然，故云：莫大乎蓍龟。"《释文》："莫善乎蓍龟，本亦作'莫大'"。大有美大之义。《大戴礼记·卫将军文子》："夫子以其仁为大也。"孔广森补注："大，美大之也。"① 《礼记·礼运》："是谓大假。"朱彬《礼记训纂》："大，善也。"②

（20）讫_{见物}与遏_{影月}，《孟子·告子下》："无曲防，无遏籴，无有封而不告。"《谷梁传·僖公九年》："曰，毋雍泉，毋讫籴，毋易树子。"范宁集解："讫，止也。谓贮粟。"《说文·言部》："讫，止也。"《辵部》："遏，微止也。"

（21）黵_{端月}与黮_{透侵}，《史记·楚世家》："熊艾生熊黵。"《索隐》："黵一作黮。"《史记·三代世表》："熊黮。"《汉书·古今人表》作"熊亶"。《说文·黑部》："黵，白而有黑也。从黑，旦声。"又《黑部》："黮，桑葚之黑也。从黑甚声。"段注："《广雅》：'黑也。'则引申为凡黑之偁。"

---

① 卢辩注，孔广森补《大戴礼记补注》，北京：中华书局，1985年，72页。
② 朱彬撰，饶钦农点校《礼记训纂》，北京：中华书局，1998年，340页。

第三章 元部字与其他韵部相通的时代考证

一、萬声

"萬"字,《说文·内部》:"虫也。从厹,象形。"无贩切。《广韵·愿韵》无贩切,《经典释文》无注音。从萬得声的字共有5个,音韵地位如表3-1所示。

表 3-1 从萬得声的字的音韵地位

	声母	开合	等	声调	中古韵	上古韵部
萬	明母	合口	三等	去声	愿韵	元部
蠣	明母/晓母	合口/开口	二等	长入	夬韵/怪韵	月部
䁲	明母	合口	三等	去声	愿韵	元部
蠇	来母	开口	三等	长入	祭韵	月部
勱	明母	合口	二等	长入	夬韵	月部
糲	来母	开口	三等	长入	祭韵	月部

从表 3-1 可以看出，从萬得声的字，声调都为去声，声母呈现出两组：来母系列和明母系列；开合上，来母系列属于开口，明母系列属于合口，上古韵部分属于元部和月部。

（一）蠇

《说文·虫部》："蠇，蚌属，似螊微大，出海中，今民食之。从虫，萬声。读若赖。"力制切。《说文解字系传》（下文简称《系传》）音同。《说文通训定声》（下文简称《定声》）："蠇，字亦作蛎。"《玉篇·虫部》："蠇，力制切，蚌属也。"《广韵·祭韵》力制切："蛎，牡蛎，蚌属。蠇，同上。"《集韵·祭韵》力制切："蠇蛎蠠，《说文》：'蚌属，似螊微大，出海中，今民食之。'一曰：雕百岁化为蛎。或作蠇，亦书作蠠。"《集韵·泰韵》落盖切："蛎，蚌属。"《释文》未注音。

该字古文字材料中未见，现所见先秦传世文献亦未见。"蠇"至晚在东汉时期已为月部字，《说文》："蠇，读若赖。"《广韵》落盖切："赖，蒙也，利也。"赖为月部字。"蠇"，又作"蛎"，至晚东晋已如此。《文选》郭景纯《江赋》："鲯鲭森衰以垂翘，玄蛎磈磥而碨砎。"李善注："蛎，力滞切。长七尺。《南越志》曰：蛎，形如马蹄。"蛎即蠇也。蛎，从厉得声，厉，从蚕省声。古赖厉音同。《左传·昭公四年》："遂灭赖。"《公羊传》《谷梁传》作"遂灭厉"。《左传·桓公十三年》："楚子使赖人追之。"《左传·僖公十五年》赖作厉。《论语·子张》："君子信而后劳其民，未信则以为厉己矣。"《释文》："厉，郑读为赖。"属月部字。

综上，蠆，《说文》读若赖，字又作蛎，至晚在东汉时期已转为月部字。

（二）糲

《说文·米部》："糲，粟重一䄷为十六斗大半斗，舂为米一斛曰粝。从米，萬声。"洛带切。《系传》："《史记》曰：'粝梁之食'，梁，粟也。梁蔡反。"《定声》："字亦作粝。"桂馥《说文义证》："糲，俗作粝。"段注："今皆作粝，从厉。古从萬声。与牡蠇字正同。《汉书·司马迁传》：'糲梁之食'，与许篆体合。"《玉篇·米部》："粝，力葛切，粗粝也。"《广韵》亦作粝，收去入三读。《广韵·祭韵》力制切："粝，粗也。"《广韵·泰韵》落盖切："粝，粗米。"《广韵·曷韵》卢达切："粝，粗粝。"《集韵》同。马叙伦《说文解字六书疏证》卷十三："伦案：胡三省《通鉴辨误》引《字林》，粝米一斛舂为八斗，粝为糲之传写之误改，然慧琳《一切经音义》九十三引《仓颉篇》：'粝，麄米也，脱粟也。'然则《字林》有重文作粝，传写《仓颉》者以《字林》字易之。"① 《释文》注音1次。

糲，《睡虎地秦简文字编》秦一八二作𥹉。《诗经·大雅·召旻》："彼疏斯粺，胡不自替，职兄斯引。"郑笺："疏，粗也。谓粝米也。"《释文》："粝米，兰末反，沈音赖，又音厉。"黄焯《经典释文汇校》："古写本作'郎达反'。《仓颉篇》云：'脱粟米也。'按，《广韵》粝达在十二曷，与末异部。"《史记·李斯列传》："冬日鹿裘，夏日葛衣，粢粝之食，藜藿之羹。"《索隐》："粢音资。粝音郎葛反。粢者，稷也。粝者，麄粟饭也。"《史记·太史公自序》："粝梁之食，藜藿之羹。"《集解》："张晏曰：'一斛粟，七斗米，为粝。'瓒曰：'五斗粟，三斗米，为粝。音剌。'"《汉书·外戚传下》："皇后乃上疏曰：'妾夸布服粝食，加以幼稚愚惑，不明义理，幸得免离茅屋之下，备后宫埽除。'"颜师古注："孟康曰：'夸，大也，大布之衣也。粝，粗米也。'师古曰：'言在家时野贱也。夸音夸。粝音剌。'"《文选》左思《魏都赋》："非疏粝之士所能精，非鄙俚之言所能具。"李善注："粝，力葛切。疏粝，粗也。韩非曰：粝粮之饮，黎藿之羹。"

---

① 马叙伦《说文解字六书疏证》，上海：上海书店，1985年，124页。

糯，《字林》有重文"粝"，《玉篇》直接写作"粝"。可见糯读月部音至晚西晋已经如此。

（三）勘

《说文·力部》："勘，勉力也。《周书》曰：'用勘相我邦家。'读若萬。从力，萬声。"莫话切。《定声》："勘，字亦作励。"《玉篇·力部》："勘，莫夬切，勉也。《书》曰：'勘相我邦家。'"又："励，吕势切，劝也。"《广韵·夬韵》莫话切："勘，勉也，强也。"《广韵·祭韵》力制切："励，劝勉。"《集韵》与《广韵》相同。勘与励应为不同的字。《释文》共注音2次。

该字季方鼎作𠣙，吴大澂认为右从乂。《尚书·立政》："其惟吉士，用勘相我国家。"旧题孔安国传："惟其吉士，用勉治我国家。"《释文》："勘，音迈。"迈，《说文·辵部》："迈，远行也。从辵，蠆省声，或不省。"迈为月部字。《说文》："勘，读若萬。"可见东汉时期勘还保有元部音的读法，读为月部音至晚南北朝已然。

（四）讃

《说文·言部》："讃，諏①也。从言，萬声。"莫话切。《系传》："讃，言过也。谋败反。"《定声》："讃，字亦作譮。"《广韵》《集韵》《玉篇》收去入三读。《广韵·怪韵》许介切："讃，譤讃。"《广韵·夬韵》莫话切："讃，夸诞。"火犗切："讃，譤讃。"《集韵》同。《玉篇·言部》："讃，火界切，譤讃，诤骂怒貌。又音迈。"《释文》没有注音。

该字未见于古文字材料中，古文献中可与"譮"通，"譮"又常常写作"嘳"。《左传·哀公二十四年》："天奉多矣，又焉能进？是嘳言也。"杜预注："嘳，过也。"孔颖达正义："服虔云：'嘳，伪不信也。'注云：'嘳，过谬言也。'俱是不实之义。"《释文》："嘳言，户快反，过也，谓过谬之言。服云：'伪不信言也。'《字林》作憓，云：梦言，意不慧也。于例反。""嘳言"，《说文·口部》："嘳，高气多言也。从口，蠆省声。《春秋传》曰：'嘳言'。"钱大昕《十驾斋养新录》："杜

---

① 《系传》作"諏也"，《说文·言部》："諏，聚谋也。""諏，诞也。"二字形似而误。

云:'甏,过也。'《释文》云:甏,户快反。与'嚍'音河介切相近,古文从口从言之字多相通,《说文》兼收嚍講二字,……然则嚍言即甏言,亦可作講言也。"甏甏月部字,则講亦当为月部字。

二、单声

单（單），《说文·吅部》："大也。从吅单,吅亦声。阙。"都寒切。从单得声的字共28个,它们的音韵地位如表3-2所示。

表3-2　从单得声的字的音韵地位

	声母	开合	等	声调	中古韵	上古韵部
单	端母/禅母	开口	一等/三等	平声/上声/去声	寒韵/仙韵/狝韵/线韵	元部
嘽	透母/昌母	开口	一等/三等	平声/上声	寒韵/狝韵	元部
殚	端母	开口	一等	平声	寒韵	元部
箪	端母	开口	一等	平声	寒韵	元部
郸	端母	开口	一等	平声	寒韵	元部
瘅	端母	开口	一等	平声	寒韵	元部
幝	昌母	开口	三等	上声	狝韵	元部
僤	禅母/定母	开口	三等/一等	平声/上声/去声	仙韵/旱韵/翰韵	元部
襌	端母	开口	一等	平声	寒韵	元部
燀	昌母/章母	开口	三等	平声/上声	仙韵/狝韵	元部
惮	定母	开口	一等	去声	翰韵	元部
闡	昌母	开口	三等	上声	狝韵	元部
匰	端母	开口	一等	平声	寒韵	元部
弹	定母	开口	一等	平声/去声	寒韵/翰韵	元部
繟	定母	开口	一等	平声	寒韵	元部
蝉	禅母	开口	三等	平声	仙韵	元部
墠	禅母	开口	三等	上声	狝韵	元部

续表

	声母	开合	等	声调	中古韵	上古韵部
禅	禅母	开口	三等	平声/去声	仙韵/线韵	元部
鳝	禅母	开口	三等	上声	狝韵	元部
婵	禅母	开口	三等	平声	仙韵	元部
戦	章母	开口	三等	去声	线韵	元部
㻅	定母/禅母	开口	一等/三等	平声/去声	寒韵/仙韵/翰韵	元部
菫	端母	开口	四等	平声	先韵	元部
貚	定母	开口	一等/四等	平声	寒韵/先韵	元部
㪉	章母	开口	三等	上声	狝韵	元部
鼉	定母	开口	一等	平声	歌韵	歌部
驒	端母/定母	开口	一等/四等	平声	先韵/寒韵/歌韵	元部、歌部
奲	昌母	开口	三等	上声	马韵	歌部
觯	章母	开口	三等	平声/去声	支韵/寘韵	支部

从表 3-2 可以发现，从单得声的字，声母上古都是舌音，等呼上多为开口一等或三等，韵部除奲、鼉、觯外都为元部。

（一）奲

《说文·奢部》："奲，富奲奲貌。从奢，单声。"丁可切。《系传》："臣锴曰：'谓重而垂也。'"《玉篇·奢部》："奲，丁可、充者二切，大宽也。"《广韵·马韵》昌者切："奲，宽大也。"《集韵·哿韵》典可切："奲，《说文》：富奲奲貌。"《集韵·马韵》齿者切："奲，宽大也。"《释文》没有注音。

"奲"表"重而下垂"义，中古音丁可切，上古为歌部字。段玉裁《说文解字注》："按此字单声而入十七部，正如鼉、驒亦单声也。"奲与那通假。《诗经·小雅·桑扈》："不戢不难，受福不那。"毛传："那，多也。"《国语·楚语上》："而仅得以来，使富都那竖赞焉。"韦昭注："郍，美也。"①段注："郍，不知其本字。以许书折衷之，则驙为本字。郍为叚借字耳。俗用郍字，训垂下貌。亦疑驙之变也。""驙"与"那"相假借，"那"为歌部字，则"驙"至晚在战国时期已经为歌部字了。

"驙"表"宽大"义，中古音昌者切。《玉篇》充者切，《广韵》《集韵》昌者切。《广雅·释诂》："驙，大也。"《广雅·博雅音》："驙，昌者。"王念孙《疏证》："《说文》：'哆，张口也。'《小雅·巷伯》：'哆兮侈兮。'毛传云：'哆，大貌。'《释文》：'昌者反。'义与驙同。"

（二）驒

《说文·马部》："驒，驒騱，野马也。从马，单声。一曰：青骊白鳞，文如鼍鱼。"代何切。《玉篇·马部》："驒，大何、丁年二切。驒騱，骏马属。"《广韵·歌韵》徒河切："驒，连钱骢。《说文》曰：'驒騱，野马也。'"《先韵》都年切："驒騱，野马。"《广韵·寒韵》："徒干切，连钱骢。一曰：青骊，白文。又丁年切，驒騱，匈奴畜，似马而小。"《集韵》共注音6次，分别在颠小韵、田小韵、氐小韵、滩小韵、坛小韵、驼小韵之下，其中氐小韵之音应是受"騱"音的影响。《经典释文》共注音2次，皆为歌部音。

"驒"，用在"驒騱"一词中，指"野马"，"驒"古音在元部。《史记·匈奴列传》："駃騠、騊駼、驒騱。"《集解》："徐广曰：'驒音颠。巨虚之属。'"《索隐》："驒奚，韦昭：驒音颠。《说文》：野马属。徐广云：巨虚之类。邹诞生本'奚'字作'騱'。"韦昭驒音颠，可见在三国时期"驒騱"之"驒"还读元部音。《史记·司马相如列传》："兽则麒麟角䚡，騊駼橐驼，蛩蛩驒騱，駃騠驴骡。"《正义》："驒騱，颠奚二音。駃騠音决啼。"《汉书·司马相如传上》："蛩蛩驒騱，駃騠驴骡。"颜师古注："郭璞曰：驒騱，駏驉类也。駃騠，生三日而超其母。驒音颠。騱音奚。駃音决。騠音提。"《汉书·匈奴传上》："其畜之所多则马、牛、羊，其奇畜则橐佗、驴、骡、駃騠、騊駼、驒奚。"颜师古注："驒奚，駏驉类也。佗音徒何反。駃音决。騠音提。騊音桃。駼音涂。

---

① 徐元诰撰，王树民、沈长云点校《国语集解》，北京：中华书局，2002年，495页。

騨音颠。"

騨，用在"騨騨"一词中，表众多之义，亦属元部字。《汉书·叙传》："王师騨騨，致诛大宛。"騨与宛为韵，则騨为元部字明矣。《广雅·释训》："啴啴，众也。"《广雅·博雅音》："音颠。"王念孙疏证："《汉书·叙传》：'王师騨騨'，騨騨，义与啴啴同。"《说文·手部》："撣，提也。读若行迟騨騨。"撣，《广韵》徒干切、市连切、徒岸切三音，上古为元部字，则騨为元部可知矣。

"騨"独用，指代连钱骢，属歌部。《诗经·鲁颂·駉》："溥言駉者，有骃有骆，有駵有雒，以车绎绎。"《释文》："有騨，徒河反，青骊驎曰騨。《说文》云：马文如鼍鱼也。《韩诗》及《字林》云：白马黑髦也。"《尔雅·释畜》："青骊驎，騨。"《释文》："騨，徒河反。《说文》云：马文如鼍鱼。《韩诗》《字林》皆云：白马黑髦。"《说文》"文如鼍鱼"，可见"鼍"与"騨"是同源词的关系。"鼍"至晚西汉时已经是歌部字（见下文），则"騨"表连钱骢义为歌部可知矣。

综上，"騨"，用在"騨騤"一词中，表匈奴野马，读元部音，到《广韵》《集韵》亦然。用在"騨騨"一词中，表众多义，亦为元部字。义为连钱骢时，则属歌部。"騨"字代表两个不同的词，分别属于元部和歌部两个韵部，应该加以区分。

（三）鼍

《说文·黾部》："鼍，水虫，似蜥易长大。从黾，单声。"徒何切。《玉篇·黾部》："鼍，徒何切。江水多，似蜥蜴，大者有鳞。采皮可以为鼓也。"《广韵·歌韵》："徒河切。《说文》曰：'水虫也，似蜥蜴而长大。'"《集韵·戈韵》："《说文》：水虫，似蜥易长大，或作蟺鳝。"《释文》共注音 4 次，首音 4 次都是歌部，又音 4 次都是元部。《诗经·大雅·灵台》："于论鼓钟，于乐辟雍。鼍鼓逢逢，蒙瞍奏公。"《经典释文》："鼍，徒河反，沈又音檀，毛云鱼属。《草木疏》云：'形似蜥蜴，四足长丈余，甲如铠，皮坚厚，宜冒鼓。'"《礼记·月令》："命渔师，伐蛟取鼍，登龟取黿。"《释文》："鼍，大多反，又徒丹反。"《礼记·中庸》："今夫水，一勺之多，及其不测，黿鼍蛟龙鱼鳖生焉，货财殖焉。"《释文》："鼍，徒河反，一音直丹反。"直丹反，类隔切。《庄子·达生》："孔子观于吕梁，县水三十仞，流沫四十里，黿鼍鱼鳖之所不能游也。"《释文》："鼉,徒多反,或音檀。"《释文》4 次元部又音的记录保留了"鼉"原读元部的痕迹。

上古时期,"鼉"应该属于元部字。"鼉"与"鱓"异文。《集韵》"鼉"或作"鱓"。《说文·鱼部》："鱓,鱼名,皮可为鼓,从鱼,单声。"常演切。《广韵·仙韵》常演切。《玉篇·鱼部》："鱓,同鮰。市演切。鱼似蛇。""鱓",《广韵》常演切,为元部字无疑。《史记·李斯列传》："建翠凤之旗,树灵鼉之鼓。"《文选·谏逐客书》鼉作鱓。司马相如《子虚赋》："其中则有神龟蛟鼉,毒冒鳖鼋。……其上则有宛雏孔鸾,腾远射干。"鼉与鼋押韵,鸾与干押韵。《后汉书·马融列传》："济薄汾挠,沦灭潭渊,左挈夔龙,右提蛟鼉,春献王鲔,夏荐鳖鼋。"鼉与渊鼉鼋为韵。顾炎武认为鼉字自《淮南子·主术训》始入歌部[①],江永也赞成顾氏的说法[②],应该是正确的。《淮南子·主术训》："椎移大牺,水杀鼋鼉,陆捕熊罴。"[③]鼉与牺罴为韵。可见,"鼉"字至晚在西汉时期已经转为歌部字了。在汉代,鼉字可能还游转于歌部和元部之间。到了魏晋时期,鼉字已经完成了从元部到歌部的转变。左思《三都赋》："乘鲎鼋鼉,同罛共罗。"鼉与罗为韵。郭璞《江赋》："若乃岷精垂曜于东井,阳侯遁形乎大波。奇相得道而宅神,乃协灵爽于湘娥。骇黄龙之负舟,识伯禹之仰嗟。壮荆飞之擒蛟,终成气乎太阿。悍要离之图庆,在中流而推戈。悲灵均之任石,叹渔父之棹歌。想周穆之济师,驱八骏于鼋鼉。感交甫之丧佩,愍神使之婴罗。焕大块之流形,混万尽于一科。保不亏而永固,禀元气于灵和。考川渎而妙观,实莫着于江河。"波娥嗟阿戈歌鼉罗科和河 11 个歌部字押韵,如此长的韵段,全部都是歌部字,绝对不是偶然的。

(四)郸

《说文·邑部》："郸,邯郸县。从邑,单声。"都寒切。《玉篇·邑部》："郸,都阑切,邯郸县。"《广韵·寒韵》都寒切："郸,邯郸。"《集韵·寒韵》多寒切:"《说文》:邯郸县。"《集韵·戈韵》当何切:

---

① 顾炎武《音学五书》,北京:中华书局,2005 年,260 页。
② 江永《古韵标准》,北京:中华书局,1982 年,30 页。
③ 何宁《淮南子集释》,北京:中华书局,1998 年,626 页。

"郸，汉侯国名，一曰：县名，在沛。"《经典释文》共注音5次，皆音丹，用于"邯郸"地名中。《集韵》戈韵读音当是承苏林、孟康音而来。

《史记·蒯成侯列传》："子昌代侯，有罪，国除。至孝景中二年，封缞子居代侯。"《集解》："徐广曰：'《表》云：孝景中元年，封缞子应为郸侯，谥康。中二年，侯居立。'沛郡有郸县。郸，一作'鄟'。"《索隐》："郸，苏林音多，属陈国。《地理志》云：沛郡有郸县。案：此文云'子居'，《表》云'子应'，不同也。"《汉书·周缞传》："子昌嗣，有罪，国除。景帝复封缞子应为郸侯。"颜师古注："郸，苏林曰：'音多，属沛国。'"《汉书·地理志》："丰，莽曰吾丰。郸，莽曰单城。"颜师古注："孟康曰：'音多。'"孝景帝时，封蒯成侯缞子昌为郸侯，历时二年，因子昌有罪，郸侯国改为郸县。王莽时期，汉代郸县改为单城县，亦作丹城，乃因仙人王子晋在此炼丹而名。可见"郸"，用在"邯郸"一词中，元部字，属赵国；作"郸县"时，歌部字，在今安徽涡阳县丹城，属陈国。"郸"音歌部最晚东汉末年出现。

（五）觯

《说文·角部》："觯，乡饮酒角也。《礼》曰：一人洗举觯。觯受四升。从角。单声。觚，觯或从辰。觝，《礼经》觯。"之义切。《玉篇·角部》："觯，之豉切，酒觞也。"《广韵·支韵》章移切："觯，本音寘。今天作奉觯字。"《广韵·真韵》支义切："觯，爵受四升。或作觝觚。"《集韵·真韵》支义切："觯觝觚，《说文》：'乡饮酒角也。'引《礼》'一人洗举觯'，觯受四升。或从辰从氏。"《释文》共注音14次，其中去声读法13次，音至1次。注又音4次，其中音至1次，音支3次。

《广韵》支韵读音应该是承《字林》等早期读音而来。《礼记·檀弓下》："杜蒉洗而扬觯……至于今，既毕献，斯扬觯，谓之杜举。"《释文》："觯，之豉反，《字林》音支。"《礼记·乡饮酒义》："盥洗扬觯，所以致絜也。"《释文》："觯，之豉反。《说文》云：乡饮酒角也。《字林》音支。"《礼记·曾子问》郑玄注："布奠谓主人酬宾，奠觯于荐北。"《释文》："觯，之豉反，《字林》音支。"阮元《周礼·冬官·梓人》校曰："《经义杂记》作角旁支，旧讹'友'，今改正。《字林》：'觯音支'本此。"可见觯字曾有异体作觙，《字林》因而读为支，《广韵》承之。

觯的异体为"觝"。《仪礼·燕礼》："公坐，取大夫所媵觯，兴以酬宾。……公坐奠觯，答再拜，执觯兴，立卒觯。……公坐奠觯，答再拜，执觯兴，宾进受虚爵，降奠于篚，易觯洗。"《武威汉简·甲本〈燕礼〉释文》第十九、二十作"公坐，取夫夫所媵觗，（兴以）州宾。……公坐郑觗，合再拜，执觯兴，立卒觗……公坐郑觗，合再拜，执觯兴，宾进受虚觗，降郑于匪，易觗洗。"①《周礼·冬官·梓人》："梓人为饮器。勺一升，爵一升，觚三升。献以爵而酬以觚，一献而三酬，则一豆矣。"郑玄注："觚、豆，字声之误；觚当为觯，豆当为斗。"正义："《周礼》：'一献三酬，当一豆，即觚二升，不满豆矣。'郑玄驳之云：'觯字，角旁支，汝颍之间师读所作。今礼角旁单，古书或作角旁氏。角旁氏，则与觚字相近。学者多闻觚，少闻觗，写此书乱之而作觚耳。'觯字为觚，是字之误，斗之为豆，是声之误。"三礼中觯字使用不下百次，郑玄改觚为觯共8次。

综上，《说文》收了"觯"的异体字"觗"，从"觗"得声的字归支部，许慎记录说"觯"在《仪礼》中作"觗"，则至晚上古"觯"已转为支部读音，《字林》读音所有承续。无论是汝颍师读所作的觗字还是觗字，都表明至晚在两汉"觯"字已经是支部读音。

（六）瘅

《说文·疒部》："瘅，劳病也。从疒，单声。"丁干、丁贺二切。《玉篇·疒部》："瘅，丁佐切，劳病也。又徒丹切，风在手也。又丁寒切，火瘅，小儿病也。"《广韵》注音4次，《广韵·寒韵》都寒切："瘅，火瘅，小儿病也。"徒干切："瘅，风在手足病。"《广韵·哿韵》丁可切："瘅，劳也，又怒也。"《广韵·个韵》丁佐切："瘅，劳也。"《集韵》注音6次，与《广韵》同。《经典释文》共注音5次，丁但反2次，音旦2次，丁贺反1次。亳县凤凰台一号墓有刚卯，《战国古文字典》中未见，其他古文字材料亦未见。

表"疾病"义的"瘅"字，丁但反，元部上声字。《诗经·大雅·板》："上帝板板，下民卒瘅。出话不然，为犹不远。靡圣管管，不实于亶。犹之未远，是用大谏。"毛传："瘅，病也。"《释文》引作"僤"，曰："僤，本又作瘅，当但反。"《礼记·缁衣》引该诗作"下民卒癉"。此

---

① 《武威汉简·甲本〈燕礼〉释文》，北京：文物出版社，1964年，117页。

韵段中，板瘅然远管亶远谏 8 个元部字。《左传·襄公十九年》："荀偃瘅疽，生疡于头。"杜预注："瘅疽，恶创。"《释文》："瘅，丁但反，徐音旦。"《史记·仓公列传》："齐王太后病，召臣意入诊脉。曰：'风瘅客脬。'"《索隐》："瘅，病也，音亶。"《正义》："瘅，音单旱反。"《尔雅·释诂下》："癉，病也。"《释文》："癉，《诗》作瘅。"又表"憎恶"义。《尚书·毕命》："旌别淑慝，表厥宅里，彰善瘅恶，树之风声。"旧题孔安国传："言当识别顽民之善恶，表异其居里，明其为善，病其为恶。"《释文》："瘅，丁但反。"《礼记·缁衣》作"章善癉恶"。

"瘅"，特指黄病时，音旦，或丁干切，元部去声字。《说文·疒部》："疸，黄病也。从疒，旦声。"丁干切。则瘅音旦表示黄病乃是疸的借字。《汉书·艺文志》："《五藏六府瘅十二病方》四十卷。"师古曰："瘅，黄病，音丁干反。"《汉书·严助传》："南方暑湿，近夏瘅热。"师古曰："瘅，黄病，音丁干反。"《山海经·西山经》："翼望之山有兽焉，其状如狸……服之已瘅。"郭璞注："黄瘅，病也，音旦。"①

"瘅"，由"劳病"之义音变构词，音丁佐反，歌部字，表"劳苦"义。《诗经·小雅·大东》："契契寤叹，哀我惮人。"毛传："惮，劳也。"《尔雅·释诂》郭璞注、《说文·疒部》引该诗"惮"作"瘅"。《释文》："惮人，丁佐反。徐又音但，下同。字亦作瘅。"《尔雅·释诂》："伦、勋、邛、敕、勤、愉、庸、瘅，劳也。"《释文》："丁贺反，本或作'惮'，音同。"《广雅》："勚、瘅，苦也。"《博雅音》："多贺切。"

综上，"瘅"表"疾病"义为元部字，表"劳苦"义为歌部字。

（七）惮

《说文·心部》："惮，忌难也。从心，单声。一曰：难也。"徒案切。《玉篇·心部》："惮，徒旦切，难也，畏惮也。"惮在古文字中作愳，《中山王鼎》："愳愳业业。"愳即惮也。《广韵·翰韵》徒案切："惮，难也，又忌恶也。"《集韵》共注音 6 次，《释文》共注音 28 次，"大旦、但旦、徒旦、待旦、直旦"同，共 21 次；"徒丹" 1 次，"丁佐" 3 次，"丹末、都达"同，共 3 次。

---

① 袁珂校注《山海经校注·西山经》，上海：上海古籍出版社，1980 年，57 页。

表示"忌难"之义的惮，属元部字。《周易·明夷》："六二：明夷，夷于左股，用拯马壮，吉。"王弼注："'夷于左股'，是行不能壮也。以柔居中，用夷其明，进不殊类，退不进难，不见疑惮，'顺以刚'也。"孔颖达疏："明避难不壮，不为暗主所疑，犹得处位，不至怀惧而行，然后徐徐用马。"《释文》："疑惮，但旦反。"《诗经·小雅·绵蛮》："绵蛮黄鸟，止于丘隅。岂敢惮行，畏不能趋。"郑笺："惮，难也。"《释文》："惮行，徒旦反，难也。下同。"《周礼·地官·牧人》："凡祭祀，共其牺牲，以授充人系之。"郑玄注："周景王时，宾起见雄鸡自断其尾，曰：'鸡惮其为牺。'"《释文》："惮其，待旦反。"《礼记·礼运》："货恶其弃于地也，不必藏于己。力恶其不出于身也，不必为己。"郑玄注："劳事不惮，施无吝心，仁厚之教也。"孔颖达疏："谓凡所事，不惮劬劳。"《释文》："不惮，大旦反。"《左传·僖公七年》传："七年春，齐人伐郑，孔叔言于郑伯曰："谚有之曰：'心则不竞，何惮于病。'"《释文》："何惮，徒旦反，难，乃旦反，下及八年经传并同。"《论语·学而》："主忠信，无友不如己者。过则勿惮改。"《释文》："勿惮，徒旦反。"《庄子·达生》："以瓦注者巧，以钩注者惮，以黄金注者殙。"《释文》："惮，徒丹反，又音丹，又丈旦，武典反，又音昏，又音反，忌恶也。一曰：难也。"

由"难也"之义引申出"难之"之义，表示使忌惮，同样属于元部字。《周礼·夏官·大司马》："暴内陵外则坛之。"郑玄注："郑司农云：'坛读从"惮之以威"之惮。'"《释文》："惮之以，徒旦反，下同。本或无'之'字。"《礼记·表记》："是故君子貌足畏也，色足惮也，言足信也。"《释文》："足惮，大旦反。"《左传·昭公十三年》传："若惮之以威，惧之以怒，民疾而叛，为之聚也。"《释文》："惮之，待旦反。"《汉书·贾谊传》："壹动而五业附，陛下谁惮而久不为此？"颜师古注："惮，畏难也，音徒旦反。"

其他材料也可以证明"惮"属于元部字。王褒《洞箫赋》："其奏欢娱，则莫不惮漫衍凯，阿那腲腇者已。"惮漫衍凯、阿那腲腇都是连绵词，"惮漫"叠韵，可见惮属于元部字。《国语·鲁语下》："帅大雠以惮小国，其谁云待之。"[1]《说苑·正谏》惮作战。《庄子·达生》：

---

[1] 徐元诰撰，王树民、沈长云点校《国语集解》，北京：中华书局，2002年，185页。

"以钩注者惮。"《吕氏春秋·去尤》惮作战。晋卢谌《赠刘琨》："由余片言,秦人是惮。日磾効忠,飞声有汉。桓桓抚军,古贤作冠。来牧幽都,济厥涂炭。"惮汉冠炭为韵。惮战在音义上皆可通。

表"惊赫"义,上古属月部字。《诗经·商颂·长发》："不震不动,不戁不竦,百禄是总。"郑笺："不震不动,不可惊惮也。"《释文》："惊惮,丹末反。"《庄子·外物》："白波若山,海水震荡,声侔鬼神,惮赫千里。"《释文》："惮,丹末反。"《汉书·司马相如传》："与其穷极倦,惊惮詟伏。"颜师古："惮音丁曷反。詟音之涉反。"《文选》张衡《南都赋》："追水豹兮鞭魍魉,惮夔龙兮怖蛟螭。"惮与怖对文,李善注："惮,丁达反。"《文选》沈约《恩幸传论》："权幸之徒,慑惮宗戚,欲使幼主孤立,永窃国权。"李善注："惮,丁达反。"表"惊赫"义古人只注入声,依据中古和上古的对应关系,属于月部字。

表"劳也"义的"惮",属于歌部字,乃是"瘅"字的假借字。《诗经·小雅·大东》："契契寤叹,哀我惮人。"毛传："惮,劳也。"《释文》："惮人,丁佐反。徐又音但,下同。字亦作瘅。"《诗经·小雅·小明》："心之忧矣,惮我不暇。"毛传："劳我不暇,皆言王政不均,臣事不同也。"《释文》："惮我,丁佐反。徐又音但,亦作瘅同。""惮"字这种音义关系的结合,还可以通过《释文》的又音看得很清楚。《诗经·大雅·云汉》："我心惮暑,忧心如熏。"毛传："惮劳熏灼也。"郑笺："惮犹畏也。"《释文》："毛丁佐反,劳也。韩诗云:苦也;郑徒旦反,畏也。"可见丁佐反表劳苦义,徒旦反表畏惧义。

除以上外,"惮"还可用作地名,属于元部字。《史记·周本纪》："周民遂东亡。秦取九鼎宝器,而迁西周公于𢠸狐。"《集解》："徐广曰:'𢠸音惮。𢠸狐聚与阳人聚相近,在洛阳南百五十里梁、新城之闲。'"《汉书·地理志》："惮狐聚,秦灭西周徙其君于此。阳人聚,秦灭东周徙其君于此。"颜师古注："瓒说是也。惮音乃旦反。"

综上所述,"惮"表畏惧义和地名时读元部音,从先秦至后代依然如此。惮表劳苦义,读歌部音,乃"瘅"字的假借字。"惮"表惊怖义,读月部音。

三、旦声

旦，《说文·旦部》："旦，明也。从日见一上。一，地也。"得案切。《广韵·翰韵》得按切："旦，早也。"《释文》注音 2 次，《诗经·卫风·氓》："信誓旦旦。"《释文》："旦旦，《说文》作悬悬。"《尔雅》："旦旦。"《释文》："旦旦，本或作悬，同，都叹反。"从旦得声的字共 13 个，只有一个层级，它们的音韵地位如表 3-3 所示。

表 3-3　从旦得声的字的音韵地位

	声母	开合	等	声调	中古韵	上古韵部
旦	端母	开口	一等	去声	翰韵	元部
鴠	端母	开口	一等	去声	翰韵	元部
魛	端母/定母	开口	一等	去声	翰韵	元部
笪	端母	开口	一等	去声	翰韵	元部
亶	端母	开口	一等	上声	旱韵	元部
疸	端母	开口	一等	去声/上声	翰韵/旱韵	元部
狙	端母	开口	一等	去声	翰韵	元部
但	定母	开口	一等	平声	寒韵	元部
袒	定母	开口	一等	上声	旱韵	元部
坦	透母	开口	一等	上声	旱韵	元部
靼	端母	开口	一等	入声	曷韵	月部
炟	端母	开口	一等	入声	曷韵	月部
黚	端母	开口	一等	入声	曷韵	月部
怛	端母	开口	一等	入声	曷韵	月部

从表 3-3 可知，从旦得声的字，声母为端组，皆为开口一等字，韵部分属于元部和月部两类。

（一）怛

《说文·心部》："怛，憯也。从心，旦声。悬，或从心在旦下。"

当割切。《玉篇·心部》:"怛,丁割切,悲也。"《广韵·曷韵》当割切:"怛,悲惨也。"《集韵·换韵》得案切:"怛,《说文》:憯也。引《诗》:信誓悬悬。一说:悍怛,勇力。或书作悬,通旦。"《集韵》该音承董遇之说。《集韵·曷韵》当割切:"《说文》:憯也。或作憚愬。"《释文》注音 12 次,皆音丁达反。

表"痛"义,读月部音。《诗经·齐风·甫田》:"无田甫田,维莠桀桀。无思远人,劳心怛怛。"毛传:"怛怛犹切切也。"《释文》:"怛怛,旦末反。"桀怛为韵,同属月部。《诗经·桧风·匪风》:"匪风发兮,匪车偈兮。顾瞻周道,中心怛兮。"毛传:"怛,伤也。"《释文》:"怛兮,都达反,惨怛也。"发偈怛为韵,同属月部。《礼记·杂记上》:"凡异居,始闻兄弟之丧,唯以哭对可也。"郑玄注:"恻怛之痛不以辞言为礼也。"《释文》:"恻怛,旦末反。"《礼记·杂记下》:"三年之丧,如斩;期之丧,如剡。"郑玄注:"言其痛之恻怛有浅深也。"《释文》:"恻怛,旦末反。"《礼记·表记》:"仁有数,义有长短小大,中心憯怛,爱人之仁也。"《释文》:"怛,丹葛反。"《礼记·问丧》:"亲始死,鸡斯徒跣,扱上衽,交手哭,恻怛之心,痛疾之意。"《释文》:"恻怛,都达反。"《庄子·盗跖》:"惨怛之疾,恬愉之安,不监于体。"《释文》:"怛,丹曷反。"《汉书·文帝纪》:"今朕夙兴夜寐,勤劳天下,忧苦万民,为之恻怛不安,未尝一日忘于心。"颜师古:"怛音丁曷反。"《汉书·武帝纪》:"盖君者,心也,民犹支体,支体伤则心憯怛。"颜师古:"憯,痛也。怛,悼也。憯音千感反。怛音丁曷反。"《后汉书·梁鸿传》:"逝旧邦兮遐征,将遥集兮东南。心惙怛兮伤悴,志菲菲兮升降。"李贤注:"惙,音丁劣反。"惙怛,叠韵连绵词,惙,《广韵》陟劣切,月部字。《文选》王粲《登楼赋》:"心凄怆以感发兮,意忉怛而憯恻。"李善注:"怛,丁达反。"

表"惊"义,亦读月部音。《礼记·奔丧》:"始闻亲丧,以哭答使者,尽哀,问故,又哭尽哀。"郑玄注:"以哭答使者,惊怛之哀,无辞也。"《释文》:"惊怛,都达反。"《礼记·儒行》:"儒有衣冠中,动作慎,其大让如慢,小让如伪,大则如威,小则如愧,其难进而易退也。"郑玄注:"如慢如伪,言之不愊怛也。如威如愧,如有所畏。"《释文》:"怛,丹达反,惊怛也。本或作'恨'者,非。"《庄子·大宗师》:"子犁往问之,曰:'叱!避!无怛化!'"《释文》:"无怛,丁达反,崔本作靼,音怛。案:怛。惊也。郑众注《周礼·考工记》'不能惊怛'

是也。"

综上所述，怛，表"惨痛"义和"惊"义，皆读月部音。至晚《诗经》时代就已经转为月部字。

（二）炟

《说文·火部》："炟，上讳。"大徐本："臣铉等案，《唐韵》火起也，从火，旦声。当割切。"《玉篇·火部》："炟，丁达切，爆也。"《广韵·曷韵》当割切："炟，火起。"《集韵·曷韵》当割切："炟，火起也。"《释文》没有注音。

炟，先秦传世文献及古文字材料未见。《后汉书·显宗孝明帝纪》："甲子，立贵人马氏为皇后，皇子炟为皇太子。赐天下男子爵，人二级。"李贤注："炟，丁达反。"《后汉书·肃宗孝章帝纪》："肃宗孝章皇帝讳炟，显宗第五子也。"李贤注："谥法曰：'温克令仪曰章。'伏侯《古今注》曰：'炟之字曰著。'音丁达反。"中古韵书、字书只有入声音读，古文材料也只有入声音的读法，由此可推炟字上古当读月部音。

（三）笪

《说文·竹部》："笪，笞也。从竹，旦声。"当割切。关于"笪"字的本义，各家看法有所出入。《一切经音义》卷十七引《说文》作"笪，箸也"。王筠《说文句读》、严可均《说文校议》皆据《一切经音义》改作"箸也"。小徐本"笞也"作"竹也"。《类篇》："笪，笞也。"笞、箸可能都是笞字的讹误。段注："笪者，可以挞人之物。"《说文·竹部》："笞，击也。从竹，台声。"段注："疑夺所以二字。笞所以击人者，因之谓击人曰笞。"严章福《说文校议议》曰："疑笞字不误。且上下文皆竹器。若训为箸，当与箸节为伍，则此箸也二字，恐是笪下别义。"严氏所语有理。

《经典释文》没有注音，古文字材料中未见。《玉篇·竹部》："笪，丁但切，笞也。又丁达切，麤薠籨也。"《广韵·旱韵》多旱切："笪，持也，笞也。"《广韵·翰韵》得按切："笪，笞也。"《广韵·曷韵》当割切："笪，竹簏。"《广韵·祃韵》迁谢切："笪，斜逆也。"由《玉篇》《广韵》注音可知"笪"作"鞭笪"讲，读元部音。字又可写作"担"。

《广雅·释诂三》："担,击也。"《集韵·缓韵》党旱切:"笪,《博雅》:击也。亦姓,或从手,担。"《乐府诗集·相和歌辞·妇病行》:"莫我儿饥且寒,有过慎莫笪笞。"黄节笺:"笪与担同。"担,《玉篇》《广韵》并音丁但切。

"笪",作"籧篨"讲,读月部音。《玉篇》《广韵》《集韵》的注音可以反映。《方言》卷五:"符篗,自关而东周洛楚魏之间谓之倚佯。"郭璞注:"似蘧篨,直文而粗,江东呼为笪,音靼。"①可能是方音所致。

(四) 靼

《说文·革部》:"靼,柔革也,从革,从旦声。韇,古文靼从亶。"旨热切。《玉篇·革部》:"靼,多达、之烈二切,柔革也,鞣也。韇,同上。"《广韵·曷韵》当割切:"靼,柔革也。"《广韵·薛韵》旨热切:"靼,柔皮。韇,古文。"《集韵·缓韵》倪旱切:"靼,柔革,或作韇。"《集韵·曷韵》当割切:"靼,柔革,或从亶。"《集韵·薛韵》之列切:"靼,《说文》柔革也,古作韇,通作靳。"《集韵·麦韵》陟革切:"靼,柔革。"《经典释文》没有注音。

古文字材料及先秦传世文献中未见。靼,本属元部字,古文作韇,《集韵》"倪旱切"保留了元部音的痕迹。然至晚魏晋时期,靼字已由元部转为月部字。《庄子·大宗师》:"无怛化。"《释文》:"怛,丁达反,崔本作靼,音怛。"《文选》谢朓《京路夜发》:"行矣倦路长,无由税归鞅。"李善注:"《说文》曰:'鞅,颈靼也。'鞅,于两切。靼,都达切。"《集韵》:"靼,通作'靳'。"《玉篇·革部》:"靳,之逝切,刀鞘。"靳从折得声,为月部字,《集韵》靼靳相通,可见"靼"为月部字。在文献材料中常和"靼"字相讹。《淮南子·泛论训》:"乃为靼蹻而超千里,肩荷负儋之勤也。"②王念孙《读书杂志·淮南内篇》:"靼皆当为靼,从旦不从且。《说文》'靼,柔革也。'《玉篇》多达、之列二切。……下文'苏秦,匹夫徒步之人也,靼蹻嬴盖,经营万乘之主','靼'亦

---

① 笪,原文作"笪",靼,原文作"靼"。据华学诚《扬雄〈方言〉校释汇证》改正。

② 何宁《淮南子集释》,北京:中华书局,1998 年,915 页。

为'靼'字之误。"①

（五）黵

《说文·黑部》："黵，白而有黑也。从黑，旦声。五原有莫黵县。"当割切。《系传》："臣锴曰：虽白而色滋。多干反。"《玉篇·黑部》："黵，多达切，白而黑也。《汉书》五原郡有莫黵县。"《广韵·曷韵》当割切："黵，莫黵县，在五原。"《集韵·曷韵》当割切："黵，《说文》白而有黑也，五原莫黵县。"《释文》没有注音。

先秦文献和古文字材料未见。《史记》始见此字，人名，为元部字。《史记·楚世家》："熊绎生熊艾，熊艾生熊黵。"《索隐》："一作'黮'，音土感反。黵音但，与'亶'同字，亦作'亶'。"《汉书·古今人表》作"熊亶"。黵与亶异文。《系传》"多干反"保留了该音。"一作黮"，"黮"与"黵"同义异文。《说文·黑部》："黮，桑葚之黑也。"《广雅》："黮，黑也。"引申为凡黑之称。《汉书·地理志》："莫黵，西安阳，莽曰鄣安。"如淳曰："黵，音切怛。"师古曰："音丁葛反。""黵"字的本义用法在文献中未见，表地名时为月部字，可能由方音所致。

四、難（难）声

《说文》从堇得声的字共有 16 个，其中瑾菫谨殣馑鄞瘽仅觐廑墐蟪墐勤 14 个字为文部字，嘆難为元部字。从難得声的字共 5 个，只有一个层级，它们的音韵地位如表 3-4 所示。

表 3-4　从難得声的字的音韵地位

	声母	开合	等	声调	中古韵	上古韵部
難	泥母	开口	一等	平去	寒翰	元部
難	日母	开口	三等	平声	仙韵	元部

---

① 王念孙《读书杂志·淮南内篇》，北京：中国书店，1985 年，29 页。

续表

	声母	开合	等	声调	中古韵	上古韵部
攤	泥母	开口	一等	去声	翰韵	元部
戁	泥母	开口	二等	上声	潸韵	元部
儺	泥母	开口	一等	平声	歌韵	歌部
㠑	泥母	开口	一等	平声	歌韵	歌部

从表 3-4 可知，从难得声的字，声母为泥母和日母，都是开口，上古分属元部和歌部两个韵部。

（一）暵

《说文·日部》："暵，干也。耕暴田曰暵。从日，堇声。《易》曰：'燥万物者，莫暵于离。'"呼旰切。《玉篇·日部》："暵，呼但切，热气也。"《广韵·翰韵》呼旰切："暵，日气干。"《广韵·旱韵》呼旱切："暵，日干也。"《集韵·旱韵》："暵熯焊，干也。或作熯焊。"《集韵·翰韵》虚旰切："暵熯，《说文》：干也。引《易》：'燥万物者，莫暵于离。'或作熯。"《释文》注音 8 次：呼但反 6 次，呼旱反 2 次。《诗经·王风·中谷有蓷》："中谷有蓷，暵其干矣。"毛传："暵，烟貌。"《释文》："暵，呼但反，徐音汉。烟貌也。《说文》云：水濡而干也。字作灘，又作灘，皆他安反。"《周礼·地官·舞师》："教皇舞，帅而舞旱暵之事。"郑玄注："旱暵之事，谓雩也。"《释文》："舞师旱暵，呼但反。"暵与熯、灘异文。《周易·说卦》："莫熯乎火。"《释文》："熯，徐本作暵。"《说文·日部》暵字条下引作暵。熯，《说文·火部》："熯，干皃。从火，汉省声。《诗》曰：'我孔熯矣。'"熯为元部字，则暵至晚上古时期已经是元部字了。

（二）難

《说文·鸟部》："鸛，鸟也，从鸟，堇声。或从隹。"那干切。《玉篇·堇部》："難，奴安切，不易之称也，又乃旦切，《易》曰：'寒難也。'又畏悼也。"《广韵·寒韵》那干切："難，艰也，不易称也。又木難，珠名。"《广韵·翰韵》奴案切："難，患也。"《集韵》那肝切：

"難，《说文》：鸟也。又姓。"许旱切："難，鸟名。"囊何切："難，却凶恶也。《周礼》：方相氏率百隶而时難。或作戁，通作儺。"《释文》共注音359次：乃旦反，334次，奴旦反，4次，即去声338次；注如字9次，乃丹反1次，即注平声10次；注乃多反11次。

難从堇得声，堇，文部字，難，元部字。至晚《诗经》时代，難已转为元部字。《诗经·王风·中谷有蓷》第一章干叹叹難为韵，《诗经·小雅·常棣》第三章原難叹为韵，《诗经·小雅·桑扈》第三章翰宪難那为韵，《诗经·大雅·板》第二章難宪为韵，《诗经·大雅·抑》第十二章難远为韵，《诗经·周颂·访落》艾涣難为韵。《周易·蹇》："彖曰：蹇難也，险在前也。"難前为韵；《周易·杂卦传》："解缓也，蹇難也。"缓難为韵。《吴子·料敌》寒迁難闲远为韵；《文子·符言》難怨为韵。"難"有那干切、乃旦切、乃多反三个读音，关于"難"字的变调构词，孙玉文有考证。下面谈一谈"難"字的变韵构词。

"難"读乃多反，歌部字，特指"驱除疫鬼"，当是"困難"之义的引申。《周礼·春官·占梦》："遂令始難欧疫。"郑玄注："令，令方相氏也。難，谓执兵以有難却也。故书難或为儺，杜子春難读为難问之難。其字当作難。"《释文》："始難，戚乃多反，刘依杜乃旦反，注以意求之，儺字亦同。"这个例子透露了几个信息，一是由排斥义引申出特指抵御厉鬼，二是表示驱鬼义的本字是"難"，"儺"是假借字。并且"難"一开始应该是读元部字，后来读为歌部字。《礼记·月令》："命国難，九门磔攘，以毕春气。"郑玄注："此難，難阴气也。阴寒至此不止，害将及人，所以及人者，阴气右行，此月之中，日行历昴，昴有大陵，积尸之气，气佚则厉鬼随而出行，命方相氏帅百隶，索室殴疫以逐之。"《释文》："国難，乃多反，后及注同。驱疫鬼。"《礼记·月令》："天子乃難以达秋气。"郑玄注："此難，難阳气也。阳暑至此不衰，害亦将及人，所以及人者，阳气左行此月，宿直昴毕，昴毕亦得大陵，积尸之气，气佚则厉鬼亦随而出行，于是亦命方相氏帅百隶而難之。"《释文》："乃難，乃多反，注同。"《礼记·月令》："命有司，大難旁磔，出土牛，以送寒气。"郑玄注："此難，難阴气也。"《释文》："大難，乃多反，下注同。"《礼记·郊特牲·乡人裼》："乡人裼，孔子朝服立于阼，存室神也。"郑玄注："裼，强鬼也，谓时儺。索室驱疫逐强鬼也。裼或为献，或为儺。"《释文》："时難，乃多反，下同。本又作'儺'。"

"難"表"驱除疫鬼"之义，字又可写作"魌（魌）"。《说文·鬼部》："魌，见鬼惊词。从鬼，難省声。读若《诗》：'受福不儺'。"诺何切。《玉篇·鬼部》："魌，乃多切。惊驱疫疠之鬼也。又见鬼惊也。"《广韵》诺何切："魌，《篆文》云：人值鬼惊声。"《集韵》囊何切，义同《广韵》。

"難"读歌部音，还用在人名当中。《左传·文公元年》："叔服曰：'谷也食子，難也收子。'"杜预注："谷，文伯；難，惠叔。"《释文》："難也，乃多反，又如字。"《左传·文公七年》传："穆伯娶于莒，曰戴己，生文伯；其娣声己，生惠叔。"杜预注："穆伯，公孙敖也；文伯，谷也；惠叔，難也。"《释文》："難也，乃多反。"《左传·文公十四年》传："文伯疾而请曰：'谷之子弱，请立難也。'"《释文》："立難，乃多反，又如字。"《左传·襄公十八年》："己亥焚雍门及西郭、南郭，刘難、士弱，率诸侯之师，焚申池之竹木。"《释文》："刘難，乃多反，又如字。"

"難"的本义为鸟名，从堇得声，堇为文部字，假借为"難易"之"難"，为元部平声字，周秦即如此；由"困難"变调构词，义为"灾難、祸患"，为元部去声字，由"祸患"义引申出"惶恐畏惮"义，又引申出"抗拒、拒斥、责難"义，又变韵构词，特指"抗拒驱赶疫鬼"，读为歌部音。这些音变构词，至晚上古时期都已经完成。"難"上古本身就有两个读音：一为歌部音，一为元部音。蘴虋戁从元部音得声为元部字，儺魌从歌部音得声为歌部字。

（三）儺

《说文·人部》："儺，行人①节也。从人，難声。《诗》曰：佩玉之儺。"诺何切。段注："《卫风·竹竿》曰：'佩玉之儺。'传曰：'儺，行有节度。'按此字之本义也。其敺疫字本作難，自假儺为驱疫字。而儺之本义废矣。其《曹风》之猗儺，则《说文》之旖施也。"《玉篇·人部》："儺，奴何切，《说文》云：'行有节也。'《诗》云：'佩玉之儺。'

---

① 钮树玉曰："《玉篇》及《诗·竹竿》《释文》引作'行有节也'。此作人讹。"马叙伦："锴本作行有节也。是也。"则"人"当为"有"。见李圃主编《古文字诂林》（第7卷）。

又奴可切。"《广韵·歌韵》诺何切:"儺,驱疫。"《集韵·戈韵》囊何切:"儺,《说文》:行有节也。引《诗》:'佩玉之儺。'"《哿韵》乃可切:"儺,行有节。"《释文》共注音 3 次。

"儺",古文字材料中未见。"儺"本义为"行有节",歌部字。《诗经·卫风·竹竿》:"淇水在右,泉源在左,巧笑之瑳,佩玉之儺。"毛传:"儺,行有节度。"《释文》:"之儺,乃可反,《说文》云:行有节也。"左瑳儺为韵,属于歌部。《诗经·桧风·隰有苌楚》:"隰有苌楚,猗儺其枝。"毛传:"猗儺,柔顺也。"《释文》:"儺,乃可反,猗儺,柔也。""猗儺"为叠韵连绵词,又可写作"猗移""旖旎""猗萎""委蛇""逶随""逶迤",皆属歌部字。《诗经·小雅·桑扈》:"受福不那。"《说文·鬼部》引"那"作"儺"。"那儺"皆为歌部字。后假借为"難",指"逐疫鬼",仍读为歌部字。《周礼·夏官·方相氏》:"帥百隶而时難。"《文选·东京赋》注引《汉旧仪》難作儺。《礼记·月令》:"命国難,九门磔攘。"《吕氏春秋·季春纪》《淮南子·时则》難作儺。《礼记·郊特牲》:"乡人禓。"《论语·乡党》:"乡人儺。"《释文》:"人儺,户多反,鲁读为献,今从古。"《礼记·月令》儺作難。

综上所述,"儺"至晚在周秦时代就已经是歌部字,本义为"行有节",假借为表"驱疫"义的"難"字。而其读为歌部字,正是从歌部音的"難"字而得声。

五、番声

《说文》从番得声的字共 22 个,三个层级,它们的音韵地位如表 3-5 所示。

表 3-5 从番得声的字的音韵地位

	声母	开合	等	声调	中古韵	上古韵部
番	滂母、并母	合口	一、三	平声	元韵	元部
璠	并母	合口	三等	平声	元韵	元部
蕃	并母	合口	三等	平声	元韵	元部

续表

	声母	开合	等	声调	中古韵	上古韵部
襎	并母	合口	三等	平声	元韵	元部
旛	滂母	合口	三等	平声	元韵	元部
蹯	并母	合口	三等	平声	元韵	元部
幡	滂母	合口	三等	平声	元韵	元部
獦	并母	合口	三等	平声	元韵	元部
䉽	并母	合口	三等	平声	元韵	元部
燔	并母	合口	三等	平声	元韵	元部
蟠	并母	合口	三等	平声	元韵	元部
嬏	并母	合口	三等	平声	元韵	元部
膰	并母	合口	三等	平声	元韵	元部
潘	滂母	合口	一等	平声	桓韵	元部
翻	滂母	合口	三等	平声	元韵	元部
譒	帮母	合口	一等	去声	过韵	歌部
鄱	并母	合口	一等	平声	戈韵	歌部
皤	并母	合口	一等	平声	戈韵	歌部
磻	帮母	合口	一等	平声	戈韵	歌部
播	帮母	合口	一等	去声	过韵	歌部
藩	帮母	合口	三等	平声	元韵	元部
籓	帮母	合口	三等	平声	元韵	元部
瀿	滂母	合口	三等	平声	元韵	元部

由表 3-5 可以看出，从番得声的字，声母主要是帮组系列，皆为合口，等分属一等和三等。上古韵部分属元部和歌部。

（一）播（譒）

《说文·手部》："播，穜也，一曰：布也。从手，番声。敽，古文播。" 补过切。《玉篇·手部》："播，补过切，扬也，钟也。《周书》：'乃屑播天命。' 播，弃也。"《广韵·过韵》补过切："播，扬也，放也，弃也，《说文》：'穜①也，一曰：布。'又姓，播武，殷贤人。敠，古文播。"《集韵·戈韵》逋禾切："播，水名，在豫州域。"《集韵·过韵》补过切："播，《说文》：穜也。一曰：布也。亦姓。古作嫷敠。"《释文》共注音14次，其中歌韵去声读法11次，波左、波饿、波佐、补饿、补贺、彼佐、彼左、甫佐同；歌韵上声读法2次，波我、彼我同；戈韵平声1次，音波。注又音3次。

"播"字已见于古文字中。《师旅鼎》作敉，《散盘》作敍，《睡虎地秦简》作播。"播"的本义为"播种"，读去声。《诗经·豳风·七月》："其始播百谷。"《尚书·舜典》："帝曰：弃，黎民阻饥，汝后稷，播时百谷。"旧题孔安国传："阻，难也。播，布也。众人之难在于饥，汝后稷，布种是百谷以济之，美其前功以勉之。"《释文》："播，波佐反。"引申为传扬、传布，字又可写作"譒"。《尚书·盘庚上》"王播告之修，不匿厥指。"旧题孔安国传："王布告人以所修之政，不匿其指。"《释文》："播，波饿反。"《说文·言部》譒字条下引作"王譒告之修"。《礼记·礼运》："本仁以聚之，播乐以安之。"孔颖达疏证："'播乐以安之'者，播，布也。农夫收获既毕，布其欢乐之心，共相饮食以安美之。"《释文》："播乐，彼佐反。"《诗经·齐风·载驱》序："《载驱》，齐人刺襄公也。无礼义故，盛其车服，疾驱于通道大都，与文姜淫，播其恶于万民焉。"孔颖达疏："与其妹文姜淫通，播扬其恶于万民焉。"《释文》："淫播，波佐反。"《左传·昭公四年》："播于诸侯，焉用之。"杜预注："播，扬也。"《释文》："播于，波佐反，徐云字或作幡，敷袁反。"又引申出"迁移、流亡"义，《尚书·大诰》："予惟以尔庶邦，于伐殷逋播臣。"孔颖达疏："播谓播荡逃亡之意。"《左传·宣公十一年》："纳公孙宁仪行父于陈。"杜预注："于时陈成公播荡于晋，定亡君之嗣。"《释文》："播荡，补贺反，下如字。"

播，读去声，通作"簸"。《定声》："播，假借为簸。"表示摇动义。《论语·微子》："鼓方叔入于河，播鼗武入于汉。"何晏《集解》引孔安国曰："播，摇也。武，名也。"②《释文》："播，彼佐反，摇也。"《庄子·人间世》："鼓筴播精，足以食十人。"《释文》："甫佐反，又

---

① 穜字，《广韵》原文作"掩"字。楝亭本、黎本作"穜"，合《说文》。
② 程树德撰，程俊英、蒋见元点校《论语集释》，北京：中华书局，1990年，1287-1289页。

彼我反。"

播,《释文》还有上声注音,共 2 次,音波我反。《礼记·文王世子》:"春诵夏弦,大师诏之。"郑玄注:"诵谓歌乐也,弦谓以丝播《诗》。阳用事,则学之以声。"孔颖达疏:"以丝播《诗》,谓以琴瑟播彼《诗》之音节。"《释文》:"播诗,波我反。"《左传·昭公三十年》:"我盍姑亿吾鬼神,而宁吾族姓以待其归,将焉用自播扬焉。"杜预注:"播扬,犹劳动也。"《释文》:"播扬,彼我反,又波贺反,注同。"

播,读平声,与"波"相通。《周礼·夏官·职方式》:"其泽薮曰圃田,其川荥雒,其浸波溠。"郑玄注:"波读为播,《禹贡》:'荥播既都。'"《尚书·禹贡》:"荥波既猪。"《释文》:"波,马本作播。"《史记·夏本纪》:"荥播既都。"《索隐》:"古文《尚书》作荥波,此及今文并云荥播。"

综上,"播"字,中古注音材料皆为歌部音,则"播"上古当为歌部字。而它和"簸""波"的通假关系,更进一步说明了"播"上古已读为歌部字。

(二)磻

《说文·石部》:"磻,以石箸隿繁也,从石,番声。"博禾切。《玉篇·石部》:"磻,补左、补何二切,以石维缴也。"《释文》没有注音。《广韵·桓韵》薄官切:"磻,磻溪,太公钓处。"《广韵·戈韵》博禾切:"磻,《说文》:以石着隿繁也。"《集韵》蒲官切:"磻,磻溪。一曰:石箸堆繁也。"《集韵》逋禾切:"磻,《说文》:以石箸堆繁也。通作碆。"

磻字,古文字材料中未见。表"以石箸隿繁"义,属歌部字。《战国策·楚策四》:"彼磻磻,引微缴,折清风而抎矣。"姚本续:"磻,补左、补何二切。以石维缴也。"高诱注:"磻,以石维缴也。"[①]《广韵》《集韵》碆磻二字为异体字。碆,从石,波声,歌部字。该字最早见于《史记·楚世家》:"若王之于弋诚好而不厌,则出宝弓,碆新缴。"《集解》:"徐广曰:'以石傅弋缴曰碆。碆音波。'"《索隐》:"碆作磻,音播。"《后汉书·马融传》:"矰碆飞流,纤罗络幕。"李贤注:"碆与

[①] 刘向集录《战国策》,上海:上海古籍出版社,1985 年,557 页。

磻同，音补何反，又补佐反。《说文》曰：'以石着隿缴也。'"《文选》张衡《西京赋》：" 磻不特絓，往必加双。"李善注："《说文》曰：'磻，似石着缴也。'磻，音波。絓，音卦。"《文选》左思《吴都赋》："洪流响，渚禽惊。弋磻放，稽鹢鷞。"李善注："磻，音波。"《史记》中以砶代磻，可见磻最晚在《史记》时代已经是歌部字了。

《广韵》《集韵》中还有桓韵一音，用于"磻溪"地名中。《史记·齐太公世家》："以渔钓奸周西伯。"《正义》："郦元云：'磻磎中有泉，谓之兹泉。水次有磻石可钓处，即太公垂钓之所。'"三国魏阮籍《为郑冲劝晋王笺》："吕尚，磻溪之渔者，一朝指麾，乃封营丘。"

综上，"磻"用在地名"磻溪"中为元部字；表"以石箸隿繁"义，最晚在西汉已是歌部字。

（三）鄱

《说文·邑部》："鄱，鄱阳，豫章县。从邑，番声。"薄波切。《玉篇·邑部》："鄱，薄波切。豫章鄱阳县。"《广韵·戈韵》薄波切："鄱，鄱阳，县名，在饶州。"《集韵·桓韵》蒲官切："鄱，赵地名。"《集韵·戈韵》蒲波切："鄱，《说文》：鄱阳，豫章县，或省。"《释文》没有注音。

"鄱"字在先秦传世文献未见，最早见于一些战国古文字材料中。段玉裁《说文解字注》中认为该字汉代才有。"鄱阳"，文献中又可写作"番阳"。《史记·高祖本纪》："追得斩布鄱阳。"《汉书·高帝纪》鄱作番。《史记·项羽本纪》："鄱君吴芮率百越佐诸侯。"《正义》："番君。番音婆。"《集解》："韦昭曰：'鄱音蒲河反。初，吴芮为鄱令，故号曰鄱君。今鄱阳县是也。'"《史记·陈涉世家》："鄱盗当阳君黥布之兵相收。"《集解》："鄱音婆。英布居江中为群盗，陈胜之起，布归番君吴芮，故谓之'鄱盗'者也。"《汉书·陈胜传》："与番盗英布相遇。"颜师古注："番即番阳县也。其后番字改作鄱。"

"鄱"，表古赵地地名，元部字。《史记·太史公自序》："讲业齐、鲁之都，观孔子之遗风，乡射邹、峄；厄困鄱、薛、彭城。"《集解》："徐广曰：'邹、鄱、薛三县属鲁。'"《索隐》："鄱，本音蕃，今音皮。案：田袞《鲁记》云：'灵帝末，有汝南陈子游为鲁相。子游，太尉陈蕃子也，国人讳而改焉。'若如其说，则"蕃"改"鄱"，鄱皮声相近，后渐讹耳。"《集韵》蒲官切："鄱，赵地名。"保留了元部音的读法。

综上可知,"鄱阳"始写作"番阳",后改为"鄱阳","鄱"至晚在汉灵帝时期已为歌部字。

(四)皤

《说文·白部》:"皤,老人白也。从白,番声。《易》曰:'贲如皤如。'顤,皤或从页。"薄波切。《玉篇·白部》:"皤,布何、步何二切,素也。老人白也。皤皤,众良士也。"《广韵·戈韵》薄波切:"皤,老人白也。"《广韵·戈韵》博禾切:"老人白貌。"《集韵》蒲官切:"皤,马作足横行曰皤。《易》:'贲如皤如',董遇说。"《集韵》逋禾切:"皤,《博雅》白也。"《集韵》蒲波切:"皤顤,《说文》老人白也。引《易》:'贲如皤如。'"《释文》共注音6次,皆音"婆"。

皤,在造字之初应该是元部字,与蘩、皤为同源词。白头称顤;白蒿称蘩,又曰皤;白鼠称皤,皤兼表音义。王念孙《广雅·释草》疏证:"《尔雅》云:'蘩,皤蒿。'《说文》作𦯄,云白蒿也。白谓之皤,又谓之蘩。皤之为蘩,犹皤之为皤也。贲如皤如。《释文》:皤,白波反。荀作波。郑陆作燔,音烦,是其例也。"《周易·贲》:"贲如皤如,白马翰如。"《释文》:"皤,白波反。《说文》云:'老人貌。'董音盘,云:'马作足横行曰皤。'郑、陆作'燔',音烦。①荀作'波'。"董、郑、陆音烦,乃以皤为燔的假借字。《说文》:"番,兽足谓之番。蹞,番或从足从烦。"此例中,皤翰为韵,则"皤"仍为元部字,当以董说为是。《集韵·桓韵》蒲官切音义正是承董遇之说。"荀作'波'",读"皤"为歌部音,可能由方音所致。

《诗经·召南·采蘩》毛传:"蘩,皤蒿也。"《释文》:"音婆。"《左传·隐公三年》:"苹蘩、蕴藻之菜。"杜预注:"蘩,皤蒿。"《释文》:"皤蒿,蒲多反,白蒿也。"《汉书·叙传下》:"营平皤皤,立功立论。"颜师古注:"皤皤,白发貌也,音蒲何反。"《后汉书·樊准传》:"故朝多皤皤之良,华首之老。"李贤注:"皤皤,白首貌也,音步河反。"《文选》班固《辟雍诗》:"皤皤国老,乃父乃兄。"李善注:"《说文》:'皤,老人貌也。'蒲河切。"《文选》左思《魏都赋》:"清酤如济,浊醪如河。

---

① "燔",宋本同,十行本作蟠,闽本作膰,卢本改作蹞。见黄焯《经典释文汇校》。

冻醴流澌，温酎跃波。丰肴衍衍，行庖皤皤。愔愔醧燕，酣湑无哗。"河波皤哗为韵，同属歌部字。

皤，本属元部，至晚魏晋时期已经转为歌部字。

六、耑声

《说文·耑部》："耑，物初生之题也。上象生形，下象其根也。"多官切。从耑得声的字共有 26 个，两个层级，它们的音韵地位如表 3-6 所示。

表 3-6 从耑得声的字的音韵地位

	声母	开合	等	声调	中古韵	上古韵部
耑	端母	合口	一等	平声	桓韵	元部
喘	昌母	合口	三等	上声	狝韵	元部
遄	禅母	合口	三等	平声	仙韵	元部
諯	章母	合口	三等	平声	仙韵	元部
腨	禅母	合口	三等	上声	狝韵	元部
剬	端母	合口	一等	平声	桓韵	元部
船	端母	合口	一等	平声	桓韵	元部
篅	禅母	合口	三等	平声	仙韵	元部
稨	端母	合口	一等	平声	桓韵	元部
褍	端母	合口	一等	平声	桓韵	元部
歂	禅母	合口	三等	平声	仙韵	元部
顓	章母	合口	三等	平声	仙韵	元部
膞	章母	合口	三等	上声	狝韵	元部
貒	透母	合口	一等	平声	桓韵	元部
端	端母	合口	一等	平声	桓韵	元部
湍	透母	合口	一等	平声	桓韵	元部

续表

	声母	开合	等	声调	中古韵	上古韵部
鍴	透母	合口	一等	平声	桓韵	元部
椯	禅母	合口	三等	平声	仙韵	元部
瑞	禅母	合口	三等	去声	寘韵	歌部
惴	章母	合口	三等	去声	寘韵	歌部
揣	初母	合口	三等	上声	纸韵	歌部
腨	禅母	合口	三等	平声	仙韵	元部
段	定母	合口	一等	去声	换韵	元部
鍛	定母	合口	一等	上声	缓韵	元部
椴	定母	合口	一等	去声	换韵	元部
锻	端母	合口	一等	去声	换韵	元部
碫	端母	合口	一等	去声	换韵	元部

从表 3-6 可知，从耑得声的字，声母分为端组章组系列，皆为合口，一等或三等，除瑞、惴、揣外，皆为元部字。

（一）揣

古文字未见。《说文·手部》："揣，量也。从手，耑声。度高曰揣。一曰：捶之。"初委切。《篆隶万象名义·手部》（《篆隶万象名义》下文简称《名义》）："揣，丁果反，试、量、度、动、除。"《玉篇·手部》："揣，初委、丁果二切，度高下曰揣。又试也。"《广韵·纸韵》初委切："揣，度也、试也、量也、除也。"《广韵·果韵》丁果切："揣，摇也。"《集韵·狝韵》尺兖切："揣，《博雅》：度也。或从支。"《集韵·线韵》枢绢切："揣，度也。"《集韵·线韵》船钏切："揣，《方言》：度高曰揣。"《集韵·线韵》朱惟切："揣，治击也。《老子》：揣而锐之。简文读。"《集韵·线韵》楚委切："揣，《说文》量也。度高曰揣。一曰：捶之。"《集韵·线韵》主繠切："揣，治也。"《集韵·线韵》都果切："揣探，摇也，一说度高曰揣。或从朵。"《集韵·线韵》之瑞切："揣，治击也。"《释文》注音 2 次。《老子》九章："揣而棁之，不可长保。"《释文》："揣，初委反，又丁果反、志瑞反，顾云：治也。简文章楃反。"

"揣"字本义为"度高",《左传·昭公三十二年》:"计丈数,揣高卑,度厚薄。"杜预注:"度高曰揣,度深曰仞。"《释文》:"揣高卑,丁果反。度高曰揣。又初委反。"引申为"量度之通名"。《荀子·非相篇》:"不揣长,不挈大。"①是"度长"亦谓之"揣"也。又引申为"猜想、估量、推测"。《汉书·陆贾传》:"陈平曰:'生揣我何念?'"《淮南子·人间训》:"凡人之举事,莫不先以其知,规虑揣度,而后敢以定谋。"②

"揣"字造字之初应该是元部字,这在文献中保留了一些痕迹。《方言》卷十二:"度高为揣。"郭璞注:"揣,裳绢反。"《广雅·释诂》:"揣,度也。"《博雅音》:"揣,初毁反,丁果、尺兖。""尺兖反"保留了古音。《集韵》给"揣"字注音 8 次,其中 3 次注为元部音,意义相同,保留了元部音的痕迹。"揣"本读元部音,还可以通过异文材料来证明。郭店楚简本《老子》甲简三八:"湍而群之,不可长保也。"湍,王弼本作揣。马王堆帛书《老子》乙本《道经》:"掊而兑之,不可长葆也。"甲本已残,王弼本作"揣而锐之"。又通"团",字又作"抟"。《史记·贾生列传》:"忽然为人兮,何足控抟;化为异物兮,又何足患。"《索隐》:"控抟本作控揣。"《汉书·贾谊传》作"控揣"。《淮南子·俶真训》:"其袭微重妙,挺挏万物,揣丸变化,天地之间,何足以论之。"注:"揣丸,犹抟弄。"③揣丸,叠韵连绵词。《文选》马融《长笛赋》:"秋潦漱漱其下趾兮,冬雪揣封乎其枝。"李善注:"郑玄《毛诗笺》曰:'团,聚貌。'揣与抟古字通。"

《广雅·释诂》卷一:"揣,度也。"《博雅音》:"揣,初毁、丁果、尺兖。"又卷一:"揣,动也。"《博雅音》:"揣,初委。"《释言》卷五:"揣,试也。"《博雅音》:"揣,测委、丁果。""揣"音都果反,北人行此音。又初委反,江南行此音。唐慧琳《一切经音义》卷五十九、七十、七十二"北人"作"关中"。卷七十:"揣触,古文歂,同初委反,谓测度前人也,江南行此音。又音都果反,揣,量也,试也,北人行此音。案论意,字宜俗挡,初委反,挡,摸也。《通俗文》扪摸曰

---

① 王先谦《荀子集解》,北京:中华书局,2012 年,74 页。
② 何宁《淮南子集释》,北京:中华书局,1998 年,1241 页。
③ 何宁《淮南子集释》,北京:中华书局,1998 年,149 页。

揣是也。"又卷七十二："抟食，徒官反，《通俗文》：手团曰抟。《三苍》：抟饭也。论文作揣，音初委反，测度前人曰揣，江南行此音。又都果反，《说文》揣，量也，关中行此音。""揣"读歌部音可能由方音所致。

"揣"读"丁果反"，又有"动摇"义。《周易·颐》："观我朵颐。"郑玄注："朵颐者，嚼也，以阳处下而为动始，不能令物由己养动而求养者也。"孔颖达疏："朵颐，谓朵动之颐。"《释文》："朵，京作揣。"《广韵》丁果切："揣，摇也。"《集韵》都果切："揣，摇也。"《广雅·释训》："揣，挅，摇，捎也。"亦同摇动之训。

（二）稬

古文字材料未见。《说文·禾部》："稬，禾垂貌。从禾，耑声。"丁果切。"稬"字最初应该读元部音。《说文》："稬，读若端。"《广韵·桓韵》多官切："稬，禾垂貌。"《集韵》多官切："禾垂曰稬。"《玉篇·禾部》："稬，丁丸、丁果二切，禾垂貌。""丁丸切"放在前面，可见元部音还是常用读法。"稬"又有歌部音。《名义·禾部》："稬，丁果反。"《广韵·果韵》丁果切："稬，禾垂貌。"《集韵》都果切："稬，《说文》：禾垂貌。""稬"与"朵"有通转关系。《说文·木部》："朵，树木垂朵朵也。"段玉裁《说文解字注》："禾穗必垂，穗重则秆垂。今音丁果切。取朵字之意。"清桂馥《说文解字义证》卷二十一："禾垂貌者，程君瑶田曰：稬，颖之耑也，故《说文》以为禾垂貌也。读若端者，今与'朵'同音，彼木垂，此禾垂。""稬"与"朵"为同源词。

（三）褍

《说文·衣部》："褍，衣正幅。从衣，耑声。"多官切。《玉篇·衣部》："褍，丁丸、丁火二切，正幅衣也。"《名义·衣部》："褍，徒回反，正幅也，衣长。"①《广韵·桓韵》多官切："褍，衣长也，又衣正幅也。"《广韵·果韵》丁果切："褍，衣正幅也。"《集韵》多官切、他官切、都果切、徒困切、都玩切5个注音，意义皆表"衣正幅"。

"褍"上古为元部字。表"衣正幅"义，又可写作"端"。《左传·昭公元年》："吾与子弁冕端委，以治民临诸侯，禹之力也。"杜预注："端

---

① "徒回反"当作"徒圆反"。《名义》"圆"字常有口中加一点的写法。

委，礼衣。"孔颖达疏引服虔曰："《礼》：衣端正无杀，故曰端；文德之衣尚褒长，故曰委。"《史记·宋微子世家》："纠父公子褍秦。"《集解》："徐广曰：褍音端。"一本讹作"襦秦"。王念孙《读书杂志·墨子》："祗褍：取妻身迎，祗褍为仆，秉辔授绥。毕云：《说文》：祗，敬也；褍，衣正幅，则褍亦正，意与端同。念孙案：毕说非也。祗当为祄，隶书祗字作袥，与祄相似，故祄误为祗，祄褍即元（玄）端也。《周官·司服》：'其齐服有元（玄）端素端。'郑玄注曰：端者，取其正也。服虔注：昭元年《左传》曰：《礼》：衣端正无杀，故曰端。端与褍同，故《说文》以褍为衣正幅也。"① 《玉篇·立部》："端，都丸切，绪也，直也。"《广韵》多官切："端，正也，直也，绪也。亦姓，出《姓苑》。""端"为元部字，是"褍"上古亦为元部字。"褍"有"都果切"之音可能与衣幅下垂于前有关。

（四）楯

《说文·木部》："楯，梱也。从木，尚声。一曰：楯度也。一曰：剟也。"大徐本引《唐韵》作兜果切。该字见于睡虎地秦简和包山楚简中。

"楯"见于扬雄《太玄·难·次二》："狂马楯木。"注："楯，差也。"② "楯"本义为木名，读元部音，自古而然。《名义·木部》："楯，时穿反。木名。"唐慧琳《一切经音义》卷五十九："剗拱，旨奂反。《通俗文》：截断曰剗。律文作楯。"《广韵》只有仙韵市缘切一个读音："楯，木名。"《玉篇·木部》："楯，市专切，木名。又丁果切。又写作梊。"《集韵·仙韵》淳沿切："楯楯，《说文》：木也，或省。亦书作梊。"睡虎地秦简《日书》甲《诘咎》："取西南隅，去地五尺，以铁椎楯之，必中虫首。"③ 刘乐贤《睡虎地秦简日书〈诘咎篇〉研究》云："楯读为段，马王堆帛书《五十二病方·㿗》：'即以铁椎改段之二七。'"④ 马

---

① 王念孙《读书杂志》，南京：江苏古籍出版社，1985年，594页。

② 扬雄《太玄经》，载《四部丛刊初编》（第393-395册），上海涵芬楼藏明万玉堂翻宋本，131页。

③ 《睡虎地秦墓竹简》，北京：文物出版社，1990年，213页。

④ 刘乐贤《睡虎地秦简日书〈诘咎篇〉研究》，载《考古学报》，1993年第4期。

王堆竹简《天下至道谈》："疾使内，不能道，产病出汗㨷息，中烦气乱。"①"㨷息"复印件读为"喘息"。随县简"㨷毂"，或作"端毂"。《急就篇》："榑檄椑櫋七箸簪。"唐颜师古注："㨷，小卮也，上有盖。"②"㨷"与"榑"异文。可见"㨷"字上古读元部音无疑。

（五）瑞

《说文·玉部》："瑞，以玉为信也。从玉耑。"是伪切。徐锴曰："耑，谛也。会意。或有声者讹也。"段玉裁《说文解字注》："从玉，耑声。"王筠《说文释例》卷三："瑞下云从玉耑。小徐曰：'或有声字，误也。手部揣下又云喘遄之类，并当从耑省。'案：非也，卮部卼下云耑声，读若捶击之捶。耑垂一声之转，故瑞揣皆从耑声。"③钮树玉曰："卼从耑声读若揣，则瑞从耑声明矣。"唐慧琳《一切经音义》卷七、二十、二十四、四十五、八十三引《说文》皆从耑声。是则"瑞"从耑声。

"瑞"，《包山楚简文字编》作瑞。《玉篇·玉部》："瑞，市惴切，信节也，诸侯之珪也。"《名义·玉部》："瑞，时惴反，信也，应符。"《广韵·寘韵》是伪切："瑞，祥瑞也，符也，应也，《说文》曰：以玉为信，又姓，出《姓苑》。"《集韵·寘韵》树伪切："《说文》：以玉为信也。徐锴曰：端，谛也。又姓。"《经典释文》共注音 6 次：垂伪反 4 次，常恚反 1 次，时恚反 1 次。《尚书·舜典》："辑五瑞，既月乃日。"《释文》："五瑞，垂伪反。"《左传·哀公十四年》杜预注："麟者，仁兽，圣王之嘉瑞也。"《释文》："嘉瑞，常恚反。"《论语·子罕》何晏注："有圣人受命，则凤鸟至，河出图，今无此瑞。吾已矣夫者，不得见也。"《释文》："此瑞，时恚反。"唐慧琳《一切经音义》注音 9 次，皆音垂伪反。

从耑声者，有些字上古读歌部，且"瑞"中古只有阴声韵的读法，根据古今对应关系，上古"瑞"应该是歌部字。

---

① 马王堆汉墓帛书整理小组《马王堆汉墓帛书（肆）》，北京：文物出版社，1985 年，280 页。

② 史游《急就篇》，长沙：岳麓书社，1989 年，171 页。

③ 王筠《说文释例》，北京：中华书局，2011 年，51 页。

（六）惴

古文字未见。《说文·心部》："惴，忧惧也。从心，耑声。《诗》曰：'惴惴其栗。'"之瑞切。《玉篇·心部》："惴，之睡切，忧惧也。"《名义·心部》："惴，之睡反，忧惧。"《广韵·寘韵》之睡切："惴，忧心也。"《集韵·寘韵》之瑞切："惴，《说文》：忧惧也。引《诗》惴惴其栗。"又卦韵古卖切："惴，性多阻碍也。"《广雅·释诂》："惴，忧也。"《博雅音》："惴，拙瑞。"唐慧琳《一切经音义》卷三十三："惴惴，之睡反，《尔雅》云：惴惴，惧也。郭璞曰：谓危惧也。"《史记·项羽本纪》："诸侯军无不人人惴恐。"《集解》："骃案：《汉书音义》曰：'惴音章瑞反'。"《释文》给"惴"字注音 7 次，皆为"之瑞反"。

《庄子·齐物论》："小恐惴惴，大恐缦缦。"《释文》："惴惴，之瑞反。李云：小心貌。《尔雅》云：惧也。"《尔雅·释训》："惴惴、憢憢，惧也。"《释文》："惴惴，之瑞反。"

"惴"又有元部读音。《庄子·胠箧》："故上悖日月之明，下烁山川之精，中堕四时之施，惴耎之虫，肖翘之物，莫不失其性甚矣。"《释文》："惴，本亦作蝡，又作喘，川兖反。""惴耎"和"肖翘"皆为叠韵连绵词。说明"惴"至晚战国时期还是元部。

"惴"作"忧惧"讲，是歌部字，用在"惴耎"这个连绵词中是元部字。

七、耎声

《说文·大部》："耎，稍前大也。从大，而声，读若畏偄。"从耎得声的字共 16 个，一个层级，它们的音韵地位如表 3-7 所示。

表 3-7　从耎得声的字的音韵地位

	声母	开口	等	声调	中古韵	上古韵部
耎	日母	合口	三等	上声	狝韵	元部
蝡	日母	合口	三等	上声	狝韵	元部

续表

	声母	开口	等	声调	中古韵	上古韵部
㼓	日母	合口	三等	上声	狝韵	元部
㛪	日母	合口	三等	上声	狝韵	元部
㬱	日母	合口	三等	上声	狝韵	元部
脮	日母	合口	三等	上声	狝韵	元部
緛	日母	合口	三等	上声	狝韵	元部
稬	泥母	合口	一等	上声	缓韵	元部
煗	泥母	合口	一等	上声	缓韵	元部
渜	泥母	合口	一等	上声	缓韵	元部
糯	泥母	合口	一等	去声	换韵	元部
㬦	日母	合口	三等	平声	仙韵	元部
陾	日母	开口	三等	平声	蒸韵	蒸部
愞	泥母	合口	一等	去声	过韵	歌部
偄	泥母	合口	一等	去声	过韵	歌部
㮹	日母	合口	三等	短入	薛韵	月部
甗	来母	开口	三等	短入	叶韵	叶部

由表 3-7 可知，从耎得声的字，声母主要是日母、泥母和来母。主要为合口，分属一等和三等。上古韵部为元部、月部、歌部、蒸部和叶部。

（一）耎

《说文·大部》："耎，稍前大也。从大，而声，读若畏偄。"而沇切。"耎"字古文字中已见。何琳仪："睡虎地秦简中有该字。秦文字易'大'为'天'旁，其意亦同。字亦作软。"① 《玉篇·大部》："耎，而兖切，又作仄柔也。"《广韵·狝韵》而兖切："耎，《说文》曰稍前大也。"《集韵》同。《广雅·释诂》："柔、耎、伴，弱也。"《博雅音》："耎，而兖反。"

---

① 何琳仪《战国古文字字典》，北京：中华书局，1998 年，1034 页。

"奱"字，上古为元部字。《说文》："奱读若畏偄。"偄，《广韵》奴乱切："偄，偄弱也。"而兖切："偄，敬也。亦弱也。"马王堆帛书《老子》乙本卷前佚书《经法•论》："歧行喙息，扇飞奱动。"①复印件注奱读为蝡。《淮南子•原道训》："蚑行喙息，蠉飞蝡动。"②《淮南子•俶真训》："蠉飞蝡动，蚑行哙息。"③《庄子•胠箧》："故上悖日月之明，下烁山川之精，中堕四时之施，惴奱之虫，肖翘之物，莫不失其性甚矣。"《释文》："惴，本亦作蝡，又作喘，川兖反。惴奱谓无足虫。""惴奱""肖翘"均为叠韵连绵词。《汉书•西南夷传》："恐议者选奱，复守和解。"师古曰："选奱，怯不前之意也。选音息兖反，奱音人兖反。""选奱"叠韵连绵词，说明上古"奱"已为元部。

（二）甂

《说文•瓦部》："甂，蹹瓦声。从瓦，奱声。"零帖切。小徐本作"蹹瓦甂也"。《玉篇•瓦部》："甂，力颊切，甂甂，蹋瓦声。"《名义•瓦部》瓦部："甂，力颊反，踏瓦破也。"《广韵•叶韵》良涉切："甂，蹹瓦声。"《广韵•怗韵》卢协切："甂，蹹瓦声也。"《集韵•帖韵》力协切："甂，《说文》蹹瓦声。一曰：瓦薄也。或省瓾。"玄应《一切经音义》卷十一："瓾瓾，又作甂，同力颊反，《通俗文》：瓦破声曰瓾。《说文》：蹹瓦声躐躐也。亮吉曰：瓾，徐本《说文》作甂，蹹瓦声，脱躐躐二字。"玄应所见《说文》以"躐躐"来训"甂"，正是声训。

该字古文字和古文献中未见。后代字书和韵书都只有叶部对应的的注音，可以推断"甂"上古就已经是叶部字了。

（三）陾

《说文•阜部》："陾，筑墙声也。从阜，奱声。《诗》云：捄之陾陾。"如乘切。《玉篇•阜部》："陾，耳升切，筑墙声。"《名义•阜部》："陾，耳升反，筑声。"《广韵•之韵》如之切："陾，同隬，地名，又

---

① 国家文物局文献研究室《马王堆汉墓帛书》，北京：文物出版社，1980年，111页。

② 何宁《淮南子集释》，北京：中华书局，1998年，9页。

③ 何宁《淮南子集释》，北京：中华书局，1998年，93页。

夒险也。又音仍。"《广韵·厚韵》乃后切："陾，众陾。"《广韵·蒸韵》如乘切："陾，众陾。"《集韵》同。《释文》注音1次。

陾字，当为"陑（隔）"之误。《诗经·大雅·绵》："捄之陾陾，度之薨薨。筑之登登，削屡冯冯。百堵皆兴，鼛鼓弗胜。"陾薨登冯兴胜六字押蒸部韵。《释文》："陾陾，耳升反，又如之反，众也。《说文》云：筑墙声也。音而。"三家诗"陾陾"作"仍仍"。《玉篇·手部》引《诗经》作"捄之陑陑"。之韵而声可转入蒸韵，如耳孙之于仍孙。可见在《诗经》时代，"陑"字已经有了蒸韵的读音。《广韵》和《集韵》还有厚韵的读音。唐慧琳《一切经音义》七五引"捄之陾陾"作"捄之濡濡"，"耎"字进一步讹误成"需"。

（四）㨄

陈昌治本《说文·手部》："擩，染也。从手，需声。《周礼》：'六曰擩祭。'"而主切。段注本《说文·手部》："㨄，染也。从手，耎声。"《玉篇·手部》："擩，而专、而谁、而主三切，《说文》云：染也。《周礼》：九祭，六曰擩祭。"《广韵》"㨄"字注音1次，《广韵·薛韵》如劣切："㨄，括也。""擩"字注音4次，《广韵·脂韵》儒佳切："擩，染也，又而树切。"《广韵·虞韵》而主切："擩，擩取物也。"《广韵·遇韵》而遇切："擩，擩莝手进物也。"《广韵·宥韵》奴豆切："擩，构擩，不解事。"《广雅·释言》："揾，抈，擩也。"《博雅音》："擩，而专切，《周礼》：六曰擩祭。"

"擩"与"㨄"，古文字中未见。二字在先秦两汉古籍中共出现25次，皆作"染"义讲，集中出现在《周礼》和《仪礼》当中，并且出现"㨄"和"擩"同时使用的情况。《周礼》和《仪礼·士虞礼》用"擩"字，《仪礼》的《公食大夫礼》《特牲馈食礼》《少牢馈食礼》和《有司彻》皆用"㨄"字。《诗经·小雅·楚茨》："既齐既稷，既匡既敕，永锡尔极，时万时亿。"郑笺："嘏之礼，祝遍取黍稷牢肉鱼擩于醢，以授尸。"《释文》："擩，而专反，又音芮，又而纯反，何耳谁反。"《周礼·春官·大祝》："九祭，一曰：命祭，二曰衍祭，三曰炮祭，四曰周祭，五曰振祭，六曰擩祭。"郑玄注："杜子春云：命祭，祭有所主命也。振祭，振读为慎。礼家读振为振旅之振。擩祭，擩读为虞芮之芮。"《释文》："擩祭，而泉反，一音而劣反，刘又而谁反。"《仪礼·公食大夫礼》:"宾升席,坐取韭菹,以辩擩于醢,上豆之闲祭。"郑玄注:"擩,犹染也,今文无于。"《释文》:"擩于,人悦反,刘而玄反,又而谁反。"又:"挽手,扱上铏以桵,辩擩之,上铏之闲祭。"又《仪礼·士虞礼》:"尸取奠,左执之,取菹擩于醢,祭于豆闲,祝命佐食堕祭。"《释文》:"擩,人悦反,刘而玄反又而谁反。"又:"尸左执爵,右取肝,擩盐,振祭,哜之,加于俎。"又:"尸左执爵,取脯擩醢祭之。"《释文》:"挼醢,如悦反,刘而玄反,又而谁反。"可见,陆德明所见版本和今天不同。又《特牲馈食礼》:"祝命挼祭,尸左执觯,右取菹,挼于醢,祭于豆闲。"《释文》:"挼于,如悦反,刘而谁反。"又《少牢馈食礼》:"尸祭酒,啐酒,宾长羞牢肝,用俎,缩执俎,肝亦缩进末,盐在右。"郑玄注:"盐在肝右,便尸挼之。"又《有司彻》:"缩一燔于俎上,盐在右。尸左执爵,受燔,挼于盐,坐,振祭,哜之。兴加于羊俎。"《释文》:"挼,如悦反,刘而谁反。"《史记·司马相如传》:"鹜于盐浦,割鲜染轮。"《集解》:"郭璞曰:'盐浦海邊地多盐,卤鲜生肉也。染,擩也,音而沿反,又音而悦反,擩之于轮盐而食之。'"《汉书·司马相如传上》:"鹜于盐浦,割鲜染轮。"颜师古注:"鹜谓乱驰也。擩,揾也,鹜音务,擩音如阅反。"《文选》司马相如《子虚赋》:"鹜于盐浦,割鲜染轮。"李善注:"染,擩也。擩,而缘切。"

在上述文献中,"挼"字和"擩"字已经出现混用的情况。从《史记集解》《汉书音义》和《释文》可见,"挼"字为正字,读元部音:郭璞而沿反,李善而缘切,刘昌宗而玄反,曹宪而专切,陆德明而泉反、而专反。后来发生向月部音的音转:杜子春读为虞芮之芮,郭璞又音而悦反,陆德明如悦反,颜师古如阅反。这种音转至晚东汉已经完成。"擩"是"挼"字形讹而成的俗字。《集韵·虞韵》繠主切:"擩,《说文》:染也,《周礼》:六曰擩祭。"乃是误认为从"需"得声后来增加的一个音。

(五)愞

陈昌治本《说文·心部》:"愞,驽弱者也。从心,需声。"人朱切。段注本《说文·心部》:"愞,驽弱者也。从心,耎声。"乃乱切。《玉篇·心部》:"愞,乃乱、乃过二切,弱也。"《广韵·狝韵》而兖切:

"愞，愞弱，又奴乱切。"《广韵·换韵》奴乱切："偄，偄弱也，愞，上同。"《广韵·虞韵》人朱切："懦，弱也。又乃乱切。"《集韵·虞韵》汝朱切："懦，《说文》：驽弱者也。汉倪宽懦于武。或作愞。"又乳兖切、奴乱切、奴卧切三音，义并同。

古文字中未见。"愞"当为正字，读元部音，"懦"字乃后人混淆其偏旁，本从耎讹为从需。《释文》注音9次。《礼记·玉藻》："诸侯荼，前诎后直，让于天子也。"郑玄注："舒懦者，所畏在前也。"《释文》："懦者，乃乱反，又奴卧反，怯懦也，又作儒，人于反，弱也，皇云：'学士。'"《左传·僖公二年》："宫之奇之为人也，懦而不能强。"杜预注："懦，弱也。"《释文》："懦，本又作燸，乃乱反，又乃货反，《字林》作愞，音乃乱反。"《左传·襄公三十一年》："既而，政在大夫，韩子懦弱，大夫多贪。"《释文》："懦弱，乃乱反。"《左传·昭公元年》："令尹为王，必求诸侯。晋少懦也。"杜预注："懦，弱也。"《释文》："少懦，乃乱反，弱也。"《左传·昭公二十年》："水懦弱，民狎而玩之。"《释文》："水懦，乃乱反，又乃卧反，一音儒。"这9次注音，皆为"乃乱反"，又"乃卧反"。"乃乱反"属元部，是"愞"字的正音，"乃卧反"是耎声之音转。《史记·张丞相列传》："错为内史，门东出，不便，更穿一门南出。南出者，太上皇庙堧垣。"《集解》："服虔曰：'宫外垣也。'如淳曰：'堧音畏愞之愞。'"《索隐》："愞音乃唤反，韦昭音而缘反，又音软。"《方言》第十二："儒输，愚也。"郭璞注："儒输，犹儒撰也。"《汉书·武帝纪》："太守坐畏愞弃市。"颜师古注："如淳曰：'军法行，逗留畏愞者要斩。愞音如掾反。'师古曰：又音乃馆反。"

"愞"为"懦弱"义的本字，属元部，后又音转为歌部。因字形讹误为"懦"，于是《广韵》《集韵》又有"人朱切"一音。

（六）腝

《说文·肉部》："腝，有骨醢也。从肉，耎声。臡，腝或从难。"人移切。《玉篇·肉部》："腝，奴到切，臂节也。"《广韵》而兖切："腝，脚疾。"《广韵》奴困切："腝，肉腝。"《广韵》那到切："腝，臂节。"《集韵》人之切："胹腝臑，《说文》：烂也。《方言》：秦晋之郊谓熟曰胹。或作腝臑。"《集韵》人移切："腝臡醹，《说文》：有骨醢也，或从难从鬲。"《集韵》乳兖切:"脦,足疾。"《集韵》年题切:"脦,有骨醢也,或作臡。"

《释文》给"脦"字注音3次,给"臡"字注音6次,皆为奴兮反。《周礼·天官·醢人》:"醢人,掌四豆之实。朝食之豆,其实韭菹,酏醢,昌本,麋臡。"郑玄注:"臡亦醢也。有骨为臡,无骨为醢。臡音泥。"《释文》:"麋臡,奴兮反。醢有骨也。《字林》作脦,人兮反。"《尔雅·释器》:"肉谓之醢,有骨者谓之臡。"郭璞注:"醢,海;臡,泥。"《释文》:"臡,本又作臡,同,奴黎反。《字林》作脦,音人兮反,谓有骨醢也。"刘熙《释名·释饮食》:"醢多汁者曰醯。醯,沈也。宋鲁人皆谓汁为沈。醢有骨者曰臡,臡,胒也,骨肉相搏胒无汁也。"可见"脦(臡)"至晚汉末已经有奴兮切的读音了。

《集韵》"脦"字有人之切一音,是"胹"字的讹误字。《说文·肉部》:"胹,烂也。从肉而声。"如之切。该字,《释文》注音1次。《左传·宣公二年》:"宰夫胹熊蹯不孰,杀之。"《释文》:"胹,音而。煮也。"《方言》第七:"胹、饪、亨、烂,熟也。自关而西秦晋之郊曰胹。"郭璞注:"胹,而。"胹与臑在文献中混淆。①

《玉篇》《广韵》《集韵》中"脦"字,又音乃到切,义为"臂节",该音是臑字的讹误。《说文·肉部》:"臑,臂羊矢也。从肉,需声,读若襦。"那到切。段注:"许书严人物之辨,人曰臂,羊豕曰臑,此其辨也。禽有假臂名者,如《周礼·内则》'马般臂'是也。"可见至晚《玉篇》中已经有形体上的讹误了。《释文》给该字注音13次,其中11次音侯部音的读法:奴报反、乃到反、奴到反同。1次乃管反,1次音而。《礼记·少仪》:"其礼:大牢则以牛左肩、臂、臑折九个。"《释文》:"臑,奴报反,又奴到反。《说文》云:'臂羊犬,读若襦。'《字林》人于反。"《礼记·乐记》:"大飨之礼,尚玄酒而俎腥鱼。大羹不和,有遗味者矣。"郑玄注:"大飨,袷祭先王,以腥鱼为俎实,不臑熟之。"《释文》:"不臑,音而。""臑"乃"胹"之误。《仪礼·既夕礼》:"白狗幦,蒲蔽。"郑玄注:"幦,覆笭也。以狗皮为之,取其臑也。"《释文》:"其臑,乃管反。"

---

① 胹,《文选·七发》李善注引作臑,音而,案臑胹二字通用。

八、干声

《说文》从干得声的字共 39 个，最多两个层级。第一层有：玕赶迁衎靬奸旰骭骭肝刊竿邘旰旱罕衦岸豻忓汗闬扜奷釬轩犴舌。第二层：敢睅稈睅悍戩。第二层：骔。第二层：覸。第二层：絬。它们的音韵地位如表 3-8 所示。

表 3-8 从干得声的字的音韵地位

	声母	开口	等	声调	中古韵	上古韵部
干	见母	开口	一等	平声	寒韵	元部
玕	见母	开口	一等	平声	寒韵	元部
肝	见母	开口	一等	平声	寒韵	元部
迁	见母	开口	一等	平声	寒韵	元部
竿	见母	开口	一等	平声	寒韵	元部
赶	群母	开口	三等	平声	元韵	元部
衎	溪母	开口	一等	去声	翰韵	元部
䶗	疑母	开口	二等	平声	潸韵	元部
靬	见母	开口	三等	平声	元韵	元部
奸	见母	开口	一等	上声	旱韵	元部
旰	见母	开口	一等	去声	翰韵	元部
骭	晓母	开口	一等	平声	寒韵	元部
骭	见母	开口	一等	去声	翰韵	元部
刊	溪母	开口	一等	平声	寒韵	元部
邘	匣母	开口	一等	平声	寒韵	元部
旰	见母	开口	一等	去声	翰韵	元部
旱	匣母	开口	一等	上声	旱韵	元部
罕	晓母	开口	一等	上声	旱韵	元部
衦	见母	开口	一等	上声	旱韵	元部
岸	疑母	开口	一等	去声	翰韵	元部

续表

	声母	开口	等	声调	中古韵	上古韵部
豻	疑母	开口	一等	去声	翰韵	元部
忓	见母	开口	一等	平声	寒韵	元部
汗	匣母	开口	一等	去声	翰韵	元部
闬	匣母	开口	一等	去声	翰韵	元部
扞	匣母	开口	一等	去声	翰韵	元部
釬	匣母	开口	一等	去声	翰韵	元部
姧	见母	开口	二等	平声	删韵	元部
轩	晓母	开口	三等	平声	元韵	元部
訐	见母	开口	三等	短入	月韵	月部
舌	船母	开口	三等	短入	薛韵	月部
沾	澄母	开口	三等	平声	盐韵	谈部
覘	澄母	开口	三等	平声	盐韵	谈部
紲	心母	开口	三等	短入	薛韵	月部
騬	疑母	开口	一等	去声	翰韵	元部
馯	匣母	开口	一等	去声	翰韵	元部
睅	匣母	开口	二等	平声	潸韵	元部
秆	见母	开口	一等	上声	旱韵	元部
犴	匣母	开口	一等	去声	翰韵	元部
悍	匣母	开口	一等	去声	翰韵	元部
戋	见母	开口	一等	平声	寒韵	元部

（一）舌

《说文·舌部》："舌，在口，所以言也、别味也。从干从口，干亦声。"食列切。徐锴曰："凡物入口必干于舌，故从干。"《广韵·薛韵》食列切："舌，口中舌也。"《集韵》同。

该字古文字中已见。甲骨文作 、 ；古陶文（《古陶文字征》）作 ，《睡虎地秦简文字编》作 ，《汉印文字征》作 。对于甲骨文中所从小点，余永梁《殷墟文字续考》认为是繁饰，于省吾《双剑誃殷契骈枝·续编·释舌》认为是舐物之残糜，"舌"是象形字。林义光《文源》卷二也认为是个象形字："按干口为舌，非义。干亦非声。甬为舌，象舌形，而中从干，则󰀀亦象口上舌形。古作󰀀，孟鼎󰀀字偏旁。"徐中舒《甲骨文字典》卷三："舌象木铎之铎舌振动之形。字的下部为倒置之铎体。丫、󰀀、󰀀为铎舌。"①

综上所述，舌为象形字无疑。许慎认为从干得声，不当。"舌"字在上古韵文中均与月部字押韵。《诗经·小雅·大东》："维南有箕，载翕其舌。维北有斗，西柄之揭。"《诗经·大雅·抑》："莫扪其舌，言不可逝也。"《诗经·大雅·烝民》："出纳王命，王之喉舌。赋政于外，四方爰发。"

（二）炎

《说文·火部》："炎，小热也。从火，干声。《诗》曰：'忧心炎炎。'"直廉切。徐铉等曰："干非声，未详。"段注："从火，䇂声。"《玉篇·火部》："炎，徒甘切，燎也，小热也。"《广韵·谈韵》徒甘切："炎，小热。"《广韵·盐韵》直廉切："炎，《字林》云：小热也。"《集韵·盐韵》持廉切："炎，《说文》小热也。引《诗》忧心炎炎。"《集韵·侵韵》夷针切："炎，《方言》明也。或作炏。"《集韵·谈韵》徒甘切："小热也。"

该字见于古文字。朱芳圃《殷周文字释丛》卷上："󰀀字，从󰀀，󰀀象󰀀燃烧时火光四射之形，当为炎之初文。《说文》：从火，干声。考干为󰀀之形误，火为󰀀之演变，口为附加之形符。字之结构与󰀀，󰀀同。"戴侗《六书故》："《说文》曰：炎，小热也，干声。徐铉曰：干非声，未详。孙氏直廉切。按《说文》籀文爕从䇂，䇂音愆。"《说文·干部》："䇂，罪也。从干。入一为干。入二为䇂。读若愆。言稍甚也。"

《说文》引《诗经·小雅·节南山》"忧心如炎"。今本"炎"作"惔"，《释文》引《韩诗》作"炎"，且曰《字书》作"焱"。惔、炎、焱皆为谈部字。《方言》第十二："炎、眭、明也。"郭璞注："炎，淫。"②《广雅·释诂》卷二："炎，热也。"曹宪："炎，淫。"又卷四："炎，明也。"

---

① 徐中舒主编《甲骨文字典》，成都：四川辞书出版社，1990年，208页。
② 原文作"茨"。周祖谟《方言校笺》："《广雅·释诂四》：'炎，明也。'字作炎，曹宪音淫。戴氏据《广雅》改作炎是也。《玉篇》炎音徒甘反，是此字有两读，犹潭音覃，一音淫也。"

曹宪:"兲,淫。"

综上所述,"兲"所从之"干"当为"羊"讹,属谈部。

(三)敢

《说文·攴部》:"敢,止也。从攴,旱声。《周书》曰:'敢我于艰。'"矦旰切。《玉篇·攴部》:"敢,何满切。"《名义·攴部》:"敢,何旦反,敬也,卫也。"《广韵·翰韵》矦旰切:"敢,《说文》云:止也。"《广韵·哿韵》虚我切:"吹,击也。敢,上同。"《集韵》同。"敢"作"止"义讲,为元部字。《尚书·文侯之命》:"汝多修扞我于艰。"《说文》引《周书》作"敢我于艰"。《广韵》和《集韵》的哿韵音乃是"吹"字的异体字,《玉篇·攴部》:"吹,口饿切,击也。"非"止"义之"敢"。

(四)讦

《说文·言部》:"讦,面相斥罪,相告讦也。从言,干声。"居谒切。《玉篇·言部》:"讦,居谒切,攻人之阴私也。"《广韵·祭韵》居例切:"讦,持人短。"《广韵·月韵》居谒切:"讦,面斥人以言。《论语》注:讦谓攻发人阴私也。"《广韵·薛韵》居列切:"讦,讦发人私。"《集韵》居谒切、塞列切、居例切三音,义同《广韵》。《释文》注音2次。

《论语·阳货》:"恶不孙以为勇者,恶讦以为直者。"《释文》:"讦以,居谒反,攻人阴私,《说文》云:面相斥。《字林》纪列反。"《汉书·刑法志》:"化行天下,告讦之俗易。"颜师古曰:"讦,面相斥罪也,音居谒反。"《汉书·贾谊传》:"其俗固非贵辞让也,所上者告讦也。"颜师古曰:"讦谓面相斥罪也,音居谒反。"《公羊传·庄公十二年》:"天下诸侯宜为君者,唯鲁侯尔。"何休注:"万见妇人皆在侧,故讦闵公以此言,言闵公不如鲁侯美好。"《释文》:"故讦,九列反,又九谒反,又九刈反,又一本作揭,其例、去列二反。""讦"与"揭"异文。"揭",上古为月部字。《广韵》6个注音,分别属月韵、薛韵和祭韵。《诗经·邶风·匏有苦叶》第一章厉揭为韵。《汉书》颜师古注音6次,皆为月部音。可见"讦"在先秦已经是月部字了。

（五）鹖

《说文》无该字。"鹖"字最早见于扬雄《方言》中。《方言》第八："鹖鴠，周魏齐宋楚之间谓之定甲，或谓之独舂。自关而东谓之城旦，或谓之倒悬，或谓之鹖鴠。自关而西秦陇之内谓之鹖鴠。"郭璞注："鹖鴠，鸟似鸡，五色，冬无毛，亦倮，昼夜鸣，侃旦两音。"《玉篇·鸟部》："鹖，苦汗、苦曷二切，鹖鴠，似鸡，冬无毛，昼夜常鸣，名倒悬。""鴠，音旦，鹖鴠。"《广韵·泰韵》苦盖切："鹖，鹖鴠鸟。"《广韵·翰韵》苦旰切："鹖，鹖鴠，鸟名。"《广韵·曷韵》苦曷切："鹖，鹖鴠。"《集韵》可旱切、丘葛切、丘盖切三音，义皆为"鹖鴠"。

《广雅·释鸟》："城旦、倒县、鹖鴠、定甲、独舂，鹖鴠也。"《博雅音》："鹖，苦汗切。"王念孙疏证："鹖或作鴶，《七发》云：'朝则鹂黄鴶鴠鸣焉。'或作侃，《御览》引《广志》。"《礼记·月令》："仲冬之月，鹖旦不鸣，虎始交。"郑玄注："鹖旦，求旦之鸟也。"《释文》："'曷'本亦作'鹖'，同，户割反，鹖旦，鸟名。"《坊记》："相彼盍旦，尚犹患之。"郑玄注："盍旦，求旦之鸟也。"《释文》："盍音渴，徐苦盍反。"《吕氏春秋·仲冬纪》："鹖鴠不鸣，虎始交。"高诱注："鹖鴠，山鸟，阳物也，是月阴盛，故不鸣也。"[①]《淮南子·时则训》："鴶鴠不鸣，虎始交。"[②]《盐铁论·利议》："鹖旦夜鸣，无益于明。"[③]《文选》枚乘《七发》："朝则鹂黄鴶鴠鸣焉。"李善注：'曷旦，鸟也，鴶与曷并音渴。"鹖，《说文·鸟部》："鹖，似雉，出上党。从鸟，曷声。"胡割切。段注："《后汉书·舆服志》：'虎贲，羽林皆鹖冠。'鹖者，勇雉也，其斗对一死乃止。故赵武灵王以表武士，加双鹖尾，竖左右为鹖冠。徐广曰：鹖似黑雉。出于上党。"又："鴠，渴鴠也。从鸟，旦声。"得案切。"鹖"和"渴鴠"是两种不同的鸟。《淮南子》、枚乘《七发》作"鴶鴠"，"鴶"即"鹖"的异文，《礼记》《吕氏春秋》《盐铁论》作"鹖"，《说文》作"渴"，可见"鹖"至晚西汉已经有了月部的读音。《玉篇》仍把苦汗切放在首位，说明南朝时"鹖"的元部读音还占上风。

[①] 许维遹《吕氏春秋集释》，北京：中华书局，2010年，238页。
[②] 何宁《淮南子集释》，北京：中华书局，1998年，425页。
[③] 王利器《盐铁论校注》，北京：中华书局，1992年，234页。

九、䖍声

《说文》从䖍得声的字共 7 个字,最多三个层级。第一层:䖍。第二层:甗献。第三层:瓛钀𪙊钀钀。它们的音韵地位如表 3-9 所示。

表 3-9 从䖍得声的字的音韵地位

	声母	开合	等	声调	中古韵	上古韵部
䖍	疑母	开口	三等	去声	愿韵	元部
甗	疑母	开口	三等	上声	狝韵	元部
献	晓母	开口	三等	去声	愿韵	元部
瓛	匣母	合口	一等	平声	桓韵	元部
钀	疑母	开口	二等	短入	辖韵	月部
钀	疑母	开口	一等	短入	曷韵	月部
钀	疑母	开口	三等	短入	薛韵	月部
钀	疑母	开口	三等	短入	薛韵	月部

由表 3-9 可知,从䖍得声的字,声母为见系,主要是开口字,分属一等和三等,上古韵部分别属于元部和月部。

(一)䖍

《说文·虍部》:"䖍,虎属。从虍,亡声。"牛建切。《玉篇·虍部》:"䖍,牛建切,虎属。"《广韵·元韵》语堰切:"䖍,虎属。"

该字已见于古文字中。甲骨文中出现 23 次,其中 22 次为形:𧆞(乙四七四三)、𧆞(前五·四·一)𧆞(后二七·一五)。1 次有虎头形:𧆞(甲 2082)。金文中出现 4 次,1 次无虎头:𧆞(䖍戈),3 次有虎头:𧆞、𧆞(师趛甗)、𧆞(王孙寿甗)。睡虎地秦简出现 2 次:𧆞(日甲六七)。从古文字的发展可以看出:有虎头形状的情况大部分出现于金文之后,甲骨文中少见。

《六书故》卷二十八:"《说文》曰:虎,䖍属,今本虍声。唐本虔省声,林罕亦曰虔省声。"《定声》:"䖍,虎属,从虍,亡声。《六书故》引唐本虍省声。按虍者，鬲文也，会意。"虡"字可能是从鬲、从虍的会意字，虍者，正如朱氏所说，是鬲文。

（二）献

《说文·犬部》："献，宗庙犬名羹献。犬肥者以献之。从犬，鬳声。"许建切。《玉篇·犬部》："献，许建切，奉也、进也、上也、圣也、贤也、奏也。"《名义·犬部》："献，虚建反，进、奏、圣、贤。"《广韵·歌韵》素何切："献，献鐏，见《礼记》，亦作犧。"《广韵·愿韵》许建切："献，进也。《礼》云：大曰羹献。又姓，《风俗通》有秦大夫献则。"《释文》注音9次，其中歌部对应的音8次：素何反6次，素多反1次，素河反1次；元部对应的音1次：轩建反1次。

"献"读许建切，表"进献"之义，元部字。"献"本祭祀奉犬牲之称，谓以羹献作供祀，荐于鬼神享用，引伸为凡荐进之称。《诗经》有13个献字，所献之物有羔、貔皮、琛，还有諴、囚、功等，《尚书》有10个献字，如《尚书·旅獒》："无有远迩，毕献方物。"皆是"进献"之义。亦可以指人物，《论语·八佾》："殷礼，吾能言之，宋不足征也，文献不足故也。"朱熹集注："献，贤也。"①《诗经·小雅·瓠叶》："有兔斯首，炮之燔之。君子有酒，酌言献之。"毛传："献，奏也。"燔献为韵。燔，《广韵》附袁切，《释文》注音24次，皆音烦。是"燔"为元部字。

"献"读素何切，表"献鐏"之义，歌部字，指祭祀所用酒器。《周礼·春官·小宗伯》："辨六尊之名物，以待祭祀宾客。"郑玄注："待者，有事则给之。郑司农云：六尊：献尊，象尊，壶尊，著尊，大尊，山尊。"《释文》："献尊，素何反。"又："庙用修，凡山川四方用蜃，凡祼事用概，凡鷖事用散。"郑玄注："郑司农云：修读概散皆器名。玄谓庙用修者，谓始禘时，自馈食始修，蜃概散皆漆尊也。修读曰卣，卣，中尊，谓献象之属。"孔颖达疏证："云'卣中尊谓献象之属'者，案下《司尊彝》云：春祠夏礿，祼用鸡彝鸟彝。朝践用两献尊，馈献用两象尊，皆有罍，诸臣之所酢。是尊者，彝为上，罍为下，献象之属在其中，故云中尊，献象之属，更云彝为上罍为下者，

---

① 朱熹《四书章句集注》，北京：中华书局，2011年，63页。

欲推出卣为中尊之意也。"《释文》:"献象,素何反。"《司尊彝》:"其朝践用两献尊,其再献用两象尊,皆有罍。"《释文》:"两献,本或作戏,注作牺,同,素何反。注及下注'汁献'同。"此处"再献"陆德明没有注音,"再献"之"献"乃是"敬献"之义。《礼记·礼器》:"庙堂之上,罍尊在阼,牺尊在西。庙堂之下,县鼓在西,应鼓在东。"郑玄注:"礼乐之器,尊西也。小鼓谓之应,牺,《周礼》作献。"《释文》:"作献,本又作戏,同,素何反,下同。"

"献"可与"娑、莎"字假借,古代滤酒之法,用手揉搓为汁。《周礼·春官·司尊彝》:"凡六彝六尊之酌:郁齐献酌,醴齐缩酌,盎齐涚酌,凡酒修酌。"郑玄注:"郑司农云献读为仪,仪酌,有威仪多也。"孔颖达疏:"司农云献读为仪已下,后郑皆不从者。此经为沸酒之法,而司农皆不为沸酒法,其言无所据依,故皆不从也。"《释文》:"献,素何反,司农音仪。"《集韵·支韵》:"鱼羁切:献,仪也。《周礼》献酌,郑司农读。"来源于此。《仪礼·大射礼》:"又尊于大侯之乏东北两壶献酒。"郑玄注:"献读为沙,沙酒,浊特沸之必摩沙者也。两壶皆沙酒。"《释文》:"壶献,素河反,出注,下汁献同。"《礼记·郊特牲》:"汁献涚于酸酒。"郑玄注:"谓沸秬鬯以酸酒也,献读当为莎,齐语声之误也。秬鬯者,中有煮郁,和以盎齐,摩莎沸之,出其香汁,因谓之汁莎,不以三酒沸秬鬯者,秬鬯,尊也。"《释文》:"献,依注为莎,素何反,下注同。"《礼记·明堂位》:"夏后氏以楬豆,殷玉豆,周献豆。"郑玄注:"楬,无异物之饰也。献,疏刻之,齐人谓无发为秃楬。"孔颖达疏:"正义曰,献音娑,娑是希疏之义,故为疏刻之。"《释文》:"周献,素何反。"又可与"仪"字通假。《尚书·益稷》:"万邦黎献,共惟帝臣。"汉《孔宙碑》《费凤碑》《田君碑》皆用"黎仪"字。《尚书·大诰》:"民献有十夫。"《尚书大传》引献作仪。

(三) 櫱

《说文·木部》:"櫱,伐木余也。从木,献声。《商书》曰:'若颠木之有由櫱。'蘖,或从木,辥声。朶,古文从木无头。栓,亦古文櫱。"五葛切。《玉篇·木部》:"蘖,鱼割切,余也。櫱、朶、栓、梓、并同上。"《广韵·曷韵》五割切:"櫱,头戴貌,《说文》曰:'伐木余也。'"《集韵·曷韵》牙葛切:"櫱蘖朶栓梓,《说文》:'伐木余也。'

引《商书》'若颠木之有甴櫱'。或从木辥，古无头，亦作槷梼。"又《集韵·薛韵》鱼列切："櫱、槷、不、槷、梼、木余。"《释文》没有注音。

"櫱"字在上古已经是月部字。《说文》"櫱"的异体字又作"槷"。声训材料：《释名·释饮食》："櫱，缺也。"《释天》："蠥，櫱也，过之如物见髡櫱也。"异文材料：《尚书·盘庚上》："若颠木之有由櫱。"《说文·木部》引"由櫱"作"甴櫱"。音韵材料：《诗经·商颂·长发》："武王载斾，有虔秉钺，如火烈烈，则莫我敢曷。苞有三櫱，莫遂莫达，九有有截。韦顾既伐，昆吾夏桀。"斾钺烈曷櫱达截伐桀为韵，皆为月部字。

（四）轥

《说文·车部》："轥，载高貌。从车，櫱省声。"五葛切。《玉篇·车部》："轥，五葛切，载高貌。"《名义·车部》："轥，牛遏反，载高貌。"《广韵·曷韵》五割切："轥，车载高也。"《广韵·薛韵》鱼列切："轥，高貌。"《集韵》同。《广雅·释训》："轥轥，高也。"《博雅音》："轥轥，五葛切。"《经典释文》注音1次。《诗经·卫风·硕人》："庶姜孽孽。"《释文》："孽孽，鱼竭反，徐五谒反，盛饰也。《韩诗》作轥，牛遏反，长貌。同上。"

"轥"上古已经是月部字。《诗经·卫风·硕人》："河水洋洋，北流活活。施罛濊濊，鱣鲔发发，葭菼揭揭。庶姜孽孽，庶士有朅。"活濊发揭孽朅为韵，皆为月部字。"庶姜孽孽"，《韩诗》作"庶姜轥轥"。《吕氏春秋·过理》："宋王筑为櫱帝。"高诱注："櫱当作轥，帝当作台。櫱与轥，其音同。帝与台，字相似，因作櫱帝耳。《诗》云：庶姜轥轥，高长类也。言康王筑为台。"①《文选》王文考《鲁灵光殿赋》："飞陛揭孽。"李善注："揭孽，高貌。""揭孽"，为叠韵连绵词。《文选》张衡《西京赋》："橧栌重栾，锷锷列列；反宇业业，飞檐轥轥；流景内照，引曜日月。"李善注："轥，鱼桀反。"列轥月为韵。

（五）鐯

《说文·车部》："轙，衡载辔者。从车，义声。鐯，轙或从金从

---

① 许维遹《吕氏春秋集释》，北京：中华书局，2010年，633页。

献。"鱼绮切。《玉篇·金部》："鑞,鱼杰切,镳也。"《广韵·月韵》语讦切："鑞,马勒旁铁。"《广韵·薛韵》鱼列切,意义同上。《集韵·支韵》鱼羁切："轙,《说文》:车衡载辔者。或作鑞。"《集韵·纸韵》语绮切："轙鑞,《说文》:车衡载辔者。或从金。"《集韵·月韵》语讦切："鑞,马勒旁铁。《尔雅》:镳谓之鑞。"《集韵·薛韵》鱼列切："鑞,马勒旁铁。"《释文》注音2次。

从《集韵》的注音可以看出,"鑞"字有歌部和月部两个对应的读音,代表两个异词同形字。"鑞"读鱼绮切,歌部字,表示"车衡载辔",为"轙"的异体字,《说文》已有记录。读月部音,义为"马勒旁铁"。《诗经·卫风·硕人》："四牡有骄,朱幩镳镳。"《释文》："镳,《尔雅》云:镳谓之鑞。鑞音鱼列反。"《尔雅·释器》："镳谓之鑞。载辔为之轙。"郭璞注："鑞,马勒旁铁。"《释文》："鑞,郭鱼竭反,沈鱼桀反。"《说文·金部》："镳,马衔也。"《尔雅》把"鑞"和"轙"分开来叙述,可见在此"鑞"和"轙"的意义不同。

综上,"鑞"读歌部音,是"轙"的异体字,义为"车横载辔";读月部音,义为"马勒旁铁"。

(六)齾

《说文·齿部》："齾,缺齿也。从齿,献声。"五辖切。《玉篇·齿部》："齾,鱼辖切,齿缺也。又音㭉。"《名义·齿部》："齾,鱼辖反,缺也。"《广韵·曷韵》五割切："齾,兽食之余。"《广韵·辖韵》五辖切："齾,器缺。"《集韵》同。

"齾"在汉代已经是月部音。声训材料:《说文》："齾,缺齿也。"《释名·释饮食》："兽曰啮。啮,齾也,所临则秃齾也。"王先谦《释名疏证补》："苏舆曰:《说文》:齾,齿缺也。秃齾犹云秃缺。"《左传·文公十二年》："两君之士皆未憖也。"杜预注："憖,缺也。"《释文》："憖,鱼觐反,又鱼辖反。"《说文·心部》："憖,问也。谨敬也。从心,猌声。一曰:说也。一曰:甘也。《春秋传》曰:'昊天不憖。'又曰:'两君之士皆未憖。'""憖"绝无"缺"之义,杜预注"缺也"当为"齾"字,"憖"乃形近而误。《释文》的"鱼辖反"亦当为"齾"字的音读。

（七）灛（谳）

《说文·水部》："灛，议罪也。从水、献。与法同意。"鱼列切。段玉裁认为"灛"字会意包形声。《说文》无"谳"字，然上古文献中表"议罪"多用"谳"字，而不用"灛"字。如《晏子春秋·内篇问上》："左右多过，狱谳不中。"注："孙星衍云：'谳当为灛。《说文》：议罪也。《玉篇》：灛，鱼列切，与谳同。廿书水、言相似。'"① 《韩诗外传》第三："三军大败，不可诛也。狱谳不治，不可刑也。"② 《玉篇·言部》："谳，鱼烈、牛箭二切，狱也。《说文》作灛，议罪也。"水部："灛，鱼列切，议也，与谳同。"《广韵·狝韵》鱼蹇切："谳，议狱。"《广韵·薛韵》鱼列切："谳，正狱。《说文》作灛：议罪也。与法同意。"《集韵·薛韵》鱼列切："灛谳㗊，《说文》：议罪也。或从言从口。"又语蹇切、鱼战切二音，义并同上。

"谳"造字之初应为元部字，《玉篇》《广韵》和《集韵》保留了后代常用音的同时，还保留了该字的阳声韵。《名义·言部》："谳，宜箭反，不逊也。"只收阳声韵一读。《礼记·文王世子》："狱成，有司谳于公。其死罪，则曰某之罪在大辟。其荆罪，则曰某之罪在小辟。"郑玄注："谳之言白也。"《释文》："谳，徐鱼列反。"段玉裁《说文解字注》："今本注作'谳之言白也'，之字衍。以徐邈云'言也'，《正义》云'言白也'正之，当是本作'言也，白也'，《正义》省一'也'字耳。"如此，则"谳，言也"双声叠韵为训。《周礼·秋官·讶士》："讶士掌四方之讼，谕罪刑于邦国。凡四方之有直治于士者造焉。"郑玄注："谓谳疑辨事先来诣，乃通之于士也。"《释文》："谓谳，鱼竭反。"《公羊传·隐公元年》何休注："公族有罪，有司谳于公。"《释文》："谳于，鱼列反。"《公羊传·襄公五年》："莒将灭之，故相与往，殆乎晋也。"何休注："殆，疑。疑谳于晋齐人语。"《释文》："疑谳，鱼竭反。"《史记·汲黯传》："上分别文法，汤等数奏决谳以幸。"《索隐》："谳音鱼列反。"《汉书·景帝纪》："虽文致于法，而于人心不厌者，辄谳之。"师古曰："厌，服也，音一赡反。谳，平议也，音鱼列反。"《汉书·于

---

① 吴则虞编著《晏子春秋集释》，北京：中华书局，1982年，182页。
② 韩婴撰，赖炎元注译《韩诗外传今注今译》，台北：台湾商务印书馆，1979年，120-121页。

定国传》:"冬月治请谳,饮酒益精明。"师古曰:"谳,平议也,音鱼列反。"《汉书》用"谳"字17次,皆音"鱼列反",义皆为"议狱"。可见"谳"上古已有月部音一读。

十、象声

《说文》中从象得声的字共 9 个,最多一个层级。它们的音韵地位如表 3-10 所示。①

表 3-10 从象得声的字的音韵地位

	声母	开合	等	声调	中古韵	上古韵部
象	透母	合口	一等	去声	换韵	元部
璖	澄母	合口	三等	上声	狝韵	元部
㖃	晓母	合口	三等	长入	废韵	月部
鶽	彻母	合口	三等	去声	线韵	元部
篆	澄母	合口	三等	上声	狝韵	元部
椽	澄母	合口	三等	平声	仙韵	元部
掾	余母	合口	三等	去声	线韵	元部
缘	余母	合口	三等	平声	仙韵	元部
蝝	余母	合口	三等	平声	仙韵	元部
隊	澄母	合口	三等	上声	狝韵	元部

由表 3-10 可知,声母分别为透母、澄母、晓母和余母,皆为合口字,除象外,皆为三等字,上古分属元部和月部。

---

① 愯,大徐本、小徐本为"从心,象声",段注本为"从心,象声"。本书采用段注的观点,所以不录入"愯"。

(一) 喙

《说文·口部》:"喙,口也。从口,彖声。"许秽切。《玉篇·口部》:"喙,诩秽切,口喙。《左氏传》曰:深目而猳喙。"《名义·口部》:"喙,诩秽切,息也。"《广韵·废韵》许秽切:"喙,口喙。又昌芮切。"《集韵》四音:呼惠切,充芮切,许秽切,意义皆为"口也"。又《集韵·厚韵》丁侯切:"噣咮喙注,噣,口也。或作咮、喙、注。"

"喙"字的本义为"口",不限于鸟类,读月部音。可指犬嘴,《诗经·秦风·驷驖》:"輶车鸾镳,载猃歇骄。"毛传:"輶,轻也。猃、歇骄,田犬也,长喙曰猃,短喙曰歇骄。"《释文》:"喙,况废反。"可指豕嘴,《左传·昭公四年》:"顾而见人,黑而上偻,深目而猳喙。"杜预注:"口象猪。"《淮南子·地形训》:"豕喙民,凿齿民,三头民,修臂民。"①可指蝉嘴,《礼记·檀弓下》:"蚕则绩而蟹有匡,范则冠而蝉有緌。"郑玄注:"蝉,蜩也。緌,蜩喙,长在腹下。"《释文》:"喙,呼惠反,又丁角反。"可指人嘴,《庄子·秋水》:"今吾无所开吾喙,敢问其方。"《释文》:"喙,许秽反,又昌锐反。"《庄子·徐无鬼》:"丘愿有喙三尺。彼之谓不道之道,此之谓不言之辩。"《释文》:"喙,许秽反,又丁豆反,或昌锐反。"可指马嘴,《尔雅·释畜》:"白马黑喙,騧。"《释文》:"喙,许秽反。"可指虎嘴,《汉书·匈奴传》:"以摧饿虎之喙。运府库之财填卢山之壑而不悔也。"师古曰:"喙,口也。摧百万之师于兽口也。卢山,匈奴中山也。喙音许秽反。"还可指无生命之物的嘴,《史记·楚世家》:"楚国折钩之喙,足以为九鼎。"《正义》:"喙,许卫反,凡戟有钩。喙,钩口之尖也。"《广雅·释亲》:"噣、喙,口也。"

《释文》给"喙"字共注音17次,况废反、虚秽反、许秽反、吁废反、呼惠反、香秽反、喜秽反同,作为首音共出现16次,作为又音出现1次,声母为晓母;尺税反、尺锐反、昌锐反、充芮反同,作为又音出现8次,声母为昌母;丁遘反、陟遘反、丁豆反、陟胄反同,作为首音出现1次,作为又音出现3次,声母为端母或知母;丁角反、陟角反同,作为又音出现2次,声母为端母或知母。"喙"读况废反和昌锐反表"口"义,《周礼·冬官·梓人》:"锐喙,决吻,数目、顾脰、

---

① 张双棣《淮南子校释》,北京:北京大学出版社,1997年,474页。

小体、骞腹，若是者谓之羽属。"《释文》："锐喙，况废反，一音昌锐反。"《礼记·少仪》："羞首者，进喙祭耳。"《释文》："喙，许秽反。"

"喙"读丁遘反和陟遘反，为"咮"字的训读。《说文·口部》："咮，鸟口也。从口，朱声。"大徐本引《唐韵》章俱切。《广韵》章俱切："咮，詟咮，多言貌。"《广韵》陟救切："咮，鸟口。"《释文》"喙，丁豆反"，《集韵》"喙，丁侯切"，皆是"咮"字的读音。《诗经·曹风·候人》："维鹈在梁，不濡其咮。"毛传："咮，喙也。"《释文》："咮，陟救反，徐又都豆反。喙，虚秽反，又尺税反，又陟角反，鸟口也。"黄焯《经典释文汇校》："写本宋本同。吴云：'案徐音丁遘反者，字应作啄，咮注嚋啄，声近义同。喙则义近而声远矣。《集韵》咮注嚋啄四字同列，失之。'黄云：'喙读丁遘，声仍可通，独韵脚远耳。然《说文》嚋啄相次，又取声有最，侯曷亦绝非不可通。'"《礼记·曲礼上》："献鸟者佛①其首。"郑玄注："为其喙害人也。佛，戾也。"《释文》："喙，呼废反，又陟遘反，又知胃反，又丁角反。"《诗经·召南·行露》："谁谓雀无角，何以穿我屋。"郑笺："雀之穿屋，不以角，乃以咮。"《释文》："以咮，本亦作嚋，郭张救反，何都豆反，鸟口也。"《左传·襄公九年》："对曰：'古之火正，或食于心，或食于咮。'"《释文》："于咮，竹又反，徐丁遘反。"《左传·哀公二十六年》："已为鸟而集于其上，咮加于南门，尾加于桐门。"《释文》："咮加，张又反，鸟口。"《公羊传·庄公七年》："君子修之，曰星霣如雨。"何休注："周之四月，夏之二月，昏参伐狼注之宿。"《释文》："狼注，张又反，与咮同，朱鸟口，星也。一音之住反。"《尔雅·释天》："咮谓之柳。"郭璞注："咮，朱鸟之口。"《释文》："猪究反，本或作'喙'，许秽反。《说文》云：喙，口也。昌锐反。"

"喙"音丁角反可能是"啄"字的形误，见上文黄焯所引吴承仕的注。黄焯《经典释文汇校》："吴云：陟角反字应作啄，与喙形近而音义并异，《释文》作音，每多相混。"《广韵》竹角切："啄，鸟啄也。"啄和喙的音义不同。《史记·苏秦列传》："苏秦曰：'臣闻饥人，所以饥而不食乌喙者，为其愈充腹而与饿死同患也。'"《集解》："《本草经》曰：乌头，一名乌喙。"《索隐》："音卓，又许秽反，今之毒药乌头是。"

---

① 阮元校："佛，闽、监、毛本、石经、岳本、嘉靖本同。《释文》：'拂，本又作佛，扶拂反，下同。'正义本作'佛'，《考文》引古本作'拂'。"

"喙"读月部音,还表"喘息"之义。《方言》第二:"馘、喙、呬,息也。周郑宋沛之间曰馘,自关而西秦晋之间或曰喙,或曰馘,东齐曰呬。"《广雅·释诂》:"喘,喙,咶,愾,欷,奄,息也。"王念孙疏证:"此条息字有二义,喘、喙、咶,欷,欷为喘息之息,愾、奄为休息之息。"《汉书·公孙弘传》:"舟车所至,人迹所及,跂行喙息,咸得其宜。"师古曰:"跂行,有足而行者也。喙,息,谓有口能息者也。跂音岐,喙音许秽反。"《汉书·匈奴传上》:"下及鱼鳖,上及飞鸟,跂行喙息蠕动之类,莫不就安利,避危殆。"师古曰:"跂行,凡有足而行者。喙息,凡以口出气者。蠕蠕,动貌。跂音启,喙许秽反,蠕人兗反。"

由喘息之义引申出病困之义,读月部音,字亦可写作"瘠、瘵"。"瘠、瘵"二字不见于《说文》。《方言》卷十三:"瘵,极也。"郭璞注:"江东呼极为瘵,倦声之转也。"《方言》卷十二:"瘠,倦也。"郭璞注:"今江东呼极为瘠。"《广雅·释诂》:"瘠、困,极也。"王念孙疏证:"瘠者,《方言》:'瘠,倦也。'又云:'瘠,极也。'郭璞注:云'今江东呼极为瘠。'"《广韵·废韵》许秽切:"瘵,困极也。瘠,同瘵。"《诗经·大雅·绵》:"混夷駾矣,维其喙矣。"毛传:"駾,突。喙,困也。"郑笺:"奔突入此柞棫之中而逃,甚困剧也。"《释文》:"喙,许秽反,徐又音尺锐反。"《国语·晋语五》:"却献子伤,曰:余病喙矣。"韦昭注:"喙,短气貌。①"宋玉《高唐赋》:"虎豹豺兕,失气恐喙。"清胡绍煐《文选笺证》:"凡病而短气谓之喙,惧而短气亦谓之喙,义与喙息之喙相近。此正惧而短气,恐喙承息气言之。"

"喙",先秦已经是月部字了。《诗经·大雅·绵》:"肆不殄厥愠,亦不陨厥问。柞棫拔矣,行道兑矣。混夷駾矣,维其喙矣。"拔兑駾喙为韵,皆月部音。又异文材料可证。喙通作哕,亦作哙。《史记·匈奴列传》:"跂行喙息,蠕动之类。"《逸周书·周视解》:"跂行哕息。②"《淮南子·俶真训》:"跂行哙息。③"哕息、哙息并与喙息同。

---

① 徐元诰撰,王树民、沈长云点校《国语集解》,北京:中华书局,2002年,382页。

② 黄怀信、张懋镕撰《逸周书汇校集注(修订本)》,上海:上海古籍出版社,2007年,1067页。

③ 何宁《淮南子集释》,北京:中华书局,1998年,93页。

（二）鶨

《说文·鸟部》："鶨，欺老也。从鸟，彖声。"丑绢切。《玉篇·鸟部》："鶨，丑弁、徒顿二切，俗呼痴鸟，又徒困切。"《释文》注音1次。《尔雅·释鸟》："鶨，鸡老。"郭璞注："鶨，鸽鶨也，俗呼为痴鸟。"《释文》："鶨，吕郭丑绢反，孙勑乱反。"由此可知"鸽鶨、鸡老、痴鸟"三词同物异名。《广韵·恩韵》徒困切："鶨，痴鸟。"《广韵·线韵》丑恋切："鶨，鸟名。"《广韵·换韵》通贯切："鶨，痴鸟。"《集韵》共注音4次，其中3次音同《广韵》，另一反切为直几切："雉，鸟名。《说文》有十四种：卢诸雉、乔雉鸣、雉鷩雉、秩秩海雉、翟山雉、翰雉、卓雉。伊洛而南曰翚，江淮而南曰摇，南方曰寿，东方曰甾，北方曰稀，西方曰蹲。古从弟，或作雉、鶨。雉，一曰：陈也，理也。""鶨"音"直几切"乃是"雉"的同形字。

（三）餀

餀，《说文》无该字。《尔雅·释器》："饖谓之餀。"郭璞注："说物臭也。"《释文》："许秽反，李云：'饖、餀，皆秽臭也。'"《玉篇》无，《广韵·废韵》许秽切："餀，饭臭。"《集韵·废韵》许秽切："餀，《尔雅》：饖谓之餀。或作餯。"《释文》注音1次。《说文·食部》："饖，食臭也。从食，岁声。《尔雅》曰：饖谓之喙。"呼艾切。《玉篇·食部》："饖，呼带切，食臭也。"《广韵·泰韵》呼艾切："饖，食臭。"《说文》引《尔雅》"餀"作"喙"，《类篇》亦引作"喙"。"餀"与"喙"异文，"餀"与"饖"声训，"餀"至晚东汉已经读月部音。饖，晓母；餀，亦晓母，二字声近义同，"餀"读月部音可能受到"饖"的影响。

十一、开声

《说文》从开得声的字最多四个层级。第一层：开。第二层：趼訮盱羿雅研鴨豜麎犴藅汧鼀筓枅葉邢幵形開妍㢣鈃刑。第三层：鼜。第三层：蒲幷骿餅鉼栟邢併屏艵屛駢姘鮩絣軿。第四层：偋。它们的音韵地位如表 3-11 所示。①关于从开得声的字，有读元部音者：趼訮雅研鵳豜麉狅薫汧龞枼姸銒；有读支部音者：䀴；有读质部音者：羿弄；有读脂部音者：笄枅；有读耕部音者：銒邢并形刑；有读微部音者：開。

表 3-11　从开得声的字的音韵地位

	声母	开合	等	声调	中古韵	上古韵部
开	见母	开口	四等	平声	先韵	元部
趼	见母	开口	四等	上声	铣韵	元部
訮	晓母	开口	四等	平声	先韵	元部
枼	见母	开口	四等	上声	铣韵	元部
研	疑母	开口	四等	平声	先韵	元部
豜	见母	开口	四等	平声	先韵	元部
麉	见母	开口	四等	平声	先韵	元部
狅	疑母	开口	四等	去声	霰韵	元部
汧	溪母	开口	四等	平声	先韵	元部
龞	见母	开口	四等	平声	先韵	元部
姸	疑母	开口	四等	平声	先韵	元部
薫	匣母	开口	四等	上声	铣韵	元部
雅	溪母	开口	四等	平声	先韵	元部
鵳	见母	开口	四等	平声	先韵	元部
弄	疑母	开口	四等	去声	霁韵	质部
羿	疑母	开口	四等	去声	霁韵	质部
䀴	匣母	合口	四等	平声	齐韵	支部
笄	见母	开口	四等	平声	齐韵	脂部
枅	见母	开口	四等	平声	齐韵	脂部
銒	匣母	开口	四等	平声	青韵	耕部
邢	匣母	开口	四等	平声	青韵	耕部
并	帮母	开口	三等	去声	劲韵	耕部

① 本表只列举到第二层级。

续表

	声母	开合	等	声调	中古韵	上古韵部
形	匣母	开口	四等	平声	青韵	耕部
刑	匣母	开口	四等	平声	青韵	耕部
开	溪母	开口	一等	平声	哈韵	微部

由表 3-11 可知，从开得声的字，声母除了"并"字外，都是牙喉音，口呼除了"趼"字外，都是开口。等除了"并""开"外，都是四等。

（一）开

《说文·门部》："開，张也。从门从开。闢，古文。"苦哀切。《韵会》作"从门，开声"。段注本："从门，开声。"王筠："开即闢之小变，当与革象古文之形一例。大徐之从开，小徐之开声，皆似望文为义。"《玉篇·门部》："开，口垓切，张也。"《广韵》苦哀切："开，解，亦州名……又姓……《说文》作開。《经典》亦作闢。"

该字见于古文字中。《睡虎地秦简文字编》作 ▨（日甲一四）、▨（日乙一三四）。《汗简》作 ▨。《古文四声韵》作 ▨（天台经幢）。

林义光《文源》卷六："按闢象两手启关形。开形近闢，当即闢之变，非开声。"杨树达《释开、辟、闭》："按古文从一从収。一者，象门闩之形，从収者，以两手取去门闩，故为开也。小篆变古文之形，许君遂误以为从开尔。……门部又云：'闓，开也，从门，岂声。'此开之形声字也。[①]"《说文·门部》："闓，开也。""闓，开也"正是声训，闓、开，皆属微部，二字同源。

（二）并

《说文·从部》："并，相从也。从从，开声。一曰：从持二为并。"府盈切。《玉篇·从部》："▨，俾盈切，併也，杂也，兼也，合也，相从也，同也，专也。并，同上。"《广韵·清韵》府盈切："并，合也。

[①] 杨树达《积微居小学述林》，北京：中华书局，1983 年，83 页。

亦州名，又姓。"《广韵·劲韵》畀政切："并，专也。"《集韵》卑盈切、卑正切，义同《广韵》。

"并"字，《说文》的解释一为形声字，一为会意字。古文字已出现。甲骨文：䒑（甲七七四）、䒑（乙三二六二）；金文：䒑（中山王䵼鼎）；陶文：䒑（秦昭 1570）。李孝定《甲骨文字集释》卷八："契文从'从'，从'二'，或从'一人'。象两相并之形，许书后说近之。"徐灝《说文段注笺》："并不得用开为声。从持二干会意，于义为长。"林义光《文源》："开非声，二人各持一干，亦非并声。秦权量皇帝尽并兼天下，并皆作䒑，从二人并立，二并之象。"于省吾《甲骨文字释林·释古文字中附划因声指事字》："许氏分为两种说法，徐氏以为会意，均误，林说较优，但也不够明确。甲骨文并字作䒑、䒑或䒑。并字的造字本义，系于从字的下部附加一个或两个横划，作为二人相连的指事字的标志，以别于从，而仍因从字以为声。"①于省吾结合《说文》的归部把"并"字看作指事字，有一定的道理，但认为从"从"得声，却根据不足。李孝定、徐灝、林义光、于省吾结合古文字字形分别从象形、会意、指事来分析该字，虽然结论不一，但是"并"字不从"开"得声可见一斑。

"并"在上古韵文中只与耕部字押韵。《文子·符言》听并为韵，《素问·调经论》并倾经为韵，《素问·气交变大论》并名为韵，《素问·疏五过论》生营精并形名精惊营精为韵，形情并为韵。《说文》中从"并"得声的字共有 17 个，分别是荓、迸、饼、缾、栟、邢、并、屏、艵、庰、姘、䶈、絣、蛢、軿、骿、骈。其中除骿、骈二字以外，皆为耕部字。

（三）钘

《说文·金部》："钘，似钟而颈长。从金，开声。"户经切。《玉篇·金部》："钘，胡丁切，《说文》曰：似钟而颈长。"《广韵》户经切："钘，酒器，似钟而长颈也。"《集韵》何耕切："钘，器，似钟颈长。"又乎经切："钘，《说文》：似钟而颈长。一曰：酒器。"又下项切，义同。朱骏声认为该字从并省声。

---

① 于省吾《甲骨文字释林》，北京：中华书局，2009 年，479 页。

《急就篇》卷三："铜钟鼎鏗銅鉇铫。"颜师古曰："鏗，字或作鉼。"①《仪礼·公食大夫礼》："宰夫设铏四于豆西东上。"郑玄注："铏，菜和羹之器。"《释文》"铏作鉼"。又："铏芼。"《释文》作"鉼芼"。《说文》廿部引作"鉼芼"。《仪礼·特牲馈食礼》："笾豆铏在东房。"《释文》"铏作鉼"。《礼记·礼运》："笾豆铏羹。"《释文》"铏作鉼"，云："本又作铏。"《孟子·告子下》"宋牼"，《庄子·天下》《荀子·非十二子》作"宋鈃"。《荀子·非十二子》："是墨翟、宋鈃也。"杨倞注："宋鈃，《孟子》作宋牼，牼与鈃同。"②"鈃"在先秦为耕部字，朱骏声的说法较为合理。

（四）刑

《说文·刀部》："刑，剄也。从刀，开声。"户经切。《玉篇·刀部》："刑，户丁切，法也，罚总名也。荆，同上。"《广韵》户经切："刑，法也。"《说文·井部》："荆，罚罪也。从井从刀。《易》曰：'井，法也。'井亦声。""刑"字与"荆"字，《说文》隶属不同的声首，二字的意义也不同。段玉裁《说文解字注》："按荆者，五荆也。凡荆罚，典荆，仪荆皆用之。刑者，剄颈也。横绝之也。此字本义少用。俗字乃用刑为荆罚，典荆，仪荆字。"朱骏声以"刑"字为"并省声"。林义光《文源》卷十一："刑训为剄，即荆之引申义，盖本同字。井讹为开，复讹为开耳。"

"刑"字，上古已读耕部，许慎"刑，剄也"用的正是声训，传世文献中也常与耕部字异文。《礼记·月令》："百官静，事毋刑。"郑玄注："罪罚之事不可以闻。今《月令》刑为径。"《淮南子·时则训》"刑作径"。《史记·淮南刘长列传》："太子即自剄，不殊。"《汉书·淮南王传》"剄"作"刑"。韵文材料亦是如此。《诗经·大雅·荡》刑听倾为韵，《大雅·抑》政刑为韵，《楚辞·天问》听刑为韵，《礼记·月令》刑成鸣生荣为韵，平刑嬴为韵，《国语·晋语》听诚刑生贞倾为韵，又《越语》生形征成刑为韵，《管子·内业》刑盈成为韵，《庄子·人

---

① 史游《急就篇》，长沙：岳麓书社，1989 年，13 页。
② 王先谦撰，沈啸寰、王星贤整理《荀子集解》，北京：中华书局，2012 年，92 页。

间世》成生刑为韵,《逸周书·周祝解》生刑经名为韵、正争经刑敬争听静为韵,《文子·微明》成刑为韵,《荀子·成相》刑宁平为韵,《韩非子·扬权》刑宁为韵,《吕氏春秋·季夏纪·音律》平刑生为韵,《素问·四气调神大论》平宁刑平清为韵。

(五)形

《说文·彡部》:"形,象形也。从彡,开声。"户经切。《玉篇·彡部》:"形,户经切,《说文》作:形,象形也。"《广韵》户经切:"形,容也,常也。"《集韵》乎经切,义同。

桂馥《说文解字义证》:"开声当为井声。魏王基碑'综析无形',齐陇东王感孝颂'炳焕存形',梦英篆书千文'形端表正',唐孙范隶书孔庙碑'臣闻形气肇分'。形字并从井。"朱骏声曰:"按:并省声字,字亦作形。《广雅·释诂四》:'形,容也。'"宋夏竦《古文四声韵》:"形(古老子),形(华岳碑)。"白于蓝《简牍帛书通假字字典》:"《老子》乙:'大音袛(希)圣(声),天象亡垩。'①今本垩作形。"形"字应从"井"得声。

在古文献中,"形"常常与"刑"字异文。《周易·鼎》:"其形渥。"《集解》《潜夫论·三式》引"形"作"刑"。《诗经·大雅·文王》:"仪刑文王。"《潜夫论·德化》引"刑"作"形"。《大戴礼·子张问入官》:"形乎色。"②《孔子家语·入官》"形"作"刑"。《墨子·节用中》:"啜于土形。"③《史记·太史公自序》"形"作"刑"。《管子·心术下》:"意以先言,意然后刑,刑然后思。"④《管子·内业》"刑"作"形"。《管子·权修》:"见其不可也,恶之有刑。"⑤《韩非子·难三》"刑"作"形"。

在上古文献中,"形"字常与耕部字押韵。《周易·乾》形成天命

---

① 白于蓝编著《简牍帛书通假字字典》,福州:福建人民出版社,2008年,288页。

② 王聘珍《大戴礼记解诂》卷七,北京:中华书局,1983年,138页。

③ 吴毓江撰,孙启治点校《墨子校注》卷三,北京:中华书局,1993年,255页。

④ 黎翔凤撰,梁运华整理《管子校注》,北京:中华书局,2004年,786页。

⑤ 黎翔凤撰,梁运华整理《管子校注》,北京:中华书局,2004年,50页。

贞宁为韵;《礼记·孔子闲居》霆生形为韵;《国语·越语》生形征成刑为韵,成形为韵;《老子》生成形倾为韵,成声形名成为韵;《管子·白心》生形情名为韵、形名名为韵,又《势》生形形成为韵,又《内业》形生为韵、生精形生生为韵;《孙武子·虚实》形声命为韵;《庄子·人间世》荧平营形成为韵,又《在宥》听静正清形精生为韵、声形为韵,又《天地》名形命形性为韵,又《天运》声命生形声冥生荣声为韵、声形为韵,又《秋水》生成形为韵,又《知北游》冥形精生生为韵,又《庚桑楚》形生营为韵;《文子·道原》形盈清为韵、冥形为韵、形冥为韵、生鸣形成为韵、形定成生为韵、倾形为韵,又《精诚》声形名为韵,又《符言》听形为韵,又《上德》清平形併正为韵、形声为韵、声形鸣声为韵、宁形为韵,又《自然》成形生为韵、生形为韵、形声经为韵、形成为韵;《荀子·右礼》精形成宁名为韵;《韩非子·主道》令命定形情正情为韵,又《扬权》命命形精为韵、名形生情为韵、形生盛宁命生情为韵、名形为韵、情形为韵,又《解老》冥霆成清形生成生生成为韵;《吕氏春秋·季春纪·论人》形成为韵,又《仲夏纪·大乐》形声生平宁成为韵,又《仲秋纪·有始》成生成生平情形为韵、形生精平为韵,又《先识览·乐成》形成声为韵,又《审分览·君守》形成为韵,又《勿躬》形正情性成为韵;《鹖冠子·度万》成形名为韵;《素问·阴阳应象大论》形经名为韵、精形为韵,又《宝命全角论》冥形为韵,又《八正神明论》形经情为韵,又《疏五过论》生营精并形名精惊营精为韵、形情并为韵;《灵枢·九针十二原第一》形经情为韵,又《决气第三十》形生精为韵,又《外揣第四十五》形声情为韵、声形为韵;《鬼谷子·本经阴符七篇》生形成形名灵为韵。

综上,"形"字,从幵得声,无论是从异文材料还是韵文材料来看,"形"字上古已是耕部字。

（六）邢（邢）

《说文·邑部》:"邢,周公子所封,地近河内怀。从邑,幵声。"户经切。《玉篇·邑部》:"邢,胡丁切,《左氏传》:狄伐邢。杜预云:邢国在广平襄国县。又轻千切,周公所封地,近河内。邢,同上。"《广韵·青韵》户经切:"邢,地名,在郑。亦州名,古邢侯国也,项羽为襄国,隋为邢州,取国以名之。又姓,出河间也。本周之胤,邢侯为卫所灭，后遂为氏。汉有侍中邢辟直道忤时谪为河间，郑令因家焉。"《广韵·先韵》苦坚切："邢，地名，在河内。"《释文》邢字注音12次，皆音刑。

《尚书·咸有一德》："祖乙圮于耿，作《祖乙》。"旧题孔安国传："圮于相，迁于耿。"《史记·殷本纪》："祖乙迁于邢。"邢与耿异文。《诗经·卫风·硕人》："东宫之妹，邢侯之姨，谭公维私。"《释文》："邢侯，音形，姬姓国。"《左传·僖公二十四年》："凡、蒋、邢、茅、胙、祭，周公之胤也。"《左传·襄公八年》："季孙宿会晋侯、郑伯、齐人、宋人、卫人、邾人于邢丘。"《释文》："邢丘，徐音刑。""邢"至晚汉代已经是耕部字了。

（七）枅

《说文·木部》："枅，屋栌也。从木，开声。"古兮切。任大椿《字林考逸》："枅音肩，柱上方木也。"《玉篇》木部："枅，结奚、结贤二切，方木也。"《广韵·齐韵》古奚切："枅，承衡木也。"《集韵·齐韵》坚奚切："枅㭸，《说文》：屋栌也。或从肩。"《集韵·先韵》经天切："枅㭸，屋栌也。或作㭸。"《释文》注音2次。

"枅"字造字之初应为元部音，《字林》《玉篇》《释文》《集韵》都保留了元部音的读法。唐慧琳《一切经音义》共注音10次，其中有4次为元部音。《一切经音义》卷十六："攒栌，昨峦反。《说文》欂栌，柱上枅也。枅音牵见反。"又卷六十二："斗枅，牵见反。《仓颉篇》云：柱上方木也。"又卷八十一："栌枓，枅音企见反。"又卷九十一："栾栌，《说文》欂栌，柱上枅也。枅音企见反。"

"枅"字至晚在汉代已经有了脂部的读音。《庄子·齐物论》："大木百围之窍穴，似鼻，似口，似耳，似枅，似圈，似臼，似洼者，似污者。"《释文》："枅音鸡，又音肩，《字林》云：柱上方木也。简文云：欂栌也。"《尔雅·释宫》："㭤谓之㭿。"郭璞注："柱上欂也。亦名枅，又曰楷。"《释文》："枅，音鸡。《字林》音肩，云：柱上方木也。"《淮南子·精神训》："今高台层榭，人之所丽也。而尧朴桷不斵，素题不枅。"高诱注："朴，采也。桷，橡也。不斵削，加㠱石之。素题者，不加采饰。不枅者，不施欂栌，俱交架也。枅读鸡，枅或作刮也。①"又《主术训》："是故贤主之用人也，犹巧工之制木也……短者以为朱儒枅栌。"高诱注："朱儒，梁上戴蹲跪人也。枅读如鸡也。②"《广雅·释室》："欂谓之枅。曲枅谓之栾。"《博雅音》："枅，鸡。"唐慧琳《一切经音义》卷十七、五十八、六十三、八十三皆注音为"古奚反"。

（八）筓（笄）

《说文·竹部》："筓，簪也。从竹，开声。"古兮切。《玉篇·竹部》："筓，古奚切，妇人之筓则今之簪也。女子许嫁而筓。"《广韵·齐韵》古奚切："筓，女十有五而筓也。"《集韵·齐韵》坚奚切："筓筭，《说文》：簪也。或作筭。"《释文》共注音16次，皆为"古兮反"。

"筓"字至晚东汉已经有脂部的读音。《释名·释首饰》："筓，系也，所以系冠使不坠也。""筓，系也"为声训。《周礼·夏官·大驭》："右祭两轵。"郑玄注："故书轵为軹，或读軹为簪筓之筓。"《释文》："軹，刘音鸡。"《礼记·问丧》："鸡斯徒跣。"郑玄注："鸡斯当为筓纚。"《释文》："筓，古兮反。"从异文、声训可以看出，"筓"字至晚东汉已经都为齐韵音。

（九）䀎

《说文·目部》："䀎，蔽人视也。从目，开声，读若携手。一曰：直视也。䀟，目或在下。"徐铉曰："又苦兮切。""又"字上脱一音，"又"音承"户圭切"而来。《玉篇·目部》："䀎，去倪、胡圭二切，《说文》：蔽人视也，一曰：直视也。䀟，目或在下。"《广韵·齐韵》户圭切："䀎，䀎视也。"《集韵》有坚奚切、牵奚切、结计切，义同。《释文》未注音。

《说文·目部》："瞷，戴目也。"段注："引申为窥伺之义。"《孟子·离娄下》："王使人瞷夫子。""其所与饮食者尽富贵也，而未尝有显者来，吾将要瞷良人之所之。"承培元曰："䀎，即《孟子·离娄》：'王使人瞷夫子'之瞷。""瞷"与"䀎"音义正同。"䀎"至晚汉代已

---

① 张双棣《淮南子校释》，北京：北京大学出版社，1997年，762页。
② 张双棣《淮南子校释》，北京：北京大学出版社，1997年，954页。

经读为支部音,故许慎曰读若"携手"之"携"。

(十)羿、羿

《说文·羽部》:"羿,羽之羿风。亦古诸侯也。一曰:射师。从羽,开声。"五计切。又弓部:"羿,帝喾射官,夏少康灭之。从弓,开声。《论语》'羿善射'。"五计切。《玉篇·弓部》:"羿,乎计、午悌二切。《论语》云:羿善射。又作羿。"又羽部:"羿,胡计、牛计二切,羽也,羿善射人。"《名义·弓部》:"羿,明弟反,羿字。"又羽部:"羿,故细反,羽。"《广韵》五计切:"羿,古能射人名,《说文》曰:帝喾射官也,夏少康灭之。羿,同上,见经典。"《集韵》研计切:"羿,《说文》:羽之羿风。""羿,善躬,通作羿。"《释文》有羿无羿,共注音8次,皆为"五计反"。《尚书·五子之歌》:"太康失邦。"旧题孔安国传:"启子也。盘于游田,不恤民事,为羿所逐。"《释文》:"羿,五计反,徐胡细反。"《左传·襄公四年》:"昔有夏之方衰也,后羿自鉏迁于穷石,因夏民以代夏政。"《释文》:"后羿,音诣。"

"羿"字和"羿"字,古文字未见。关于这二字,清惠栋《惠氏读说文记》第十三:"羿羿是一字。"后学者多从此观点。然王鸣盛非之。王鸣盛《蛾术编》卷三十:"射官之字不合从羽,射官字乃羿,而非羿。《尚书》《左传》正义两引皆弓部羿注,而不引羽部羿注。知唐初犹未有是矣。羿盖言鸟飞乘风而疾。"王说为确。许慎《说文》两引"射官"之字,皆作"羿"而非"羿"。《楚辞》曰:"羿焉彃日。"[①]《天问》今本羿作羿。《论语》:"羿善射。"今《论语》作羿。"羿"字本义经传无见,假借为"羿"字,而后"羿"隶省作"羿","羿"字则不复行也。

综上,"羿""羿"二字,中古韵书只有质部对应的音,没有记录元部对应的音。根据上古与中古的对应关系,"羿、羿"上古已经是质部字了。

[①] 朱熹《楚辞集注》,上海:上海古籍出版社,1979年,58页。

十二、算声

《说文》从算得声的字共 8 个，最多三个层级。第一层：算。第二层：籑籑籑匴篹篹篹。第三层：瀳。籑籑籑匴篹篹瀳为元部字，籑为月部字。它们的音韵地位如表 3-12 所示。声母分属精组和庄组，都是合口字。

表 3-12　从算得声的字的音韵地位

	声母	开合	等	声调	中古韵	上古韵部
算	心母	合口	一等	上声	缓韵	元部
籑	初母	合口	三等	去声	愿韵	元部
籑	崇母	合口	三等	去声	线韵	元部
篹	初母	合口	二等	去声	谏韵	元部
匴	心母	合口	一等	上声	缓韵	元部
篹	精母	合口	一等	上声	缓韵	元部
篹	山母	合口	三等	去声	线韵	元部
籑	初母	合口	二等	入声	鎋韵	月部
瀳（潬）	清母	合口	三等	去声	祭韵	月部

（一）籑

《说文·黑部》："籑，黄黑而白也。从黑，算声。一曰：短黑。读若以芥为虀名曰芥荃也。"初刮切。《玉篇·黑部》："籑，叉刮切，黄黑而白也。一曰：短貌。"《名义·黑部》："籑，记林反，利反。黄黑文也。"案：《名义》"记林反"当为下字"黰"字之音。《名义》："黰，记林反，黄黑。"因与"籑"皆有黄黑之义，而误置于"籑"下。《广韵·鎋韵》籑小韵初刮切："籑，黑也。"《广韵·薛韵》侧劣切："籑，短黑貌也。"《集韵》同。《释文》没有注音。

何谓"读若以芥为虀名曰芥荃也"？《玉篇·艸部》："荃，趋缘切，香草也。"《名义·草部》："荃，趋缘反，香草，筌字。"《广韵》："荃，此缘切，香草。"《集韵》逡缘切。"荃"，表"香草"义，读为

"此缘切"。《楚辞·离骚》："荃不察余之中情兮，反信谗而齌怒。"王逸注："荃，香草，以谕君也。人君被服芬香，故以香草为谕。"①《说文·艸部》："荃，芥脆也。"指细切的芥菜。段注："云芥脆者，谓芥𩐈松脆可口也。晁说之云：唐本《说文》初劣切。"由此可知"芥脆"之"荃"和"香草"的"荃"，不是同一个词，表"芥脆"之"荃"，上古当为月部字。《集韵》乌刮切："荃，菜名。"保留的正是该词的音义。正因"荃"字有以上两种音义的区分，故许慎特强调读若"以芥为𩐈名曰芥荃"之"荃"也。至晚在东汉时期，"荃、篹"二字已经有了月部音的读音。

（二）潠（灒）

《说文·水部》："潠，饮歃也。一曰：吮也。从水，算声。"衫洽切，又先活切。《玉篇》《名义》《广韵》"潠"作"灒"。《玉篇·水部》："灒，息面、须芮二切，饮也，歃也，又吮也。"《名义·水部》："灒，息绢反，须芮反，饮歃。"《广韵·线韵》息眷切："灒，饮也。"《广韵·祭韵》此芮切，义同。《集韵》有"潠"无"灒"。《集韵·线韵》须绢切："潠，饮也，吮也。"《集韵·末韵》先活切："潠，吮也。"《释文》没有注音。

徐铉"衫洽切"，各篇韵无该音。《说文解字系传》为"巽倦反"，清纪容舒《唐韵考》："潠，巽倦反，李焘《五音韵谱》改为衫洽切。《广韵》作灒。"徐铉的"衫洽切"疑是"歃"的同义换读。《说文·欠部》："歃，歠也。"《广韵》山洽切："歃，歃血。"《释文》给"歃"注音 21 次，皆为"所洽反"。

"灒"字有元部音无疑。《玉篇》《名义》均把元部音放在首位，而《广韵》《集韵》也有元部音对应的异读。"潠"的月部读音，至晚南北朝时期已经形成。

---

① 洪兴祖《楚辞补注》，北京：中华书局，1983 年，9 页。

十三、臠声

《说文》从臠得声的字共3个：敪嫡（元部）、覶（歌部），都是来母合口字。它们的音韵地位如表3-13所示。

表3-13　从臠得声的字的音韵地位

	声母	开合	等	声调	中古韵	上古韵部
臠	来母	合口	一等	去声	换韵	元部
敪	来母	合口	一等	去声	换韵	元部
嫡	来母	合口	三等	上声	狝韵	元部
覶	来母	合口	一等	平声	戈韵	歌部

（一）覶

《说文·见部》："覶，好视也。从见，臠声。"洛戈切。《玉篇·见部》："覶，力和切，好视也。又覶缕，委曲也。"《名义·见部》："覶，力奂反，委曲。"《广韵》无"覶"有"覼"。《广韵·戈韵》落戈切："覼，覼缕，委曲。"《集韵·戈韵》卢戈切："覶，《说文》：好视也。一曰：覶缕，委曲也。俗从尔，非是。"《集韵·狝韵》力转切："覶，视貌。"《集韵·换韵》卢玩切："覶，委曲也。"《释文》没有注音。唐刘知几《史通·削繁》卷二："覶缕，覶本作覶，通作罗。"唐柳宗元《注释音辩柳集》卷三十："无异能解，虽欲秉笔覶缕。"宋童宗说注："潘云上当作覶，力和切，《说文》：覶缕，委曲也。俗作覼，非。"[①]唐慧琳《一切经音义》卷八十三："覼缕，上理戈反，左思《吴都赋》云：'难得而覼缕。'覼缕犹委曲也。《说文》：好视也。从尔作覼，非也。"可见"覼"字乃是"覶"的讹字。

"覶"表"好视"义，造字之初应该读元部音，《集韵》保留了元部对应的音读。但该意义文献中未见，只见于《说文》当中。段注："女部曰：嫡，顺也。覶与嫡义近。"《说文·女部》："嫡，顺也。《诗》

---

① 柳宗元撰，童宗说注释，张敦颐音辩《增广注释音辩唐柳先生集》，上海涵芬楼藏元刊本（影印本），57页。

曰：'婉兮孌兮。'孌，籀文嬌。"《诗经·齐风·甫田》："婉兮娈兮，总角丱兮。"毛传："婉娈，少好貌。"《诗经·曹风·候人》："婉兮娈兮，季女斯饥。"毛传："婉，少貌；娈，好貌。"嬌，《广韵》力兗切："从也。"异体字为娈，娈元部字。

"覶缕"，双声连绵词，又可作"罗缕"，歌部字。最早出现于王延寿《王孙赋》："忽踊逸而轻迅，羌难得而覶缕。"左思《吴都赋》："嗟难得而覶缕。"《晋书·傅玄传》："臣前所以不罗缕者，冀因结奏得从私愿也。"[①]唐慧琳《一切经音义》卷八十、八十三、九十二、九十四、九十七、九十八共注音6次，皆为"卢戈反"。列举如下。卷八十："覶缕，上鲁戈反。《说文》云：覶，好视也。《古今正字》从见矞声也。矞音乱，古文矞从又，李斯从寸，并同。下伦主反。"卷九十七："覶缕，力戈反。顾野王云：覶缕犹委曲也。《说文》从见矞声，《考声》正作覶，矞音脔。""覶缕"，又可写作"罗缕"，可见"覶"字至晚西晋已经有了歌部音的音读。

十四、翩声

《说文》从翩得声的字共8个，最多3个层级。第一层：翩；第二层：䝿瞒鬗邉櫋寫（都为元部）簹（歌部）。第三层：邅（元部），它们的音韵地位如表3-14所示。

表3-14 从翩得声的字的音韵地位

	声母	开合	等	声调	中古韵	上古韵部
翩	明母	开口	三等	平声	仙韵	元部
䝿	帮母	开口	四等	平声	先韵	元部
瞒	明母	开口	四等	平声	先韵	元部
鬗	明母	开口	四等	平声	先韵	元部

[①] 房玄龄等《晋书》，北京：中华书局，2012年，1330页。

续表

	声母	开合	等	声调	中古韵	上古韵部
邊	帮母	开口	四等	平声	先韵	元部
檰	明母	开口	三等	平声	仙韵	元部
寣	明母	开口	三等	平声	仙韵	元部
篃	明母	开口	三等	平声	支韵	歌部
邉	帮母	开口	四等	平声	先韵	元部

（一）篃（篹）

《说文·竹部》："篃，筡也。从竹，麋声。"武移切。《玉篇·竹部》："篃，亡支切，竹篾也。籭，同上。"《名义·竹部》："篃，亡支切。筡、篾。"《广韵》和《集韵》"篃"字皆作为"籭"的异体字出现。《广韵·支韵》武移切："籭，篾竹。亦作篃。"《集韵·支韵》民卑切："彌篃籭籯，《说文》：筡也，筡，竹篾也，或作篃籭籯。"《释文》没有注音。

《说文·竹部》："筡，析竹筡也，读若絮。""篃，筡也。""筡，竹肤也。"筡字或作筃，《尔雅·释草》："筃，筡中。"郭璞注："言其中空，竹类。"《方言》第十三："筡，箪，析也。析竹谓之筡。"郭璞注："江东呼篾竹裹为筡。"钱绎笺疏："篾竹二字疑误倒，篾筡一声之转。《众经音义》卷十引《埤苍》云：篾，析竹肤也。《顾命》云：敷重篾席。《正义》引郑玄注云：篾，析竹之次青者，亦谓之靲。《士丧礼》云：系用靲。郑玄注云：靲，竹篾也。篾与篾同声。又转而为篃，《众经音义》卷十引声类云：篃，篾也。又云今蜀土及关中皆呼竹篾为篃。《说文》《广雅》作筡，《尔雅》作筃，实一字也。"① 唐慧琳《一切经音义》卷五十三、五十八："篹，亡支反，《字林》竹篾也。经文或作篾，义同。《声类》：篹，篾也。今蜀土、关中皆谓竹篾为篹。""篃"读武移切，与"筡篾篾"等字为一声之转。异体字为"籭"，最早见于《玉篇》。后来"籭"字字形取代了"篃"字，以至《广韵》和《集韵》中"篃"字以异体字的形式存在。至晚南北朝已经有歌部的读音了。

---

① 钱绎撰集《方言笺疏》，上海：上海古籍出版社，1983年，732页。

十五、犬声

《说文》从犬得声的字就 1 个雒字，犬和雒的音韵地位如表 3-15 所示。

表 3-15　从犬得声的字的音韵地位

	声母	开合	等	声调	中古韵	上古韵部
犬	溪母	合口	四等	上声	铣韵	元部
雒	疑母	开口	二等	平声	麻韵	歌部

（一）雒

《说文·隹部》："雒，鸟也。从隹，犬声。睢阳有雒水。"五佳切。《玉篇·隹部》："雒，音垒，又音柚，似猕猴。"又犬部："雒，五佳切，水名。又鸟名也。"《名义·隹部》："雒，哀回反，水名。"《广韵·佳韵》五佳切："雒，《说文》云：鸟名，又水名，在睢阳。"《广韵·旨韵》力轨切："雒，同蜼。"又："蜼，似猴，仰鼻而尾长，尾端有分歧。"《集韵》同《广韵》，另有《集韵·宥韵》余救切："蜼，《字林》：兽名，如猴，卬鼻，长尾。或作貁貁。"《释文》没有注音。

"雒"音五佳切，上古为歌部字，表示鸟名或者水名。该义古文献中未见。

"雒"，中古又音力轨切，实为"蜼"的异体字。《集韵·旨韵》鲁水切："雒蜼，兽名，似狖，卬鼻，长尾。或从虫。"《玉篇》和《集韵》另有"余救切"一音，乃是"狖"字音的换读。狖，《说文》中无。《玉篇·犬部》："狖，羊就切，黑猿也。"《广韵》余救切。

十六、丸声

《说文》从丸得声的字共 4 个：芄肒纨（都为元部），貑（歌部）。

声母为影母和匣母，都是开口，分属一等和三等，它们的音韵地位如表 3-16 所示。

表 3-16　从丸得声的字的音韵地位

	声母	开合	等	声调	中古韵	上古韵部
丸	匣母	合口	一等	平声	桓韵	元部
芄	匣母	合口	一等	平声	桓韵	元部
汍	匣母	合口	一等	去声	换韵	元部
纨	匣母	合口	一等	平声	桓韵	元部
骩	影母	合口	三等	上声	纸韵	歌部

（一）骩

《说文·骨部》："骩，骨端骫奊也。从骨，丸声。"于诡切。《玉篇·骨部》："骩，郁诡切，骨曲也。"《名义·骨部》："骩，郁诡反，曲。"《广韵·纸韵》于诡切："骩，骩曲，又姓，出《纂文》。"《集韵·纸韵》邬毁切："骩，骨端骫奊也。一曰：骩骳，屈曲也。"《集韵·寘韵》于伪切："骩，骩骳，胫曲。"《释文》没有注音。

"骩"字至晚东汉已经有歌部音的读音。《汉书·枚皋传》："自诋娸其文骫骳，曲随其事，皆得其意。"师古曰："骫，古委字也。骳音被，骫骳犹言屈曲也。""骫骳"，叠韵连绵词。《说文·丸部》："𡙡，从丸，冎声。读若骫。"《楚辞·九思·疾世》："众多兮阿媚，骫靡兮成俗。"王逸章句："委靡，面柔也。骫一作委。"①《楚辞·招隐士》："树轮相纠，林木茷骫。"洪兴祖补注："骫音委，骫骳，屈曲也。"②《吕氏春秋·必己》："尊则亏，直则骩。"高诱注："尊，高也。传曰：高位疾颠。故曰则亏。骩，曲也，直不可久，故曰直则骩。《诗》云：草木死无不萎。此之谓也。"③《史记·司马相如传》："攒立丛倚，连卷累佹，崔错癹骫，坑衡閜砢。"《集解》："骃案，骫古委字。郭璞曰骫

---

① 洪兴祖《楚辞补注》，北京：中华书局，1983 年，319 页。
② 洪兴祖《楚辞补注》，北京：中华书局，1983 年，234 页。
③ 许维遹撰，梁运华整理《吕氏春秋集释》，北京：中华书局，2009 年，348 页。

音委。"倚佹㩻砢押韵。《汉书·淮南王传》:"皇帝㩻天下正法而许大王,甚厚。"苏林曰:"不从正法,听王自置二千石。"师古曰:"㩻,古委字,㩻谓曲也。"《汉书·司马相如传下》:"跮踱輵螛容以㩻丽兮。"张揖曰:"㩻丽,左右相随也。"师古曰:"㩻古委字也。"《文选》扬雄《长杨赋》:"㩻属而还。"李善注:"㩻,古委字。"

十七、夗声

《说文》从夗得声的字共有 18 个,最多三个层级。第一层:夗。第二层:苑䛔智鸳箢㝔盌帑怨宛婉䯻(都为元部);第三层:琬菀婉畹輐(都为元部)鴛(月部)。声母除"箢"外,皆为影母,口呼除"箢"外,皆为合口,分属三等和一等,它们的音韵地位如表 3-17 所示。

表 3-17 从夗得声的字的声韵地位

	声母	开合	等	声调	中古韵	上古韵部
夗	影母	合口	三等	上声	阮韵	元部
苑	影母	合口	三等	上声	阮韵	元部
䛔	影母	合口	三等	去声	愿韵	元部
智	影母	合口	三等	平声	元韵	元部
鸳	影母	合口	三等	平声	元韵	元部
箢	影母	合口	一等	平声	桓韵	元部
盌	影母	合口	一等	上声	缓韵	元部
箢	群母	开口	三等	去声	愿韵	元部
帑	影母	合口	三等	平声	元韵	元部
怨	影母	合口	三等	去声	愿韵	元部
宛	影母	合口	三等	上声	阮韵	元部
婉	影母	合口	三等	上声	阮韵	元部
䯻	影母	合口	一等	上声	缓韵	元部

续表

	声母	开合	等	声调	中古韵	上古韵部
䦧	影母	合口	三等	上声	阮韵	元部
蒬	影母	合口	三等	上声	阮韵	元部
婉	影母	合口	三等	上声	阮韵	元部
畹	影母	合口	三等	上声	阮韵	元部
輐	影母	合口	三等	平声	元韵	元部
䫉（䫉）	影母	合口	三等	入声	月韵	月部

（一）浣

《说文》无。该字最早见于旧题汉东方朔的《神异经》。《广韵·过韵》乌卧切：" 浣，泥着物也。亦作污。又乌官切，又于阮切。"《集韵·阮韵》委远切：" 浣，浣演，水貌。" 又《愿韵》纡愿切：" 浣，水名。《山海经》：英鞮之山，浣水出焉。" 又《过韵》乌卧切：" 浣，污也，或作污。"

"浣"，表水名及水流回曲貌，读元部音。《山海经·西山经》："鸟兽尽白，浣水出焉。"郭璞注："浣或作涴，音冤枉之冤。"① 《文选》郭景纯《江赋》："阳侯砐硪以岸起，洪澜浣演而云回。" 六臣注："浣，作婉，音于远。"李善注："浣，音宛。"《南齐书·张融列传》："港涟浣濑，辗转纵横，扬珠起玉，流镜飞明。"② "浣演" "浣濑" 皆为叠韵连绵词。

"浣"表"泥着物"之义，音"乌卧切"。旧题汉东方朔的《神异经》："取纺绩其毛，织以为布，用之若有垢浣，以火烧之，则净也。"《白氏长庆集·约心》："黑鬓丝雪侵，青袍尘土浣。兀兀复腾腾，江城一为佐。朝就高斋上，熏然负暄卧。晚下小池前，澹然临水坐。已约终身心，长如今日过。"浣佐卧坐过为韵。韩愈《昌黎先生文集·题合江亭寄刺史邹君》："穷秋感平分，新月怜半破。愿书岩上石，勿使

---

① 袁珂校注《山海经校注·北山经》，上海：上海古籍出版社，1980 年，62 页。

② 萧子显《南齐书》，北京：中华书局，2013 年，722 页。

尘阶涴。"破涴为韵。

"涴"作为元部字，有两意义：一为水名，字又作"浼"；一为水流回曲貌，"涴演""涴濑"是也。中古读过韵，表"泥着物"之义。

（二）辌

《说文·车部》："辌，大车后压也。从车，宛声。"于云切。《玉篇·车部》："轒，扶云切，轒辌，兵车。""辌，于云切，车后獣也。"《名义·车部》："辌，于文反，车后压。"《广韵》有于云切、于袁切、于粉切三个读音，意义皆为"兵车"。《集韵》同。

"辌"字本义为"大车后压"，指用来镇住大车后面的物件，读元部音，此义不见于文献中。"辌"读文部音，特用于"轒辌"这一连绵词当中，表示"兵车"之义，读音可能受到"轒"字的影响。《墨子·备城门》："今之世常所以攻者临、钩、冲、梯、堙、水、穴、突、空洞、蚁附、轒辒、轩车。"①《汉书》《文选》作"轒辒"，《玉篇》作"轒辌"。《广雅·释器》："轒辌，车也。"《博雅音》："轒，音坟。辌，于云反。"由于"兵车"义较"大车后压"义更为常用，它取代了表"大车后压"义的元部读音，所以《玉篇》《名义》《集韵》引用《说文》的解释时，依然用"于云切"来注音。

（三）黂（黦）

《说文·黑部》："黂，黑有文也。从黑，冤声。读若饴䬼字。"②于月切。《玉篇·黑部》："黂，于勿、于月二切，黑有文也。黦，同上。"《名义·黑部》："黂，于勿反，黄黑有文。"《广韵·物韵》纡物切："黂，黄黑色也。"又《月韵》于月切："黦，黄黑色，《说文》作黂，黑有文也。"又《月韵》于歇切："黦，色坏也。"《集韵·迄韵》纡勿切："黂黂，玄黄也。或从冤，亦书作黦。"又《月韵》于歇切："𪏈黦，色变也。或作黂。"从以上音注材料可以看出"黂、黦"是异体字，魏

---

① 孙诒让《墨子闲诂》，北京：中华书局，2001年，493页。
② 王筠《说文句读》："饴䬼当作䬼饴，高诱注《淮南子》既云䬼饴。《太平御览》引《仓颉篇》解诂：䬼饦，饴中箸豆屑也。饦即䬼，此物以䬼为主，故饴不可在䬼上。"

晋以后多用"黰"字，故《名义》有"黰"无"黰"，《广韵》《集韵》都把"黰"字形作为字头。唐宋诗词句也多用"黰"字。唐王毂《红蔷薇歌》："红霞烂泼猩猩血，阿母瑶池晒仙缬。晚日春风夺眼明，蜀机锦彩浑疑黰。"韦庄《应天长》："想得此时情切，泪沾红袖黰。"

"黰"字，表"黄黑色"义，本为元部字。《说文》读若蝝。蝝，《广韵》一丸切。《广雅·释器》："黝，黰，黵，……黑也。"《博雅音》："黰，于物反。"王念孙疏证："黰，《说文》作黰，云黑有文也，读若饴蝝字。《广韵》黰音于勿、于月二切，黄黑色也。《周官·染人》：夏纁元。故书纁作黰。《淮南子·时则训》：天子衣苑黄。高诱注云：苑读蝝饴之蝝。《春秋繁露·五行顺逆篇》云：民病心腹宛黄。并字异而义同。《说文》：蝝，豆饴也。《方言》注云：以豆屑杂饧也。《说文》《淮南子》注并读黰为蝝，盖以其色如蝝饴，故读从之矣。"

"黰"，表"色坏"义，为月部字。《广韵》《集韵》黰音于歇切，色坏也。徐锴《系传》云："谓物经涉暑而变斑色也。"《齐民要术·种红蓝花栀子第五十二》："七月中摘，深色鲜明，耐久不黰，胜春种者。"《周处风土记》："梅雨沾衣服皆败黰。"杜牧《晚晴赋》："姹然如妇，敛然如女，堕蕊黰颜。"《集韵》字亦可写作"黵"，从曷得声，可见"黰"已读成入声韵。

十八、官声

《说文》从官得声字共 13 个：萱逭輨管馆棺倌悹涫婠绾綰（都为元部），捾（都为月部）。声母属于牙喉音，除"萱"外，皆为合口字，除"萱、绾"外，皆为一等字，它们的音韵地位如表 3-18 所示。

表 3-18 从官得声的字的音韵地位

	声母	开合	等	声调	中古韵	上古韵部
官	见母	合口	一等	平声	桓韵	元部
萱	见母	开口	二等	平声	删韵	元部
逭	匣母	合口	一等	去声	换韵	元部

续表

	声母	开合	等	声调	中古韵	上古韵部
輨	见母	合口	一等	上声	缓韵	元部
管	见母	合口	一等	上声	缓韵	元部
馆	见母	合口	一等	去声	换韵	元部
棺	见母	合口	一等	平声	桓韵	元部
佲	见母	合口	一等	平声	桓韵	元部
悹	见母	合口	一等	去声	换韵	元部
涫	见母	合口	一等	平声	桓韵	元部
婠	影母	合口	一等	平声	桓韵	元部
綰	影母	合口	二等	上声	潸韵	元部
輨	见母	合口	一等	上声	缓韵	元部
捾	影母	合口	一等	入声	末韵	月部

（一）捾

《说文·手部》："捾，搯捾也。从手，官声。一曰：援也。"乌括切。《玉篇·手部》："捾，于活切，搯捾也。拱也。"《名义·手部》："捾，于活反，援，搯捾。"《广韵·末韵》乌括切："捾，捾取也。"《集韵》乌括切："捾，《说文》：搯捾也。一曰：援也。"又乌八切："捾，抉也。"又下瞎切："搳，《说文》搳也。或作捾。"《释文》没有注音。唐慧琳《一切经音义》卷二十四："掏出，徒劳反。《通俗文》：捾出目掏。捾音乌活反。"又卷七十一："搯心，他劳反，《说文》：搯，捾也。捾，一活反。"又卷七十二："捾，一活反。"

"捾"表示"掏取、挖取"义，中古韵书、字书只注月部对应的读音，《集韵》"搳"又可写作"捾"，从害得声的字，读为入声韵。"捾"字上古应有月部一音。然该义在上古文献中未见。

"捾"，在文献中常与"腕"字通假，在这个意义上，"捾"属元部。睡虎地秦墓竹简《语书》："因恙（佯）瞋目扼捾以视（示）力。"①《商

---

① 《睡虎地秦墓竹简》，北京：文物出版社，1990年，15页。

君书·君臣》："瞋目扼腕而语勇者得。"①张家山汉简《引书》："引心痛……一曰：危坐，手操左捾而力举手，信（伸）臂，以力引之……""引肩痛……其在两肩之间痛，危坐，夸（跨）股，把捾，卬（仰）肢，以力摇肩，百而已。""引肘痛……其在右，左手把右捾，前后摇之，千而休。"②"捾"皆通作"腕"。《史记·刺客列传》："樊于期偏袒搤捥而进。"《集解》："徐广曰：捥，一作捾。"《索隐》："搤音乌革反，捥音乌乱反，字书作掔。掌后曰腕，勇者奋厉必先以左手扼右腕也。"

（二）婠

《说文·女部》："婠，体德好也。从女，官声。读若楚郚宛。"一完切。《玉篇·女部》："婠，一丸切，《说文》云：体德好貌。"《名义·女部》："婠，于宛、光旦二切，好。"《释文》没有注音。《广韵》收有5个注音：一丸切、古玩切，意义同《说文》；《广韵·黠韵》丁滑切："婠，婠妠，好貌。"《广韵·黠韵》女刮切："婠，婠妠，小儿肥貌。"《集韵》同。

"婠"上古只有元部读音，表示"体德好"义。《广雅·释诂》："婠，好也。"《博雅音》："一丸、一刮反。"王念孙疏证："婠之言娟娟也。《说文》：婠，体德好也。《太平御览》引《通俗文》云容美曰婠。"《说文》"读若宛"，是其证也。至于"婠"字的月部读音，是唐代以后才有，当是受到"婠媆""婠妠"连绵词的影响。唐寒山《诗三百三首》："弄璋字乌麕，掷瓦名婠妠。屡见枯杨荑，常遭青女杀。"韩愈《征蜀联句》："穷区指清夷，凶部坐雕铩。邛文裁斐亹，巴艳收婠妠。"

十九、安声

《说文》从安得声的字共有10个，最多三个层级。第一层：安。

---

① 蒋礼鸿《商君书锥指》，北京：中华书局，1986年，131页。
② 王辉《古文字通假释例》，台北：艺文印书馆，1993年，703页。

第二层：妟窾䳼案晏侒洝按（都为元部）頞（月部）。第三层：䁔（元部）。声母都是影母，开口，大部分为一等字，少数为二等字，它们的音韵地位如表 3-19 所示。

表 3-19 从安得声的字的音韵地位

	声母	开合	等	声调	中古韵	上古韵部
安	影母	开口	一等	平声	寒韵	元部
妟	影母	开口	一等	去声	翰韵	元部
窾	影母	开口	一等	平声	寒韵	元部
䳼	影母	开口	二等	去声	谏韵	元部
案	影母	开口	一等	去声	翰韵	元部
按	影母	开口	一等	去声	翰韵	元部
晏	影母	开口	二等	去声	谏韵	元部
侒	影母	开口	一等	平声	寒韵	元部
洝	影母	开口	一等	去声	翰韵	元部
䁔	影母	开口	二等	去声	谏韵	元部
頞	影母	开口	一等	入声	曷韵	月部

（一）頞

《说文·页部》："頞，鼻茎也。从页，安声。齃，或从鼻曷。"乌割切。《玉篇·页部》："頞，恶葛切。鼻茎也。《孟子》曰：蹙頞相告，亦作齃。"《名义·鼻部》："齃，乌曷反，鼻茎。"无"頞"字。《广韵·曷韵》乌葛切："齃，鼻齃。頞，同上。"《集韵·曷韵》阿葛切："頞，《说文》曰：鼻茎也。或作齃。"《释文》注音1次。

頞字，古文字中已见，林义光《文源》卷七："伯頞父鬲𓏬。从自，自，鼻也。𤔌象鼻中有茎。"《孟子·梁惠王下》："疾首蹙頞而相告曰。""蹙頞"，《史记·蔡泽传》作"蹙齃"。《庄子·至乐》："髑髅深矉蹙頞。"《释文》："頞，于葛反。"《汉书·扬雄传下》："镊颐折頞，涕洟流沫。"宋祁注："頞，《字林》曰：鼻茎也，一曷反。"《广雅·释亲》："頞，頔也。"《博雅音》："頞，乌葛。"《文选》扬雄《解嘲》："镊颐折頞。"六臣注："頞，于达反。"《文选》刘孝标《辨命论》："夫靡颜、腻理、哆咴、顢頇，形之异也。"六臣注："頇，乌割反。"唐慧琳《一切经音义》共注音 22 次，其中注元部音 3 次，皆用在音译词当中，不表"鼻茎"义，如卷六十二："頇部陀，上安干反。"卷六十九："羯利蓝頇部昙，頇音按。"卷七十二："頇缚界，上安汉反。"表"鼻茎"义出现 4 次，皆读月部音，如卷十五："蹙頇，安割反。"卷十六："蹙頇，安葛反。"卷四十："举頇，安葛反。"卷九十七："蹙頇，安葛反。"《说文》的异体字为"齃"，从《孟子》和《史记》的异文可以看出，表"鼻茎"义的"頇"至晚汉代已经属月部字。

二十、夃声

《说文》从夃得声的字共 16 个，最多四个层级：第一层：夃。第二层：奿轧。第三层：忓忓轩鼾韩攼乾鼾鼾乾（都为元部），斡（月部）。第四层：鞡。第四层：鞡。第四层：瀚。声母除了"奿"外，都是牙喉音，除了"瀚、斡"外，皆为开口字，多数是一等字，个别三等字，它们的音韵地位如表 3-20 所示。

表 3-20　从夃得声的字的音韵地位

	声母	开合	等	声调	中古韵	上古韵部
夃	影母	开口	三等	上声	阮韵	元部
奿	彻母	开口	三等	上声	狝韵	元部
轧	见母	开口	一等	去声	翰韵	元部
忓	溪母	开口	一等	平声	寒韵	元部
忓	匣母	开口	一等	去声	翰韵	元部
轩	匣母	开口	一等	去声	翰韵	元部
鼾	匣母	开口	一等	去声	翰韵	元部
韩	匣母	开口	一等	平声	寒韵	元部
攼	见母	开口	一等	去声	翰韵	元部
乾	匣母	开口	一等	去声	翰韵	元部

续表

	声母	开合	等	声调	中古韵	上古韵部
鶾	匣母	开口	一等	去声	翰韵	元部
韅	见母	开口	一等	去声	翰韵	元部
乾	见母	开口	一等	平声	寒韵	元部
蘄	见母	开口	一等	去声	翰韵	元部
靬	见母	开口	一等	平声	寒韵	元部
澣	匣母	合口	一等	上声	缓韵	元部
斡	见母	合口	一等	上声	缓韵	元部
	影母	合口	一等	入声	末韵	月部

（一）斨

《说文·丨部》："斨，旌旗杠貌。从丨从队，队亦声。"丑善切。《玉篇·丨部》："斨，陟陵、丑善二切，旌旗杠貌。"《名义·丨部》："斨，丁陵反，旌旗柱貌也。"《广韵·江韵》宅江切："斨，旌旗杠貌。出《说文》。"《广韵·蒸韵》陟陵切："斨，旌旗柱，《说文》本丑善切，旌旗杠貌。"《广韵·狝韵》丑善切："斨，旌旗柱，又幢征二音。"《集韵》知陵切："斨，旌旗杠。"又丑展切："斨，《说文》：旌旗杠貌。"《释文》没有注音。

"斨"字，本义表示旌旗竿，读元部音。该义文献中未见。《玉篇》《名义》《广韵》《集韵》有"陟陵切"或"丁陵切"音，乃是因误以为"斨"字的右边从丁而来。丁，篆体作"个"，《集韵》当经切："丁，古作个"。个与"个"形似，可知读"丁陵切"乃是因古人误认为从"丁"而来。

（二）斡

《说文·斗部》："斡，蠡柄也。从斗，倝声。杨雄、杜林说皆以为轺车轮斡。"乌括切。《玉篇·斗部》："斡，乌活切，转也，柄也。又音管。"《名义·斗部》："斡，乌活反，转。"《广韵·末韵》乌括切："斡，转也。"《集韵·缓韵》古缓切："斡幹，《说文》：毂端沓也。或作斡。"《集韵·末韵》乌括切："斡，《说文》蠡柄也，扬雄、杜林说皆以为轻车轮斡。"《广雅·释诂》："斡，转也。"《博雅音》："斡，意括。"唐慧琳《一切经音义》卷八十七："斡运，上剜活反。"段玉裁《说文解字注》："斡，俗音转为乌括切，又作捾，作斜。"

"斡"，表"旋转"义，为月部字。《史记·贾谊传》："斡弃周鼎兮宝康瓠。"《集解》引如淳曰："斡，转也。"《索隐》："斡音乌活反。"《史记·贾谊传》："万物变化兮固亡休息，斡流而迁兮或推而还。"《索隐》："斡音乌活反。斡，转也。"《文选》贾谊《鵩鸟赋》："万物变化兮固无休息，斡流而迁兮或推而还。"李善注："斡，乌括。"《文选》张茂先《励志诗》："大仪斡运，天回地游。"李善注："斡，乌括。"《文选》潘安仁《河阳县作二首》："譬如野田蓬，斡流随风飘。"李善注："斡，乌括。"《玉篇》《名义》《广韵》《集韵》都保留了这个用法。

"斡"，表"主管、领管"义，为元部字。《史记·平准书》："领大农，尽代仅筦天下盐铁。"《汉书·食货志》"筦作斡"。《汉书·百官公卿表上》："斡官、铁市两长丞。"颜师古注引如淳曰："斡音筦，或作干，干，主也，主均输之事，所谓斡盐铁而唯酒酤也。"《汉书·食货志下》："浮食奇民欲擅斡山海之货，以致富羡。"颜注："斡谓主领也，读与管同。"

"斡"，又为"輨"字的异体字，义为"包裹在车毂上的金属套"，元部字。《说文·车部》："輨，毂端沓也。"段注："毂孔之里以金里之曰釭。毂孔之外以金表之曰輨。"《周礼·冬官·轮人》："弓长六尺谓之庇轵，五尺谓之庇轮，四尺谓之庇轸。"郑玄注："庇，覆也，故书庇作秘，杜子春云秘当为庇，谓覆斡也。"《释文》："輨，或作斡，俱音管。"可见陆德明所见版本"斡"字为"輨"字。《集韵》保留了这个音义。

二一、见声

《说文》从见得声的字共 11 个：莧 睍 睍 睍 倪[1] 靦 硯 絸[2] 蜆 視（元部），

---

[1] 倪，大徐、小徐会意，段注会意兼形声，今从段注。
[2] 絸，茧的古文。

靬（月部）。除了"靬"外，声母皆为牙喉音，除了"苋"外，皆为开口四等，它们的音韵地位如表 3-21 所示。

表 3-21　从见得声的字的音韵地位

	声母	开合	等	声调	中古韵	上古韵部
见	见母	开口	四等	去声	霰韵	元部
苋	匣母	开口	二等	去声	裥韵	元部
睍	匣母	开口	四等	铣韵	上声	元部
哯	匣母	开口	四等	铣韵	上声	元部
晛	匣母	开口	四等	铣韵	上声	元部
垷	匣母	开口	四等	铣韵	上声	元部
蚬	匣母	开口	四等	铣韵	上声	元部
倪	溪母	开口	四等	去声	霰韵	元部
靦	透母	开口	四等	铣韵	上声	元部
硍	疑母	开口	四等	去声	霰韵	元部
絸	见母	开口	四等	铣韵	上声	元部
靬	晓母	开口	四等	入声	屑韵	月部

（一）靬

《说文·革部》："靬，系牛胫也。从革，见声。"己彳切。《玉篇·革部》："靬，呼结切，系牛胫。"《名义·革部》："靬，呼结反，系系牛胫。""系系牛胫"疑衍一"系"字。《广韵·屑韵》虎结切："靬，急系。"《集韵·屑韵》显结切："靬，系牛颈，一曰：急也。"案：《说文》《玉篇》《广韵》皆为"系牛胫"，《集韵》则为"系牛颈"，不当。王筠《说文句读》："胫，《类篇》作颈，非也。欲牛行则施绳于角而牵之。欲牛止则施绳于胫而绊之，未有系颈者。"《类篇》之误承《集韵》而来。《释文》没有注音。

古文字未见该字，文献中亦未见。"靬"，虽从见得声，但中古以来只注月部对应的读音，而且上古没有"靬"读元部音的证据，根据古今字的对应规律，"靬"上古只能属月部。

二二、晏声

《说文》从晏得声的字共 9 个，最多三个层级。第一层：晏。第二层：宴匽鰋。第三层：鷗郾偃褗蝘（都为元部）揠（月部）。声母都是影母开口，分属于二等、三等、四等，它们的音韵地位如表 3-22 所示。

表 3-22　从晏得声的字的音韵地位

	声母	开合	等	声调	中古韵	上古韵部
晏	影母	开口	二等	去声	谏韵	元部
宴	影母	开口	四等	去声	霰韵	元部
匽	影母	开口	三等	上声	阮韵	元部
鰋	影母	开口	三等	上声	阮韵	元部
鷗	影母	开口	三等	上声	阮韵	元部
郾	影母	开口	三等	上声	阮韵	元部
偃	影母	开口	三等	上声	阮韵	元部
褗	影母	开口	三等	上声	阮韵	元部
蝘	影母	开口	四等	上声	铣韵	元部
揠	影母	开口	二等	入声	黠韵	月部

（一）揠

《说文·手部》："揠，拔也。从手，匽声。"乌黠切。《玉篇·手部》："揠，乌拔切，《孟子》云：宋人有闵其苗之不长而揠之者。揠，拔也。今呼拔草心为揠也。"《名义·手部》："揠，乌拔反，拔也。"《广韵·黠韵》乌黠切："揠，拔草心也。"《集韵·黠韵》乙黠切："揠扎，《说文》：拔也。或作扎。"《释文》没有注音。《广雅·释诂》："揠，拔也。"《博雅音》："揠，于八反。"

《孟子·公孙丑上》："宋人有闵其苗之不长而揠之者。"赵岐注："揠，挺拔之，欲亟长也。"《方言》第三："揠，擢，拂，戎，拔也。自关而西或曰拔，或曰擢。自关而东江淮南楚之间或曰戎，东齐海岱之间曰㧒。"郭璞注："今呼拔草心为㧒,乌拔反。"

"㧒"中古以来只注入声,不注阳声,而且"㧒"上古没有读阳声韵的证据,因此根据古今字的对应规律,"㧒"上古只能读月部音。

二三、㕣声

《说文》从㕣得声的字共 20 个,最多三个层级。第一层:㕣。第二层:船沿铅(都为元部)兑(月部)衮(文部)。第三层:说䬫税祱駾沿挩婗蛻锐脱裞敪痪鷞阅(都为月部)。它们的音韵地位如表 3-23 所示。

表 3-23 从㕣得声的字的音韵地位①

	声母	开合	等	声调	中古韵	上古韵部
㕣	余母	合口	三等	上声	狝韵	元部
船	船母	合口	三等	平声	仙韵	元部
沿	余母	合口	三等	平声	仙韵	元部
铅	余母	合口	三等	平声	仙韵	元部
衮	见母	合口	一等	上声	混韵	文部
兑	定母	合口	一等	入声	泰韵	月部

(一)兑

《说文·儿部》："兑,说也。从儿,㕣声。"大外切。徐铉等曰："㕣,古文㳄字,㕣非声。当从口从八,象气之分。《易》曰:兑,为巫为口。"《玉篇·儿部》："兑,徒外切,说也。"《广韵·泰韵》杜外切:"兑,突也,又卦名。《说文》本作:兑,说也。"《经典释文》共注音 16 次,皆为"徒外反"。

该字已见于甲骨文中,字形为: 、 、 (《甲骨文编》)。朱

---

① 本表只列举到第二层级。

骏声云："当从人口,八象气之舒散。兌者与祝同意。从八与曾同意。今字作悦。又加心旁。《周易·说》：'兌为口。'《序卦》：'兌者说也。'《释名·释天》：'兌,说也。物得备足皆喜悦也。'《尔雅·释诂》：'悦,乐也。又悦,服也。'《论语》：'不亦说乎？'盖人心喜乐,口气舒散。此谓之兌。字当从人口八为是。"朱考为得。"兌"本为象形字。

"兌"为月部字,在上古已然。《说文》："兌,说也。"声训。白于蓝《简牍帛书通假字字典》有兌与月部字相通的例证。①兌与脱：《老子》乙："善建者不拔,善保者不兌,子孙以其祭祀不辍。"②今本兌作脱。兌与悦：《五行》："不仁不智,未见君子,忧心不能惙惙。既见君子,心不能兌（悦）。"③《缁衣》："故长民者,章志以昭百姓,则民致行己以悦上。"④上博简本《缁衣》悦作兌。《忠信》："大忠不兌,大信不期。"⑤马王堆汉墓帛书甲本《老子·道篇》："锉其兌,解其芬。"乙本同,王弼本、傅奕本、河上公本均作"锐"。银雀山汉墓竹简《孙膑兵法·威王问》："锥行者,所以冲坚毁兌也。"⑥今本《孙子兵法》作"冲坚毁锐。"⑦《书·说命》："高宗梦得说。"《释文》："说,本又作兌。"《礼记·文王世子》《礼记·学记》《礼记·缁衣》并引说作兌。《礼记·文王世子》："《兌命》曰："郑玄注："兌当为说。"《诗经·大雅·绵》："混夷駾矣。"《孟子·梁惠王》赵注引駾作兌。《老子》五十二章："塞其兌。"《释文》："兌,河上本作说。"《周易·兌》："亨,利贞。"汉帛书本兌作夺。《礼记·檀弓下》："齐庄公袭莒于夺,杞梁死焉。"郑玄注："夺或为兌。"《晏子·内篇·问上》"于夺"作"兹于兌"。《史记·天官书》："下有三星兌曰罚。"《汉书·天文志》兌作锐。《史记·天官书》：

---

① 白于蓝《简牍帛书通假字字典》,福州：福建人民出版社,2008 年,202 页。
② 荆州市博物馆《郭店楚墓竹简》,北京：文物出版社,1998 年,118 页。
③ 荆州市博物馆《郭店楚墓竹简》,北京：文物出版社,1998 年,149 页。
④ 荆州市博物馆《郭店楚墓竹简》,北京：文物出版社,1998 年,129 页。
⑤ 荆州市博物馆《郭店楚墓竹简》,北京：文物出版社,1998 年,163 页。
⑥ 孙膑著,李兴斌、邵斌注译《孙膑兵法新译》,济南：齐鲁书社,2002 年,18 页。
⑦ 孙膑著,李兴斌、邵斌注译《孙膑兵法新译》,济南：齐鲁书社,2002 年,18 页。

"前列直斗口三星,隋北端兑。"《索隐》:"《汉书·天文志》兑作锐。"《老子》四章:"挫其锐。"汉帛书乙本锐作兑。《老子》五十二章:"塞其兑。"《释文》:"兑,河上本作锐。《景福碑》亦作锐,下同。"《荀子·议兵》:"兑则若莫邪之利锋。"① 《新序·杂事二》"兑"作"锐"。《晏子春秋·内篇·谏上》:"兑上丰下。"② 《论衡·死伪》"兑"作"锐"。韵文材料:《诗经·大雅·皇矣》:"帝省其山,柞棫斯拔,松柏斯兑。"拔兑为韵。《鬼谷子·本经阴符七篇》:"损兑者,几危之决也。"③ 兑决为韵。

"兑"字本为象形字,并非为从"仌"得声的形声字。"兑"读月部音,自古已然,无论是声训、异文还是韵文材料都可以佐证。

(二)衮

大徐本《说文·衣部》:"衮,天子亯先王,卷龙绣于下幅,一龙蟠阿上乡。从衣,公声。"古本切。段注本作:"从衣,仌声。"《玉篇·衣部》:"衮,古本切,衣画为龙文。"《广韵·魂韵》古本切:"衮,天子服也。"《集韵·混韵》古本切:"衮卷,《说文》:天子享先王,卷龙绣于下幅,一龙蟠阿上乡。或作卷。"《释文》共注音 21 次,皆音古本反。

衮本为元部字,意义为"画有卷龙的服饰"。《周礼·春官·司服》:"王之吉服……享先王则衮冕。"郑玄引郑司农云:"衮,卷龙衣也。"《诗经·豳风·九罭》:"我觏之子,衮衣绣裳。"毛传:"衮衣,卷龙衣也。卷龙谓龙拳曲。"《释名·释首饰》:"有衮有冕。衮,卷也。画卷龙于衣也。""衮"与"卷"声训。"衮"常常与"卷"异文,尤其在《礼记》当中。《诗经·小雅·采菽》:"又何予之? 玄衮及黼。"毛传:"玄衮,卷龙也。"《释文》:"卷龙,眷勉反,下同,本又作衮。"《礼记·王制》:"制:三公一命卷,若有加则赐也,不过九命。"郑玄注:"卷,俗读也。其通则曰衮。"《释文》:"命卷,依注音衮,古本反。"《礼记·礼器》:"礼有以文为贵者,天子龙衮,诸侯黼。"《释文》:"龙卷,本又作'衮',同古本反。"《礼记·郊特牲》:"祭之日,王被衮以

---

① 王先谦《荀子集解》,北京:中华书局,1988 年,268 页。
② 吴则虞编著《晏子春秋集释》,北京:中华书局,1982 年,80 页。
③ 许富宏《鬼谷子集校集注》,北京:中华书局,2008 年,232 页。

象天。"《释文》:"卷,本又作'衮',同古本反。注'卷冕'同。"《礼记·玉藻》:"天子玉藻,十有二旒,前后邃延,龙卷以祭。"《释文》:"龙卷,音衮,古本反,注同。"《礼记·明堂位》:"朱干玉戚,冕而舞。"郑玄注:"自衮冕而下,如王之服也。"《释文》:"自卷,本又作'衮',同,音古本反。下文同。"《礼记·丧大记》:"君以卷,夫人以屈狄。"郑玄注:"君以卷,谓上公也。"《释文》:"以卷,本又作'衮',同古本反,注同。"盖衮与卷古音同,故《礼记》假卷为衮也。由郑玄"卷,俗读也,其通则曰衮"可知,在东汉时代"衮"读文部音是主流的读音。

我们还可以通过平行例证来证明。《说文·水部》:"涫,也。从水,官声。"古丸切。段注:"今江苏俗语沸水曰滚水。滚水即涫,语之转也。""滚"字,不见于《说文》当中。段说为是。今赣方言鹰弋片言沸水亦曰滚水。

二四、厂声

《说文》从厂得声的字共有 48 个,最多四个层级。第一层:厂。第二层:辰(文部)雁反鴈彦(都为元部)厄(锡部)。第三层:厵。第三层:炭。第三层:皈饭贩䬳版汳䢀阪返舤。第三层:振唇跟晨(晨)唇赈䢈宸辰欣麎震振娠蜃陙。第三层:产谚颜。第三层:㵎。第四层:鸇。第四层:犐铲浐。它们的音韵地位如表 3-24 所示。①

表 3-24 从厂得声的字的音韵地位

	声母	开合	等	声调	中古韵	上古韵部
厂	晓母	开口	一等	上声	旱韵	元部
反	滂母	合口	三等	平声	元韵	元部
雁	疑母	开口	二等	去声	谏韵	元部
鴈	疑母	开口	二等	去声	谏韵	元部

---

① 本表只列举到第二层级。

续表

	声母	开合	等	声调	中古韵	上古韵部
彦	疑母	开口	三等	去声	线韵	元部
厄	影母	开口	二等	入声	麦韵	锡部
辰	禅母	开口	三等	平声	真韵	文部

（一）辰

《说文·辰部》："辰，震也。三月，阳气动，雷电振，民农时也。物皆生，从乙、匕，象芒达；厂，声也。辰，房星，天时也。从二，二，古文上字。"植邻切。徐铉等曰："三月阳气成，艸木生上彻于土，故从匕。厂，非声。疑亦象物之出。"徐锴曰："匕音化。乙，艸木萌初出曲卷也。"《广韵·真韵》植邻切："辰，辰象也，又辰时也，《尔雅》曰：太岁在辰曰执徐。"《集韵·真韵》丞真切："辰，《说文》：震也，三月，阳气动，雷电振，民农时也。物皆生，从乙、匕，象芒达；厂，声也。辰，房星，天时也。"《释文》没有注音。

该字见于古文字中。𠨷、𠨸、𠨵、𠨶等。方浚益《剌鼎·缀遗斋彝器款识考释卷四》："周孙卣铭盖文，辰作𠨷，器文传形作𠨸。始悟此字为象龙之首足鳞甲形。辰义为震。易说卦传，震为雷为龙，则辰为龙形。"林义光《文源》卷二："古文作𠨵（大敦辰字偏旁），实唇之古文。象上下唇及齿形。"胡小石《说文古文考》："卜辞辰之变形甚多，简者作𠨷，象人推𠨵，𠨶者耒也。𠨷象人耕之形，故农从之。失农有耻。故辱从之。耕者有候，故辰星以此名。"郭沫若《甲骨文字研究·释干支》："农事之字多从辰，如农，如蓐皆是，许氏注意及此，故侧重农事以释辰。字于骨文变形颇多，然其习见者大抵可以分为二类：其一上呈贝壳形作𠨷若𠨸，又其一呈磬折行作𠨵若𠨶。余以为辰实古之耕器。辰有释为龙者，案辰之属龙，事在十二肖兽输入以后，此说毫不足辩。"[①]
吴其昌《矢彝考释》："辰，其字乃一古代器物之形，疑亦古代纺织具也。"[②]裘锡圭《甲骨文所见之商代农业》："从甲骨文看，辰是农业上

[①] 郭沫若《郭沫若全集》（考古编第一卷），北京：科学出版社，1982 年，203 页。

[②] 吴其昌《矢彝考释》，载《燕京学报》，1937 年 6 月第 9 期。

用于清除草木的一种工具，甲骨文有一个从林从辰的字𣂤，又有一个从艹从辰从又的字𦦙。"以上诸说，或曰"辰"为雷震龙形，或为唇形，或为耕器，或为纺织器，虽所象之物不尽相同，然"辰"为象形字已确，而非从"厂"得声的形声字。

"辰"字在古文字和古文献中多与文部字异文。马王堆帛书《六十四卦·困》初六："辰困于株木，入于要（幽）浴（谷），三岁不觌，凶。"①通行本《周易·困》辰作臀。马王堆帛书《老子》甲本卷后古佚书《五行》二三二行："虽（唯）有德者然笱（后）能金声而玉辰之。"②《孟子·万章下》："孔子之谓集大成。集大成者，金声而玉振之也。"《诗经·齐风·东方未明》："不能辰夜。"《白孔六帖》一引"辰"作"晨"。《左传·僖公五年》："丙之晨。"《汉书·律历志》引"晨"作"辰"。《史记·齐太公世家》："子哀公不辰立。"《索隐》："不辰，《系本》作不臣，谯周亦作不辰。"从韵文材料来看，亦是读文部音。《诗经·大雅·桑柔》："忧心殷殷，念我土宇。我生不辰，逢天僤怒。自东徂西，靡所定处。多我觏痻，孔棘我圉。"单数句押"殷辰西痻"文部韵，偶数句押"宇怒处圉"鱼部韵。《左传·僖公五年》："丙之晨。龙尾伏辰。均服振振。取虢之旗。鹑之贲贲。天策焞焞。火中成军。虢公其奔。"晨辰振旗贲焞军奔为韵。

（二）厄

《说文·卩部》："厄，科厄，木节也。从卩，厂声。贾侍中说。以为：厄，裹也。一曰：厄，盖也。"五果切。徐铉等曰："厂非声，未详。"《说文·户部》："戹，隘也。从户，乙声。"于革切。段注："隘者，陋也。陋者，陒陝也。陝者，隘也。"《玉篇·户部》："戹，倚革切，困也，灾也。亦作厄。"又《厂部》："厄，于革切，俗戹字。"又《卩部》："厄，牛果、牛戈二切，科厄，木节也，厄果也，无肉骨也。"《广韵·麦韵》于革切："戹，灾也。《说文》：隘也。"又："厄，上同。"《集韵·戈韵》吾禾切："枙厄，木节曰枙。或省。"《集韵·果韵》五果切："厄，《说文》：科厄，木节也。贾侍中说。以为厄，裹也。一曰：

---

① 张立文《帛书周易注译》，郑州：中州古籍出版社，2008年，312页。
②《马王堆汉墓帛书》，北京：文物出版社，1980年，19页。

厄，盖。"《集韵·卦韵》乌懈切："龘隘陋陋，《说文》：陋也。从䏨茻，籀文嗌，或作隘，亦从㡭，从厄。"《集韵·麦韵》乙革切："㡭厄，《说文》：隘也。或作厄。"又同小韵："陋陋，《说文》：塞也。或作陋。"

"厄"，《说文》"科厄"，表木节义，该意义未见于文献之中，歌部字，"科厄"叠韵。"厄，裹也"声训。

"厄"，文献中常见意义为"险厄"，中古音于革反，上古属锡部字，此乃"㡭"的异体字。"㡭"字见于古文字中。《金文编》：𠂆（录伯簋）、𠂆（番生簋）、𠂆（黼镈）。林义光《文源》卷二："象轴一辕一軥𠂆𠂆之形。"象车轭之形。"㡭"的本义为车轭，《说文》义为"隘也"，乃是"车轭"的引申义，误把象形字解作"从户，乙声"的形声字。王国维《毛公鼎铭考释》："𠂆，吴阁学吴中丞释为厄字。《毛诗·大雅》传：'厄，乌啄也。'《释名》：'乌啄向下叉马头。'是厄有两末以叉马头。后讹作㡭，失其形而存其音，小篆又添作軶，遂为形声字矣。"由西周金文演变的字当作"厄"，《说文》小篆讹误成"㡭"，而小篆"厄"用来表示"木节"义，属于歌部字，只不过"木节"之义后来消失，造成"厄"字只代表一音一义的假象。

"厄"字，代表了两个不同的词，表"木节"义，为歌部字；表"车轭""险厄"之义，为锡部字。

二五、柬声

《说文》从柬得声的字共 16 个，最多四个层级。第一层：柬。第二层：谏煉涑阑練鍊楝（都为元部）䌹（真部）。第三层：蘭讕籣欄瀾。第三层：潄。第四层：爤灡。它们的音韵地位如表 3-25 所示。

表 3-25 从柬得声的字的音韵地位

	声母	开合	等	声调	中古韵	上古韵部
柬	见母	开口	二等	上声	产韵	元部
谏	见母	开口	二等	去声	谏韵	元部
煉	来母	开口	四等	去声	霰韵	元部

续表

	声母	开合	等	声调	中古韵	上古韵部
湅	来母	开口	四等	去声	霰韵	元部
阑	来母	开口	一等	平声	寒韵	元部
練	来母	开口	四等	去声	霰韵	元部
鍊	来母	开口	四等	去声	霰韵	元部
楝	来母	开口	四等	去声	霰韵	元部
柛	余母	开口	三等	去声	震韵	真部
蘭	来母	开口	一等	平声	寒韵	元部
谰	来母	开口	一等	平声	寒韵	元部
籣	来母	开口	一等	平声	寒韵	元部
櫊	来母	开口	四等	去声	霰韵	元部
瀾	来母	开口	一等	平声	寒韵	元部
	来母	开口	一等	去声	翰韵	元部
㵎	来母	开口	四等	去声	霰韵	元部
爛	来母	开口	一等	去声	翰韵	元部
瀾	来母	开口	一等	平声	寒韵	元部

（一）柛

《说文·申部》："柛，击小鼓引乐声也。从申，柬声。"羊晋切。《玉篇·申部》："柛，弋振切，小鼓，在大鼓上，击之以引乐也。"《名义·申部》："柛，余振反，小鼓。"《广韵·震韵》："柬，小鼓，在大鼓上，击之以引乐，亦作柛。"《集韵》收有以忍切和羊晋切二音，义同《广韵》。

"柛"与"申"异文。《诗经·周颂·有瞽》："应田县鼓，鼗磬柷圉。"郑笺："田当作柬。柬，小鼓在大鼓旁，应鞞之属也。声转字误。变而为田。"《释文》："应田，本亦作柬，余刃反。《诗》云'应柬县鼓'是也。案柬，引也。谓击小鼓引乐声。"《周礼·春官·大师》郑玄注、《礼记·明堂位》郑玄注、《尔雅·释乐》郭注引田作柬。清陈鱣《简庄疏记》卷五："柬字，以柬为声，声既转去柬，惟有申在，申字又误去其上下,故变作田也,故声转字误变而为田。"《周礼·春官·大师》:"下管,播乐器,令奏鼓朄。"郑玄注:"郑司农云:'朄,小鼓也。先击小鼓,乃击大鼓,小鼓为大鼓先引,故曰朄。朄读为导引之引。'玄谓鼓䍐,犹言击䍐。《诗》曰:应䍐县鼓。"田、引皆为真部字,"朄"至晚汉代已经读为真部。

二六、鲜声

《说文》从鲜得声的字共 2 个:癬(元部)霰(支部)。它们的音韵地位如表 3-26 所示。

表 3-26　从鲜得声的字的音韵地位

	声母	开合	等	声调	中古韵	上古韵部
鲜	心母	开口	三等	平声	仙韵	元部
癬	心母	开口	三等	上声	狝韵	元部
霰	心母	开口	三等	平声	支韵	支部

(一)霰

《说文·雨部》:"霰,小雨财雾也。从雨,鲜声。读若斯。"息移切。《玉篇·雨部》:"霰,思移切,小雨貌,亦与霚同。"《名义·雨部》:"霰,思反,小雨,霚字。""思反"脱反切下字,当同《玉篇》为"思移反"。《广韵·支韵》息移切:"霰,小雨。"《广韵·霰韵》苏佃切:"霰,同霚。"《集韵》相支切:"霰,小雨。"又苏禾切,义同;又先见切:"霚,亦作霰。"《集韵》苏禾切,禾当为移字之误。

"霰"字,许慎曰"读若斯",可见至晚东汉已经读支部字了。从鲜得声的字经典中多与支部字相通。《诗经·小雅·瓠叶》:"有兔斯首。"郑笺:"斯,白也。今俗语斯白之字作鲜,齐鲁之间声近斯。"又《蓼莪》:"鲜民之生,不如死之久矣。"清阮元补笺:"古鲜声近斯,遂相通假。鲜民,读为斯民,如《论语》'斯民也'之例。"《尔雅·释诂》：“鲜，善也。”《释文》：“鲜，本作誓。沈云，古斯字。”《尚书·禹贡》：“析支渠搜。”《大戴礼记·五帝德》析支作鲜支。《史记·五帝本纪》作析枝。《索隐》：“鲜析音相近。”《尔雅·释山》：“小山别大山，鲜。”《文选·吴都赋》李注引鲜作嶰。《史记·鲁周公世家》：“作《肸誓》。”《集解》引徐广曰：“肸一作鲜。”《索隐》：“《尚书大传》作《鲜誓》。《鲜誓》即《肸誓》，古今字异。”《庄子·人间世》：“挫针治繲。”《释文》：“繲，崔作繨。”《国语·吴语》：“夫齐鲁譬诸疾，疥癣也。”①《史记·越王勾践世家》癣作瘫。由上述材料可知，"霹"读为支部音可能是由齐鲁一带方音所致。

二七、雋声

《说文》从雋得声的字共4个：䏌蠤镌（都为元部）㯏（支部）。它们的音韵地位如表3-27所示。

表3-27　从雋得声的字的音韵地位

	声母	开合	等	声调	中古韵	上古韵部
雋	从母	合口	三等	上声	狝韵	元部
䏌	精母	合口	三等	上声	狝韵	元部
蠤	精母	合口	三等	上声	狝韵	元部
镌	精母	合口	三等	平声	仙韵	元部
㯏	精母	合口	三等	去声	至韵	支韵

（一）㯏

《说文·木部》："㯏，以木有所捣也。从木，雋声。《春秋传》曰：

---

① 徐元诰撰，王树民、沈长云点校《国语集解》，北京：中华书局，2002年，541页。

'越败吴于檇李。'"遵为切。《广韵·脂韵》醉绥切:"檇,以木有所捣。又地名,《左传》:越败吴于檇李。"《广韵·灰韵》昨回切:"檇,木有所捣也。"《广韵·至韵》将遂切:"檇,《左氏传》曰:越败吴于檇李。"《集韵·支韵》遵为切:"檇,《说文》:以木有所捣。引《春秋传》:越败吴于檇李。或作檇。"《集韵·脂韵》遵绥切:"檇,以木有所捣。"《集韵·至韵》将遂切:"檇雟,地名,《春秋传》:越败吴于檇李。或作雟。"《释文》注音6次,皆为"醉"音。

"檇"本义为"以木捶物"。戴侗《六书故》曰:"今人犹有此语。"戴侗,南宋永嘉时人,可见到了南宋时期仍有这种用法。

"檇"用作地名,"檇李",在今浙江嘉兴一带。《左传·定公十四年》:"于越败吴于檇李。"杜预注:"檇李,吴郡嘉兴县南檇李城。"《释文》:"檇李,音醉,依《说文》从木。""檇",《公羊传》《谷梁传》作醉,《汉书·地理志》作雟,《越绝书·吴王内传》作就李。《汉书·地理志》:"由拳柴辟,故就李乡吴越战地。"应劭曰:"古之檇李也。"师古曰:"檇音子遂反。"又:"与吴王阖庐战败之雟李。"师古曰:"雟音醉,字本作檇,其旁从木。"《汉书·五行志》:"越败吴。"师古曰:"十四年五月于越败吴于檇李是也。檇音醉。"从异文材料可以看出,"檇"字至晚在汉代已经读为支部音的"遵为切"。

二八、赞声

《说文》从赞得声的字共10个:瓒籫饡攒酂欑灒嬜纉鑽(都为元部)。它们的音韵地位如表3-28所示。

表3-28 从赞得声的字的音韵地位

	声母	开合	等	声调	中古韵	上古韵部
赞	精母	开口	一等	去声	翰韵	元部
瓒	从母	开口	一等	上声	旱韵	元部
籫	精母	合口	一等	上声	缓韵	元部

续表

	声母	开合	等	声调	中古韵	上古韵部
攒	从母	合口	一等	平声	桓韵	元部
儹	精母	开口	一等	去声	翰韵	元部
酂	精母	开口	一等	去声	翰韵	元部
攢	精母	合口	一等	上声	缓韵	元部
濽	精母	开口	一等	去声	翰韵	元部
䆐	从母	开口	一等	去声	翰韵	元部
缵	精母	合口	一等	上声	缓韵	元部
鑽	精母	合口	一等	去声	换韵	元部

（一）酂（鄼）

《说文·邑部》："酂，百家为酂。酂，聚也。从邑，赞声。南阳有酂县。"作管切，又作旦切。《玉篇·邑部》："酂，子管切，《说文》云：百家为酂。酂，聚也。又子旦切，南阳有酂县。又在丸切。"《广韵》在丸切："酂，酂聚也。又音纂音赞。"又作管切："酂，五百家也。五乡为酂。《周礼》曰：四里为酂，五酂为鄙。"又则旰切："酂，县名，在南阳。"又昨何切："鄘，鄘县名，在谯郡，或作酂。酂本音赞。"《集韵》同《广韵》。《释文》注音9次。贾昌朝《群经音辨》卷三："酂，聚也，作管切，《礼》四里为酂。酂，南阳县也，作旦切。酂，沛县也，在河切。"

酂，周代的地方单位，为元部字，中古音"作管切"。《周礼·地官·司徒》："酂长，每酂中士一人。"《释文》："酂长，作管反。"《周礼·地官·遂人》："四里为酂，五酂为鄙。"《释文》："为酂，作管反。后同。"《周礼·春官·鬯人》："禜门用瓢赍。"郑玄注："禜谓营酂所祭。门，国门也。"《释文》："营酂，作管反。"唐慧琳《一切经音义》卷一："鄙夫，《说文》：五酂为鄙，从邑，啚声。啚音鄙，酂音子短反，百户也。"

鄼，表"聚集"义，为元部字，中古音"作管切"。《礼记·乐记》："屈伸俯仰，缀兆舒疾，乐之文也。"郑玄注："缀谓鄼，舞者之位也。"疏："缀，谓舞者行位相连缀也。"《释文》："谓鄼，作管反，后同。"《史记·乐书》："级兆舒疾。"《索隐》："徐广曰：缀舞者，鄼列也。"《礼记·奔丧》："闻丧不得奔丧，哭尽哀。问故，又哭尽哀。乃为位。"郑玄注："谓以君命有事，不然者，不得为位。位有鄼列之处。"《释文》："有鄼，子短反。"

"鄼"，地名，在南阳郡的鄼县，元部字，中古音"作旦切"。《汉书·高帝纪》："相国鄼侯下诸侯王。"臣瓒曰："茂陵书何封国在南阳鄼，音赞。"《汉书·地理志》："南阳郡鄼矦国。"孟康曰："鄼，音赞。"《汉书·萧何传》："以鄼户二千四百封何曾孙庆为鄼侯。"颜师古注："鄼，南阳县也。"

"酂"，地名，在沛县，歌部字，中古音"在何反"，为"酂"字的误读。《说文·邑部》："酂，沛国县。从邑，虘声。"昨何切，上古歌部字。段注："按南阳县作鄼，沛郡县作酂，许二字划然不相乱也。在沛者后亦作鄼，直由莽曰赞治而乱。南阳鄼音赞，沛酂及改作鄼字皆音嵯，音亦本不相乱。萧何始封之鄼，茂陵书、文颖、臣瓒、颜师古、杜佑皆云在南阳，江统、戴规、姚察、李吉甫、今钱氏大昕皆云在沛。在沛说是也。始封于酂，高后乃封之南阳之鄼，与筑阳。文帝至莽之鄼矦皆在南阳，故《地理志》于南阳云鄼矦国，而沛郡鄼下不云矦国，为在沛者不久也。诸家所传班固作泗水亭高祖碑云：文昌四友，汉有萧何。序功第一，受封于酂。以韵求之，可以不惑。"《释文》"鄼"音"才河反"共3次。《左传·襄公元年》《左传·襄公二十六年》《左传·昭公四年》皆作"鄼县，才多反"。卢文弨《经典释文考证》："《襄元》，鄼县，才河反。才河之音本当作酂，后人多只作鄼。"如此，则"鄼""酂"本属两个不同的地方，"鄼"在南阳郡，"酂"在沛郡，汉萧何始封于沛郡酂县，高后徙封于鄼。酂字，《汉书·地理志》借鄼为之，由此二字往往相乱也，"鄼"于是有"才河反"之音。

二九、肙声

《说文》从肙得声的字共 18 个：削餇稍痟悁涓捐弲蜎睊酭绢埍銷
駽鞙圓（都为元部）焆（月部）。它们的音韵地位如表 3-29 所示。

表 3-29 从肙得声的字的音韵地位

	声母	开合	等	声调	中古韵	上古韵部
肙	影母	合口	四等	平声	先韵	元部
削	影母	合口	四等	平声	先韵	元部
餇	影母	合口	四等	去声	霰韵	元部
稍	见母	合口	四等	平声	先韵	元部
痟	影母	合口	四等	平声	先韵	元部
悁	影母	合口	三等	平声	仙韵	元部
涓	见母	合口	四等	平声	先韵	元部
捐	余母	合口	三等	平声	仙韵	元部
弲	影母	合口	四等	平声	先韵	元部
蜎	影母	合口	四等	平声	先韵	元部
睊	见母	合口	四等	平声	先韵	元部
酭	见母	合口	四等	平声	先韵	元部
绢	见母	合口	三等	去声	线韵	元部
埍	见母	合口	四等	上声	铣韵	元部
銷	晓母	合口	四等	平声	先韵	元部
駽	晓母	合口	四等	平声	先韵	元部
鞙	匣母	合口	四等	上声	铣韵	元部
圓	邪母	合口	三等	平声	仙韵	元部
焆	见母	合口	四等	平声	先韵	元部
	影母	开口	三等	入声	薛韵	月部

（一）焆

《说文·火部》："焆，焆焆，烟貌。从火，肙声。"因悦切。《玉篇·火部》："焆，于决切，火光也。"《名义·火部》："焆，于决反，烟也，明也，大光也。""大光也"当作"火光也"。《广韵·先韵》古玄切："焆，明也。"又于决切："火光也。"又于列切："烟气"。《集韵》圭玄切："焆，明也。"又萦玄切："焆，火貌。"又娟悦切："焆妜，《说文》：焆焆，烟貌，或作妜。"《释文》没有注音。

"焆"，表"明"义，为元部。《广韵》《集韵》所注音义可证。《文选》郭璞《江赋》："或焆耀崖邻。"李善注："焆，音涓。《苍颉篇》曰：焆，明也。"又："混瀚灏溔，流映扬焆。"李善注："焆音涓，水势清深而澄澈光映也。《苍颉篇》曰：焆，明也。"溔焆为韵，为元部字。

"焆"，表"烟火貌"，为月部字。《说文·女部》："妜，鼻目闲貌。读若烟火妜妜，从女，夬省声。"桂馥《说文解字义证》："本书无妜字，《篇海》妜与焆同。焆焆，烟貌。"清王筠《说文释例》卷十二："妜下云：读若烟火妜妜。盖俗语也。而火部无妜。焆下云：焆焆，烟貌。盖即此矣。然汉有妜姓，岂得无妜字？"[①]"妜"字，《说文》未收，然实有之也。《篇海》："妜与焆同。"从夬得声的字为月部字，则"焆"表"烟气"亦为月部字。

三十、采声

《说文》从采得声的字 27 个，最多四个层级。第一层：采。第二层：埰。第三层：眷券登棬裧卷豢叅劵拳齤觠羍（都为元部）奥（觉部）。第四层：奠奠燠墺澳隩。第四层：圈糀倦鬈卷院。它们的音韵地位如表 3-30 所示。[②]

[①] 王筠《说文释例》，北京：中华书局，1987 年，277 页。
[②] 本表只列举到第三层级。

表 3-30　从采得声的字的音韵地位

	声母	开合	等	声调	中古韵	上古韵部
采	并母	开口	二等	去声	裥韵	元部
弄	见母	合口	三等	去声	线韵	元部
眷	见母	合口	三等	去声	线韵	元部
券	溪母	合口	三等	去声	愿韵	元部
䯻	见母	合口	三等	去声	线韵	元部
桊	见母	合口	三等	去声	线韵	元部
帣	见母	合口	三等	去声	线韵	元部
卷	见母	合口	三等	去声	线韵	元部
	见母	合口	三等	上声	狝韵	元部
蒙	匣母	合口	二等	去声	谏韵	元部
綣	见母	合口	三等	去声	线韵	元部
劵	群母	合口	三等	去声	愿韵	元部
拳	群母	合口	三等	平声	仙韵	元部
齤	群母	合口	三等	平声	仙韵	元部
觠	群母	合口	三等	平声	仙韵	元部
㢧	溪母	合口	三等	去声	愿韵	元部
圈	群母	合口	三等	上声	狝韵	元部
	溪母	合口	三等	平声	仙韵	元部
棬	溪母	合口	三等	上声	阮韵	元部
倦	群母	合口	三等	去声	愿韵	元部
鬈	群母	合口	三等	平声	仙韵	元部
卷	群母	合口	三等	平声	仙韵	元部
䏒	见母	合口	三等	上声	阮韵	元部
奥	影母	开口	一等	去声	号韵	觉部
	影母	合口	三等	入声	屋韵	觉部

（一）奥

《说文·宀部》："奥，宛也。室之西南隅。从宀，羹声。"乌到切。

徐铉曰:"寒非声。"《玉篇·宀部》:"奥,于报切,《尔雅》曰:'西南隅谓之奥,谓室中隐奥之处。'《论语》曰:'宁媚于奥。'"《名义·宀部》:"奥,于报切,室、主、穴、藏、内。"《广韵·号韵》乌到切:"奥,深也、内也、主也、藏也。《尔雅》曰:西南隅谓之奥。"又于到切:"奥,《说文》:宛也。室之西南隅。或作㝽。"《广韵·屋韵》乙六切:"奥,室中。"《释文》共注音25次,除了其中1次为异文材料《礼记·礼器》之《释文》"于奥,依注作爨,七乱反"外,共注音24次,其中"于六反"注音6次,其余皆为"乌报反"。

"奥",徐铉已指出不是从"寒"得声。林义光《文源》卷十:"奥,寒非声。奥,从釆(审)从𠬞,𠬞,探索之象。"可见"奥"是个会意字。

"奥",音于六反,分别跟澳(隩)、燠等字通用。《说文·水部》:"澳,隈,厓也。其内曰澳,其外曰隈。"于六切。又𨸏部:"隩,水隈,崖也。"又火部:"燠,热在中也。"《诗经·卫风·淇奥》:"瞻彼淇奥,绿竹猗猗。"毛传:"奥,隈也。"《释文》:"奥,音于六反,一音乌报反,淇,水名。奥,隈也。《草木疏》云:奥亦水名。"《礼记·大学》引有该诗,《释文》注音同。《诗经·小雅·小明》:"昔我往矣,日月方奥。曷云其还?政事愈蹙。岁聿云莫,采萧获菽。心之忧矣,自诒伊戚。念彼共人,兴言出宿。岂不怀归?畏此反覆。"毛传:"奥,暖也。"《释文》:"方奥,于六反,暖也。"此"奥"即"燠"字。诗中奥蹙菽戚宿覆为韵,皆为觉部音。《公羊传·成公元年》何休注:"《尚书》曰:舒恒燠若。"《释文》:"奥若,本又作燠,于六反,暖也。"

奥,读乌报反,指"室之西南隅"。《诗经·大雅·抑》:"相在尔室,尚不愧于屋漏。"毛传:"西北隅谓之屋漏。"郑笺:"礼,祭于奥,既毕,改设馔于西北隅。"《释文》:"于奥,乌报反,西南隅谓之奥。"《仪礼·士丧礼》:"乃奠烛,升自阼阶,祝执巾,席从设于奥东面。"郑笺:"西南隅谓之奥。"《释文》:"于奥,乌报反,西南隅谓之奥。"《论语·八佾》:"与其媚于奥。"何晏《集解》:"奥,内也,以喻近臣也。"《释文》:"于奥,乌报反,孔云内也,郑云西南隅。"《释名》:"室中西南隅曰奥,不见户明所在秘奥也。"《尔雅·释宫》:"西南隅谓之奥。"郭璞注:"室中隐奥之处。"由此引申为"深邃、深藏"之义。《周易·系辞》:"鼓之舞之以尽神,乾坤其易之缊邪。"王弼注:"缊,渊奥也。"《释文》:"渊奥,乌报反。"《尚书序》:"至于夏商周之书,虽设教不伦雅诰奥义,其归一揆。"《释文》:"奥义,乌报反,深也。"《老子》六十二章:"道者,万物之奥,善人之宝,不善人之所保。"河上公注:"奥,藏也。"帛书甲本、乙本皆作:"道者,万物之注也。"奥宝保为韵;奥与注异文。

"奥"字,并非从弄得声,上古已是觉部字。

三一、袁声

《说文》从袁得声的字共有四层,第一层:袁。第二层:辕遠園睘。第三层:薳環趄遝翾獂摱嬽譞瞏櫋圜儇懁缳蠸轘。第三层:第四层:欂。第四层:鑾。它们的音韵地位如表 3-31 所示。

表 3-31　从袁得声的字的音韵地位

	声母	开合	等	声调	中古韵	上古韵部
袁	云母	合口	三等	平声	元韵	元部
辕	云母	合口	三等	平声	元韵	元部
遠	云母	合口	三等	平声	元韵	元部
	云母	合口	三等	去声	愿韵	元部
園	云母	合口	三等	平声	元韵	元部
薳	匣母	合口	三等	上声	纸韵	歌部
睘	群母	合口	三等	平声	清韵	耕部
環	匣母	合口	二等	平声	删韵	元部
趄	晓母	合口	三等	平声	元韵	元部
遝	匣母	合口	二等	平声	删韵	元部
翾	晓母	合口	三等	平声	仙韵	元部
獂	见母	合口	四等	去声	霰韵	元部
摱	匣母	合口	三等	去声	谏韵	元部

续表

	声母	开合	等	声调	中古韵	上古韵部
嬛	晓母	合口	三等	平声	仙韵	元部
	群母	合口	三等	平声	清韵	耕部
讂	晓母	合口	三等	平声	仙韵	元部
貵	帮母	开口	三等	上声	狝韵	元部
橞	邪母	合口	三等	平声	仙韵	元部
圜	匣母	合口	二等	平声	删韵	元部
	云母	合口	三等	平声	仙韵	元部
儇	晓母	合口	三等	平声	仙韵	元部
悁	见母	合口	四等	去声	霰韵	元部
缳	匣母	合口	四等	上声	铣韵	元部
蠉	晓母	合口	三等	平声	仙韵	元部
轘	匣母	合口	二等	平声	删韵	元部
	匣母	合口	二等	去声	谏韵	元部
檈	邪母	合口	三等	平声	仙韵	元部
蠸	见母	合口	四等	去声	霰韵	元部

（一）薳

《说文·艹部》："薳，艹也。《左氏传》：楚大夫薳子冯。从艹，远声。"韦委切。《玉篇·艹部》："薳，为彼切，薳章，楚大夫。"《广韵》韦委切："薳，草，又姓，《左传》楚有薳氏代为大夫。"《集韵》羽委切："《说文》：艹也，引《春秋传》楚大夫薳子冯。"又雨阮切："薳莵，薳荵，药艹。或作蒝。"《释文》注音9次，皆为"于委反"。唐释慧琳《一切经音义》卷八十一："薳复，上为委反。"又卷九十四："薳纵，上为委反。"

"薳"作"草"义讲，为元部字。《集韵》"雨阮切"保留了这个读法，且又可写作"蒝"。"薳荵"，又可写作"远志"。南朝宋刘义庆《世说新语·排调》："谢公始有东山之志，后严命屡臻，势不获已，始就桓公司马。于时人有饷桓公药草，中有远志，公取以问谢，此药又名小草，何一物而有二称。①"明李时珍《本草纲目·草一·远志》："此草服之能益智强志，故有远志之称。②"

"蒍"指姓氏，读于委反，上古为歌部字。《左传·桓公六年》："使蒍章求成焉。"杜预注："蒍章，楚大夫。"《释文》："蒍，于委反。"《左传·僖公二十三年》杜预注："叔伯，楚大夫蒍吕臣也。"《释文》："蒍，为彼反。"《左传·襄公十八年》："蔿子冯、公子格率锐师侵费滑、胥靡、献于、雍梁。"《释文》："蔿本又作蒍，于委反。"《左传·昭公四年》："蒍启疆城巢，然丹城州来。"《释文》："蒍，于委反。"《公羊传·襄公三十年》："三十年春王正月，楚子使蒍颇来聘。"《释文》："蒍，于委反。"又可写作"蔿"。《左传·桓公六年》"蒍章"，《潜夫论·志氏姓》作"蔿章"。《左传·僖公二十七年》"蒍贾"，《吕氏春秋·情欲》高注、《汉书·古今人表》作"蔿贾"。《左传·襄公二十五年》"楚蔿掩"，《汉书·古今人表》作"蒍掩"。《左传·昭公十三年》"蒍掩"，《左传·襄公二十五年》作"蔿掩"。《淮南子·修务训》："啙㾓哆㖄，籧篨戚施，虽粉白黛黑弗能为美者，嫫母仳倠也。"许慎注："哆读大口之哆，㖄读楚蒍氏之蒍。③"

从上面的音注、异文以及读若材料看，"蒍"字在春秋时期已经有了歌部的读音。

（二）睘（䙜）

《说文·目部》："睘，目惊视也。从目，袁声。《诗》曰：'独行睘睘。'"渠营切。《玉篇·目部》："睘，衢并切，目惊视。"《广韵》渠营切："睘，惊视。"《集韵》葵营切："睘，《说文》：目惊视也，引《诗》：'独行睘睘。'"又旬宣切："还𪨷睘，复返也。或从彳，亦作䙜，通作旋。"《释文》注音1次。

"睘"见于金文。郭沫若《金文丛考·释共》："余谓睘即环之初

---

① 刘义庆撰，张撝之译注《世说新语》，上海：上海古籍出版社，2007年，382页。

② 李时珍《本草纲目》（校点本第一册），北京：人民卫生出版社，1975年，748页。

③ 张双棣《淮南子校释》，北京：北京大学出版社，1997年，1330页。

文，象衣之当胸处有环也。"①"睘"，表"往返"义，为元部字，为"还"的异体字。《集韵》保留了该音义。睘与旋异文。《周易·履》："上九。视履考祥，其旋元吉。"汉帛书本"旋"作"睘"。

"睘"，由"目惊"引申出"孤独无依"义，为耕部字。《诗经·唐风·杕杜》："有杕之杜，其叶菁菁。独行睘睘。岂无他人，不与我同姓。"毛传："睘睘，无所依也。"陈启源曰："无依之人，多彷徨惊顾。传与《说文》语虽异，义实相通矣。"菁睘姓押耕部韵。经典中"睘"与"䞶"多有异文。"独行睘睘"，《释文》："睘睘，本亦作䞶，又作茕，求营反，无所依也。"《汇校》："唐写本经传皆作嬛，案睘、䞶皆正字，睘当作睘，茕则䞶之省，或作惸，通作嬛。"《文选·思元赋》注、陆士衡《为顾彦先赠妇诗》注俱引毛诗'独行茕茕'。《洪范》正义引亦作'茕茕'。《说文·𠃌部》："䞶，回疾也。从𠃌，营省声。"段注："回转之疾飞也。引申为䞶独，取徘回无所依之意。""睘"与"䞶"意义相近，"睘"读耕部音，可能是"䞶"的同义换读所致。

（三）嬛（嬛）

《说文·女部》："嬛，材紧也。从女，睘声。《春秋传》曰：'嬛嬛在疚。'"许缘切。《玉篇·女部》："嬛，巨营切，《诗》云：嬛嬛在疚。家道未成，嬛嬛然。亦孤特也。"《广韵·仙韵》许缘切："嬛，便嬛，轻丽貌。"于缘切："嬛，身轻便貌。"《广韵·清韵》渠营切："嬛，好也。"《集韵》胡关切："嬛，女字。"又旬宣切："嬛，续也。一曰：轻举。"又随缘切："嬛，《说文》：材紧也。引《春秋传》：'嬛嬛在疚'。一曰：便嬛轻丽。"又萦缘切："嬛，便嬛轻丽。"又葵营切："嬛，独也。一曰：淑媛也。"《释文》注音2次。

嬛，本义为"材质坚致"，引申为"轻丽貌"，元部字。司马相如《上林赋》："靓妆刻饰，便嬛绰约。"郭璞注："便嬛，轻利也。"李善注："嬛，音翾。"嬛与娟异文。《楚辞·远游》："雌蜺便娟以增挠兮，鸾鸟轩翥而翔飞。"洪兴祖《补注》："便娟，轻丽貌。《尔雅》疏引雌蜺嫚嬛。嬛与娟同。"②《史记·司马相如列传》："柔桡嬛嬛，妩媚孅

---

① 郭沫若《金文丛考》，北京：人民出版社，1954年，220页。
② 洪兴祖《楚辞补注》，北京：中华书局，1983年，173页。

裛。"《汉书·司马相如传》"嬛嬛"作"嫚嫚"。嬛,《广韵》于缘切,上古为元部字。《淮南子·原道训》:"加之以詹何、娟嬛之数,犹不能与网罟争得也。"①《文选》枚乘《七发》李善注引"娟嬛"作"蜎蠉"。

嬛,表"连接"义,属元部字。《方言》第一:"嬛,续也。楚曰嬛。"郭璞注:"嬛,火全切。"《集韵》"旬宣切,续也"保留了这个音义关系。

嬛,表孤苦义,为"煢"的假借字。《诗经·周颂·闵予小子》:"闵予小子,遭家不造,嬛嬛在疚。"郑笺:"家道未成,嬛嬛然孤特。"《释文》:"嬛嬛,其倾反。孤特也。崔本作煢。"嬛与煢异文。《说文·宀部》:"宎,贫病也。《诗》曰:煢煢在宎。"

(四)弸

《说文》无。《玉篇·弓部》:"弸,禹萌切,弸弸,帷帐起貌。"《名义·弓部》:"弸,禹萌反,帷帐起也。"《广韵·庚韵》户盲切:"弸,弸弸,帷帐起貌。"又户萌切,义同。《集韵·耕韵》乎萌切:"弦弸,弸弦,弓声。或作弸。"又洪孤切、胡盲切二切,意义皆同。

该字见于扬雄的作品当中。《法言·君子》:"或问:君子言则成文,动则成德,何以也?曰:以其弸中而彪外也。"②《甘泉赋》:"惟弸弸其拂汩兮,稍暗暗而靓深。"苏林曰:"弸音石堕井弸尒之弸,弸音宏。"孟康曰:"弸弸,风吹帷帐鼓貌。"师古曰:"拂汩亦风动貌。弸音普萌反。"萧该音义曰:"弸文萌反,弸音宏。""弸弸",叠韵连绵词。"弸"读蒸部音,至晚汉代已然,可能是受连绵词的影响。

三二、奂声

《说文》从敻得声的字2个:奂敻;从奂得声的字3个:涣寏换。共分三个层级。它们的音韵地位如表3-32所示。

---

① 何宁《淮南子集释》,北京:中华书局,1998年,26页。
② 汪荣宝撰,陈仲夫点校《法言义疏》,北京:中华书局,1987年,496页。

表 3-32　从夐、从奂得声的字的音韵地位

	声母	开合	等	声调	中古韵	上古韵部
夐（敻）	晓母	合口	三等	去声	劲韵	耕部
夒（毈）	日母	合口	三等	上声	狝韵	元部
奂	晓母	合口	一等	去声	换韵	元部
涣	晓母	合口	一等	去声	换韵	元部
渙	匣母	合口	一等	平声	桓韵	元部
换	晓母	合口	一等	去声	换韵	元部

（一）夒（毈）

段注本《说文·瓦部》："夒，柔韦也。从北，从皮省，从夐省声。读若耎。一曰若儁。"而沇切。《广韵》而沇切："毈，柔韦。又作菾，见《正典》。"又子峻切："毈，猎之韦袴。《说文》曰：柔韦也。"又人朱切："毈，柔皮。"《集韵》祖峻切和乳沇切，义皆为"柔韦"。

《周礼·冬官》："攻皮之工：函、鲍、韗、韦、裘。"郑玄注："鲍读为鲍鱼之鲍，书或为鞄。《仓颉篇》有鲍毈。"清阮元校："毈，《释文》、闽、监、毛本同。余本作'菾'。嘉靖本及《汉制考》作'菾'。"毈与菾异文。菾从沇得声，为元部字。夒，《说文》读若"耎"，至晚东汉"毈"已经有了元部的读音。

（二）奂

段注本《说文·収部》："奂，取奂也。一曰：大也。从廾。夐省声。"呼贯切。《玉篇·収部》："奂，呼馆切，《礼记》曰：美哉奂焉。奂，众多也。"《广韵》火贯切："奂，文彩明貌。又姓。"《集韵》胡玩切："奂，伴奂，广大有文章也。《诗》：伴奂尔游矣。徐邈音。"又呼玩切："奂，《说文》：取奂也。一曰：大也。亦姓。"《释文》注音7次：音唤4次，呼乱反3次。

奂，表"鲜明有文章"义，为元部字，字又可写作"焕"。《玉篇·火部》："焕，明也，亦作奂。"《诗经·大雅·卷阿》："伴奂尔游矣，优游尔休矣。"毛传："伴奂，广大有文章也。"《礼记·檀弓下》："晋献文子成室，晋大夫发焉。张老曰：'美哉轮焉！美哉奂焉！'"郑玄注：

"轮，轮囷，言高大。奂，言众多也。"孔颖达疏："奂谓其室奂烂众多也。既高大又多文饰，故重美之。王云：奂言其文章之貌也。"《释文》："奂焉，音唤，本亦作'焕'。奂烂，言众多也。"《论语·泰伯》："焕乎其有文章。"《诗经·大雅·卷阿》《正义》引"焕"作"奂"。《汉书·韦贤传》："既耆致位，惟懿惟奂。厥赐祁祁，百金洎馆。"颜师古注："奂，盛也。"奂馆为韵。《文选》张衡《思玄赋》："文章奂以粲烂兮，美纷纭以从风。"奂，五臣注作焕。李周翰曰："焕，光粲烂明貌。言衣服光明从风也。"

奂，表"放纵散漫"义，为元部字，字又可写作"涣"。《诗经·大雅·卷阿》："伴奂尔游矣，优游尔休矣。"郑笺："伴奂，自纵弛之意。"《释文》："奂，音唤。徐音换。毛伴奂，广大有文章也。郑伴奂自纵弛之意。"《文选》嵇康《琴赋》："丛集累积，奂衍于其侧。"奂，五臣本作涣。李善注："《仓颉篇》曰：'奂，散貌。'"

"奂"，用作人名，元部字。《左传·襄公二十七年》："夏，叔孙豹会晋赵武、楚屈建、蔡公孙归生、卫石恶、陈孔奂、郑良霄、许人、曹人于宋。"《释文》："孔奂，呼乱反。"《谷梁传》同，《公羊传》孔奂作孔瑗。《左传·昭公八年》："楚师灭陈，执陈公子招，放之于越，杀陈孔奂。"《谷梁传》同，《公羊传》孔奂作孔瑗。瑗从爰得声，为元部字。奂与瑗异文，则"奂"用在人名中为元部字。

"伴奂"，叠韵连绵词，"伴"为元部字，则"奂"至晚《诗经》时代已为元部字了。

（三）涣

《说文·水部》："涣，流散也。从水，奂声。"呼贯切。《玉篇·水部》："涣，呼换切，水盛貌。"《广韵·桓韵》火贯切："涣，水散。"《广韵·泰韵》呼会切："涣，水名，在谯。"《集韵》呼玩切："涣，《说文》：水散也。"又呼外切："涣，水名。一曰：县名，在亳。"《释文》注音6次。

"涣"，表"流散"义，为元部字。《周易·涣》："涣，亨。王假有庙，利涉大川，利贞。"疏："《序卦》曰：说而后散之，故受之以涣，然则涣者散释之名。"《释文》："涣，呼乱反，散也。"《周易·涣》："九五：涣汗其大号，涣王居，无咎。"王弼注："处尊履正，居巽之中，散汗大号以荡险阨者也，为涣之主，唯王居之，乃得无咎也。"《周易·系辞下》："刳木为舟，剡木为楫，舟楫之利，以济不通，致远以利。天下盖取诸涣。"王弼注："涣者，乘理以散通也。"《释文》："诸涣，音唤。"《诗经·郑风·溱洧》："溱与洧，方涣涣兮。士与女，方秉蕳兮。女曰观乎？士曰既且，且往观乎？"毛传："涣涣，春水盛也。"郑笺："仲春之时，冰以释，水则涣涣然。"《释文》："涣涣，呼乱反，春水盛也。《韩诗》作洹洹，音丸。《说文》作泛泛，音父弓反。"涣蕳观为韵，涣与洹异文。《诗经·周颂·访落》："将予就之，继犹判涣。维予小子，未堪家多难。"毛传："判，分；涣，散也。"《释文》："涣音奂，散也。"涣难为韵。《尔雅·释水》："河水清且灡漪，大波为澜。"郭璞注："言涣澜。"《释文》："涣，呼贯反。"

"涣"，古水名，中古音呼外切，《广韵》《集韵》皆有记录。北魏郦道元《水经注·阴沟水》卷二十三："谷水首受涣水于襄邑县东，东径承匡城东。"①《水经注·淮水》卷三十："淮水又东径夏丘县南。又东，涣水入焉，水首受蒗荡渠于开封县……涣水又东南流径雍丘县故城南，又东径承匡城。"②

三三、亘声

《说文》从亘得声的字有 12 个，共三个层次。第一层：亘。第二层：咺趄狟查䑦桓宣貆洹絚垣。第三层：愃。它们的音韵地位如表 3-33 所示。

---

① 郦道元著，陈桥驿校证《水经注校证》，北京：中华书局，2013 年，529 页。
② 郦道元著，陈桥驿校证《水经注校证》，北京：中华书局，2013 年，681 页。

表 3-33　从冝得声的字的音韵地位

	声母	开合	等	声调	中古韵	上古韵部
冝	心母	合口	三等	平声	仙韵	元部
觛	晓母	合口	三等	平声	元韵	元部
宣	心母	合口	三等	平声	仙韵	元部
狟	匣母	合口	一等	平声	桓韵	元部
桓	匣母	合口	一等	平声	桓韵	元部
貆	匣母	合口	一等	平声	桓韵	元部
洹	匣母	合口	一等	平声	桓韵	元部
絙	匣母	合口	一等	平声	桓韵	元部
垣	云母	合口	三等	平声	元韵	元部
𧺢	云母	合口	三等	平声	元韵	元部
咺	晓母	合口	三等	上声	阮韵	元部
査	匣母	合口	一等	平声	桓韵	元部
愃	心母	合口	三等	平声	仙韵	元部

（一）觛

《说文·角部》："觛，角匕也。从角，冝声，读若讙。"况袁切。"觛"字实从冝得声。（关于冝和亘相混的例证，见第一章）《玉篇·角部》："觛，欣奇、欣元二切，角上也。""上"当为"匕"之讹误。《广韵·元韵》况袁切："觛，角匕。"《广韵·支韵》许羁切："觛，角匕。"《集韵》虚宜、许元二切，义同《广韵》。《释文》没有注音。

"觛"字上古为元部字。许慎"读若讙"是其证明。"觛"字中古有"许羁切"一音，乃是"桸、㰪"字的同义换读。《玉篇·木部》云："㰪，虚奇切。杓也。蠡为㰪也。"《广韵》："桸，杓也。许羁切。"《方言》第五："㽈，陈楚宋魏之间或谓之箪，或谓之㰪，或谓之瓢。"郭璞注："㰪，今江东通呼勺为㰪，音羲。"唐慧琳《一切经音义》卷七十三："㰪者，又作桸瓵二形，同许宜反。《方言》蠡或谓之㰪。今江南呼勺为㰪。《三苍》：'觛，勺也。'"是觛、桸、㰪三字义皆为勺。

（二）烜

《说文·火部》："爟，取火于日官名，举火曰爟。《周礼》曰：'司爟，掌行火之政令。'从火，藋声。烜，或从亘。"古玩切。《玉篇·火部》："烜，况远切，火盛貌。"又："爟，古乱切，举火也。"《广韵·纸韵》许委切："烜，《周礼》有司烜氏，以阳燧取火于日，以鉴取水于月。"《广韵·阮韵》况晚切："烜，光明。"又古玩切："爟，烽火，《说文》曰：取火于日，官名。举火曰爟。《周礼》曰：司爟掌行火之政令。"《集韵》虎委切："烜，取火，官名，《周礼》司烜氏掌以夫遂，取明火于日。"又火远切："烜，光明也。"《释文》共注音4次。

《周礼·夏官·司爟》："司爟：下士二人；徒六人。"郑玄注："故书爟为燋，杜子春云燋当为爟，书亦或为爟，爟为私火，玄谓爟读如予若观火之观，今燕俗名汤热为观，则爟火谓热火与。"《释文》："司爟，古唤反。"又："司爟，掌行火之政令，四时变国火以救时疾。"《周礼·秋官·司烜氏》："司烜氏：下士六人，徒十有二人。"郑玄注："烜，火也。读如卫侯毁之毁。故书毁为烜，郑司农云当为烜。"《释文》："司烜，音毁，注毁同，火也。"又："司烜氏，掌以夫遂取明火于日，以鉴取明水于月，以共祭祀之明齍明烛共明水。""烜"字，徐铉作为"爟"字重文，徐锴把该字放于火部末尾。"司爟"与"司烜"所掌管的职务不同，"烜"为祭祀之火，"爟"则民火也。又司爟为举火，非取火于日之官。是烜、爟不同，且《玉篇》《释文》《广韵》绝不言烜即爟字。

"烜"，上古为元部音。《周礼·春官·大祝》："凡大禋祀、肆享、祭示，则执明水火而号祝。"郑玄注："明水火，司烜所共日月之气，以给烝享。执之如以六号祝，明此圭絜也。"《释文》："司烜，况晚反。"《尔雅·释训》："赫兮烜兮，威仪也。"《释文》："烜，吁远反。烜者，光明宣著，今并作咺字，音同。""烜"与"咺"异文。《广雅·释诂》："烜，明也。"《博雅音》："烜，咺。"

三四、言声

《说文》从言得声的字有 3 个，共两个层次，第一层：言，第二层：誩誾䛞。它们的音韵地位如表 3-34 所示。

表 3-34　从言得声的字的音韵地位

	声母	开合	等	声调	中古韵	上古韵部
言	疑母	开口	三等	平声	元韵	元部
誾	疑母	开口	三等	去声	线韵	元部
誩	疑母	开口	三等	平声	元韵	元部
衒	匣母	合口	四等	去声	霰韵	真部

（一）衒

《说文·行部》："衒，行且卖也。从行从言。𧗷，衒或从玄。"黄绚切。段注："言亦声。"邵瑛《群经正字》："今经典从或体作衒。"《玉篇·行部》："衒，胡绢切。卖也。《说文》曰：'行且卖也。'"《广韵·霰韵》黄练切："衒，自媒。𧗷，同上。䘥，行䘥卖。"《集韵》荧绢切："𧗷衒䘥，《说文》：行且卖也。或从玄，亦作䘥。"又翾县切，义同。《释文》注音 2 次。

衒，本义为边走边卖。《楚辞·天问》："妖夫曳衒，何号于市。"洪兴祖《补注》："衒，荧绢切，行且卖也。曳衒，言夫妇相引行卖于市也。"① 《楚辞·九思》："抱昭华兮宝璋，欲衒鬻兮莫取。"王逸注："行卖曰衒。"② 《汉书·东方朔传》："四方士多上书言得失，自衒鬻者以千数。"颜师古注："衒，行卖也。鬻亦卖也。衒音州县之县，又音工县反。"《汉书·梅福传》："是以天下布衣各厉志竭精以赴阙廷，自衒鬻者不可胜数。"引申指女子不经媒人介绍，擅自与男子交往。《战国

---

① 洪兴祖《楚辞补注》，北京：中华书局，1983 年，111 页。
② 洪兴祖《楚辞补注》，北京：中华书局，1983 年，318 页。

策·燕策一》:"且夫处女无媒,老且不嫁。舍媒而自衒,弊而不售。"①《新序·杂事》第二:"齐有妇人,极丑无双,号曰无盐女……行年三十,无所容入,衒嫁不只。"《墨子·公孟》:"譬若美女处而不出,人争求之。行而自衒,人莫知取也。"曹植《求自试表》:"何况巍巍大魏,多士之朝而无慷慨死难之臣乎?自衒自媒者,士女之丑行也。"李善注:"《越绝书》曰:范蠡其始居楚之越,越王与言尽日。大夫石贾进曰:衒女不贞,衒士不信。客历诸侯、度河津无因自致,殆不真贤也。"《广韵》保留了这个意义。

"衒",或体为"衔"。衒,从玄。玄为真部字。段注:"衒,依或字谐声,则在十二部。""衒"为真部字,至晚汉代已然。

三五、般声

《说文》从般得声的字共 10 个:輂瞽盘瘢幋鬕鰴擎嫛螌(都为元部)。它们的音韵地位如表 3-35 所示。

表 3-35 从般得声的字的音韵地位

	声母	开合	等	声调	中古韵	上古韵部
輂	并母	合口	一等	平声	桓韵	元部
盘	并母	合口	一等	平声	桓韵	元部
鬕	并母	合口	一等	平声	桓韵	元部
瞽	并母	合口	一等	平声	桓韵	元部
瘢	并母	合口	一等	平声	桓韵	元部
幋	并母	合口	一等	平声	桓韵	元部
鰴	并母	合口	一等	平声	桓韵	元部
擎	并母	合口	一等	平声	桓韵	元部

---

① 刘向集录,范祥雍笺证《战国策笺证》,上海:上海古籍出版社,2011 年,1704 页。

续表

	声母	开合	等	声调	中古韵	上古韵部
豳	帮母	开口	二等	平声	删韵	元部
媻	并母	合口	一等	平声	桓韵	元部
	并母	合口	一等	平声	戈韵	歌部

（一）媻

《说文·女部》："媻，奢也。从女，般声。"薄波切。徐铉等曰："今俗作婆，非是。"《玉篇·女部》："媻，蒲寒切，媻媻，往来也。《说文》：薄波切，奢也。"《广韵·桓韵》薄官切："媻，奢也，一曰小妻，又媻媻，来往貌。"《广韵·戈韵》薄波切："媻，《说文》曰：奢也。"《集韵》蒲官切："媻，《博雅》：媻媻，往来也。一曰：奢也。"《集韵·戈韵》蒲波切："媻婆，《说文》：奢也。一曰：女老称，或从波。"

"媻"，用在"媻媻"一词中，表"往来"之义，读元部音。《汉书·司马相如传上》："媻姗勃窣上金堤。"师古曰："媻姗勃窣谓行于丛薄之间也。金堤，言水之堤塘坚如金也。媻音盘，姗音先安反。""媻姗"为叠韵连绵词，"媻姗"犹"蹒跚"。《楚辞·怨世》："嫫母勃屑而日侍。"王逸章句："勃屑犹媻姗，膝行貌，言西施媞媞仪容姣好屏不得见，嫫母丑恶反得媻姗而侍左右也。以言亲近小人斥逐君子也，曰一作近。"洪兴祖补曰："嫫音谟，屑苏骨切，勃屑行貌，媻姗一作蹒跚。"① 《广雅·释训》："媻媻，往来也。"《博雅音》："柈柈。"王念孙："媻媻，曹宪音柈柈，即盘字也。《玉篇》《广韵》《集韵》音与曹宪同。各本柈字设入正文，又误作拌拌二字。"

"媻"，用在"媻娑"一词中，表盘旋舞动之貌，为歌部字。《说文·女部》："娑，舞也。从女，沙声。《诗曰》：'市也媻娑。'"《诗经·陈风·东门之枌》："东门之枌，宛丘之栩。子仲之子，婆娑其下。谷旦于差，南方之原。不绩其麻，市也婆娑。"《释文》："婆，步波反，《说文》作媻，音同。娑素何反。""婆娑"，叠韵连绵词。许慎作"媻娑"，"媻"与"婆"异文，"婆"字，《说文》无。"媻"至晚东汉已经读歌部字了，可能受到"娑"字读音的影响。

---

① 洪兴祖《楚辞补注》，北京：中华书局，1983年，244页。

第四章 月部字与其他韵部字相通的时代考证

一、叕声

《说文》从叕得声的字共18个。第一层：叕。第二层：啜輟腏窭罬歠惙娺錣綴剟餟掇畷鷄棳。第三层：箥篡。皆为月部字，它们的音韵地位如表4-1所示。

表 4-1 从叕得声的字的音韵地位

	声母	开合	等	声调	中古韵	上古韵部
叕	知母	合口	三等	入声	薛韵	月部
啜	昌母	合口	三等	入声	薛韵	月部
鞨	知母	合口	三等	入声	薛韵	月部
腏	知母	合口	三等	入声	薛韵	月部
窡	知母	合口	二等	入声	黠韵	月部
罬	知母	合口	三等	入声	薛韵	月部
歠	昌母	合口	三等	入声	薛韵	月部
惙	知母	合口	三等	入声	薛韵	月部
娺	知母	合口	二等	入声	黠韵	月部
辍	知母	合口	三等	入声	薛韵	月部
缀	知母	合口	三等	去声	祭韵	月部
剟	端母	合口	一等	入声	末韵	月部
餟	知母	合口	三等	去声	祭韵	月部
掇	端母	合口	一等	入声	末韵	月部
畷	知母	合口	三等	去声	祭韵	月部
鵽	端母	合口	一等	入声	末韵	月部
醊	章母	合口	三等	入声	薛韵	月部
窋	知母	合口	二等	入声	黠韵	月部
窭	知母	合口	二等	入声	黠韵	月部

（一）娺

《说文·女部》："娺，疾悍也。从女，叕声，读若唾。"丁滑切。《玉篇·女部》："娺，陟滑切，怒也。"《广韵·脂部》陟佳切："娺，疾也。"《广韵·黠韵》丁滑切："娺，婠娺，好貌。"《集韵》中葵切："娺，疾悍。一曰：怒也。"又株卫切："《广雅》：怒也。一曰：疾悍。"又张滑切、张括切、姝悦切，义并"疾悍"。《释文》未注音。

"娺"，本义为"疾悍"，即"剽悍"也。《广雅·释诂》："娺，怒也。"《博雅音》："娺，陟卫。"《玉篇》"怒也"，《广韵》"疾也"，保留了该义。文献中没有出现该词义的用法。结合字书和韵书的注音当为月部字。"读若唾"者，可能在许慎的方言中，"娷"字已经转为歌部字了。

（二）蝃

《说文》无。《说文·虫部》："螮，螮蝀，虹也。"《玉篇·虫部》："螮，丁计切，螮蝀，虹也。蝃蚳，并同上。"又："蝃，知劣切，又音拙，䵷𪓷也。"《广韵·齐韵》都计切："蝃，同螮，见《诗》。"《广韵·薛韵》职悦切："蝃，蜘蛛。"《集韵》丁计切："螮蝃蚳蚳，《说文》：螮蝀，虹也。或作蝃蚳蚳。"又都括切："蝃，虫名，䵷𪓷也。"又朱劣切："蝃蚰蠿，虫名，蜘蛛也。或从出从蠿。"又株劣切，义同上。《释文》共注音3次。

"蝃"，作为"螮"的异体字，用在"蝃蝀"一词中，指彩虹，上古为月部字，中古音"丁计切"。《诗经·墉风·蝃蝀》序："蝃蝀，止奔也，卫文公能以道化其民。"《释文》："蝃蝀，上丁计反，下都动反，蝃蝀，虹也。《尔雅》作'螮蝀'，音同。"《诗经·墉风·蝃蝀》："蝃蝀在东，莫之敢指。"《释文》："螮，本或作蝃。"《说文》引《诗经》作"螮"。《广韵》："蝃，同螮。"《礼记·月令》："桐始华，田鼠化为鴽，虹始见，萍始生。"郑玄注："皆记时候也。鴽，母无。螮蝀谓之虹。"《释文》："蝃，本又作螮，丁计反，亦作蚳。"刘熙《释名·释天》："虹，攻也。纯阳攻阴气也。又曰：蝃蝀，其见每于日在西而见于东，啜饮东方之水气也。""蝃啜"声训。又作"蚳蝀"。《玉篇》："蝃、蚳，同'螮'。"字亦省作"蚳"。

"蝃"，表"蜘蛛"义，为月部音。《方言》第十一："䵷𪓷，䵷蝥也。自关而西秦晋之间谓之䵷蝥。"郭璞注："今江东呼蝃蝥，音掇。"《尔雅·释虫》："次蠹、䵷𪓷、䵷𪓷、䵷蝥。"郭璞注："今江东呼蝃蝥，音掇。"《释文》："蝃，或作蚰，音章悦反。"

综上，"蝃"，中古音"丁计切"，用于"蝃蝀"一词，义为彩虹。中古音"职悦切"，"蝃蝥"，指蜘蛛。上古皆为月部字。

（三）𦳝

《说文》无。《玉篇·叕部》："叕，知劣切。𦳝，同上。吴人呼短物也。"又矢部："䦛,职劣切,短也。"《广韵·薛韵》职悦切："䫡,倔䫡,短貌。"《集韵·术韵》侧律切："䫡,吴人呼短。"《集韵》同《广韵》,《释文》没有注音。

"䫡"字,中古音"职悦切",上古为月部字。"倔䫡",叠韵连绵词,义为"短貌"。《方言》第十三："䫡,短也。"郭璞注："蹶䫡,短小貌,音剟。䫡,音肫赘。"《广雅》："䫡,短也。"《博雅音》："竹律、征劣二音。"凡叕声字皆有短义。《庄子·秋水篇》："遥而不闷,掇而不跂。"郭象注："掇犹短也。"《淮南子·人间训》："圣人之思修,愚人之思叕。"高诱注："叕,短也。"①《说文·女部》："婠,短面也。"《众经音义》卷四、卷二十二并引《声类》云："惙,短气貌。"《广韵》："顇,头短也。"并字异而义同。王念孙《广雅疏证》云："䫡与侏儒,语之转也,故短谓之侏儒,又谓之䫡。梁上短柱谓之楶,又谓之䫡,又谓之侏儒,又谓之楶儒。"是"䫡"字从"叕"得声,而非从"出"得声也。章太炎《新方言》："今江淮浙西于物之短者称为短䫡䫡,或曰秃䫡䫡。"

二、睿声

《说文》中从睿得声的字有:叡(月部)璿(元部)䆠(真部)。它们的音韵地位如表4-2所示。

表4-2　中从睿得声的字的音韵地位

	声母	开合	等	声调	中古韵	上古韵部
睿	余母	合口	三等	去声	祭韵	月部
叡	余母	合口	三等	去声	祭韵	月部
璿	邪母	合口	三等	平声	仙韵	元部
䆠	邪母	合口	三等	平声	谆韵	真部

---

① 何宁《淮南子集释》,北京:中华书局,1998年,1272页。

（一）璿

《说文·玉部》："璿，美玉也。从玉，睿声。《春秋传》曰：璿弁玉缨。𤩅，古文璿。𤫊，籀文璿。"似沿切。又："琼，赤玉也。从玉，敻声。璚，琼或从矞。瓗，琼或从巂。璇，琼或从旋省。"《玉篇·玉部》："璿，似缘切，《山海经》云：'有沃之国沃，民是处爰，璿瑰瑶碧。'《虞书》曰：'璿玑玉衡。'孔传云：'璿，美玉。'《穆天子传》：'春山之宝有璿珠也。'𤩅，古文。𤫊，籀文璇。"又："璇，似宣切，美石次玉，亦作琁。"又："琼，渠营切，《说文》云：'赤玉也。'《庄子》云：'积石为树，名曰琼枝。其高一百二十仞，大三十围，以琅玕为之宝。'璚，同上。瓗，同上。"《广韵·仙韵》似宣切："琁，美石次玉。璇，同上。璿，玉名。"又渠营切："琼，玉名。璚，同上。"《说文》"琼、璇"为异体字。《广韵》"琼"下重文无"琁"；《玉篇》"琁"与"璇"同，非"琼"字，二书皆言美石次玉。清桂馥《说文解字义证》卷二："《山海经·中山经》：升山黄酸之水，其中多璇玉。郭璞注：璇玉，石次玉者也。不言赤玉，亦不言美玉。《淮南子》：昆仑之山有琼宫琁室。据此则琼琁不同。"如此可知"璿、琼、璇"当为不同的三个字。"璿"字，《释文》共注音2次，皆音"旋"。

《尚书·舜典》："在璿玑玉衡，以齐七政。"《释文》："璿音旋。"《尔雅·释诂》："在、存、省、士，察也。"郭璞注："《书》曰：'在璿玑玉衡。'"《释文》："璿音旋，又作璇。"唐慧琳《一切经音义》共注音5次：卷八十六："璇玑，上徐缘反。"卷八十七："璿毫，上旋缘反，郭璞云：璿，玉名也。""璿玑：上夕缘反。"卷九十六："璿玑，上似缘反。"卷九十八："璿玑，随缘反。"璿与璇旋异文。《尚书·舜典》："在璿玑玉衡，以齐七政。"《尚书大传》作"在旋机玉衡"。《史记·天官书》："北斗七星，所谓旋机玉衡。"《史记·封禅书》《汉书·天文志》《后汉书·安帝纪》引璿作璇，《索隐》："《尚书》旋作璿。"《文选·陶征士诔》："璿玉致美。"李善注："《说文》曰：璇亦璿字。"

根据异文以及中古字书、韵书的注音材料，"璿"，上古就已经是元部字。

（二）趨

大徐本《说文·走部》："趨，走貌。从走，叡声。读若纰。"徐铉

注:"臣铉等以为叡声远。"段注本《说文·走部》:"趣,走貌。从走,叡声。读若讯。"详遵切。段注:"趣叡,部分绝远,依《广韵》十八谆作趣。则与《玉部》璿叡字同一谐声取韵。"《玉篇·走部》:"趣,祀传切。走也。"《广韵》详遵切:"趣,《说文》曰:走貌也。"辞恋切:"趣,大也。"《集韵》随恋切:"叡,大也。"松伦切:"趣,《说文》:走貌。"

趣,义为"小跑",中古音详遵切。该义文献中未见。《说文》"读若讯"。至晚东汉已属真部。趣,义为"大",中古音辞恋切,《广韵》《集韵》有保留该音义。

三、兑声

《说文》从兑得声的字共 16 个:说敓䫇脱䬼梲税娧祱駾涗挩娧蜕锐。它们的音韵地位如表 4-3 所示。

表 4-3 从兑得声的字的音韵地位

	声母	开合	等	声调	中古韵	上古韵部
兑	定母	合口	一等	去声	泰韵	月部
说	书母	合口	三等	去声	祭韵	月部
敓	定母	合口	一等	入声	末韵	月部
䫇	余母	合口	三等	入声	薛韵	月部
脱	透母	合口	一等	入声	末韵	月部
䬼	书母	合口	三等	去声	祭韵	月部
梲	透母	合口	一等	入声	末韵	月部
税	书母	合口	三等	去声	祭韵	月部
娧	定母	合口	一等	入声	末韵	月部
祱	书母	合口	三等	去声	祭韵	月部
駾	透母	合口	一等	去声	泰韵	月部
涗	书母	合口	三等	去声	祭韵	月部

续表

	声母	开合	等	声调	中古韵	上古韵部
阅	余母	合口	三等	入声	薛韵	月部
挩	透母	合口	一等	入声	末韵	月部
娧	透母	合口	一等	去声	泰韵	月部
蜕	透母	合口	一等	去声	泰韵	月部
锐	余母	合口	三等	去声	祭韵	月部

（一）蜕

《说文·虫部》："蜕，蛇蝉所解皮也。从虫，挩省。"输芮切。段注本："蜕，它蝉所解皮也。从虫，兑声。"《玉篇·虫部》："蜕，尸锐、始悦二切，蛇皮也。"《广韵·祭韵》舒芮切："蜕，蜕皮。"《广韵·泰韵》他外切："蜕，蛇易皮。"《广韵·过韵》汤卧切："蜕，蛇去皮也。"《广韵·薛韵》弋雪切："蜕，蝉去皮也。"《释文》共注音5次。

"蜕"，上古为月部字。《庄子·齐物论》："万世之后而一遇大圣知其解者，是旦暮遇之也。"郭象注："言能蜕然无系，而玄同死生者至希也。"《释文》："蜕然，音悦，又始锐反。"《庄子·天地》："万物一府，死生同状。"郭象注："蜕然无所在也。"《释文》："蜕然，始锐反，又音悦。"《庄子·刻意篇》："其死也物化。"注："蜕然无所系。"《释文》："蜕然，音悦，又始锐反。"《庄子·知北游》："孙子非汝有，是天地之委蜕也。"注："气自委结而蝉蜕也。"《释文》："委蜕，吐卧反，又音悦，又敕外反，又始锐反，又始劣反。"《庄子·寓言》："予，蜩甲也，蛇蜕也，似之而非也。"《释文》："蜩甲，蝉蜕皮也。蛇蜕，音悦，又吐卧反，又始锐反。"唐慧琳《一切经音义》共注音9次，皆为始锐反，义皆引《说文》"蝉蚅所解皮也"。据孙玉文师考证，"脱"与"蜕"存在短入与长入的变调构词。文献中也存在"脱"与"蜕"异文的情况。陆机《汉高祖功臣颂》："振威龙蜕，摅武墉城，六师寔因，克荼禽黥。"注："蜕，五臣作脱，音令。"这些注音都是去入字，尽管无直接证据，但根据古今音的对应规律，上古必归月部字。

"蜕"字本义为"蛇蝉所解皮也"。有指蝉者。《列子·天瑞篇》：

"是天地委蜕也。"注云:"气自委结而蝉蜕耳。"①《楚辞·九怀》:"济江海兮蝉蜕,绝北梁兮永辞。"②《荀子·大略篇》:"君子之学如蜕,幡然迁之。"唐杨倞注:"如蝉蜕也。"③《史记·屈原传》:"濯淖污泥之中,蝉蜕于浊秽。"《正义》:"蜕音税,去皮也,又他卧反。"张衡《思玄赋》:"欻神化而蝉蜕兮,朋精粹而为徒。"《淮南子·说林训》:"蚕食而不饮,二十二日而化蝉,饮而不食,三十日而蜕。"④《汉书·叙传》:"繇凯风而蝉蜕兮,雄朔野以扬声。"《论衡·论死篇》:"蝉之未蜕也为复育,蜕也去复育之体,更为蝉之形。"⑤《文选》孙楚《为石仲容与孙皓书》:"又南中吕兴,深睹天命,蝉蜕内向,愿为臣妾。"陆机《汉高祖功臣颂》:"睹几蝉蜕,悟主革面。"夏侯湛《东方朔画赞》:"蝉蜕龙变。"谢灵运《山居赋》:"羡蝉蜕之匪日。"《字林》:"蜕,蝉皮也。"《广雅》:"复育,蜕也。"有指蛇者。《晋书·张华传》:"武库有雉雏。华曰:此必蛇化为雉也。开视雉侧,果有蛇蜕焉。"⑥《吴普本草》:"蛇蜕,一名蛇附,一名蛇筋。"⑦《庄子·寓言篇》:"予,蜩甲也,蛇蜕也。"

"蜕",《广韵》弋雪切,《集韵》欲雪切:"蜕,《方言》:燕赵谓蠭小者曰蚴蜕。"《广雅·释虫》:"蚴蜕、土蜂,蠮螉也。"《博雅音》:"蜕,悦。"王念孙疏证:"蠮螉或谓之蚴蜕,蚴蜕也,蠮螉也,蠪也,一声之转也。"《方言》第十一:"蠭,燕赵之间谓之蠓螉,其小者谓之蠮螉,或谓之蚴蜕,其大而蜜谓之壶蠭。"郭璞注:"蚴蜕,幽悦二音。"可见,"蜕",用在"蚴蜕"一词中,指一种小蜜蜂,上古为月部字。

"蜕",《广韵》有汤卧切一音,可能是受"氄"字影响。《广雅·释诂》:"蜕,氄,解也。"《博雅音》:"蜕,七会。氄,门悼反,冒字也。必无冃字边,从毛吐外反,形声不然,或未。"王念孙疏证:"蜕之言

---

① 杨伯峻《列子集释》卷一,北京:中华书局,1985年,34页。
② 洪兴祖《楚辞补注》,北京:中华书局,1983年,278页。
③ 王先谦《荀子集解》,北京:中华书局,2012年,488页。
④ 何宁《淮南子集释》,北京:中华书局,1998年,1203-1204页。
⑤ 黄晖《论衡校释(附刘盼遂集解)》,北京:中华书局,1990年,881页。
⑥ 房玄龄等《晋书》,北京:中华书局,2012年,1075页。
⑦ 吴普著,尚志钧等辑校《吴普本草》,北京:人民卫生出版社,1987年,74页。

脱。氉亦蜕也，《方言》：'氉，易也。'郭璞注云：'谓解氉也。'《广韵》：'氉，鸟易毛也。'郭璞《江赋》：'产氉积羽。'李善注云：'《字书》曰：毻，落毛也。'毻与氉同。《管子·轻重篇》云：'请文皮毻服而以为币。'今俗语犹谓鸟兽解毛为毻毛。氉毻蜕并同义。案，氉字从毛，隋省声。《方言》注音他卧反。《玉篇》音汤果切，《广韵》音汤卧他外二切，曹宪欲改氉为毻，音门悼反，非也。《集韵》三十七号内有毻字，引《广雅》毻，解也。即承曹宪之误。考《江赋》及《方言》《玉篇》《广韵》俱作氉，不作毻，今据以辨正。""蜕"有汤卧切之音，乃是"氉"字的同义换读所致。

四、昏（舌）声

《说文》从昏得声的字共四个层级。第一层：氒。第二层：昏。第三层：姞苦适齕话鸹骷刮楖秮佸頢髻活聒括姡鎯。第四层：憇。第四层：阔。它们的音韵地位如表 4-4 所示。

表 4-4　从昏得声的字的音韵地位

	声母	开合	等	声调	中古韵	上古韵部
氒	见母	合口	三等	入声	月韵	月部
昏	见母	合口	一等	入声	末韵	月部
楖	见母	合口	一等	入声	末韵	月部
齕	见母	合口	一等	入声	末韵	月部
活	匣母	合口	一等	入声	末韵	月部
姞	匣母	合口	一等	入声	末韵	月部
佸	匣母	合口	一等	入声	末韵	月部
秮	匣母	合口	一等	入声	末韵	月部
姡	匣母	合口	一等	入声	末韵	月部
鎯	见母	合口	一等	入声	末韵	月部
括	见母	合口	一等	入声	末韵	月部

续表

	声母	开合	等	声调	中古韵	上古韵部
髻	见母	合口	一等	入声	末韵	月部
适	见母	合口	一等	入声	末韵	月部
頢	见母	合口	一等	入声	末韵	月部
䒷	见母	合口	一等	入声	末韵	月部
话	匣母	合口	二等	去声	夬韵	月部
鸹	见母	合口	二等	入声	辖韵	月部
骺	见母	合口	一等	入声	末韵	月部
刮	见母	合口	二等	入声	辖韵	月部
栝	见母	合口	一等	入声	末韵	月部
憇	见母	合口	一等	入声	末韵	月部
阔	溪母	合口	一等	入声	末韵	月部

（一）栝（桰）

《说文·木部》："栝，櫽也。从木，昏声。一曰：矢栝，筑弦处。"古活切。凡从昏得声的字隶变皆为舌。《说文·木部》："桰，炊灶木。从木，舌声。"他念切。徐铉等曰："当从甛省乃得声。"马叙伦《说文解字六书疏证》卷十："钮树玉曰：《广韵》引作炊灶也。严可均曰：'《韵会》引篆作栝，舌声作占声'。又小徐曰：添灶木也。盖小徐原本篆作桰，而无柏机下之栝。今彼有者，张次立以大徐补耳。添俗沾字。……唐写本木部残卷作桰。《韵会》引作栝，莫友芝见明本《韵会》作栝者皆讹字。"《玉篇·木部》："桰，古活切，木名，柏叶松身。栝，《说文》同上，櫽也。"又："桥，他念切，木杖也。栝，《说文》桥字。"《广韵·末韵》古活切："桧，木名，柏叶松身，又工外切。栝，同上。"《广韵·忝韵》他玷切："桰，《说文》云：炊灶木也。"《集韵》"栝、桰"二字同样划然有别，意义同《广韵》。《集韵》他点切或他念切："桰柄桥，《说文》：炊灶木。或从因，从忝。"《集韵》古外切或苦活切："桧栝，木名，古作桰。栝，《说文》：櫽也。一曰：矢栝，筑弦处。"

由上可知，"桰"字是"栝"与"桰"的同形字。"栝"为月部字，"桰"为谈部字。表"炊灶木"的"桰"字，古文献中不常见，表"櫽栝"之义的"桰"字文献中常有。

"桰"字，本义为"檃栝"，古文字中已见。《汉印文字征》作 [字形]，何琳仪《桥形布币考》："1311 [字形]二釿；1314 [字形]一釿；132 [字形]半釿。[字形]，从木从𠯑，应该隶定为 [字形]，《说文》从𠯑的字，皆隶变为舌昏（非口舌之舌），故 [字形] 即桰字。"① 《释文》注音 3 次，皆为"古活反"。《荀子·性恶篇》："故枸木必将待檃栝、烝、矫然后直。"唐杨倞注："枸读为钩，曲也，下皆同。檃栝，正曲木之木也。"②

"桰"字，又指"箭口"。《庄子·齐物论》："其发若机栝，其司是非之谓也。"《释文》："机栝，古活反，机，弩牙，栝，箭栝。"唐慧琳《一切经音义》卷三："箭筈，下康活反，《考声》：箭口也。案箭筈者，受弦之口也。经文从木作栝，亦通。《说文》从竹从栝省声也。栝音同。"卷六同。又卷四十九："箭栝，苦活反。《释名》：箭其末曰栝。栝，会也，谓与弦相会也。"《释名》用的正是声训。

"桰"，文献中常与"桧"字相通。《说文·木部》："桧，柏叶，松身。从木会声。"古外切。《诗经·卫风·竹竿》："淇水滺滺，桧楫松舟。"孔颖达《疏证》："桧，柏叶松身。《书》作栝字。《禹贡》云：'杶干栝柏。'注云：柏叶松身曰栝，与此一也。"《尚书·禹贡》："杶干栝柏。"《释文》："栝，古活反，马云白栝也。"《尔雅·释草》："果蓏之实栝楼。"《释文》："栝，本或作苦，古活反。"《文选》张衡《西京赋》："木则枞栝樱桕。"注："栝，古活切。"胡绍煐笺证："薛综曰：枞，松叶柏身。栝，柏叶松身。按《尔雅》《说文》并为桧，桧栝声之转。"

异文材料同样可以证明"桰"为月部字。《大戴礼·卫将军文子》："自设于檃栝之中。"③ 《孔子家语·弟子行》栝作括。《韩诗外传》亦作括。《国语·鲁语下》："故铭其栝曰。"④ 《补音》栝作括。《孔子家语·辩物》同。《荀子·法行》："檃栝之侧多枉木。"⑤ 《说苑·杂言》

---

① 何琳仪《桥形布币考》，载《吉林大学社会科学学报》，1992年第2期。
② 王先谦《荀子集解》，北京：中华书局，1988年，435页。
③ 王聘珍《大戴礼记解诂》，北京：中华书局，1983年，115页。
④ 徐元诰撰，王树民、沈长云点校《国语集解》，北京：中华书局，2002年，204页。
⑤ 王先谦《荀子集解》，北京：中华书局，1988年，536-537页。

栝作括。《尔雅·释草》："果蓏之实栝楼。"《释文》："栝，本或作苦。"《说文·草部》栝楼作苦蒌。《本草·草部》栝楼作菰䔍。

（二）錔（銛）

《说文·金部》："錔，断也。从金，昏声。"古活切。又："銛，锸属。从金，舌声，读若棪。桑钦读若镰。"息廉切。《玉篇·金部》："銛，思廉切，銛利也。"《广韵·盐韵》息廉切："銛，銛利也。《说文》曰：臿属。《篆文》曰：铁有距施竹头以掷鱼为銛也。"《广韵·忝韵》他玷切："銛，取也，又锸属。"又末韵古活切："銛，《说文》曰：断也。"《集韵》思廉切、习琰切、他点切："銛，《说文》：锸属。一曰：刺也。或作锬。"又古刮切："錔銛，断也，或从舌。"

由上述材料可知，"銛"字，代表"銛"和"錔"两个字形。"銛"，是锸类的工具，上古属于谈部字。"錔"，表断义，上古属于月部字。

"錔"字表断义，月部字，古文献中没有出现。桂馥《说文解字义证》卷四十五："断也者，《广雅》同。本书：刮，断也。錔刮音义同。"《仪礼·既夕礼》："设依挞焉。"郑玄注："依，缠弦也。挞，弣侧矢道也，皆以韦为之。今文挞为銛。"《释文》："为銛，刘音括，一音息廉。"《广雅·释诂》："銛，断也。"《博雅音》："他点，又息廉。"王念孙疏证："銛，亦刮也。语有缓急耳。《说文》：錔，断也，从金，昏声，隶省作銛。《玉篇》《广韵》并音古活切。又《说文》：銛，臿属也，从金，舌声。《玉篇》音思廉切，《广韵》音息廉、他玷二切。《广雅》銛训为断，当音古活反，曹宪音他点、息廉二反误也。"可见"錔"为月部字，魏晋时尚未与"銛"字音混。

"銛"字，本义为"锸属"，上古为谈部字。《韩非子·五蠹》："乃修教三年，执干戚舞，有苗乃服。共工之战，铁銛矩者，及乎敌铠，甲不坚者。"[1]《墨子·亲士》："今有五锥，此其銛。銛者必先挫。"[2]《广雅·释器》："錍谓之銛。"《博雅音》："他点。"引申为銛利。《战国策·燕

---

[1] 王先慎撰，钟哲点校《韩非子集解》，北京：中华书局，1998年，445页。
[2] 吴毓江撰，孙启治点校《墨子校注》卷三，北京：中华书局，1993年，2页。

国二》:"强弩在前,铦戈在后。"①《史记·苏秦传》作锬,锬与铦通。《吕氏春秋·论威》:"行不知所之,走不知所往,虽有险阻要塞,铦兵利械,心无敢据。"②《史记·秦始皇本纪》:"鉏櫌棘矜,非锬于句戟长铩也。"《集解》:"徐广曰:锬一作铦。""锬、铦"异文。贾谊《过秦论》:"鉏櫌棘矜,非铦于钩戟长铩也。"《汉书·贾谊传》:"谓随、夷溷兮,谓跖、蹻廉,莫邪为钝兮,铅刀为铦。"廉铦为韵。晋灼注云:"世俗谓利为铦彻。"《广雅·释诂》:"铦,利也。"《博雅音》:"铦,纤。"唐释慧琳《一切经音义》共注音 13 次,皆为"息廉反",义为"利也"。分别是卷六、十五、二十二、三十一、三十五、三十九、四十一、四十七、七十、七十二、七十六、八十二。又假借为"撜或拈"。《方言》卷三:"铦,取也。"郭璞注:"谓挑取物。音忝。"《广雅·释诂》:"铦,取也。"《博雅音》:"铦,他点。"《孟子·尽心上》:"士未可以言而言是以言餂之也,可以言而不言是以不言餂之也。"赵岐注:"餂,取也。"孙奭音义引丁公著云:"字书并无此餂字。郭注《方言》音忝,谓挑取物也,其字从金,今此字从食,与《方言》不同,盖传写讹也,当作铦。"由以上注音材料、异文和韵文可知,"铦",上古为谈部字。

五、毳声

《说文》从毳得声的字共 4 个:橇膬竁毳。它们的音韵地位如表 4-5 所示。

表 4-5 从毳得声的字的音韵地位

	声母	开合	等	声调	中古韵	上古韵部
毳	清母	合口	三等	去声	祭韵	月部

---

① 范祥雍笺证,范邦瑾协校《战国策笺证》,上海:上海古籍出版社,2011年,1707 页。

② 许维遹撰,梁运华整理《吕氏春秋集释》,北京:中华书局,2009 年,182 页。

续表

	声母	开合	等	声调	中古韵	上古韵部
毳	清母	合口	三等	去声	祭韵	月部
膬	清母	合口	三等	去声	祭韵	月部
窜	清母	合口	三等	去声	祭韵	月部
忽	晓母	合口	一等	入声	没韵	物部

（一）窜

《说文·穴部》："窜，穿地也。从穴，毳声。一曰：小鼠。《周礼》曰：'大丧，甫窜。'"充芮切。段玉裁曰："'一曰：小鼠'，《玉篇》引作小鼠声。"朱骏声曰："'一曰：小鼠'，按当作鼠小穴。"《玉篇·穴部》："窜，充芮、充绢二切，穿地也。一曰：小鼠声。"《广韵·祭韵》此芮切、楚税切："窜，葬穿圹也。"《广韵·线韵》尺绢切："窜，穿也。"《集韵》有此芮切、充芮切、昌缘切、枢绢切四切，意义同。《释文》共注音5次。唐慧琳《一切经音义》注音2次，卷八十七："月窜，川汭反，杜子春注《周礼》云：窜谓葬穿圹也。今南阳名穿地为窜，《古今正字》从穴，毳声也。"又卷九十八："蟠窜，下昌锐反。"

《周礼·地官·遂人》："及葬，帅而属六綍。及窆陈役。"郑玄注："致役，致于司徒，给墓上事及窜也。"《释文》："及窜，刘昌绢反，穿也，本作窆，戚彼验反，与注相应。"《周礼·春官·小宗伯》："卜葬兆，甫窜，亦如之。"郑玄注："兆，墓茔域。甫，始也。郑大夫读窜皆为穿，杜子春读窜为毳，皆谓葬穿圹也。今南阳名穿地为窜，声如腐脆之脆。"疏证："郑大夫读窜皆为穿，此经唯有一窜，而云皆在下冢人甫窜皆为穿也。杜子春读窜为毳，毳亦是穿，当时有此语。后郑从之，故云皆谓葬穿圹也。"《释文》："甫窜，昌绢反，李依杜昌锐反，郑大夫音穿。"段玉裁《说文解字注》："按此注读窜为穿者，易其字也。读窜如毳者，拟其音也。下文郑仲子春之说。以南阳语证子春说之不误。"王先谦《汉书补注》："惠士奇云《水经注》引《汉书》'穿中'作'窜中'，则窜读为穿信矣。《说文》：穿，通也。窜，穿地也。文异义同。""窜"读元部音，乃是"穿"字的训读。《周礼·夏官·量人》："掌丧祭奠窆之俎实。"郑玄注："窆亦有俎实，谓所包遣奠。《士丧礼》下篇曰：藏苞筲于旁。"《疏证》："按冢人云：请度甫窆。窆，穿圹之名，此言奠窆，则奠入于圹，是以云所包遣奠也。"《释文》："奠窆，昌锐反。"《仪礼·士丧礼》："主人西面拜工，左还椁，反位，哭，不踊。妇人哭于堂。"郑玄注："反位，拜位也。既哭之则往施之窆中矣，主人还椁，亦以既朝哭矣。"《释文》："之窆，昌绢反。""窆"与"穿"异文。《汉书·外戚传下》："时有群燕数千，衔土投于丁姬穿中。"师古曰："穿，谓圹中也。"郦道元《水经注》："时有群燕数千，衔土投于丁姬窆中。"[①]

综上，"窆"，本义为"穿地"，上古为月部字。《玉篇》《释文》《广韵》又有元部对应的中古音读法，始于郑众之说，当为"穿"字的训读。

（二）毊

《说文·心部》："毊，精毊也。从心，毳声。"千短切。《玉篇·心部》："毊，呼骨切，寝熟也。"《广韵·没韵》呼骨切："毊，寝熟。"《集韵》千短切："毊，《说文》：精毊也。"又呼骨切："毊，寱也。一曰：熟寐。"又呼役切："毊，寐觉也。"清纪容舒《唐韵考》卷三："毊，千短切。"《广雅·释诂》："学，毊，寱，觉也。"《博雅音》："毊，忽。寱，忽。"王念孙疏证："毊、寱，声义并同，《说文》：寱，卧惊也。《广韵》云：睡一觉也。""寱，《广韵》："呼骨切，睡一觉。"《玉篇》："呼骨切，卧惊也。一曰：小儿号寱寱也。"

"毊"，文献中没有找到该字的用法。结合中古韵书来看，"毊"，表示"精毊"义，中古读为"千短切"，上古当为元部字；表"睡熟"义，中古读为"呼骨切"；表"睡醒"义，中古音"呼役切"。

[①] 郦道元著，陈桥驿校证《水经注校证》，北京：中华书局，2007年，198页。

六、丰声

《说文》从丰得声的字共有 4 个层级。第一层：丰。第二层：夆害㓞竞。第三层：齧㓞契挈絜栔，第三层：犗割豁猰豬辖（都为月部）憲（元部）。第四层：趉鴂楔揳㝜㑉顪䫙。第四层：蘲趫。它们的音韵地位如表 4-6 所示。

表 4-6　从丰得声的字的音韵地位

	声母	开合	等	声调	中古韵	上古韵部
丰	见母	开口	二等	去声	怪韵	月部
夆	匣母	开口	一等	去声	泰韵	月部
㓞	溪母	开口	二等	入声	黠韵	月部
竞	见母	开口	三等	平声	蒸韵	蒸部
害	匣母	开口	一等	去声	泰韵	月部
犗	见母	开口	二等	去声	夬韵	月部
割	见母	开口	一等	入声	曷韵	月部
豁	晓母	合口	一等	入声	末韵	月部
揳	匣母	开口	二等	入声	辖韵	月部
猰	溪母	开口	一等	去声	泰韵	月部
辖	匣母	开口	二等	入声	辖韵	月部
憲	晓母	开口	三等	去声	愿韵	元部
蘲	晓母	合口	三等	平声	元韵	元部
趫	晓母	开口	三等	去声	愿韵	元部
齧	疑母	开口	四等	入声	屑韵	月部
㓞	禅母	开口	三等	去声	祭韵	月部
契	溪母	开口	四等	去声	霁韵	月部
契	溪母	开口	四等	入声	屑韵	月部
契	心母	开口	三等	入声	薛韵	月部
挈	溪母	开口	四等	入声	屑韵	月部

续表

	声母	开合	等	声调	中古韵	上古韵部
絜	匣母	开口	四等	入声	屑韵	月部
栔	溪母	开口	四等	去声	霁韵	月部
趹	彻母	开口	三等	去声	祭韵	月部
鶃	见母	开口	四等	入声	屑韵	月部
楔	心母	开口	四等	入声	屑韵	月部
鄎	见母	开口	四等	去声	霁韵	月部
瞖	影母	开口	四等	去声	霁韵	月部
偰	心母	开口	三等	入声	薛韵	月部
頡	溪母	开口	四等	去声	霁韵	月部
鍥	溪母	开口	四等	入声	屑韵	月部

（一）兢

《说文·兄部》："兢，竞也。从二兄。二兄，竞意。从丵声，读若矜[①]。一曰：兢，敬也。"居陵切。《玉篇·兄部》："兢，冀征切，兢兢，戒慎也。《说文》云：竞也。競，同上，见《说文》。"《说文》有"競"无"兢"。《广韵》居陵切："兢，兢兢，戒慎。"《集韵》居陵切："兢兢，《说文》：竞也。从二兄。二兄，竞意。一曰：敬也。古作競。"又巨兴切："兢，兢兢，坚强貌。"《释文》注音9次：居陵反5次，其冰反1次，己冰反1次，棘冰反1次，音矜1次。

该字见于古文字当中。《甲骨文编》：𦥑（后二.一七.一一）、𦥑（库一八四三）、𦥑（金七三九）。《续甲骨文编》：𦥑（后下17.11）、𦥑（掇401）。《金文编》：𦥑（鬲比盨）。"兢"字上面从丵到金文当中才出现。

[①] 大徐本《说文·矛部》："矜，矛柄也。从矛，今声。"居陵切，又巨巾切。段注本《说文·矛部》："矝，矛柄也。从矛，令声。"段注："各本篆作矜。解云今声。今依汉石经论语、溧水校官碑、魏受禅表皆作矝正之。毛诗与天臻民旬填等字韵读如邻。古音也。汉韦玄成戒子孙诗始韵心。晋张华女史箴、潘岳哀永逝文始入蒸韵。由是巨巾一反仅见方言注，过秦论李注，广韵十七真。而他义则皆入蒸韵。今音之大变于古也。"

林义光《文源》卷六:"兢无二兄相竞之义。丯亦非声。𦫿,二人首戴物形。🝈即凷,重物之象。戴重物于首。故常戒惕。《诗》:战战兢兢。传曰:兢兢,戒也。"

"兢",上古就是蒸部字。《诗经·小雅·无羊》第三章:"尔牧来思,以薪以蒸。以雌以雄。尔来羊思,矜矜兢兢。不骞不崩。麾之以肱,毕来既升。"蒸雄兢崩肱升为韵。毛传:"矜矜兢兢以言坚强也。"《释文》:"兢兢,其冰反。"该义《集韵》有保留。《诗经·小雅·小宛》第六章兢冰为韵。兢与竞、矜异文。《诗经·小雅·小旻》:"战战兢兢。如临深渊,如履薄冰。"兢冰为韵。《释文》:"兢兢,己冰反。"《左传·宣公十六年》引兢作矜。《史记·龟策列传》:"阴兢活之。"《集解》:"徐广曰:兢一作竞。"《诗经·大雅·云汉》:"兢兢业业,如霆如雷。"《释文》:"兢,本又作矜,居陵反,恐也。"《左传·僖公二十二年》:"战战兢兢。"《释文》:"兢,居陵反,本或作矜。《说文》:兢读若矜。"

(二)宪

《说文·心部》:"宪,敏也。从心,从目,害省声。"许建切。《玉篇·心部》:"宪,许建切,法也,诚也,制也,《说文》曰:敏也。"《广韵》许建切:"宪,法也,又姓。出《姓苑》。"《集韵》呼典切,又许建切。《释文》共注音4次。

该字古文中已见。金文:🝈(伯宪盂),🝈(宪鼎),🝈(秦公镈)。秦简:🝈(睡虎地秦简一九三)。孙诒让《名原》卷下:"金文伯宪鼎作🝈,井人钟🝈,扬敢作🝈,皆从目从害省。《说文》宀部:害,伤也。从宀口,言从家起也。丯声。故此亦用作🝈,毛公鼎害字作🝈,与此略同。此🝈字即害之变体也。"🝈又可写作🝈,散氏盘有𢠶字作🝈,亦变害为害。从古文字可以看出,"宪"字最初从目,为𥈊,秦公钟作"宪"乃后起字。"宪"从"害"得声无疑。

"宪"字至晚上古时期已经成为元部字了。《诗经·小雅·六月》:"戎车既安,如轾如轩,四牡既佶,既佶且闲。薄伐玁狁,至于大原,文武吉甫,万邦为宪。"安轩闲原宪为韵。《诗经·小雅·桑扈》:"之屏之翰,百辟为宪,不戢不难,受福不那。"翰宪难那为韵。《诗经·大雅·板》:"天之方难,无然宪宪。"宪难为韵。《释文》:"宪宪,许建反，犹欣欣也。"《诗经·大雅·崧高》："申伯番番，既入于谢，徒御啴啴。周邦咸喜，戎有良翰。不显申伯，王之元舅，文武是宪。"番啴翰宪为韵。《尚书·说命下》："先王成宪，其永无愆。"宪愆为韵。刘乐宝《秦汉文字释丛》："《汉印文字征》附录五'䨜丘留'，第一字当释为宪。宪丘是一复姓，见于各姓氏谱录中，又作献丘。"①《礼记·学记》："发虑宪，求善良，足以謏闻，不足以动众。"郑玄注："宪，法也。"《释文》："虑宪，音献，法也。"《礼记·内则》："鹿、田豕、麕，皆有轩。雉、兔皆有芼。"郑玄注："轩读为宪宪，谓藿叶切也。"《释文》："宪宪，音显，注同，盛貌，一音如字。"

"宪"常常与元部字通假。《礼记·中庸》："《诗》曰：嘉乐君子，宪宪令德。"今《诗经·大雅·假乐》作"显显令德。"郑笺："显，光也。"《周礼·地官·小司徒》："令群吏宪禁令，修法纠职，以待邦治。"郑玄注："宪，表县之。"《周礼·秋官·布宪》："掌宪邦之刑禁。正月之吉，执旌节以宣布于四方，而宪邦之刑禁。"郑玄注："宪，表也，谓县之也。"《尚书·无逸》："厥子乃不知稼穑之艰难，乃逸乃谚。"汉石经《尚书》残碑作"乃逸乃宪"。《礼记·乐记》："《武》坐致右宪左，何也？"郑玄注："宪，读为轩，声之误也。"《释文》："宪，依注音轩。"《孔子家语·辨乐》作"（武）坐致右轩左"。朱骏声《说文通训定声》："宪，假借为轩。"

由以上韵文、异文、通假材料可知，"宪"字先秦已经为元部字。

七、剌声

《说文》从剌得声的字共 10 个，三个层级。第一层：剌。第二层：琍梨赖瘌剌。第三层：籁獭㵽鯻嬾。除"嬾"字外，皆为月部字。它们的音韵地位如表 4-7 所示。

---

① 刘乐宝《秦汉文字释丛》，载《考古与文物》，1991 年第 6 期。

表 4-7　从剌得声的字的音韵地位

	声母	开合	等	声调	中古韵	上古韵部
剌	来母	开口	一等	入声	曷韵	月部
琍	来母	开口	一等	入声	曷韵	月部
楋	来母	开口	一等	入声	曷韵	月部
赖	来母	开口	一等	去声	泰韵	月部
瘌	来母	开口	一等	入声	曷韵	月部
刺	来母	开口	一等	入声	曷韵	月部
籁	来母	开口	一等	去声	泰韵	月部
獭	透母	开口	一等	入声	曷韵	月部
濑	来母	开口	一等	去声	泰韵	月部
鯠	来母	开口	一等	去声	泰韵	月部
嬾	来母	开口	一等	上声	旱韵	元部

（一）嬾

《说文·女部》："嬾，嬾懈也，怠也。一曰：卧也。从女，赖声。"洛旱切。《玉篇·女部》："嬾，力但切，懈惰也。"又心部："懒，力旱切，俗嬾字。"《名义·女部》："嬾，力但反，懈怠也，卧食也。"《广韵》落旱切："嬾，惰也。懒，俗。"《集韵》落盖切："懒，憎懒，嫌恶。"《释文》没有注音。

"嬾"至晚在魏晋时期已经读元部音。《方言》第三："庸谓之倈，转语也。"郭璞注："倈犹保倈也，今陇右人名孄为倈，相容反。"钱绎《方言笺疏》："孄即古嬾字，亦作孏，并同。"《广雅·释诂》："懈、惰、怠、繄、嬾也。"《博雅音》："嬾，洛满。"《广雅·释言》："嬾，懈也。"《博雅音》："嬾，力但，口音鲁满反。"《后汉书·王丹传》："其堕孄者耻不致，丹皆兼功自厉。"《音义》："孄与嬾同音，力亶反。"孄为嬾的异体字，孄从兰得声，为元部字，则嬾亦当为元部字。

八、夗声

《说文》从夗得声的字共 3 个。㝵为月部字，掔、𡔷为元部字。它们的音韵地位如表 4-8 所示。

表 4-8　从夗得声的字的音韵地位

	声母	开合	等	声调	中古韵	上古韵部
夗	影母	合口	一等	入声	末韵	月部
㝵	影母	合口	一等	入声	末韵	月部
掔	影母	合口	一等	去声	换韵	元部
𡔷	影母	合口	一等	去声	换韵	元部

（一）掔

《说文·手部》："掔，手掔也。杨雄曰：掔，握也。从手，夗（夗）声。"乌贯切。《玉篇·肉部》："腕，乌段切，手腕，亦作掔。"又手部："掔，于焕切，《仪礼》曰：'钩中指结于掔。'掌后节中也。掔、捥并同上。"《广韵·桓韵》乌贯切："腕，手腕，掔，同上。"《集韵》乌贯切："掔腕捥捾𦟛，《说文》：手掔也。扬雄曰：掔，握也，或作腕、捥、捾、𦟛。"《释文》注音 3 次。

《仪礼·士丧礼》："设决，丽于掔，自饭持之，设握乃连掔。"郑玄注："丽，施也。掔，手后节中也。古文掔作捥。"《释文》："掔，乌乱反。"《仪礼·既夕礼》："设握，裹亲肤，系钩中指，结于掔。"郑玄注："掔，掌后节中也。"《吕氏春秋·本味》："肉之美者，猩猩之唇，獾獾之炙，隽觾之翠，述荡之掔。"高诱注："掔读如棪梡之梡。[①]"《史记·刺客列传》："将军岂有意乎？樊于期偏袒搤掔而进曰。"《集解》："徐广曰：掔一作掐。"《索隐》："搤音乌革反，掔音乌乱反，勇者奋厉，必先以左手扼右腕也。"《史记·封禅书》："而海上燕齐之间，莫不搤掔而自言有禁方，能神仙矣。"《汉书·郊祀志》搤作掔。颜师古

[①] 许维遹撰，梁运华整理《吕氏春秋集释》，北京：中华书局，2009 年，315 页。

注:"掔,古手腕之字也。"《汉书·游侠传》:"搤掔而游谈者,以四豪为称首。"颜师古注:"掔,古手腕字也。"

"掔"又可写作"挽腕",改从元部音声符"宛",可见"掔"字已变为元部音了。后世把"掔"讹误成"擎",《说文·手部》:"擎,固也。从手,臤声,读若《诗》'赤舄擎擎'。"苦闲切。二字音义绝然不同。

由上述材料可知,"掔"上古时期就已经是元部字。

(二)瑻

《说文·玉部》:"瑻,石之似玉者,从玉,臤(取)声。"乌贯切。《玉篇·玉部》:"瑻,乌灌切,石似玉。"《广韵》无。《集韵·换韵》:"瑻,《说文》:石之次玉者。"该字文献中未见。后代的字书韵书只有乌贯切一音,则"瑻"字上古当为元部字。

九、奈声

《说文》从示得声的字共有 8 个,分为四个层级。第一层:示。第二层:祁视狋(都为脂部)役奈(都为月部)。第三层:隸(隸)(质部)漆(月部)。第四层:橳(质部)。它们的音韵地位如表 4-9 所示。

表 4-9 从示得声的字和从奈得声的字的音韵地位

	声母	开合	等	声调	中古韵	上古韵部
示	船母	开口	三等	去声	至韵	脂部
祁	群母	开口	三等	平声	脂韵	脂部
视	禅母	开口	三等	上声	旨韵	脂部
狋	疑母	开口	三等	平声	脂韵	脂部
役	端母	合口	一等	去声	泰韵	月部
奈	泥母	开口	一等	去声	泰韵	月部
隸	来母	开口	四等	去声	霁韵	质部

续表

	声母	开合	等	声调	中古韵	上古韵部
㵮	泥母	开口	一等	去声	泰韵	月部
㦰	来母	开口	四等	去声	霁韵	质部

（一）祋

《说文·殳部》："祋，殳也。从殳，示声。或说城郭市里高县羊皮，有不当入而欲入者，暂下以惊牛马曰祋。故从示殳。《诗》曰：'何戈与祋。'"丁外切。《玉篇·殳部》："祋，丁外、丁括二切，殳也。"《广韵》丁外切："祋，祋祤，县名，在冯翊。又祋，殳也。"又丁括切："祋，祋祤，县名。"《集韵》都外切："祋，《说文》：'殳也。或说城郭市里高县羊皮，有不当入而欲入者，暂下以惊牛马曰祋。从示殳。引《诗》曰：何戈与祋。'一曰：祋祤，县名，在冯翊。"又都律切："祋，殳也。"又都活切："祋，殳也。一曰：祋祤，县名。"《释文》注音 2 次。

"祋"，本义为"殳"，古代的一种兵器。《诗经·曹风·候人》："彼候人兮，何戈与祋。彼其之子，三百赤芾。"毛传："祋，殳也。"《释文》："祋，都外反，又都律反。"祋、芾为韵。《周礼·夏官·候人》："候人，各掌其方之道治，与其禁令，以设候人。"郑玄注："候人者，选士卒以为之。《诗》云：彼候人兮，何戈与祋。"《释文》："祋，都外反，刘都律反。"《诗经·曹风·候人》祋芾为韵，芾为月部字。

"祋"，表"悬挂羊皮的竿子"义，文献中未见。

"祋"，祋祤，县名，在冯翊。《史记·孝景本纪》："置南陵及内史、祋祤为县。"《索隐》："邹诞生祋，音都会反，又音丁活反。"《史记·卫将军骠骑列传》："将军赵食其，祋祤人也。"《索隐》："祋祤，县名，在冯翊。祋音都活反，又音丁外反。"陈直《史记新证》："《居延汉简释文》卷三四十二页，有简文云：'施刑士冯栩带羽。'带羽当为祋祤之俗字，然可证汉人读祋字为都会反，不读丁活反。"[①] 带与祋异文，带为月部字。

从上述押韵、字书和韵书的注音以及异文材料来看，"祋"，上古

---

① 陈直《史记新证》，北京：中华书局，2006 年，33-34 页。

无论是作兵器讲还是用于地名，都已经是月部字了。

（二）柰（奈）

《说文·木部》："柰，果也。从木，示声。"奴带切。《玉篇·木部》："柰，那赖切，果名，又柰何也。㮈，同上。"又大部："奈，奴太切，正作柰。"《广韵·泰韵》奴带切："柰，果木名。《广志》曰：柰有青赤白三种，俗作㮈。"《广韵·个韵》奴个切："奈，奈何。"《集韵》奴带切："柰，乃带切，《说文》：果也。一曰：那也。俗作㮈，非是。"又乃个切："奈，能也。"

"柰"字，古文字中有见。包山楚简文字编：䒑、㮈。"柰"从"示"得声无疑。古文字中"艹""中"和"木"旁易讹混为"出"。①张新俊指出古文字中"木"演变为"出"的途径："木—㞢—㞢。""柰"字在古文字中有又写作"祟"的。"隶"字从柰得声，古文又写作"隸"（见下隶字）。包山（243）："毋又（有）柰（祟）。"甲三（265）："又（有）祱（祟）。"甲三（232）："无咎无敓（祟）。""柰"字，又可写作"奈"。王贵元《汉墓帛书字形辨析三则》："奈作为柰字的变体，到明代梅膺祚《字汇》中才有，但是源流却可以追溯到汉代，马王堆汉墓出土帛书汉字《战国纵横家书》285 行作奈，上部由木变成大，正是奈字所由来。"②

"柰"的本义为苹果的一种，今呼之为"沙果"。据中古的注音，该义上古为月部字。《广雅·释木》："楉榴，石榴，柰也。"潘岳《闲居赋》："三桃表樱胡之别，二柰曜丹白之色。"桂馥《说文解字义证》卷十六："《广志》：'柰有青白赤三种，张掖有白柰，酒泉有赤柰，西方例多奈，家以为脯。'卢谌《祭法》：'夏祠法用白柰，秋祠法用赤柰。'《晋起居注》：'嘉柰一蒂十五实，或七实，生于酒泉。'《洛阳伽蓝记》：'白马寺柰实重七斤，至熟时常驭以赐宫人，以为奇异。'《孔帖》：'大柰出凉州野猪泽，大如兔头。'又云：'汉时紫柰大如升，核紫花青，研之有汁，可漆，或着衣，不可浣也。'《唐书·地理志》：'甘州土贡冬柰。"是"柰"，本义指果树，俗又作"㮈"，《集韵》："俗作㮈。"

---

① 刘钊《古文字构形学》，福州：福建人民出版社，2006年，145-146页。
② 王贵元《汉墓帛书字形辨析三则》，载《中国语文》，1996年第4期。

"奈"借用为"奈何"字。《尚书·召诰》:"曷其奈何弗敬。"《礼记·曲礼下》:"奈何去社稷也。"《老子》二十六章:"虽有荣观燕处超然,奈何万乘之主而以身轻天下。"《广雅·释言》:"奈,那也。"王念孙疏证:"那,各本讹作郍,今订正。宣二年《左传》'弃甲则那'。言'弃甲则奈何'也。奈何二字,单言之则曰奈。扬雄《廷尉箴》云:'惟虐惟杀,人莫予奈'是也。那为奈何,而又为奈。若诸为之于而又为之矣。"朱骏声《定声》:"按那者,奈何之合音。""奈"作"奈何"讲,中古又音奴个切。

(三) 隶

《说文·隶部》:"隶,附箸也。从隶,奈声。𥚃,篆文隶,从古文之体。"郎计切。奈旁常常和祟旁有异体:隶与𥚃;款与歁;叙与叙。《玉篇·隶部》:"隶,力计切,附着也。𥚃,同上。"《广韵》郎计切:"隶,仆隶。𥚃,同上。俗作𥚃。"《集韵》同。《释文》注音1次。

该字古文字中已见,《睡虎地秦简文字编》:𥚃、𥚃、𥚃。商承祚《说文中之古文考》:"字下出𥚃云,篆文隶,从古文之体。则此当是古文。既云隶从古文之体,则小篆右旁不当从隶。汉鲁峻碑及石门颂等作𥚃,《周礼》同。则𥚃当是篆文之本体矣。"①钮树玉《说文校录》:"《玉篇》作𥚃,汉石刻多作𥚃,《一切经音义》卷一:𥚃,字从米,叙声。《九经字样》亦作𥚃,注云《周礼》:男子入于罪𥚃,字故从又持米从奈声。又,象人手也。经典相承认作隶已久,不可改正。"

《尚书序》:"以所闻伏生之书,考论文义,定其可知者,为隶古定,更以竹简写之。"《释文》:"隶古,上古音丽,谓用隶书写古文。"《尚书·伊训》:"臣下不匡,其刑墨,具训于蒙士。"旧题孔安国传:"蒙士例,谓下士,士以争友仆隶自匡正。"《释文》:"隶,郎计反。"《左传·昭公三年》:"栾郤、胥、狐、续、庆、伯,降在皂隶。"《释文》"隶,力计反。"文献中又可假借为"肄"字。《定声》:"隶,假借为肄。《史记·刘敬叔孙通传》:群臣习隶。《索隐》:隶亦习也。"今本《史记》"隶"作"肄",朱骏声所见可能另有所据。《说文·聿部》:

---

① 商承祚《说文中之古文考》,上海:上海古籍出版社,1983年,27页。

"肄，习也。"肄，上古余母质部字。综上，"隶"字在上古就已经是质部字。

十、屮声

《说文》从屮得声的字有：疌（叶部）蚩（元部）妻（脂部）叀（元部）甾（月部）。它们的音韵地位如表 4-10 所示。

表 4-10　从屮得声的字的音韵地位

	声母	开合	等	声调	中古韵	上古韵部
屮	彻母	开口	三等	入声	薛韵	月部
疌	从母	开口	三等	入声	叶韵	叶部
妻	清母	开口	四等	平声	齐韵	脂部
	清母	开口	四等	去声	霁韵	脂部
甾	疑母	开口	四等	入声	屑韵	月部
蚩	彻母	开口	三等	上声	狝韵	元部
叀	章母	合口	三等	平声	仙韵	元部

（一）疌

《说文·止部》："疌，疾也。从止从又。又，手也。屮声。"疾叶切。《玉篇·止部》："疌，辞接切，疾也。"《广韵》疾叶切："疌，《说文》：疾也。"《释文》注音 1 次。《诗经·邶风·终风》："终风且曀，不日有曀，寤言不寐，愿言则嚏。"毛传："嚏，跲也。"郑笺："言我愿思也。嚏当读为不敢嚏咳之嚏。"《释文》："疌，本又作嚏，又作疐，旧竹利反，又丁四反，又猪吏反，或竹季反，劫也。郑作嚏，音都丽反，劫也，居业反。本又作跲，音同。又渠业反。孙毓同。崔云：毛训疌为欨。今俗人云：欠欠欨欨是也。不作劫字。"疌与嚏、疐、跲等字异文。嚏、疐、跲皆为业部字。

说文学家多已指出，"疌"为"敏捷"之"捷"之本字。关于其字形说解，徐锴《系传》："手足共为之，故疾也。"林义光《文源》卷六："中即又，亦象手形，两手及足并作，故为疾。"陈剑《释"夆"及相关诸字》指出："秦汉文字中'夆'及从'夆'之字作 ▨ 或 ▨（▨）。'夆'除去'又'旁的部分，本作上下贯通、中竖未断开之形。本义象手中持二矢之形，是'挟矢'之'挟'的表意初文。古文献中'挟矢'的说法多见，《楚辞·天问》'冯公挟矢'，《大昭》'执弓挟矢'。可见'挟矢'一般地说就是将矢箭夹持于指间。"①按照陈剑的说法，则"夆"字当为会意字，而非从"中"得声的形声字。

（二）叀

《说文·叀部》"叀，谨也。从幺省；中，财见也；中亦声。"职缘切。《玉篇·叀部》："叀，职缘切，自是也，小谨也，擅也，独也，业也，壹也。今作专。"《广韵》时钏切："叀，《说文》曰：专，小谨也。"《释文》没有注音。

该字古文字已见。甲骨文：▨（前一一八一）、▨（后一五九）、▨（后二九七）、▨（库一〇九三）、▨（556）、▨（3915）。金文：▨（叀卣）、▨（何尊）、▨（戈叀爵）。王襄《簠室殷契征文考释》："叀者，如叀马之鼻。牛鼻有棬。所以叀牛也。"唐桂馨《说文识小录》："此字朱氏《通训定声》引证最详。其结论以为叀与牵字同意。按叀即縻牛马之具。△象末端缔结形，Ｙ象具首之饰。钟鼎文作▨▨，全象形。又按叀有两种，一叀牛马之鼻所用，一汲井机。总之，叀之为具，以一端穿入物孔，其末结如车辖之辖，使不得脱。"②郭沫若《释叀·金文余释之余》："金文诸叀字均为象形文，而许以为形声字说之，殊属不合。"③吴其昌《殷墟书契解诂》："其字最初之形，乃象牲首囊括之状。"孙海波《卜辞文字小记续》："按从中财见非义，中亦非声。甲骨文作▨、▨诸形，并不从幺。窃谓叀之形当训纺专之形，引申之则训小谨。"高鸿缙、王献唐观点亦同。对于该字，虽然各家具体的训释各有

---

① 陈剑《释"夆"及相关诸字》，载《出土文献与古文字研究》第五辑，上海：上海古籍出版社，2013年，258页。
② 桂馨《说文识小录》，载《古学丛刊社》，1939年第4期，16-17页。
③ 郭沫若《金文丛考》，北京：人民出版社，1954年，226页。

不同，或训为专，或训为转，或训为剸，或训为牵，或训为簙，或训为惠，或训为惟。但皆主张"叀"为象形字，而非从中得声的形声字。可见许慎认为"叀"字从中得声，是不妥当的。

（三）妻

大徐本《说文·女部》："妻，妇与夫齐者也。从女从中从又。又，持事，妻职也。"徐铉等曰："中者，进也，齐之义也，故从中。"段注本《说文》作"中声"。《玉篇·女部》："妻，千兮切，《说文》云：妇与己齐者也。"《广韵》七稽切："妻，齐也。"又七计切："妻，以女妻人。"《释文》注音25次，皆为七计切，表以女嫁人之义。

该字古文字中已见。甲骨文：⚊（一期佚一八一）、⚊（一期人二九九五）。金文作：⚊（其父丁方罍）、⚊（吊皮父簋）、⚊（使夷各妻农）。包山楚简作：⚊。睡虎地秦简作：⚊。

"妻"字，徐铉已指出不是从中得声。对"妻"字古文字形的上半部分的解读，各家有所不同。叶玉森认为："该字从女首戴发。从又或二又，盖手总女发，即妻之初谊。"徐中舒认为："妻像掳掠妇女之形，上古有掳掠妇女以为配偶之俗，是为掠夺婚姻。甲骨文妻字即此掠夺婚姻之反映。后世以为女性配偶之称。"戴家祥认为："从女从又，女上三笔象女人长发手收或握长发，象征父权社会丈夫对妻子的绝对权威。"

（四）蚰

《说文·虫部》："蚰，虫曳行也。从虫，中声。读若骋。"丑善切。《玉篇·虫部》丑善切："蚰，虫伸行。"《广韵》丑善切："蚰，伸[①]行。"《释文》没有注音。

睡虎地秦简：⚊（秦一〇四）、⚊（秦八六）。林义光《文源》："中非声。从中，前进之象，与先从𡳿同意。"则"蚰"不得从中得声，是个会意字。

---

① 周祖谟《说文校本》认为："伸，北宋本、巾箱本、黎本作神，误。《说文》云：蚰，虫曳行也。"

十一、折声

《说文》从折得声的字共 11 个：哲誓晢浙鞭逝悊浙娎絜砓，都是月部字。它们的音韵地位如表 4-11 所示。

表 4-11 从折得声的字的音韵地位

	声母	开合	等	声调	中古韵	上古韵部
折	章母	开口	三等	入声	薛韵	月部
	定母	开口	四等	平声	齐韵	月部
哲	知母	开口	三等	入声	薛韵	月部
晢	章母	开口	三等	入声	薛韵	月部
浙	章母	开口	三等	入声	薛韵	月部
誓	禅母	开口	三等	去声	祭韵	月部
狾	章母	开口	三等	去声	祭韵	月部
鞭	禅母	开口	三等	去声	祭韵	月部
逝	禅母	开口	三等	去声	祭韵	月部
悊	知母	开口	三等	入声	薛韵	月部
娎	晓母	开口	三等	入声	薛韵	月部
絜	帮母	开口	三等	入声	薛韵	月部
砓	彻母	开口	三等	入声	薛韵	月部

（一）砓

《说文·石部》："砓，上摘岩空青珊瑚堕之。从石，折声。《周礼》有砓蔟氏。"丑列切。段注本作"从石，析声"。《玉篇·石部》："砓，天历、丑列二切，石中火也。"《广韵·薛韵》丑列切："砓，摘也。《周礼》有砓蔟氏。"又锡韵他历切："砓，《周礼》：砓蔟氏掌覆妖鸟之巢。"《集韵》有敕列切、直列切、陟革切、思积切、先的切五音："砓，摘也。"又他历切："摘砓挩，挑也，或作砓挩。"《释文》注音 1 次。

《周礼·秋官·叙官》："砓蔟氏，下士一人，徒二人。"郑玄注："郑司农云：砓读为摘，蔟读为爵蔟之蔟，谓巢也。玄谓砓，古字从石，折声。"疏："先郑读砓为摘，后郑不从者，先郑意以为杖摘破之，故从摘。后郑意以石物等投掷为义，故不从先郑。……玄谓砓古字从石折声者，以石投掷毁之，故古字从石以折为声，是上声下形字也。"《释文》："砓音摘，它历反①，徐丈列反，沈敕彻反，李又思亦反。"又："砓蔟氏掌覆夭鸟之巢。"郑玄注："覆犹毁也。"《文选》左思《吴都赋》："砓陊山谷。"李善注："砓，敕列切。"

段玉裁《周礼汉读考》卷五："砓，从石，折声。折当作析，传写之误。析声、适声同在古音十六部，折声在十五部，砓为摘之古字，则知必析声也。《释文》云：'砓，它历反，李轨又思亦反。'此从析，作砓之本。又云：'徐丈列反，沈敕彻反。'此从折，作砓之本。陆氏以前写本不一，作音者各异。陆氏未能决择耳。《说文》石部曰：'砓，上摘山岩空青珊瑚隋之，从石，折声。《周礼》有砓蔟氏。'其云'上摘空青珊瑚'者，释从石之故也。许以摘训砓，取其同音，篆文必作砓，析声。今本作砓，折声，亦是差缪，许不以砓入手部，云古文摘，郑君则云一字者正许也。"段玉裁认为"砓"字从"折"当是"析"之误。然王引之《经义述闻》第九："砓蔟氏。家大人曰：'段说非也。《释文》、贾疏及《五经文字》《唐石经》皆作砓，不作砓。又《说文》《玉篇》《广韵》《集韵》皆有砓无砓，今欲改砓为砓，不知何据？且许郑并云从石折声，则当作砓明矣。砓音它历反，而其字以折为声，故徐邈音丈列反，沉重音敕辙反，唯李轨本误，作砓，故音思亦反。《玉篇》《广韵》砓字并他历、丑列二切。《文选·吴都赋》：'砓陊山谷。'李善音敕列切。而皆无思亦之音，则从徐邈而不从李轨也。……然则砓蔟氏掌覆夭鸟之巢，郑玄注覆犹毁也。义取毁折而非取分析，当从折声，不当从析声也。《说文》：'砓，上摘山岩空青珊瑚堕之。'亦是毁折之义，非分析之义。'"王念孙从"析""折"两字的本义出发，认为"砓"从"折"为当。王引之进一步补充："《说文》言堕之，《吴都赋》言：砓陊山谷。陊与堕同，砓蔟氏掌覆夭鸟之巢，亦谓堕其巢也。然则砓从折声兼有下堕之义，故《广雅》曰：'陊、折，下也。'若改折声为析声，则又与下堕之义不合矣。"由此观之，"砓"的义项中包含着"毁坏、下堕"之义，当以从"折"得声为上。

---

① 黄焯《经典释文汇校》："他历反。宋本同，校勘记云：卢改他作它。案今所见卢及考证'它'并作'宅'，当系翻刻之误。"

"晢"字，古文献中和"折"相通。《管子·地数篇》："上有丹沙者，下有黄金。上有慈石者，下有铜金。上有陵石者，下有铅锡赤铜。上有赭者，下有铁。君谨封而祭之。……然则与折取之远矣。"① "折取"，谓摘取黄金铅锡铜铁。《墨子·耕柱篇》："昔者夏后开使蜚廉折金于山，以铸鼎于昆吾。"② "折金"，即"摘金"。

综上，"晢"，当从折得声，为月部字。误作"晣"，中古音"思亦反"，不当。

十二、大声

《说文》中从大得声的字共有四个层级。第一层：大。第二层：奎杕忕汏泰戻釱钛（都为月部）盇（叶部）。第三层：盍嗑艳榼鄐瘟磕阖镴。第三层：达。第四层：挞。它们的音韵地位如表4-12所示。③

表4-12 从大得声的字的音韵地位

	声母	开合	等	声调	中古韵	上古韵部
大	定母	开口	一等	去声	泰韵	月部
奎	透母	开口	一等	入声	曷韵	月部
杕	定母	开口	四等	去声	霁韵	月部
汏	透母	开口	一等	去声	泰韵	月部
	定母	开口	一等	去声	泰韵	月部
忕	定母	开口	一等	去声	泰韵	月部
泰	透母	开口	一等	去声	泰韵	月部
戻	透母	开口	四等	去声	霁韵	月部

① 黎翔凤撰，梁运华整理《管子校注》，北京：中华书局，2004年，1355页。
② 吴毓江撰，孙启治点校《墨子校注》卷三，北京：中华书局，1993年，656页。
③ 本表只列举到第二层级。

续表

	声母	开合	等	声调	中古韵	上古韵部
狘	定母	开口	四等	去声	霁韵	月部
鈠	定母	开口	四等	去声	霁韵	月部
盍	匣母	开口	一等	入声	盍韵	叶部

（一）盍（盇）

《说文·血部》："盇，覆也。从血大。"小徐本和段注本皆为："从血，大声。"《玉篇·血部》："盇，乎猎切，《说文》曰：'覆也。'又何不也。""盍，同上。"《广韵》胡腊切："盍，何不也。《说文》作：'盇，覆也。'《尔雅》：合也。"《释文》共注音44次，胡腊反或户腊反，音同。"盍"有"盇"与"盍"两个字形。《说文》有"盇"无"盍"，《广韵》有"盍"无"盇"。段玉裁认为"盍"是"盇"的隶变。

该字见于古文字材料中。《古陶文字征》：盇；《侯马盟书字表》：盍；《包山楚简文字编》：盇；《睡虎地秦简文字编》：盍；《古玺文编》：盇；《汉印文字征》：盇。林义光《文源》卷二："即覆盖之本字，盇象物在皿中，与血同形非血字。大象盖形。盇（叶韵）盖（泰韵）双声旁转。犹叶（叶韵）转为世（泰韵），法（叶韵）转为废（泰韵）也。"

从"盇"得声的字常与月部字异文。"盇"与"鶡"异文。《礼记·月令》："鶡旦不鸣。"《坊记》"鶡旦"作"盇旦"。盖与褐异文。《礼记·穷达》："邵（皋）繇（陶）衣胎（枲）盖（褐）冒（帽）绖（绖）冢懂（巾）。"[①]与害异文。《尔雅·释言》："蓋，割，裂也。"《释文》："蓋，舍人本作害。"韵文材料中，"蓋"也有与月部字押韵的例证。《楚辞·湘夫人》裔澨逝蓋为韵；《逸周书·周祝解》蓋害热竭为韵；《文子·自然》外蓋为韵；《吕氏春秋·音律》蓋泄为韵；《灵枢·外揣》外蓋泄为韵。

"盇"从"大"得声，而从"盇"得声的十个字蓋嗑豔榼鄐瘟磕阖馌葢，其中蓋鄐磕三字同时又有去声泰韵的异读。高本汉《汉文典》：

[①] 白于蓝编著《简牍帛书通假字字典》，福州：福建人民出版社，2008年，238页。

"蓋，kab>kad>kai->gai，磕，kʰab>kʰad>kʰai>kʰe。"①高本汉认为在较早时，蓋、磕读kab，在《诗经》时读kad。反映了"盍"声系列与月部字之间有紧密的关系。

十三、世声

《说文》从世得声的字有：呭迣齛跇詍贳泄抴继（都为月部）枼（叶部）。它们的音韵地位如表4-13所示。

表4-13 从世得声的字的音韵地位

	声母	开合	等	声调	中古韵	上古韵部
世	书母	开口	三等	去声	祭韵	月部
呭	余母	开口	三等	去声	祭韵	月部
迣	章母	开口	三等	去声	祭韵	月部
齛	心母	开口	三等	入声	薛韵	月部
詍	余母	开口	三等	去声	祭韵	月部
跇	余母	开口	三等	去声	祭韵	月部
贳	书母	开口	三等	去声	祭韵	月部
泄	余母	开口	三等	去声	祭韵	月部
抴	余母	开口	三等	入声	薛韵	月部
继	心母	开口	三等	入声	薛韵	月部
枼	余母	开口	三等	入声	叶韵	叶部

（一）枼

《说文·木部》："枼，楄也。枼，薄也。从木，世声。"与涉切。《玉篇·木部》："枼，与涉切，薄也。"《广韵·叶韵》与涉切："枼，

---

① 高本汉著，潘悟云、杨剑桥等译《汉文典》（修订版），上海：上海辞书出版社，1997年，280页。

薄也。"《集韵》弋涉切:"枼,《说文》:楄也。一曰:薄也。"《释文》没有注音。

该字见于古文字中。《甲骨文编》:✦(乙九六○)、✦(乙二一六反)、✦(乙四○七二反)。《金文编》:✦(�镈)、✦(拍敦盖)、✦(王孙钟)。《侯马盟书字表》:✦(一:八五),✦(一八五:七)。《睡虎地秦简文子编》:✦(日乙一八○),通世,三枼之后。甲骨文"✦",罗振玉释为"果",郭沫若《卜辞通纂》指出罗氏的不当之处:"✦字罗释为果,谓之'象果生于木之形'。案当是枼、叶之初文也,象木之枝头着叶。仅实笔与空笔微异。黐镈作✦,拍盘作✦,南疆钲作✦,均稍稍变易,后竟讹而从世矣。唯此字似采之残文,从枼,言采取树叶也。"李孝定《金文诂林读后记》卷六:"✦,卜辞象形,其上半象叶形者填实则与卅相近,与世形近。小篆遂变为世声。三十年为一世,卅世一字也,而枼实不从此。至于一叶为一世者,声近通假耳。"高鸿缙《中国字例》二篇:"✦,倚木画叶形。名词。周秦时变为从木,世声。秦人又加艹为意符,隶楷本之。"①古文字学家多认为"枼"并非从世得声。

然文献当中,从"枼"得声的字多与月部字异文。出土文献中即有例证,如枼与桀,《容成氏》:"枼(桀)乃逃之鬲(历)山是(氏),汤或(又)从而攻之,降自鸣攸(条)之述(隧),以伐高神之门。"②傑与桀,《尊德义》:"傑(桀)不胃(谓)其民必乱,而民又(有)为乱矣。"③《容成氏》中还有例证,如傑与世,《容成氏》:"汤王天下卅又一傑(世)而受(纣)作。"④殜与世,《穷达》:"又(有)其人,亡其殜(世),唯(雖)臤(贤)弗行矣。句(苟)又(有)其殜(世),可(何)懂(艱)之又(有)才(哉)!"⑤其他在《尊德义》《语丛四》

---

① 高鸿缙《中国字例》,台北:三民书局,1992年,249页。
② 苏建洲《上海博物馆藏战国楚竹书(二)校释》,新北:花木兰文化出版社,2006年,23页。
③ 荆州市博物馆《郭店楚墓竹简》,北京:文物出版社,1998年,174页。
④ 苏建洲《上海博物馆藏战国楚竹书(二)校释》,新北:花木兰文化出版社,2006年,23页。
⑤ 白于蓝编著《简牍帛书通假字字典》,福州:福建人民出版社,2008年,207页。

《子羔》《从政》《曹沫》《季康子》《苦成》《弟子问》《鬼神》《墨子》中也有例证。传世文献中亦有例证，如继和缫，《韩诗外传》七："摄缨而纵继之。"①《新序·杂事五》继作缫。《说文》继或作缫。泄与渫，《庄子·秋水》："尾闾泄之。"《文选·江赋》李注引泄作渫。泄与媟，《荀子·荣辱》："憍泄者人之殃也。"杨倞注："泄与媟同。"② 媟与褻，《书·盘庚中》："其咸造勿褻在王庭。"玄应《众经音义》卷十五引褻作媟。渫与泄，《左传·哀公二年》："泄庸。"《文选》王褒《四子讲德论》作渫庸。枼与揲，《仪礼·士昏礼》："面枼。"郑注："古文枼为揲。"《仪礼·士冠礼》："加柶覆之面枼。"郑注："古文枼为揲。"从枼得声的字，中古亦有读成薛韵的字，如"媟"字，中古音私列切。

十四、曷声

《说文》从曷得声的字共有三个层级。第一层：曷。第二层：葛喝遏遏谒羯鶡揭餲楬暍碣褐歇鱥鬲碣獦竭惕渴閼揭褐蝎堨渴楬。第三层：藹澩。第三层：藕。第三层：譪鄢擖。以上都是月部字。它们的音韵地位如表4-14所示。

表 4-14 从曷得声的字的音韵地位

	声母	开合	等	声调	中古韵	上古韵部
曷	匣母	开口	一等	入声	曷韵	月部
葛	见母	开口	一等	入声	曷韵	月部
喝	晓母	开口	一等	入声	曷韵	月部
	影母	开口	二等	去声	夬韵	月部
遏	见母	开口	三等	入声	月韵	月部

---

① 韩婴撰，赖炎元注译《韩诗外传今注今译》，台北：台湾商务印书馆，1979年，301-302页。

② 王先谦《荀子集解》，北京：中华书局，1988年，52页。

续表

	声母	开合	等	声调	中古韵	上古韵部
遏	影母	开口	一等	入声	曷韵	月部
谒	影母	开口	三等	入声	月韵	月部
羯	见母	开口	三等	入声	月韵	月部
鹖	匣母	开口	一等	入声	曷韵	月部
揭	溪母	开口	三等	入声	薛韵	月部
餲	匣母	开口	一等	入声	曷韵	月部
楬	群母	开口	三等	入声	月韵	月部
	溪母	开口	二等	入声	辖韵	月部
暍	影母	开口	三等	入声	月韵	月部
秸	溪母	开口	一等	入声	曷韵	月部
褐	匣母	开口	一等	入声	曷韵	月部
歇	晓母	开口	三等	入声	月韵	月部
鰪	影母	开口	一等	入声	曷韵	月部
厣	影母	开口	三等	入声	月韵	月部
碣	群母	开口	三等	入声	薛韵	月部
猲	晓母	开口	三等	入声	月韵	月部
竭	群母	开口	三等	入声	月部	月部
愒	溪母	开口	三等	去声	祭韵	月部
渴	群母	开口	三等	入声	薛韵	月部
	溪母	开口	一等	入声	曷韵	月部
闒	影母	开口	二等	入声	辖韵	月部
揭	溪母	开口	三等	去声	祭韵	月部
	见母	开口	三等	入声	月韵	月部
蝎	匣母	开口	一等	入声	曷韵	月部
愒	溪母	开口	三等	去声	祭韵	月部
堨	影母	开口	一等	入声	曷韵	月部
渴	群母	开口	三等	入声	薛韵	月部
	溪母	开口	一等	入声	曷韵	月部

续表

	声母	开合	等	声调	中古韵	上古韵部
藹	影母	开口	一等	去声	泰韵	月部
濊	溪母	开口	一等	入声	曷韵	月部
藒	溪母	开口	三等	入声	薛韵	月部
譪	影母	开口	一等	去声	泰韵	月部
鄡	见母	开口	一等	入声	曷韵	月部
擖	溪母	开口	二等	入声	黠韵	月部

（一）猲

《说文·犬部》："猲，短喙犬也。从犬，曷声。《诗》曰：'载猃猲獢。'《尔雅》曰：'短喙犬谓之猲獢。'"许谒切。《玉篇·犬部》："獥，许谒切，獥獢，犬短喙也，又许葛切，相迫惧也，亦作猲。"《广韵》许谒切："猲，猲獢，短喙犬也。"又许葛切："猲，恐也，又音歇。"又起法切："猲，恐受财，《史记》云：恐猲诸侯。"《集韵》许葛切："歇，短喙犬，或作獥猲獦。"又气法切："猲獥，短喙犬，一曰：恐逼也，或从歇。"《释文》注音2次。

"猲"音许谒切，上古为晓母月部，用于"猲獢"一词中。"猲獢"，一种短嘴犬。"猲獢"为双声连绵词。《诗经·秦风·驷驖》："辎车鸾镳，载猃歇骄。"《释文》："歇，本又作猲，许谒反，《说文》音火遏反。"《尔雅·释畜》："长喙猃，短喙猲獢。"《释文》："獥，许谒反，《字林》作猲，大遏反。"①

"猲"音许葛切，上古晓母月部，义为"恐吓"。《战国策·赵策二》："是故横人日夜务以秦权，恐猲诸侯，以求割地。"②《战国策·齐

---

① 黄焯《经典释文汇校》："石经作猲，单蜀吴瞿雪诸本皆同。案，《说文》无獥字，臧云獥当作猲，字见西京赋，转写作獥，非。獥，狼子也，胡狄古狄工吊三反。吴云大遏反，任大椿《字林考逸》改作犬遏反。案应作火遏反，篇韵列许谒许葛二切，正与释文相应。焯案，臧校已改作火遏反。"

② 刘向集录，范祥雍笺证《战国策笺证》，上海：上海古籍出版社，2006年，1018页。

策》:"是故怛于虚猲。"①《史记》猲作喝。《汉书·王莽传》:"今则不然,各为权埶,恐猲良民。"《汉书·王子侯表》:"恐猲受赇。"恐猲多连文,是猲为恐也。唐慧琳《一切经音义》共出现4次:"恐吓,呼嫁反,距人曰吓,亦言恐赫,或言恐猲,皆一义。"

"猲",《广韵》又有起法切一音。《集韵》"猲"又作"獦"。"獦"与"猎"在形体上有混。王鸣盛《蛾术编·说字》卷二十八:"犬部之俗字:猎之为獦,……玃之为蠷。"平行的例子还有臘和腊。《广韵》卢盍切:"臘,俗腊。""猲(獦)"有叶部对应的读音与右边讹误成从鼠有关。

十五、曰声

《说文》从曰得声的字共3个:欥汨(都为物部)臮(质部)。它们的音韵地位如表4-15所示。

表4-15 从曰得声的字的音韵地位

	声母	开合	等	声调	中古韵	上古韵部
曰	云母	合口	三等	入声	月韵	月部
欥	余母	合口	三等	入声	术韵	物部
汨	见母	合口	一等	入声	没韵	物部
臮	云母	合口	三等	入声	质韵	质部

(一)汨

《说文·水部》:"汨,治水也。从水,曰声。"②于笔切。《玉篇·水

---

① 刘向集录,范祥雍笺证《战国策笺证》,上海:上海古籍出版社,2006年,539页。

② 汨不同于汨罗江之汨。《说文水部》:"汨,长沙汨罗渊,屈原所沉之水。从水,冥省声。"莫狄切。

部》:"汩,古没切。汩没。又为笔切,水流也。"《广韵·术韵》:"鳰,水流也。汩,同上。"《广韵·没韵》古忽切:"汩,汩没。"《集韵》古纥切:"汩,涌波也。"又吉忽切:"汩,治也。一曰:水声。"《释文》共注音6次。

表治理义,中古音古忽切,上古为物部字。《尚书·舜典》:"别生分类,作《汩作》。"旧题孔安国传:"汩,治。作,兴也。言其治民之功兴,故为《汩作》之篇。亡。"《释文》:"汩,音骨。"《尔雅·释诂下》:"乂、乱、靖、神、弗、淈,治也。"郭璞注:"《论语》曰:子有乱臣十人。淈,《书》叙作汩,音同耳。神未详,余见《诗》《书》。"《国语·周语下》:"决汩九川,陂鄣九泽,丰殖九薮,汩越九原。"韦昭注:"汩,通也。"① 贾逵本汩作掘。《楚辞·天问》:"不任汩鸿,师何以尚之。"王逸注:"汩,治也。鸿,大水也。师,众也。尚,举也。言鲧才不任治鸿水,众人何以举之乎。师一作鲸。"洪兴祖补曰:"汩音骨。《国语》曰:禹决汩九川。汩,通也。"② 汩与淈掘异文。淈掘,都为物部字。

"汩"表"乱"义,中古音古没切,上古为物部字。《尚书·洪范》:"箕子乃言曰:我闻在昔,鲧陻洪水,汩陈其五行。"旧题孔安国传:"陻,塞。汩,乱也。治水失道。乱陈其五行。"《释文》:"汩,工忽反。"《庄子·齐物论》:"为其吻合,置其滑涽,以隶相尊。"《释文》:"滑,徐古没反,乱也。向本作汩,音同。"《荀子·正名》:"疾、养、凔、热、滑、铍、轻、重以形体异。"唐杨倞注:"养与痒同。凔,寒也。滑与汩同。铍与披同,皆坏乱之名。或曰滑,如字。"③《荀子·成相》:"君教出,行有律,吏谨将之无铍滑。"唐杨倞注:"将,持也。《诗》曰:无将大车。铍与披同,滑与汩同,言不使纷披汩乱也。"④《汉书·五行志上》:"箕子乃言曰:我闻在昔,鲧堙洪水,汩陈其五行。"应劭曰:"堙,塞也。汩,乱也。水性流行而鲧障塞之,失其本性,其余所陈列皆乱,故曰乱陈五行也。"师古曰:"汩音骨。"汩与滑

---

① 徐元诰撰,王树民、沈长云点校《国语集解》,北京:中华书局,2002年,95页。

② 洪兴祖《楚辞补注》,北京:中华书局,1983年,89页。

③ 王先谦《荀子集解》,北京:中华书局,2012年,404页。

④ 王先谦《荀子集解》,北京:中华书局,2012年,456页。

异文，滑，物部字。

"汩"表"水疾"义，又引申为"疾貌"，中古音于笔切。《尔雅·释水》郭注："汩漱沙壤。"《释文》："汩，于笔反，流水也。《方言》云：遥、疾行也①。《字林》云：水声急也。"《方言》第六："汩，遥，疾行也。南楚之外曰汩或曰遥。"郭璞注："汩汩，急貌也。汩，于笔反。"《楚辞·离骚》："汩余若将不及兮，恐年岁之不吾与。"王逸注："汩，去貌，疾若水流也。不一作弗。五臣云岁月行疾，若将追之不及。"洪兴祖补曰："汩，越笔切。《方言》云：疾行也，南楚之外曰汩。"②《楚辞·怀沙》："伤怀永哀兮，汩徂南土。"王逸注："汩，行貌。徂，往也。言已见草木盛长而己独汩然放流，往居江南之土，僻远之处。故心伤而长悲思也。"洪兴祖补曰："汩，越笔切。"③《楚辞·哀时命》："魂眐眐以寄独兮，汩徂往而不归。"王逸注："寄居而处，汩然遂往而不还也。"洪兴祖补曰："汩，于笔切。"④《汉书·礼乐志》："卉汩胪，析奚遗？"颜师古注："卉汩，疾意也。胪，陈也。析，分也。奚，何也。言速自陈列分散而归，无所留也。汩音于笔反。"《汉书·司马相如传上》："过乎泱莽之壄，汩乎混流顺阿而下。"颜师古注："汩，疾貌也。混流，丰流也。曲陵曰阿。汩音于笔反。"又："潭弗宓汩。"颜师古注："汩，去疾也。汩音于笔反。"又："驰波跳沫汩㴔漂疾。"颜师古注："汩，急然也。汩音于笔反。"《汉书·司马相如传下》："汩淢靸以永逝兮；注平皋之广衍。"颜师古注："汩淢，疾貌也。汩音于笔反。"

表"涌波"义，《庄子·达生》："故长乎性，成乎命，与齐俱入，与汩偕出。"晋郭象注："磨翁而旋入者，齐也。回伏而涌出者，汩也。"《释文》："与汩，胡忽反，司马云：涌波也。郭云：回伏而涌出者汩也。"《楚辞·怀沙》："乱曰：浩浩沅湘，分流汩兮。"王逸注："汩，流也。言浩浩广大乎。沅湘之水分汩而流，将归乎海。"补曰："汩音骨者，水声也。音鹘者，涌波也。《庄子》曰：与汩俱出。郭象云：洄

---

① "遥"上脱"汩"字。
② 洪兴祖《楚辞补注》，北京：中华书局，1983年，6页。
③ 洪兴祖《楚辞补注》，北京：中华书局，1983年，141页。
④ 洪兴祖《楚辞补注》，北京：中华书局，1983年，265页。

伏而涌出者汩也。"① 《汉书·扬雄传上》："阴西海与幽都兮，涌醴汩以生川。"颜师古注："涌醴，醴泉涌出汩汩然也。"

汩，从异文以及中古字书、韵书的注音来看，在上古就已经是物部字。

（二）㳽

《说文·川部》："㳽，水流也。从川，曰声。"于笔切。《玉篇·川部》："㳽，禹乙切，水流也。"《广韵》于笔切："㳽，水流也。"《集韵》越笔切："㳽，《说文》：水也。或作汩减。"《广雅·释训》："㳽㳽，流也。"《博雅音》："㳽㳽，于密。"《广雅·释诂上》："汩，疾也。"王念孙疏证："《说文》㳽，水流也。《楚辞·离骚》汩余若将不及兮。王逸注：汩，去貌，疾若水流也。《九章》云：分流汩兮。汩与㳽同。"钱绎《方言笺疏》："《说文》：汩，治水也。㳽，水流也。汩㳽声同义各别。此训疾行字当作㳽。《书》传通作汩，假借字也。重言之则曰汩汩。《广雅》：汩汩，流也。《淮南·原道训》：混混汩汩。义亦同也。"

（三）欥

《说文·欠部》："欥，诠词也。从欠从曰，曰亦声。《诗》曰：欥求厥宁。"余律切。《玉篇·欠部》："欥，由律切。诠辞也。"《广韵》夷质切："欥，辞也。"又余律切："欥，词也。"《集韵》夷质切："欥，诠词。一曰：喜也。"又允律切："欥，《说文》：诠词也。引《诗》：欥求厥宁。"《释文》没有注音。

《广雅·释诂》："曰、欥、惟、每、虽、兮、者、其、各、而、岂、乌、也、乎、些、只，词也。"王念孙疏证："《说文》：欥，诠词也。从欠从曰，曰亦声。引《诗》曰：欥求厥宁。然则欥盖本文，省作曰，同声假借用聿与遹。"《汉书·叙传上》："欥中龢为庶几兮，颜与冉又不得。"颜师古注："欥，古聿字也。龢，古和字也。聿，由也。"《诗经·大雅·文王有声》："聿求厥宁。"《说文·欠部》欥下引聿作欥。欥与聿异文，聿，物部字。欥，上古就已为物部字。

---

① 洪兴祖《楚辞补注》，北京：中华书局，1983年，145页。

十六、肒声

《说文》从肒得声的字只有 1 个：舩（物部）。它们的音韵地位如表 4-16 所示。

表 4-16 从肒得声的字的音韵地位

	声母	开合	等	声调	中古韵	上古韵部
肒	疑母	合口	三等	入声	月韵	月部
舩	疑母	合口	一等	入声	没韵	物部

（一）舩

《说文·舟部》："舩，船行不安也。从舟，从肒省。读若兀。"五忽切。段注："从舟，肒省声。声字旧夺。今补。"《玉篇·舟部》："舩，五忽切，船不安。"《广韵》五忽切："舩，《说文》曰：船行不安也。舤，俗。"《集韵》同《广韵》。《释文》没有注音。

舩，《说文》读若兀，《广韵》俗字作舤，从兀得声的字为物部字。舩，至晚东汉已经为物部字。

十七、歺声

《说文》从歺得声的字有 2 个：歲（月部）奴（元部）。它们的音韵地位如表 4-17 所示。

表 4-17 从歺得声的字的音韵地位

	声母	开合	等	声调	中古韵	上古韵部
歺	疑母	开口	一等	入声	曷韵	月部
歲	来母	开口	三等	入声	薛韵	月部
奴	从母	开口	一等	平声	寒韵	元部

（一）叜

段注本《说文·叜部》："叜，残穿也。从又屮，屮亦声。读若残。"昨干切。《玉篇·叜部》："叝，在安切。残穿也。叜，同上。"《广韵》："昨干切。"《集韵》财干切："叜，《说文》：残穿也。"《释文》没有注音。

该字见于古文字中。《甲骨文编》：卥（宁沪一七〇）、卥（甲一六五〇）、卥（甲二一五八）。戴家祥："卥（麦尊），叜咸之。叜借用作残，'叜咸'即'残减'之意。"《说文》用"残穿"释"叜"，声训；又读若残，则叜至晚东汉已经是元部字。

第五章 歌部字与其他韵部字相通的时代考证

一、多声

《说文》中从多得声的字有三个层级。第一层：多。第二层：哆趍迻誃眵栘移瘏侈袳卶袳黟姼垑銻够陊蓡宜。第三层：蓩。第三层：谊。第三层：廖。它们的音韵地位如表 5-1 所示。

表 5-1　从多得声的字的音韵地位

	声母	开合	等	声调	中古韵	上古韵部
多	端母	开口	一等	平声	歌韵	歌部
哆	昌母	开口	三等	上声	纸韵	歌部
迻	余母	开口	三等	平声	支韵	歌部
誃	昌母	开口	三等	上声	纸韵	歌部
栘	余母	开口	三等	平声	支韵	歌部
移	余母	开口	三等	平声	支韵	歌部
侈	昌母	开口	三等	上声	纸韵	歌部
袳	昌母	开口	三等	上声	纸韵	歌部
姼	昌母	开口	三等	上声	纸韵	歌部
垑	昌母	开口	三等	上声	纸韵	歌部
鉹	昌母	开口	三等	上声	纸韵	歌部
跢	定母	开口	一等	上声	驾韵	歌部
痑	透母	开口	一等	平声	歌韵	歌部
奓	彻母	开口	二等	平声	麻韵	歌部
誃	书母	开口	三等	去声	寘韵	歌部
炵	昌母	开口	三等	上声	纸韵	歌部
黟	影母	开口	四等	平声	齐韵	歌部
够	溪母	开口	四等	上声	荠韵	歌部
趍	澄母	开口	三等	平声	支韵	歌部
眵	昌母	开口	三等	平声	支韵	歌部
宜	疑母	开口	三等	平声	支韵	歌部
蒫	余母	开口	三等	平声	支韵	歌部
谊	疑母	开口	三等	去声	寘韵	歌部
庈	昌母	开口	三等	上声	纸韵	歌部

（一）誃

《说文》无。《说文·言部》："誃，离别也。从言，多声。读若《论语》'跿予之足'。周景王作洛阳諮台。"①尺氏切。《玉篇·足部》："跿，丁泰切，倒也。又丁佐切，小儿行貌。"《广韵·个韵》丁佐切："跿，小儿行也。"《泰韵》当盖切："跿，倒跿。"《集韵》陈知切："跿，《博雅》：蹢躅，跿跦也。"又陟栗切："跿，《广雅》：蹢躅，跿跦也。"又当何切："跿，携幼行也。"又当盖切："跿，小儿行貌。一曰：倒也。"又丁贺切："跿，小儿行貌。"《释文》注音1次。《周礼·春官·乐师》："教乐仪，行以《肆夏》，趋以《采荠》，车亦如之，环拜以钟鼓为节。"郑玄注："教乐仪，教王以乐，出入于大寝朝廷之仪。故书趋作跿，郑司农云跿当为趋，书亦或为趋。"《释文》："作跿，仓注反。"此处"仓注反"当为"趋"字的注音。

"跿"表"小儿行貌"义，中古音丁佐切。文献中没有出现。

"跿"，表"倒跿"义，中古音当盖切，又音丁贺切，方音使然。《方言》卷十三："跌，麿也。"郭璞注："偃地也②，江东言跿，丁贺反。"钱绎《方言笺疏》："跌麿跿并语之转耳。"唐慧琳《一切经音义》卷二十四："垂鞾，多可反。《考声》云：鞾亦垂貌也。经文从足作跿，音都贺反，跿，倒也。"又卷五十："跿地，多个反，江南俗音带，谓倒地也。"清程先甲《广续方言》卷一："跿，多个反，江南俗音带，谓倒地也。"

"跿"，用在"跿跦"一词中，表踟躅之义，《集韵》保留了该义。《广雅·释训》："蹢躅，跿跦也。"王念孙疏证："此双声之尤相近者也。急言之则曰蹢躅，徐言之则曰跿跦。"《文选》陆机《文赋》："始踟躅于燥吻，终流离于濡翰。"李善注："《广雅》：蹢躅，跿跦也。郑玄《毛诗》笺云：志往谓踟躅也。蹢与踟同。跿跦与踟跦同。"《文选》成公绥《啸赋》："逍遥携手，踟躅步趾。发妙声于丹唇，激哀音于皓

---

① 徐鼒《读书杂释》卷十三《说文》："足部多部无跿字。《说文·言部》：诿，离别也，从言，多声。读若《论语》跿予之足。周景王作洛阳諮台。今《论语》有启予足句。按《尔雅·释言》：诿，离也。是许氏本《尔雅》为训也。凡曰读若者，拟其音也。足部多部无跿字，此或壁中古文。按《论衡·四讳》引《论语》作：开予足，开予手。开与启通，则今文作启是也。"

② 戴震《方言疏证》："案《说文》：跌，越也。蹶，僵也。蹶麿同。《玉篇》：跌，仆也。跿，小儿行貌。注内偃地也，各本也讹作反，今订正。"

齿。"蹋，李善作跌。李善注："《广雅》：蹢躅，跢跌也。跢跌与蹢蹋，古字通。"

二、臝声

《说文》从臝得声的字共有 3 个层级。第一层：臝。第二层：臝㰍瘰瘰瘰。第三层：爐纚鑼瘰瘰。除了"瘰瘰"外，都是歌部字。它们的音韵地位如表 5-2 所示。

表 5-2　从臝得声的字的音韵地位

	声母	开合	等	声调	中古韵	上古韵部
臝	来母	合口	一等	上声	果韵	歌部
臝	来母	开口	三等	平声	支韵	歌部
㰍	来母	合口	一等	去声	过韵	歌部
瘰	来母	合口	一等	上声	果韵	歌部
瘰	来母	合口	一等	平声	戈韵	歌部
瘰	来母	合口	一等	去声	过韵	歌部
瘰	来母	合口	一等	平声	戈韵	歌部
爐	来母	开口	三等	平声	支韵	歌部
纚	来母	合口	一等	去声	过韵	歌部
鑼	来母	合口	一等	平声	戈韵	歌部
瘰	余母	开口	三等	平声	清韵	耕部
瘰	余母	开口	三等	平声	清韵	耕部

（一）臝

《说文·肉部》："臝，或曰：兽名，象形。阙。"郎果切。《玉篇·肉部》："臝，郎戈、郎果二切，兽名。"

该字见于古文字材料中。《长沙子弹库帛书文字编》作：（乙

1-4)。林义光《文源》卷一:"《考工记》云:'厚唇弇口。出目短耳。大胸耀后,大体短脰。若是者谓之臝属。'则臝为虎豹貔貐之属,浅毛者之总名。古作㒲,作㲋,象骨节裸露之形。从能省。从能者取其坚中多肉。赢,为财有余,而从贝臝。则臝有坚中多肉之象。经传以臝为之,果声。"林义光认为臝是从能省的象形字,是"赢"的本字。龙宇纯持同样的观点。《说羸与赢蠃》:"(羸古文字形)绝象一腹部有节的昆虫挺腹、展翅、屈足的样子,首端有触角,短而曲。……然则羸与蠃同字,为螺蠃的象形初文。……蠃赢二字声韵与羸俱相远,不可以从羸得声。……今以为赢字从螺蠃的蠃会意。蠃字除如《说文》说为帝少昊之姓,又为美好之称。与孃盈相通。帝少昊之姓乃是赢字的假借为用。"①清王鸣盛《蛾术编·说字》卷三十:"愚谓臝,乃郎果切,与以成切之赢字,其声绝远,故以为臝非声,当从蠃省是矣。但女部嬴字注亦臝省声,以成切,与赢同音,与郎果切力为切迥不相同,然则当作蠃省声。赢从蠃省,嬴亦从蠃省。"于省吾持相反观点,他指出臝是能的孳乳字,并且对从臝得声的字有歌部(蠃蠃臝蠃蠃癳驘繵鑵)和耕部(赢嬴)两类的现象做了解释:"就从臝得声诸字的声纽来说,赢与嬴字均属于喻四,古读喻四为舌头定纽,至于臝或从臝声之字均属舌头来纽。准此,则定纽和来纽由于同属舌头音而往往相通。"对于"臝"字,许慎的说解是既不能定又不能尽,后代学者的观点也莫衷一是。根据文献中的使用情况和中古的注音材料,臝字依蠃郎果切,上古当属歌部字。螺蠃,叠韵连绵词,亦可证其古韵在歌部。

(二)赢

《说文·贝部》:"赢,有余贾利也。从贝,臝声。"以成切。徐铉曰:"当从蠃省乃得声。"段注:"赢字当云从贝。臝者,多肉之兽也。故以会意。"《玉篇·贝部》:"赢,余成切,缓也,利也,溢也,有余也。"《广韵·清韵》以成切,《集韵》怡成切,义同《说文》。《释文》注音8次,皆音"盈"。严可均归为耕部,林义光《文源》卷十采纳段

---

① 龙宇纯《说羸与赢蠃》,载《丝竹轩小学论集》,北京:中华书局,2009年,42页。

玉裁的注解指出羸非声符。

　　该字见于古文字中。金文作🀄（庚嬴卣）。《睡虎地秦简文字编》作🀄。"嬴"上古就属耕部字。《庄子·庚桑楚》："南荣趎嬴粮。"宋本《玉篇》引嬴作攍。《管子·国畜》："夫以室庑籍，谓之毁成；以六畜籍，谓之止生；以田亩籍，谓之禁耕；以正人籍，谓之离情；以正户籍，谓之养嬴。"①成生耕情嬴为韵。《诗经·大雅·云汉》："瞻卬昊天，有嘒其星。大夫君子，昭假无赢。大命近止，无弃尔成。何求为我。以戾庶正。瞻卬昊天，曷惠其宁？"星赢成正宁为韵。《礼记·月令》："审断决，狱讼必端平。戮有罪，严断刑。天地始肃，不可以赢。"平刑赢为韵。

（三）嬴

　　《说文·女部》："嬴，少昊氏之姓也。从女，嬴省声。"以成切。段注本："从女。嬴省声。"《广韵·清韵》以成切："嬴，秦姓。"《集韵》怡成切："嬴，《说文》：少昊氏之姓。"《释文》注音 23 次，皆音"盈"。

　　"嬴"字，见于古文字中，上古已为耕部字。《金文编》中嬴字 25 见，伯卫父盉作🀄，季嬴灵德盉作🀄。嬴在先秦就已为耕部字。

　　楚帛书中，嬴字常写作"𦀇"。《楚帛书》乙："隹（惟）囗囗囗，月则𦀇（嬴）绌，不得其裳（当）。②"又："𦀇（嬴）绌遊（失）囗，卉木亡尚（常）；囗囗囗夭（妖），天陸（地）乍（作）羕（祥）。③"古文献中嬴与熊、挺异文。《左传·宣公八年》："夫人嬴氏薨。"《公羊传》《谷梁传》嬴作熊。又："葬我小君敬嬴。"《公羊传》《谷梁传》敬嬴作顷熊。《晏子春秋·内篇·杂上》："不复嬴矣。④"《荀子·劝学》嬴作挺。

　　韵文同样可证。《尔雅·释天》："春为发生，夏为长嬴，秋为收成，冬为安宁。"生嬴成宁为韵。

---

① 黎翔凤撰，梁运华整理《管子校注》，北京：中华书局，2004 年，1272 页。
② 陈茂仁《楚帛书研究》，新北：花木兰文化出版社，2010 年，132 页。
③ 陈茂仁《楚帛书研究》，新北：花木兰文化出版社，2010 年，135-137 页。
④ 吴则虞编著《晏子春秋集释》，北京：中华书局，1982 年，347 页。

三、果声

《说文》从果得声的字共 13 个：裸踝课敤髁猓稞窠裹颗淉鱤媠，除"裸"外，皆属歌部字。它们的音韵地位如表 5-3 所示。

表 5-3 从果得声的字的音韵地位

	声母	开合	等	声调	中古韵	上古韵部
果	见母	合口	一等	上声	果韵	歌部
踝	匣母	合口	二等	上声	马韵	歌部
课	溪母	合口	一等	去声	过韵	歌部
敤	溪母	合口	一等	上声	果韵	歌部
髁	溪母	合口	一等	平声	戈韵	歌部
猓	匣母	合口	一等	上声	果韵	歌部
稞	匣母	合口	二等	上声	马韵	歌部
窠	溪母	合口	一等	平声	戈韵	歌部
裹	见母	合口	一等	上声	果韵	歌部
颗	溪母	合口	一等	上声	果韵	歌部
淉	见母	合口	一等	上声	果韵	歌部
鱤	匣母	合口	二等	上声	马韵	歌部
媠	影母	合口	一等	上声	果韵	歌部
裸	见母	合口	一等	去声	换韵	元部

（一）猓

《说文》无。最早见于扬雄《方言》当中。《玉篇·麦部》："猓，胡瓦切，曲也。"《广韵·果韵》古火切："猓，饼猓食。"《广韵·马韵》胡瓦切："猓，面名。"《集韵》鲁果切："猓，面也。"又户瓦切："猓，曲也。"《集韵·魂韵》胡昆切："猓䰟䰟，《方言》：曲也。一曰：麦不破也。或从完，从昆。"《释文》没有注音。

猓，上古当为歌部字。《方言》第十三："䫉、䫏、䫌、䫉、猓，曲也。……晋之旧都曰䫉。……北鄙曰䫏，曲其通语也。"郭璞注："猓，鲲音，小麦曲为麱，即麳也。"戴震《方言疏证》："鯀，各本讹作'鲲'，麱，讹作麳，今订正。《玉篇》云：麱，麦曲也。"麱音鯀。麳鯀，《广韵》同为胡瓦切。《集韵》又音胡昆切，可能承郭璞注的讹误而来。

（二）煤

《说文》无。最早见于扬雄《方言》当中。《玉篇·火部》："煤，呼隗切，楚人呼火为煤也。"《名义》："煤，呼隗反，《方言》：火。"《广韵·贿韵》呼罪切："煤，南人呼火也。"《广韵·换韵》古玩切："煤，楚人云火。"《集韵》同。《释文》没有注音。

扬雄《方言》第十："煤，火也。楚转语也，犹齐言燬火也。"郭璞注："煤，呼隗反。燬，音毁。"戴震《方言疏证》："案《诗·周南》：'王室如燬。'毛传：'燬，火也。'《释文》云：'燬，音毁，齐人谓火曰毁，字书作燬，一音火尾反，或云：楚人名火曰煤。'齐曰毁，吴人曰燬，此方俗讹语也。《尔雅·释言》：'毁，火也。'郭璞注云：'毁，齐人语。'疏全引《方言》此条文并同。《玉篇》云：楚人呼火为煤也。《广韵》：燬，齐人云火皆本此。"清吕飞鹏《周礼补注》卷五："司烜氏掌以夫遂取明火于日。又曰司烜之烜，一作煤，一作燬，煤为楚语，燬乃齐言。煤读为货，燬读若毁。《韩诗》王室如燬，《毛诗》作毁，然则煤燬毁烜皆通矣。"

（三）祼

《说文·示部》："祼，灌祭也。从示，果声。"古玩切。《玉篇·示部》："祼，古换切，祼鬯告神也。"《广韵》古玩切："祼，祭名，《说文》曰：灌祭也。"《集韵》同。《释文》共注音18次，皆音古乱反。

祼，表"祭名"，《尚书·洛诰》《诗经·大雅》写作"祼"。《尚书·洛诰》："王宾。杀禋。咸格。王入太室，祼。"旧题孔安国传："祼，鬯告神。"《释文》："祼，官唤反。"《诗经·大雅·文王》："侯服于周，天命靡常。殷士肤敏，祼将于京。厥作祼将，常服黼冔。"毛传："祼，灌鬯也。"郑笺："殷之臣壮美而敏，来助周祭。"《释文》："祼将，古乱反。"《诗经·大雅·棫朴》："济济辟王，左右奉璋。"郑笺："祭祀之礼，王祼以圭瓒。"《释文》："祼以，古乱反。"《周礼》"小宰""大宗伯""小宗伯""肆师""郁人""鬯人""司尊彝""典瑞""大行人"

"考工记""玉人"诸篇皆"祼""果"杂用。《周礼·秋官·大行人》:"王礼再祼而酢。"郑玄注:"故书祼作果。"《周礼·冬官·玉人》:"祼圭尺有二寸。"郑玄注:"祼或作果,或作淉。"《释文》:"祼圭,古乱反。"《周礼·天官·笾人》:"馈食之笾,其实枣、栗、桃、干䕩、榛实。"郑玄注:"馈食,荐孰也。今吉礼存者,《特牲》《少牢》,诸侯之大夫士祭礼也。不祼、不荐血腥,而自荐孰始,是皆云馈食之礼。"《释文》:"不祼,古乱反。"王国维:"殷周古文未见从示之祼。以示部诸字言之:如禄,古文作彔。祥,古文作羊。祖,古文作且。社,古文作土。知古祼字即借用果木之果。"①

祼,至晚汉代已经是元部字了。《周礼·春官·大宗伯》:"以肆献祼享先王。"郑玄注:"祼之言灌。"《周礼·春官·郁人》:"凡祼玉灌之陈之以赞祼事。"《初学记·礼部》引祼作灌。《周礼·秋官·大行人》:"王礼再祼而酢。"郑玄注:"郑司农云:'祼读为灌。'"《周礼·冬官·玉人》:"祼圭尺有二寸。"郑玄注:"祼之言灌也。"《礼记·郊特牲》:"诸侯为宾,灌用郁鬯,灌用臭也。"《释文》:"灌,本又作祼。古唤反。"《说文》:"祼,灌祭也。"《说文》的声训,说明至晚在汉代祼已经是元部字了。

四、爲声

《说文》从爲得声的字共三个层级。第一层:爲。第二层:蒍䓕䞈䣕䳠瘑偽闠撝媯隔皮。第三层:彼跛詖鞁簸柀䟺旇疲帔被颇髲破駊尳波鮍袚綩坡钑陂,皆为歌部字,它们的音韵地位如表5-4所示。②"皮"字虽然韵部属于歌部,但声母、开合与声首与"爲"字相差甚远。

---

① 王国维《再与林博士论洛诰书》,载《观堂集林》,北京:中华书局,2010年,45页。

② 本表只列举到第二层级。

表 5-4　从爲得声的字的音韵地位

	声母	开合	等	声调	中古韵	上古韵部
爲	云母	合口	三等	平声	支韵	歌部
	云母	合口	三等	去声	寘韵	歌部
䣥	匣母	合口	三等	上声	纸韵	歌部
蔿	匣母	合口	三等	上声	纸韵	歌部
䉏	匣母	合口	三等	上声	纸韵	歌部
瘑	匣母	合口	三等	上声	纸韵	歌部
闍	匣母	合口	三等	上声	纸韵	歌部
撝	晓母	合口	三等	平声	支韵	歌部
隖	晓母	合口	三等	平声	支韵	歌部
䞈	见母	合口	三等	去声	寘韵	歌部
偽	疑母	合口	三等	去声	寘韵	歌部
嬀	见母	合口	三等	平声	支韵	歌部
譌	疑母	合口	一等	平声	戈韵	歌部
皮	並母	开口	三等	平声	支韵	歌部

（一）皮

《说文·皮部》："皮，剥取兽革者谓之皮。从又，爲省声。𥬰，古文皮。𠔖，籀文皮。"符羁切。

该字见于古文字。金文：𠂖（吊皮父簋）、𠂖（九年卫鼎）、𠂖（者减钟）。先秦货币文：𠂖、𠂖。包山楚简：𠂖。古币文：𠂖。睡虎地秦简：𠂖（杂一六）、𠂖（秦七）。王国维："𠂖者，革之半字也。从又持半革，故为剥去兽革之名。"林义光："𠂖，象兽头角尾之形。𠃌，象其皮，彐，象手剥取之。"高鸿缙持相同观点。虽然各家在具体的解读上不尽相同，但"皮"不从爲省声却是共识。"皮"乃会意字，而非从爲得声的形声字。

从爲得声的字，都是合口字，声母都是牙喉音，而皮是开口字，声母却是帮组。皮不是从爲得声的字。

五、差声

《说文》从差得声的字有：瑳齹簎縒槎瘥傞鬡嵯庩溠鹺䇝縒齹暛，除了"鹺"外，皆为歌部字。它们的音韵地位如表 5-5 所示。

表 5-5　从差得声的字的音韵地位

	声母	开合	等	声调	中古韵	上古韵部
差	初母	开口	二等	平声	麻韵	歌部
瑳	清母	开口	一等	平声	歌韵	歌部
齹	从母	开口	一等	平声	歌韵	歌部
簎	初母	开口	三等	平声	止韵	歌部
縒	从母	开口	一等	平声	歌韵	歌部
槎	崇母	开口	二等	去声	麻韵	歌部
瘥	初母	开口	二等	去声	卦韵	歌部
傞	心母	开口	一等	平声	歌韵	歌部
鬡	从母	开口	一等	平声	歌韵	歌部
嵯	从母	开口	一等	平声	歌韵	歌部
庩	初母	开口	三等	平声	止韵	歌部
溠	庄母	开口	二等	去声	祃韵	歌部
鹺	庄母	开口	二等	上声	马韵	铎部
䇝	从母	开口	一等	平声	歌韵	歌部
縒	崇母	开口	二等	平声	佳韵	歌部
暛	从母	开口	一等	平声	歌韵	歌部
縒	初母	开口	三等	平声	支韵	歌部

（一）縒

《说文·糸部》："縒，参縒也。从糸，差声。"楚宜切。《玉篇·糸部》："縒，且各切，参縒也，亦作错。"《广韵·支韵》楚宜切："縒，参縒也。"《广韵·哿韵》苏可切："縒，鲜洁貌也。"《广韵·铎韵》仓各切："縒，縒综，乱也。"《集韵》同。《释文》没有注音。

"縒"音"楚宜切"，上古为歌部字，用在"参縒"一词中，表"纷乱不齐"义，"参縒"又可写作"参差、差池、槮差、篸差"。《诗经·周南·关雎》："参差荇菜，左右流之。"《说文·木部》槮字下引作："槮差荇菜。"段注："盖物有长有短则参差不齐，竹木皆然。今人作参差。古则从竹，从木也。"方以智《通雅》卷六："参差，一作槮差、参縒、篸差、柴池、差池，又转为蹉跎、崔隤之声。相如赋'柴池茈虒'。柴池即参差，作差池。"

"縒"，中古有"仓各切"一音。段玉裁《诗经小学》卷二："经典中用'错'字，多属假借。献酬交错应作这遣。可以攻错应作攻厝。错综其数应作縒综。举直错枉应作举措。考《说文》：遣，这遣也。厝，厉石也。縒，参縒也。《广韵》：縒，仓各切，縒综，乱也。措，置也，错，金涂也。何以报之金错刀乃错字本义。""縒综"又可写作"错综"。《玉篇》："縒，亦作错。""縒"读仓各切是"错"字的训读。

（二）鮺

《说文·鱼部》："鮺，藏鱼也。南方谓之鮺，北方谓之鮺。从鱼，差省声。"侧下切。段注："鮺，俗作鲊。"《玉篇·鱼部》："鮺，仄下切，藏鱼也。鲊，同上。"《广韵》无。《集韵》侧下切："鮺鰦鱃鲊，《说文》：'藏鱼也，南方谓之鮺，北方谓之鮺。'或作鰦鱃鲊。"桂馥《说文解字义证》："鮺，字或作鰦，《世说》有人遗张华鰦者，华见之曰：此龙肉也。遂以苦酒沃之。鰦中有五色光。吴司徒孟宗为雷池监，以鰦饷母。《世说》以为陶侃事。《唐书·地理志》：孟州贡黄鱼。俗作鲊。"

鮺，可写作"鰦"。《周礼·天官·庖人》："共祭祀之好鮺。"郑玄注："谓四时所为膳食，若荆州之鰦鱼，青州之蟹胥，虽非常物，进之孝也。"《释文》："鰦，侧雅反。"《世说新语·贤媛》："陶公少时作鱼梁吏，尝以坩鰦饷母，母封鰦付使，反书责侃。"①

鮺，俗字作"鲊"。《尔雅·释器》："肉谓之羹，鱼谓之鮨。"郭璞

---

① 刘义庆著，张万起、刘尚慈译注《世说新语译注》，北京：中华书局，2006年，676页。

注："鮨，鲊属也。见《公食大夫礼》。"《释文》："鲊，侧下反。"《释名·释饮食》："鲊，菹也。以盐米酿鱼以为菹。熟而食之也。"从乍得声之字，为铎部字。鰦字又可作鲊，则鰦至晚东汉末年已属铎部字。

六、巫声

《说文》从巫得声的字共四个层级。第一层：巫（歌部）。第二层：埀（垂）䍇（都为歌部）陊（微部）。第三层：睡膇棰厜骓捶锤陲娷諈唾埵雖湭（都为歌部）。第四层：遳（侯部）。它们的音韵地位如表5-6所示。

表5-6 从巫得声的字的音韵地位

	声母	开合	等	声调	中古韵	上古韵部
巫	禅母	合口	三等	平声	支韵	歌部
埀	禅母	合口	三等	平声	支韵	歌部
䍇	禅母	合口	三等	平声	支韵	歌部
陊	来母	合口	一等	上声	贿韵	微部
睡	禅母	合口	三等	去声	寘韵	歌部
膇	澄母	合口	三等	去声	寘韵	歌部
棰	章母	合口	三等	上声	纸韵	歌部
厜	精母	合口	三等	平声	支韵	歌部
骓	章母	合口	三等	上声	纸韵	歌部
捶	章母	合口	三等	上声	纸韵	歌部
锤	澄母	合口	三等	平声	支韵	歌部
陲	禅母	合口	三等	平声	支韵	歌部
娷	知母	合口	三等	去声	寘韵	歌部
諈	知母	合口	三等	去声	寘韵	歌部
唾	透母	合口	一等	去声	过韵	歌部

续表

	声母	开合	等	声调	中古韵	上古韵部
埵	端母	合口	一等	上声	果韵	歌部
䜴	禅母	合口	三等	平声	支韵	歌部
涶	透母	合口	一等	平声	戈韵	歌部
遳	知母	合口	三等	去声	遇韵	侯部

（一）磈

《说文·𠂹部》："磈，磊磈也。从𠂹，巫声。"洛猥切。"磊磈"，叠韵连绵词。"磊"微部字。则"磈"当为微部字，"磈"读微部音可能受到"磊"音的影响。

（二）腄

《说文·肉部》："腄，瘢胝也①。从肉，垂声。"竹垂切。《玉篇·肉部》："腄，竹垂切，《说文》：瘢胝也。又驰伪切，县名。"《玉篇·月部》："腄，胡求切，县名，在东莱，又直瑞切。"《名义·肉部》："腄，筑垂反，瘢胝也。"《广韵·支韵》竹垂切："腄，瘢胝。"《广韵·尤韵》羽求切："腄，县名，在东莱。"《广韵·寘韵》驰伪切："腄，县名，在东莱。"《集韵》是为切："腄，臀。"又株垂切："腄，《说文》瘢胝也。一曰：马及鸟胫上结骨，李舟《说文》。"又于求切："腄脽，县名，在东莱。或作脽。"又驰伪切："腄，县名，在东莱。"

"腄"，中古音竹垂切，上古端母歌部，义为"瘢胝"。该义文献中未见。

"腄"，中古音驰伪切，上古定母歌部，指"东莱县名"。《汉书·武帝本纪》："登之罘。"注："晋灼曰：《地理志》东莱腄县有之罘山祠。师古曰：罘音浮，腄音直瑞反。"《汉书·郊祀志》："之罘山于腄，成山于不夜，莱山于黄。"注："应劭曰：腄音甄。晋灼曰：腄、不夜、黄县皆属东莱。师古曰：腄音丈瑞反。"《汉书·地理志》："掖、腄。"

---

① 王筠《说文解字句读》卷四下："腄，瘢胝也。《韵会》引同《玉篇》引作瘢腄也。小徐作'跟胝也'。盖本作痕胝，后人改之。疒部痕，胝瘢也。"

注:"睡有之罘山祠,居上山声洋,丹水所出,丹①东北入海。师古曰:睡音直瑞反。"

"睡",《玉篇》《广韵》《集韵》又有羽求切之音。《史记·秦始皇本纪》:"于是乃并勃海以东,过黄、睡。"《集解》:"《地理志》东莱有黄县,睡县。"《正义》:"睡,逐瑞反,字或作'陲'。""陲"与"邮"形体相似,故又有羽求切之音。"邮",《说文·邑部》:"邮,境上行书舍。从邑垂。垂,边也。"羽求切。"邮","从邑垂"会意。

"睡",《集韵》又有是为切一音,表"臀"义。该义乃是误认为是"脽"字所致。《说文·肉部》:"脽,尻也。"示隹切。《汉书·东方朔传》曰:"臣观其舌齿牙,树颊胲,吐唇吻,擢颔颐,结股脚,连脽尻。"颜师古:"脽,臀也。音谁。"

(三) 遬

《说文·辵部》:"遬,不行也②。从辵,馵声。读若住。"中句切。"馵",《说文·马部》作"驕",马旁居左。《玉篇·辵部》:"遬,竹句切,不行也。又丑凶切。"《名义·辵部》:"遬,竹句反,驻,不行也。"《广韵·冬韵》丑凶切:"遬,马不行也。"《广韵·御韵》中句切:"遬,不行。"《集韵》痴凶切:"遬,马不行貌。"又株遇切:"遬馵,《说文》:不行也。或省。"又株伦切:"遬,不行也。"《释文》没有注音。遬,上古为侯部字,至晚汉代已如此。《说文》"读若住"。住,上古端母侯部字。

七、禾声

《说文》从禾得声的字共三个层级,第一层:禾。第二层:委和

---

① 王念孙《读书杂志》卷六:"念孙案,下丹字衍。"
② 徐锴《系传》作"马不行也"。段注:"不上有马者误。"桂馥《说文解字义证》卷六:"马不行也者,宋本、小字本、《玉篇》《广韵》并无马字。"徐灏笺:"馵为小马,遬为马不行,马字似非衍文。"

穌盉科。第三层：萎逶踒诿矮痿痿倭覣巍綾錗餧。除巍錗餧为微部字外，其他皆为歌部字。它们的音韵地位如表 5-7 所示。

表 5-7　从禾得声的字的音韵地位

	声母	开合	等	声调	中古韵	上古韵部
禾	匣母	合口	一等	平声	戈韵	歌部
委	影母	合口	三等	平声	支韵	歌部
和	匣母	合口	一等	平声	戈韵	歌部
穌	匣母	合口	一等	平声	戈韵	歌部
盉	匣母	合口	一等	平声	戈韵	歌部
科	溪母	合口	一等	平声	戈韵	歌部
萎	影母	合口	三等	平声	支韵	歌部
逶	影母	合口	三等	平声	支韵	歌部
踒	影母	合口	一等	平声	戈韵	歌部
诿	泥母	合口	三等	去声	寘韵	歌部
矮	影母	合口	三等	去声	寘韵	歌部
痿	影母	合口	三等	平声	支韵	歌部
痿	影母	合口	三等	平声	支韵	歌部
倭	影母	合口	三等	平声	支韵	歌部
覣	影母	合口	三等	平声	支韵	歌部
巍	疑母	合口	三等	平声	微韵	微部
綾	日母	合口	三等	平声	脂韵	歌部
錗	泥母	合口	三等	去声	寘韵	微部
餧	泥母	合口	一等	去声	贿韵	微部
	影母	合口	三等	去声	寘韵	歌部

（一）巍

《说文·嵬部》："巍，高也。从嵬，委声。"牛威切。《玉篇·山部》："巍，牛威切，高大也。"《广韵·微韵》语韦切："巍，高大貌。"《集韵》同。《释文》注音 2 次。《论语·泰伯》："巍巍乎舜禹之有天下也。"《释文》："巍巍，鱼威反。"《庄子·天道》注："故曰巍巍乎舜禹之有天下而不与焉。"《释文》："巍巍，鱼归反。"

"巍"，本义为"高大"。《释名·释船》："其前立柱曰桅①。桅，巍也。巍巍，高貌也。"《方言》第六："巍，高也。"《孟子·滕文公上》："孔子曰：大哉尧之为君，惟天为大，惟尧则之，荡荡乎民无能名焉。君哉舜也，巍巍乎有天下而不与焉。"汉赵歧注："巍巍之德，言德之大，大于天子位也。"《吕氏春秋·本味》："钟子期曰：善哉鼓琴，巍巍乎若太山。"②《楚辞·涉江》："带长铗之陆离兮，冠切云之崔嵬。"王逸注："崔嵬，高貌也。嵬一作巍。"洪兴祖补曰："嵬巍，并五回反。"③《楚辞》东方朔《七谏》："尧舜圣已没兮孰为忠直？高山崔巍兮水流汤汤。"王逸注："崔巍，高貌。"洪兴祖补曰："崔巍，下五回反切。"④《楚辞·远游》："悲余性之不可改兮，屡惩艾而不移。服觉皓以殊俗兮，貌揭揭以巍巍。"王逸注："揭揭，高貌。巍巍，大貌。"⑤《史记·晋世家》："万，盈数也。魏，大名也。"《集解》："服虔曰：魏喻巍。巍，高大也。"《汉书·司马相如传上》："于是乎，崇山矗矗，巃嵸崔巍，深林巨木，崭岩参差。"郭璞曰："皆高峻貌也。"颜师古注："巍音五回反。"《汉书·扬雄传上》："前殿崔巍兮和氏珑玲。"颜师古注："崔巍，高貌。巍音五回反。"

"巍"，上古已为微部字。"崔巍"，叠韵连绵词，"崔"，微部字，则"巍"字为微部无疑。

（二）锾

《说文·金部》："锾，侧意。从金，委声。"女恚切。《玉篇·金部》："锾，竹瑞切。"《广韵》没有该字。《集韵·寘韵》女恚切："锾，《说文》：侧意也。"又弋睡切："锾，县也。"《释文》没有注音。

"锾"，"侧意"义，上古文献中未见。何时转为微部，亦不得考。

---

① 王先谦《释名疏证补》："桅，毕沅曰：椀本作桅，据《御览》引改。"
② 许维遹撰，梁运华整理《吕氏春秋集释》，北京：中华书局，2009年，312页。
③ 洪兴祖《楚辞补注》，北京：中华书局，1983年，128页。
④ 洪兴祖《楚辞补注》，北京：中华书局，1983年，236页。
⑤ 洪兴祖《楚辞补注》，北京：中华书局，1983年，309页。

中古文献主要用于"錗鐕"一词中,指缀有珠子的臂环。《太平御览》卷七一八:"祖台之《志怪》曰:建安中,河间太守刘照夫人卒于府,后太守至,梦见一好妇人就为室家,持一双金鐕与太守,不能名。妇人乃曰此錗鐕。錗鐕者,其状如纽,珠大如指,屈伸在人。太守得置枕中,前太守迎丧,言有錗鐕,开棺视夫人臂,果无复有錗鐕焉。"桂馥《说文解字义证》卷四十五:"錗,侧意者,錗与锤通。《集韵》:锤,侧意。"《集韵》竹恚切:"锤,权也。一曰:侧意。"

(三)餧

《说文·食部》:"餧,饥也。从食,委声。一曰鱼败曰餧。"奴罪切。《玉篇·食部》:"餧,奴罪切,饥也。一曰:鱼败曰餧。又于伪切,餧饲也。"《广韵》奴罪切:"餧,饥也。一曰鱼败曰餧。"又于伪切:"餧,餧饭也。"《集韵》弩罪切:"餧餒,《说文》:饥也。或作餒。"又:"鮾鯘胲,鱼败也。或作鮾胲。"《集韵》于伪切:"萎餧,《说文》:食牛也。或从食。"《释文》注音2次。唐释慧琳《一切经音义》注音15次。

"餧"表"饥饿"义,上古为微部字,中古音奴罪切,字又作"餒"。《诗经·小雅·白华》:"有鹙在梁,有鹤在林。"郑笺:"鹙之性贪恶而今在梁,鹤絜白而反在林,兴王养褒姒而餒申后,近恶而远善。"《释文》:"餒,奴罪反。"《左传·桓公六年》:"今民餒而君逞欲。"《释文》:"民餒,奴罪反,饿也。"《左传·宣公四年》:"泣曰:鬼犹求食,若敖氏之鬼不其餒而。"《释文》:"餒而,奴罪反,饿也。"《左传·襄公二十年》:"若不能,犹有鬼神。吾有餒而已,不来食矣。"《释文》:"餒而,奴罪反,饿也。"《荀子·儒效》:"虽穷困冻餧,必不以邪道为贪。"①《荀子·富国》:"虽凶败水旱,使百姓无冻餧之患,则是圣君贤相之事也。"②《荀子·臣道》:"若驭朴马,若养赤子,若食餧人。"唐杨倞注:"使饥渴于至道,如餧人之欲食。"③《汉书·魏相传》:"为民贫穷,发仓廪,振乏餧。"颜师古注:"餧,饿也。音乃赂反。"《汉书·谷永传》:"流

---

① 王先谦《荀子集解》,北京:中华书局,1988年,117页。
② 王先谦《荀子集解》,北京:中华书局,1988年,184页。
③ 王先谦《荀子集解》,北京:中华书局,1988年,253页。

散冗食，餒死于道，以百万数。"颜师古注："冗亦散也。餒，饿也。冗音人勇反，餒音乃贿反。"《汉书·西南夷传》："数岁，道不通，士罢饿餒，离暑湿死者甚众。"颜师古注："罢读曰疲。餒，饥也。离，遭也。餒音能贿反。"慧琳《一切经音义》卷二十八、四十二、五十四、七十五、九十二、九十三、九十五皆有注音。如卷七十五："餒饥，上奴罪反，郑注《论语》云：餒，饿也。《说文》：从食，委声。"

"餒"，表"鱼败"之义，上古为微部字，中古音奴罪切，字又作"鮾"。《仪礼·士昏礼》："腊必用鲜，鱼用鲋，必殽全。"郑玄注："殽全者，不餒败，不剥伤。"《释文》："不鮾，奴罪反。"《释文》"餒"作"鮾"。《尔雅·释器》："鱼谓之鮾。"《释文》："鮾，奴罪反。《说文》云：鱼败曰鮾。字书作鯘，同。"慧琳《一切经音义》卷九十："餒者，奴磊反，或从鱼作鮾，鱼败臭也。《论语》曰：鱼餒而肉败。孔注云：鱼败曰餒。亦从肉作腇，并臭坏之鱼。"表"饥饿"义，《释文》共注音 10 次，皆作"鮾"，不作"餒"。表"鱼败"之义，《释文》共注音 2 次，皆作"鮾"，不作"餒"。段玉裁正是据此改《说文》"餒"为"鮾"。

"餒"表"喂食"义，上古为歌部字，中古音于伪切。《广雅·释诂》："餒，食也。"《礼记·月令》："田猎：罝、罘、罗、罔、毕、翳，餒兽之药，毋出九门。"孔颖达疏："其罝罘罗网毕翳之器及餒兽之药，毋得出于九门。"《释文》："餒，于伪反。"《楚辞·九辩》："骥不骤进而求服兮，凤亦不贪餒而妄食。"王逸注："餒，食也。"洪兴祖补曰："餒于伪切。"①《汉书·高帝纪》："使郦食其、陆贾往说秦将啖以利。"颜师古注："啖者，本谓食啖耳，音徒敢反。以食餒人，令其啖食，音则改，变为徒滥反。"《汉书·陈余传》："余曰：所以不俱死，欲为赵王、张君报秦。今俱死，如以肉餒虎，何益？"颜师古注："餒，飤也。音于伪反。"慧琳《一切经音义》卷十五、二十五、三十四、四十三、六十、九十四、一百注音皆为于伪反，表"喂食"之义。如卷十五："餒狐狼，上威位反。《韵英》云：饮牛也。《考声》云：与食也。从食，委声也。"卷三十四："身餒，于伪反，顾野王云：以物散与鸟，食也。《广雅》：餒亦飤，飤音寺也。《说文》：从食，委声也。"

---

① 洪兴祖《楚辞补注》，北京：中华书局，1983 年，190 页。

八、妥声

《说文》从妥得声的字有 3 个：桵绥（都为微部）挼（歌部）。它们的音韵地位如表 5-8 所示。

表 5-8 从妥得声的字的音韵地位

	声母	开合	等	声调	中古韵	上古韵部
妥	透母	合口	一等	上声	果韵	歌部
桵	日母	合口	三等	平声	脂韵	微部
绥	心母	合口	三等	平声	脂韵	微部
挼	泥母	合口	一等	平声	戈韵	歌部

（一）绥

段注本《说文·糸部》："绥，车中靶也。从糸，妥声。"息遗切。徐锴曰："礼：升车必正立，执绥所以安也。当从爪从安河。《说文》无妥字。"《玉篇·糸部》："绥，先唯切，止也，安也。《说文》曰：车中靶也。"《广韵》息遗切："绥，安也。《说文》云：车中靶也。又州名。春秋时为白翟所居，秦并天下为上郡，后魏废郡置州，取绥德县以为名。"《集韵》翾规切："隋挼绥，祭食也。一曰：衅荐血。或作挼绥。"又儒佳切："緌绥，《说文》：系冠缨也。一曰：垂也。一曰：注毦于干首。或作绥。"又宣佳切："绥，《说文》车中把也。亦州名。"又通回切："妥绥，安坐也。一曰执器下之心。或作绥。"又吐火切："妥绥，安也。或作绥。"又思累切："隋堕绥挼，尸所祭肝脊黍稷之属。或作堕绥挼。"又呼恚切："隋堕绥挼，尸祭黍稷肝脊也。或作堕绥挼。"《释文》注音 29 次。

该字见于古文字中。《甲骨文编》：𦥑（前五.一九.一）。《续甲骨文编》：𦥑。《金文编》：𦥑（蔡姞簋）。《包山楚简文字编》：𦥑（277）。《古玺文编》：𦥑（144）。我们可以看出，甲骨文、金文当中，"绥"字不从糸，作"妥"。到了楚简当中才有从糸的痕迹。

绥，本义为"用来拉手登车的绳子"。上古为微部字，中古音息遗切，心母字。《诗经·大雅·韩奕》："王锡韩侯，淑旗绥章。簟茀错衡，玄衮赤舄，钩膺镂钖。"郑笺："绥章，本亦作緌，郑音虽，车绥也。"《礼记·曲礼上》："献车马者执策绥，献甲者执胄。"《释文》："筴绥，音虽，执以登车者。"《礼记·檀弓上》："公队，佐车授绥。"《释文》："绥，息佳反。"《管子·戒》："公輟射援绥而乘，自御。管仲为左，隰朋参乘。"①《庄子·让王》："王子搜援绥登车，仰天而呼，曰：君乎！君乎！独不可以舍我乎？"《庄子·渔父》："颜渊还车，子路授绥，孔子不顾，待水波定，不闻挐音，而后敢乘。"

绥，表"安，安抚"义，上古为微部字，中古音息遗切，字又可作"妥"。《诗经·周南·樛木》："乐只君子，福履绥之。"毛传："履，禄。绥，安也。"郑笺："妃妾以礼义相与和，又能以礼乐乐其君子，使为福禄所安。"《释文》："绥，音虽，安也。"《诗经·小雅·鸳鸯》："乘马在厩，秣之摧之。君子万年，福禄绥之。"郑笺："绥，安也。"《释文》："绥之，音土果反，又如字。"《诗经·商颂·烈祖》："亦有和羹，既戒既平。鬷假无言，时靡有争。绥我眉寿，黄耇无疆。"郑笺："此由其心平性和，神灵用之，故安我以寿考之福，归美焉。"《释文》："绥我，音妥，安也。"《尚书·禹贡》："五百里绥服。"旧题孔安国传："绥，安也。侯服外之五百瑞安服王者之政教。"《释文》："绥，息遗反。"《尚书·汤诰》："若有恒性，克绥厥猷，惟后。"旧题孔安国传："顺人有常之性，能安立其道教，则惟为君之道。"

绥，表示"插有牦牛尾或鸟羽的旗杆"，字本作"緌"，上古为微部字，中古音而佳切，日母字。《诗经·小雅·车攻》："田车既好，四牡孔阜。东有甫草，驾言行狩。"毛传："天子发然后诸侯发，诸侯发然后大夫、士发。天子发抗大绥，诸侯发抗小绥，献禽于其下，故战不出顷，田不出防，不逐奔走，古之道也。"《释文》："绥，本亦作緌，同。而佳反，下同。"《诗经·大雅·韩奕》："王锡韩侯，淑旗绥章。簟茀错衡，玄衮赤舄，钩膺镂钖。"《释文》："绥章，本亦作緌，毛如谁反，大绥也。"《周礼·天官·夏采》："夏采掌大丧以冕服复于大祖，以乘车建绥复于四郊。"郑玄注："乘车，玉路。四郊以绥，出国门，此行道也。……故书绥为綏。杜子春云：当为绥。綏，非。是也。玄谓《明堂位》曰：凡四代之服器，鲁兼用之。有虞氏之旗，夏后氏之

---

① 黎翔凤撰，梁运华整理《管子校注》，北京：中华书局，2004年，514页。

绥①。则旌旗有是绥者，当作緌，字之误也。緌，以旄牛尾为之，缀于橦上，所谓注旄于干首者。王祀四郊，乘玉路，建大常，今以之复，去其旒，异之于生，亦因先王有徒緌者，《士冠礼》及《玉藻》冠緌之字，故书亦多作绥者。今礼家定作蕤。"《释文》："建绥，而谁反，注下同。依字作緌，误作绥耳。"《周礼·夏官·大司马》："遂以苗田，如搜之法，车弊献禽以享礿。"郑玄注："《王制》曰：天子杀则下大绥，诸侯杀则下小绥，大夫杀则止佐车，佐车止则百姓田猎。"《释文》："大绥，而谁反，下同。"《礼记·王制》："天子杀则下大绥，诸侯杀则下小绥。"郑玄注："绥当为緌，緌，有虞氏之旌旗也。下谓弊之。"《释文》："大绥，依注音緌，耳隹反，下注同。"《礼记·明堂位》："有虞氏之旗，夏后氏之绥，殷之大白，周之大赤。"郑玄注："绥当为緌，读如冠蕤之蕤。有虞氏当言緌，夏后氏当言旗，此盖错误也。緌谓注旄牛尾于杠首。"《释文》："之绥，依注为緌，耳隹反。"又可指像插有羽毛的旗杆一类的物体。《礼记·丧大记》："饰棺，黻翣二，画翣二，皆戴绥。"郑玄注："绥当为緌，读如冠蕤之蕤，盖五采羽注于翣首也。"绥与蕤异文，且又读若蕤。蕤，为微部字。

绥，表"祭祀"之名，上古为微部字，中古音思累切，字本作"堕""授"，《仪礼·士虞礼》："不绥祭，无泰羹涪赦从献。"郑玄注："献记终始也。事尸之礼，始于绥祭，终于从献。绥当为堕。"《释文》："不绥，依注音堕，许恚反，刘相恚反。"《仪礼·少牢馈食礼》："上佐食取四敦黍稷，下佐食取牢一切肺，以授上佐食。上佐食以绥祭。"郑玄注："绥，或作授，授读为堕。"《释文》："以绥，许规反，刘相规反，并注授及堕，亦放此，下皆同。"《礼记·曾子问》："摄主不厌祭，不旅不假，不绥祭，不配。"郑玄注："不绥祭，谓今主人也。绥，《周礼》作堕。不配者，祝辞不言以某妃配某氏。"孔颖达疏："谓欲食之时，先减黍稷牢肉而祭之于豆间，故曰绥祭。"《释文》："不绥，注作堕，同许垂反，徐又况垂反，注同。"《集韵》思累切："隋堕绥授，尸所祭肝脊黍稷之属。或作堕绥授。"

绥，用于"绥绥"一词中，表示"匹行"之义，上古为微部字，中古音息遗切，字本作"夊"。《说文·夊部》："行迟曳夊夊，象人两胫有所躧也。"《玉篇·夊部》："夊，思佳切，行迟貌。《诗》云：雄狐

---

① "绥"原作"緌"，据阮元校刻改。

夊夊，今作绥。"《诗经·卫风·有狐》："有狐绥绥，在彼淇梁。"毛传："兴也。绥绥，匹行貌，石绝水曰梁。"《释文》："绥绥，音虽，匹行貌。"《诗经·齐风·南山》："南山崔崔，雄狐绥绥。鲁道有荡，齐子由归。"崔、绥、归押韵。绥为微部字。

绥，表人名，中古音息遗切，上古为微部字。《左传·桓公七年》："夏谷伯绥来朝。"《释文》："绥来，须唯反。"

（二）桵

《说文·木部》："桵，白桵，棫。从木，妥声。"儒佳切。徐铉曰："当从绥省。"《玉篇·木部》："桵，如佳切，小木也。"《广韵》儒佳切："桵，白桵，木也。"《集韵》儒佳切："桵梭，木名，《说文》：白桵，棫。或从委。"《释文》注音2次。

《诗经·大雅·棫朴》："芃芃棫朴，薪之槱之。"毛传："兴也。芃芃，木盛貌。棫，白桵也。"郑笺："白桵，相朴属而生者，枝条芃芃然。"《释文》："白桵，如谁反，后同。"《尔雅·释木》："棫，白桵。"郭璞注："桵，人佳。小木丛生，有刺，实如耳珰，紫赤可啖。"《释文》："桵，本或作桵，《字林》人佳反。"

九、丂声

《说文》从丂得声的字有五个层级。第一层：丂。第二层：可。第三层：苛诃舸柯疴何砢河閜抲妸坷轲阿奇哥杏。第四层：荷。第四层：菏。第四层：猗齮猗踦鼓猗刳觭椅旖寄倚骑猗掎绮畸锜輢陭。第四层：閼婐。第四层：歌滒。第四层：苍。第五层：檹。除了"杏"外，其他字皆为歌部字，它们的音韵地位如表5-9所示。[①]

[①] 本表只列举到第三层级。

表 5-9 从丂得声的字的音韵地位

	声母	开合	等	声调	中古韵	上古韵部
丂	晓母	开口	一等	平声	歌韵	歌部
可	溪母	开口	一等	上声	哿韵	歌部
坷	溪母	开口	一等	上声	哿韵	歌部
诃	晓母	开口	一等	平声	歌韵	歌部
抲	晓母	开口	一等	平声	歌韵	歌部
河	匣母	开口	一等	平声	歌韵	歌部
何	匣母	开口	一等	平声	歌韵	歌部
	匣母	开口	一等	上声	哿韵	歌部
苛	匣母	开口	一等	平声	歌韵	歌部
妸	影母	开口	一等	平声	歌韵	歌部
阿	影母	开口	一等	平声	歌韵	歌部
柯	见母	开口	一等	平声	歌韵	歌部
轲	溪母	开口	一等	平声	歌韵	歌部
駒	见母	开口	一等	平声	歌韵	歌部
哥	见母	开口	一等	平声	歌韵	歌部
疴	溪母	开口	一等	平声	歌韵	歌部
砢	来母	开口	一等	上声	哿韵	歌部
閜	晓母	开口	二等	上声	马韵	歌部
奇	见母	开口	三等	平声	支韵	歌部
杏	匣母	开口	二等	上声	梗韵	阳部

（一）杏

《说文·木部》:"杏，果也。从木，可省声。"何梗切。《玉篇·木部》:"杏，胡梗切，果也。"《广韵·庚韵》何梗切:"杏，果名。"《释文》注音4次，皆为户猛反。

该字古文字中已见。甲骨文：𣏌、𣏌、𣏌。包山楚简：杏、杏。李孝定《甲骨文集释》卷六:"卜辞或从木从口不从口，人名。"丁骕《说木、杏、束》："杏字从木从丁。"朱歧祥《殷墟甲骨文字通释稿》："杏从木口。"马叙伦《说文解字六书疏证》卷十："林罕曰：哽省声。张惠言曰：向省声，可为向之燗文。沈涛曰：《六书故》引唐本从木从口。盖古本如此。杏可声远，哽省声亦非，向省声亦曲为之说。严可均曰：唐本盖疑可非声，擅改耳。王筠、徐灏及俞先生樾皆主非形声字，在严格之图画文字中，直画一枝头箸实之杏树。及变为篆文，则果字已作❦，自难复以象形为篆，况篆口在木下乎？"古文字学家或认为从丁，或认为从口，或认为从口，然绝无从可之说。依古文字的形体来看，"杏"字当为象形字，不得从可得声。

十、坐声

《说文》从坐得声的字共 10 个：莝趖痤伮脞剉髽娷锉挫。皆为歌部字。它们的音韵地位如表 5-10 所示。

表 5-10　从坐得声的字的音韵地位

	声母	开合	等	声调	中古韵	上古韵部
莝	清母	合口	一等	去声	过韵	歌部
趖	心母	合口	一等	平声	戈韵	歌部
痤	从母	合口	一等	平声	戈韵	歌部
伮	精母	合口	一等	去声	过韵	歌部
脞	从母	合口	一等	平声	戈韵	歌部
剉	清母	合口	一等	去声	过韵	歌部
髽	庄母	合口	二等	平声	麻韵	歌部
娷	心母	合口	一等	平声	戈韵	歌部
锉	清母	合口	一等	去声	过韵	歌部
挫	精母	合口	一等	去声	过韵	歌部

（一）锉

《说文·金部》："锉，鍑也。从金，坐声。"昨禾切。《玉篇·金部》："锉，才戈切，锉鑘，鍑也。鑘，力戈切，锉鑘。"《名义·金部》："锉，才戈反，小釜。"《广韵》有昨禾切、麤卧切及昨木切三音，意义皆为"锉鑘，金属"。《集韵》同。

"锉"，用在"锉鑘"一词中，表"小锅"义，为歌部字。《广雅·释器》："钨錥谓之锉鑘。"《博雅音》："锉坐戈，鑘力戈。""锉鑘"，叠韵连绵词。王念孙《广雅疏证》："锉者，族累之合声，故锉鑘又谓之镞鑘。《急就篇》注云：'小釜曰镞鑘'是也。《说文》痤，小肿也，一曰族累病。桓六年《左传》谓其不疾瘯蠡也。瘯蠡与族累同，急言之则为痤矣。《尔雅·释木》痤，接虑李。郭注云今之麦李。《齐民要术》引《广志》云麦李细小。麦李细小故有接虑之名。急言之亦近于痤，故又谓之痤。锉鑘、族累、接虑一声之转。皆物形之小而圆者也。"《老子》四章："挫其锐。"汉帛书甲本、乙本挫作锉。

"锉"，《广韵》《集韵》又有昨木切一音，此音乃是昨禾切讹误成昨木切所致。"木"与"禾"在字形结构上常有讹误的情况。《山海经·南山经》卷一："有木焉，其状如榖而黑理，其华四照，其名曰迷榖，佩之不迷。"郝懿行《山海经笺疏》："陶弘景注《本草经》云：'榖即今狗书是也。'榖构古同声。[①]"袁珂《山海经校注》："经文迷榖，宋本迷穀。[②]"榖，《说文·木部》："榖，楮也。从木，殻声。"古禄切。段注："此篆体依《五经文字》正。《小雅》传曰：'榖，恶木也。'陆机疏曰：'江南以其皮捣为纸，谓之榖皮纸。絜白光辉。'按《山海经》传曰：'榖亦名构。'此一语之轻重耳。"穀，《说文·禾部》："穀，续也。百谷之总名。从禾，殻声。"古禄切。穀与榖皆从殻声，古音相同，可见意符木和禾常有讹误。

---

① 郝懿行《山海经笺疏·南山经》，成都：巴蜀书社，1985年，1页。
② 袁珂校注《山海经校注·南山经》，上海：上海古籍出版社，1980年，1页。

第六章 歌月元三部及其相关韵部的语音分析

一、歌月元三部相关的语音分析

（一）歌月元三部谐声系列在开合上的表现

关于合口，高本汉在中古的音韵系统中构拟了两个介音。开合口合韵为-w，开合口分韵为-u。①李方桂在《上古音研究》中指出："《切韵》的开口之分，就大体可以用介音 w 或 u 的有无去定，《切韵》时代的 u 跟 w 并没有音位上的区别，只是用来区分韵书里，尤其是《广韵》里的独立的合口韵。一韵含有开合两类的字用 w，独立的合口韵用 u。"②据李氏所述，中古歌韵（开口）与戈韵（合口）分属不同的两个韵，则戈韵的拟音当为"-ua"，脂韵同时兼有开合口，则它的合口拟音当为"-wi"。李氏接着又说："唐代韵书里在这方面并不一致，因此我们只认为有一种合口介音，但是可写作 w 或 u。"在这一点上，李氏的观点和董同龢一致。董氏认为："无论是中古音韵系统，还是上古音韵系统，合口只用一个-w-就够了。"③关于上古的开合口问题，高本汉和董同龢都认为开口与合口是并存的，并且合口只有一个-w-介音。李方桂认为："（中古的）这个合口介音，大部分是从圆唇舌根音来的，一部分是后起的。……现在暂时假定上古时代没有合口介音。"孙玉文（2003）通过对先秦连绵词的研究发现先秦的双声叠韵连绵词一般都是前开后合。如果按照李方桂的理论——中古的合口来自上古的圆唇舌根音，则双声连绵词将不能 "双声"，因为声母已经有了区别。并且董同龢在《上古音韵表稿》中就通过谐声系列指出开口与合口是分开的。我们判断鱼部的鱼韵字本为开口，而虞韵字本为合口，根据的就是它们的谐声关系。比如从鱼得声的字渔鮫鱻，都是开口字。从與得声的字舉旟璵蕽濼嬩譽，也是开口字。而于盂邘雩玗杅骬諤軒中古为虞韵字，上古都是合口字。所以，我们认为，上古存在开合口之分。下面我们对歌月元三部谐声系列的开合口作了一个统计表（表 6-1），开合口的区分清楚划然。

表 6-1　歌月元三部谐声系列的开合口情况

声首	字数	开合口	声首	字数	开合口
兀	29 字	全合	睿	3 字	全合
番	22 字	全合	爰	12 字	全合

---

① 高本汉著，聂鸿音译《中上古汉语音韵纲要》，济南：齐鲁书社，1987 年，108 页。

② 李方桂《上古音研究》，北京：商务印书馆，2001 年，21 页。

③ 董同龢《上古音韵表稿》，台北：台联国风出版社，1975 年，63 页。

续表

声首	字数	开合口	声首	字数	开合口
夐	10字	全合	夗	17字	全合
剌	10字	全开	端	26字	全合
赞	10字	全开	夬	22字	全合
象	9字	全合	㒼	8字	全合
貨	4字	全合	丯	27字	合26，开1
眅	3字	全合	辛	4字	合3，开1
干	37字	合36，开1	删	4字	全开
臥	15字	合14，开1	见	10字	全开
䖒	7字	开6，合1	柬	16字	全开
姧	1字	全开	丸	4字	全合
离	7字	全开	䏝	2字	全合
剗	2字	全开	耑	11字	全开
䜌	19字	合15，开4	官	13字	合12，开1
安	10字	全开	采	20字	全合
冤	4字	全合	乂	5字	全开
煩	1字	全合	卂	18字	全开
连	6字	全开	加	9字	全开
己	45字	全开	匕	7字	全合
罗	1字	全开	为	11字	全合
皮	23字	开14，合9	匃	35字	全开
罢	3字	全开	开	20字	全开
世	11字	全开	也	16字	全开
曳	2字	全开	延	9字	全开
延	3字	全开	厂	9字	全开
反	10字	合6，开4	叀	36字	合35，开1
省	9字	全开	多	23字	全开
原	8字	全合	亇	4字	全开
㝢	17字	全合	带	7字	全开

续表

声首	字数	开合口	声首	字数	开合口
轫	6字	全开	会	17字	全合
岁	9字	全合	乚	9字	全合
肖	14字	全开	焉	5字	全开
祭	9字	全开	伐	1字	全合
夬	16字	合14,开2	设	1字	全开
断	2字	全合	大	20字	全开
坐	10字	全合	禾	16字	全合
祘	1字	全合	介	17字	全合
单	27字	全开	蘽	18字	全合
欮	13字	全合	沙	3字	开2,合1
鹳	13字	全开	萑	1字	全合
卫	3字	全合	曼	13字	全合
半	10字	全合	万	5字	全合
蛋	8字	开7,合1	罕	8字	全合
囘	12字	全合	叕	18字	全合
笲	2字	全开	巫	18字	全合
折	11字	全开	肰	7字	全开
旦	31字	全开	粤	8字	全开
寒	7字	全开	虐	3字	全开
毌	4字	全合	吧	6字	全合
甞	2字	全开	贝	4字	开2,合2
侃	2字	全开	戈	19字	全开
市	12字	开7,合5	联	1字	全开
廛	2字	全开	莧	3字	全合
吹	2字	全合	兑	17字	全合
它	9字	全开	臬	5字	全开
山	5字	全开	差	16字	全开
楙	5字	全合	般	10字	全合

续表

声首	字数	开合口	声首	字数	开合口
免	9字	开7，合2	爨	1字	全合
毳	2字	全开	面	7字	全开
肙	18字	全合	建	4字	全开
牛	3字	全合	便	4字	全开
蔑	9字	开7，合2	我	22字	开21，合1
奈	4字	全开	杀	4字	全开
阎	3字	全合	乱	1字	全合
算	8字	全合	县	1字	全合
末	4字	全合	辡	6字	全开
间	14字	全开	㪍	5字	全开
羸	9字	全合	旻	9字	全开
麻	12字	开8，合4	善	6字	全开
隽	4字	全合	厥	1字	全合
月	5字	全合	癶	7字	全合
绝	3字	全合	蠿	3字	合2，开1
朵	3字	全合	夫	2字	全开
燕	4字	全开	妥	4字	全合
叉	1字	全开	弁	6字	开3，合3
反	3字	全开	畾	3字	合2，开1
丹	1字	全开	彝	3字	全开
恝	2字	全开	桀	1字	全开
矞	1字	全合	扇	2字	全开
罨	3字	全开	珏	4字	全开
节	2字	全开	制	1字	全开
肩	2字	全开	衍	2字	全开
蕊	2字	全合	旋	4字	全合
威	2字	全开	丱	2字	全合
最	1字	全合	彻	1字	全开
离	5字	全开	羨	2字	全开

从表 6-1 可以看出，合口与开口绝然分开。兼有开口与合口的谐声系列占整个系列的 11.7%。即使是兼有开口与合口的谐声系列，开口或合口也是个别情况，从干得声的字共 37 个，合口只有 1 个䁵字。䁵字处于从干得声的第三层次。《说文·目部》："䁵，大目也。从目，旱声。睆，䁵或从完。"《玉篇·目部》："䁵，何版切。《左氏传》云：䁵其目。出目貌也。"《广韵》户板切："䁵，目出貌。"《集韵》下罕切："䁵䁔，大目。或作䁔。"又户版切："䁵睆，《说文》：大目也。或从完。"《左传·宣公二年》传："城者讴曰：䁵其目，皤其腹，弃甲而复。"注："䁵，出目。"《释文》："䁵，户板反。《说文》《字林》云：大目也。"䁵字，《说文》或体为睆，《集韵》或体为䁔。睆与䁔皆为合字，可见䁵字至晚在汉代已经是合口字了。又比如从献得声的字，皆为开口字，但瓛字为合口字，处于从鬳得声的第三层次。《说文·玉部》："瓛，桓圭。公所执。从玉，献声。"胡官切。《玉篇·玉部》："瓛，胡官切，《周礼》：公执瓛圭也。"《广韵》胡官切："瓛，圭名。《说文》曰：桓圭。公所执。"瓛与桓异文。《周礼·春官·大宗伯》："公执桓圭。""桓圭"，《玉篇》作"瓛圭"。《说文》以"桓圭"释"瓛"，声训。桓为合口字，则瓛至晚汉代已经是合口字了。在上古，有开口与合口之分，并且这不能作为合口属于声母的理由。

（二）歌月元三部的韵文在等呼上的表现

对于上古韵文开合在开口的表现，雅洪托夫提出了一个"唇化元音"的概念。雅洪托夫说："除了成音节的 o 和 u，还存在过唇化介音 u（或半元音 ʷ），有这个音的音节叫'合口'音节，没有这个音的音节叫'开口'音节。前者为'唇化音节'，后者为'非唇化音节'。"[①] 其实雅氏的"唇化音节"等于我们通常所说的合口，"非唇化音节"等于开口。雅氏还说："在中国古诗里，鱼阳、之蒸、支耕部中的字彼此通押，而不管它们在中古是唇化音节还是非唇化音节（如冈和黄通押等等）。相反，在祭元、脂文、至真部，唇化音节多半只能跟同是唇化音

[①] 潘悟云编《境外汉语音韵学论文选》，上海：上海教育出版社，2010 年，301 页。

节的字相押。"① 下面我们看看元部字在《诗经》押韵中的开合分布情况。

元部,《诗经》共有 74 个押韵韵段,其中开合口互相押韵的共 46 次,占 60.3%;开口自谐 18 次,占 26%;合口自谐 10 次,占 13.7%。可见雅洪托夫认为元部字的唇化音节多半只能跟同是唇化音节的字相押的结论值得商榷。雅洪托夫还指出:"在祭元、脂文、至真部里,几乎所有用舌尖辅音做声母的唇化音节都跟其他唇化音节相押,但那些用舌根辅音或唇辅音做声母的唇化音节,部分跟唇化音节相押,部分跟非唇化音节相押。"② 同样以元部字为例,我们做一个分析。10 个合口韵段中,含有舌尖辅音唇化音节的韵段如下:《邶风·柏舟》第三章:转卷选;《邶风·静女》第二章:娈管;《齐风·猗嗟》第三章:娈婉选贯反乱;《桧风·素冠》第一章:冠栾慱;《大雅·公刘》第六章:馆乱锻;《大雅·崧高》第一章:翰蕃宣。46 个开合互押韵段中含有舌尖辅音韵脚字的有:《邶风·匏有苦叶》第三章:雁旦泮;《邶风·泉水》第四章:泉叹;《墉风·君子偕老》第三章:展袢颜媛;《卫风·氓》第二章:垣关关涟关言言迁,第六章:怨岸泮宴晏旦反;《郑风·缁衣》第一章:馆粲;《郑风·将仲子》第三章:园檀言;《郑风·东门之墠》第一章:墠阪远;《齐风·甫田》第三章:娈丱见弁;《魏风·伐檀》第一章:檀干涟廛貆餐;《曹风·下泉》第一章:泉叹;《豳风·伐柯》第二章:远践;《小雅·常棣》第三章:原难叹;《小雅·伐木》第三章:阪衍践远愆;《小雅·鹤鸣》第一章:园檀;《小雅·巷伯》第四章:幡言迁;《小雅·宾之初筵》第三章:筵反幡迁;《大雅·公刘》第二章:原繁宣叹巘原,第五章:泉单原;《大雅·板》第一章:板瘅然远管亶远谏;《大雅·抑》第十二章:难远;《大雅·崧高》第六章:番啴翰宪;《商颂·殷武》第六章:山丸迁虔梴闲安。在这 23 个韵段中,除了《甫田》第三章"娈"字,舌尖辅音的韵脚字皆为开口字。可见元部字的舌尖唇化音节,诚如雅洪托夫所说,跟唇化音节相押,几乎不和非唇化音节相押。

---

① 潘悟云编《境外汉语音韵学论文选》,上海:上海教育出版社,2010 年,302 页。

② 潘悟云编《境外汉语音韵学论文选》,上海:上海教育出版社,2010 年,302 页。

如果歌元月三部的例证还稍显不足的话，我们再来看看鱼部字在《诗经》中的押韵情况。鱼部，《诗经》当中共有 154 个押韵韵段①，开合互押 79 次，有舌音与唇音相押的，如《周南·兔罝》第一章：罝夫；有齿音与唇音相押的，如《汉广》第二章：楚马；有牙喉音与唇音相押的，如《召南·驺虞》第一章：葭豝虞；有牙喉音与齿音相押的，如《邶风·雄雉》第一章：羽阻；有牙喉音与齿音相押的，如《谷风》第一章：雨怒；有唇音、齿音、牙喉音、舌齿音相押的，如《郑风·大叔于田》第一章：马组舞举虎所女；有牙喉音、齿音、唇音、舌音相押的，如《小雅·伐木》第二章：许萆羜父顾。开口自谐 73 次，有齿音自谐的，如《豳风·九罭》第二章：渚所处；有牙喉音自谐的，如《邶风·凯风》第三章：下苦；有牙喉音与舌音相谐的，如《唐风·杕杜》第一章：杜盬；有齿音、舌音、牙喉音、舌齿音相谐的，如《魏风·硕鼠》第一章：鼠鼠黍女顾女土土土所；有舌音与唇音相谐的，如《周颂·有客》：马旅马；有唇音、牙喉音、齿音相谐的，如《鲁颂·駉》第四章：驈鱼徂袪邪。合口自谐只有 2 次：《齐风·东方未明》第三章：圃瞿，唇音与牙喉音；《小雅·皇皇者华》第一章：华夫，唇音与牙喉音。

雅洪托夫继续写道："大家知道，上古汉语的介音 *i，无论对押韵还是对谐声都没有产生过任何影响，那么，为什么那些通常认为以介音 *w 跟非唇化音节相区别的唇化音节，几乎从来不跟那些非唇化音节谐声，甚至常常不跟非唇化音节相押呢？"②雅洪托夫的这段话透露了两点，第一：等列对押韵和谐声没有影响；第二，唇化音节常常不和非唇化音节押韵。关于第一点，梁慧婧《谐声与等列》已经指出："等列对于谐声的影响很大，超过一半的谐声系列，其等列的契合度为 100%。也就是说，有一半以上的谐声系列，其全部被谐字与声首的等列是完全一致的；有四分之三的谐声系列，其等列的契合度超过 60%，也就是说，大多数的谐声系列，其被谐字中的一大部分与声首的等列是一致的。"③可见介音 *i 对谐声的影响非常大。本书通过对《诗经》

---

① 不包括鱼部与其他韵部合韵、通韵的情况。

② 潘悟云编《境外汉语音韵学论文选》，上海：上海教育出版社，2010 年，302 页。

③ 梁慧婧《谐声与等列》，北京大学博士学位论文，2013 年。

元部各韵段的统计发现，等列对押韵同样有影响。《诗经》中元部韵段共 74 条，一等自押 5 个，如《唐风·葛生》第三章：粲烂旦。二等自押 2 个，《魏风·十亩之间》第一章：间闲还；《大雅·公刘》第六章：涧涧。三等自押 13 个，如《小雅·宾之初筵》第三章：筵反幡迁。四等自押 2 个，《小雅·頍弁》第三章：霰见宴；《鲁颂·有駜》第三章：騧燕。一等和二等互押 7 个，如《小雅·南有嘉鱼》第二章：汕衎。一等和三等互押 25 个，如《大雅·公刘》第二章：原繁宣叹巘原。二等和三等互押 12 个，如《大雅·抑》第七章：颜愆。一二三等互押 7 个，如《商颂·殷武》：山丸迁虔梴闲安。二三四等互押 2 个，《齐风·还》第一章：还间肩儇；《齐风·甫田》第三章：娈卯见弁。一三四等互押 1 个，《魏风·氓》：怨岸泮宴晏旦反。由此可见，一等、二等、三等彼此之间关系紧密，都存在互押的情况，而一等和三等的关系较之与二等的关系更为紧密。四等与一、二、三等的关系比较疏远，在总共 74 个韵段中，四等总共出现了 5 个，其中自押就有 2 个，与其他等列押韵有 3 个。梁慧婧《谐声与等列》："通过概率统计的结果，我们发现一、四等关系最疏。"押韵材料也证明了这一点。为了进一步证明该观点，我们再看宵部在《诗经》中押韵的等列表现。宵部，四等齐全且分明，对应到中古一般为：一等豪韵，二等肴韵，三等宵韵，四等部分萧韵。《诗经》中宵部共有 38 个韵段①。其中，一等和三等互押的有 15 个，比如《小雅·渐渐之石》第一章：高劳朝。三等独押的有 7 个，比如《小雅·白驹》第一章：苗朝遥。一等独押的有 5 个，比如《小雅·鱼藻》第一章：藻镐。二等独押的有 1 个，比如《小雅·角弓》第二章：教傚。一、二、三等互押的有 3 个，比如《卫风·硕人》第三章：敖郊骄镳朝劳。二、三等互押的 3 个，比如《周颂·载芟》：苗麃。一、二等互押的 1 个，比如《周颂·宾之初筵》第四章：号敖。三、四等 2 个，比如《桧风·匪风》第二章：飘嘌吊。一、四等 2 个，比如《小雅·信南山》第五章：刀毛膋。通过对宵部押韵情况的统计我们依然可以发现，一等和三等的关系最密，与二等其次，与四等最疏。第二点，本书通过对《诗经》总共 1758 个韵段的统计发现，合口与开口互相押韵的韵段有 576 个，占 32.8%，合口自谐的韵段有 224 个，占 12.7%，开口自谐的韵段有 958 个，占 54.5%。开口合口互相押

---

① 统计时，不包括宵部与其他韵部的合韵情况。

韵的比例不容忽视,可见押韵并没有严格的开合口之分。

(三)歌月元三部的特殊谐声字在声母、等呼上的表现

在歌月元三部与其他韵部的特殊谐声字中,有些是字形讹误造成的,如陕字就并非从夹得声,有些是声符讹误导致,比如舌、夭、覡不从干得声,开、并、不从开得声,兑不从仐得声,辰不从厂得声,奥不从采得声,競不从兇得声,虫、妻、聿、叀不从中得声,皮不从为得声,杏不从可得声。而其他发生音转的特殊谐声字中,在声母、等呼上与声首保有很强的一致性。单(端母开口一等,禅母开口三等),鼍驒(都为端组开口一等),韇觶(都为章组开口三等);旦(端母开口一等),靼炟觛怛(都为端母开口一等);难(泥母开口一等),傩戁(都为泥母开口一等);番(滂母、并母合口一等或三等),蹯鄱蟠磻播(都为帮组合口一等);羉(来母合口一等),覵(来母合口一等);鬳(明母开口三等),𥷣(明母开口三等);见(见母开口四等),靚(见母开口四等);晏(影母开口二等),握(影母开口二等);安(影母开口一等),頞(影母开口一等);袁(云母合口三等),蘧(匣母合口三等),臦(群母合口三等),隽(从母合口三等),巂(精母合口三等);赖(来母开口一等),懒(来母开口一等);畏(影母合口一等),掣掔(都为影母合口一等);官(见母合口一等),捾(影母合口一等);果(见母合口一等),裸(见母合口一等);鶒(章母合口三等),遾(端母合口三等);开(见母开口四等),钘鈃(都为疑母开口四等);笄枅(都为见母开口四等);鉼邢形(都为匣母开口四等);奭(日母合口三等),撌(日母合口三等);复(晓母合口三等),赨(日母合口三等);曰(云母合口三等),欥(余母合口三等)昷(云母合口三等);委(影母合口三等),巍(疑母合口三等)錗餧(都为泥母合口三等);鲜(心母开口三等),霰(心母开口三等)。

等不一致的情况中,一等和三等的关系最密切。耑(端母合口一等),瑞揣(都为章组合口三等);干(见母开口一等),訐(见母开口三等);丸(匣母合口一等),䚳(影母合口三等);害(匣母开口一等);宪(晓母开口三等);丞(禅母合口三等),㻩(来母合口一等);刵(疑母合口三等),刉(疑母合口一等);奭(日母合口三等),㦖偑(都为泥母合口一等);夐(晓母合口三等),负(晓母合口一等);曰(云母

合口三等），汩（见母合口一等）；毳（清母合口三等），毳（晓母合口一等）；算（心母合口一等），潩(清母合口三等)；羸（来母合口一等），羸羸（都为余母开口三等）；妥（透母合口一等），桵（日母合口三等）绥（心母合口三等）；献（晓母开口三等），櫶（疑母开口一等）。

其他有二等与三等：柬（见母开口二等），轉（余母开口三等）；萬（明母合口三等），勱譪（都为明母合口二等）；献（晓母开口三等），鬳（疑母开口二等）。四等与三等：肙（影母合口四等），焆（影母开口三等）；言（疑母开口三等），衍（匣母合口四等）；献（晓母开口三等），瓛钀（都为疑母开口四等）；算（心母合口一等），纂（初母合口二等）；犬（溪母合口四等），狴（疑母开口二等）；柰（泥母开口一等），隸（来母开口四等）。

声母不一致的情况主要是以下几个谐声。萬（明母合口三等），螭糲（都为来母开口三等）；彖（透母合口一等），喙（晓母合口三等）；毳（清母合口三等），毳（晓母合口一等）；睿（余母合口三等），璿趨（都为邪母合口三等）；大（定母开口一等），盍（匣母开口一等）；世（书母开口三等），枼（余母开口三等）；歺（疑母开口一等），奴（从母开口一等）；羸（来母合口一等），羸羸（都为余母开口三等）；涿（禅母合口三等），隊（来母合口一等）；妥（透母合口一等），桵（日母合口三等）绥（心母合口三等）；委（影母合口三等），餧餧（都为泥母合口三等）；算（心母合口一等），纂（初母合口二等）。

开合不一致的情况主要出现在牙喉音当中。幵（见母开口四等），翙（匣母合口四等）；䡅（见母开口一等），斡（影母合口一等）；犬（溪母合口四等），狴（疑母开口二等）；言（疑母开口三等），衍（匣母合口四等）；萬（影母合口四等），焆（影母开口三等）。也有来母与其他声母的情况。万（明母合口三等）螭糲（都为来母开口三等）；耎（日母合口三等），甄（来母开口三等）。

（四）歌戈、元寒、曷末分合的问题

经过有清一代及近代学者的研究，歌月元三部的韵类基本确定，绪论部分已有所论述。本节主要讨论李新魁先生的《汉语音韵学》中歌月元三部的韵类研究情况。

李先生在“关于歌、戈两类韵部的分立”一节中说：“过去的研究者把歌、戈合为一类，有的人又把歌部独立开来，不与祭部、曷部、寒部相配。不把歌部配曷、寒部，其原因之一是他们将祭部与曷、寒相配，阴声韵的位置已为祭部所占，歌部只好独立，没有相对的入声韵和阳声韵。章炳麟将一般所分的祭部称为泰部，将歌、泰与寒相配，这种做法是对的。黄侃将歌、戈合为一部，但特别标明歌开、戈合与曷开、末合和寒开、桓合相配。黄侃对这几部相配对的关系的看法，也是对的。他虽没有将歌与戈、曷与末、寒与桓分开，但在韵部标目上，歌与戈、曷与末、寒与桓并举，说明他已经意识到单举'开口'已不能兼赅'合口'韵，认识到歌、戈两类应加以区分。钱玄同所列的二十八部中，也并列寒桓、歌戈、曷末为韵目。我们认为，就《诗经》押韵和谐声系统来说，歌与戈两类固然有互相纠缠、互押、互谐的地方，但大体上也有相对可以分立的界限。"①基于此，李先生把歌、月、元分为开口的歌、祭、曷、寒和合口的戈、废、月、桓 8 个韵部。祭部是李先生的次入韵，包含《广韵》中泰、夬、祭、怪、霁等韵字的一部分。可以再分出一个相对的合口韵部废部，包含《广韵》泰祭韵的合口字和废韵字。歌部包含《广韵》歌哿个韵字的全部及支纸寘、麻马祃韵字的一部分。戈部包含《广韵》戈果过等韵字及支纸寘、麻马祃韵少数的字。寒部包含《广韵》的寒旱翰删潸仙狝线韵字以及元阮愿韵字的开口字和先铣霰韵的一部分字。桓部包括桓缓换韵字以及元阮愿、仙狝线、先铣霰韵的一部分字。曷部包括《广韵》曷、辖、薛等韵字，加上屑韵的少数字。月部包含末韵字及月韵的合口字以及黠薛屑各韵的少数字。李先生的分部依靠的主要条件是开合口。

李先生的分部主要依据谐声材料和韵文材料得出。谐声字，正如上文所述，开合口在谐声系列中有很明显的界限，如果主谐字是开口字，那么被谐字基本上也是开口字。合口情况亦然。如果以此作为歌月元三部开合应该独立成部的标准，那么其他含有开合口的韵部是否也需要进一步分部呢？再看韵文材料。前文对元部韵文的开合情况做过统计，以《诗经》为例，《诗经》当中元部共有 74 个押韵韵段，其中开合口互相押韵的共 46 次，占 60.3%；开口自谐 18 次，占 26%；合口自谐 10 次，占 13.7%。寒桓混用的比例远远大于寒部、桓部独押的比例。由于歌部字合口戈韵入韵字很少，姑且不论。我们看看月部

---

① 李新魁《汉语音韵学》，北京：北京出版社，1986 年，339-340 页。

字在《诗经》中的押韵情况。

《诗经》月部韵段共有 55 个。入韵的字有：掇捋蕨惙说伐茇败憩拜说脱悦吠阔厉揭藒迈卫害逝活濊发蘖朅桀带月佸括渴葛艾岁达阙闼怛外泄逝蹶肺晢偈阅雪祋芾烈褐晣哕舌秣愒瘵撮髦蚕世拔兑軷夺竭茷大拨截钺旆蘖曷。这些字中中古兼有去入读音的有：说揭濊蹶芾哕拔兑茷。再统计《诗经》月部字押韵情况之前，有必要对具有去入两读的字做一个取舍。

"说"，《广韵》失热切，入声字，义为陈说、言喻；《广韵》弋雪切，入声字，义为喜悦；《广韵》舒芮切，去声字，义为说服。《诗经》中共出现 7 次韵段。《甘棠》第三章："蔽芾甘棠，勿剪勿拜，召伯所说。"毛传："说，舍也。"《释文》："说，本或作税，同始锐反，舍也。"说，此处中古读去声。《草虫》第二章："陟彼南山，言采其蕨。未见君子，忧心惙惙。亦既见止，亦既觏止，我心则说。"蕨惙说为韵。说，喜悦之义，中古为入声。《击鼓》第四章："死生契阔，与子成说。"阔说为韵，说，陈说、约定之义，中古为入声。《氓》第三章："士之耽兮，犹可说也。女之耽兮，不可说也。"郑笺："说，解也。""说"通"脱"，脱，《广韵》他括切，入声字。《蜉蝣》第三章："蜉蝣掘阅，麻衣如雪。心之忧矣，于我归说。"郑笺："说犹舍息也。"《释文》："说音税，协韵如字。"此处说中古读去声。《都人士》第二章："彼都人士，台笠缁撮，彼君子女，绸直如发。我不见兮，我心不说。"撮发说为韵。《释文》："说音悦。"中古读入声。《瞻卬》第二章："人有土田，女反有之。人有民人，女覆夺之。此宜无罪，女反收之。彼宜有罪，女覆说之。"夺说为韵。郑笺："说，赦也。"《释文》："说音税。注同。"此处中古读去声。

"揭"，《广韵》注音 6 次，其中 5 次为入声，意义皆为"高举"；1 次去声，音去例切，意义为"褰衣渡水，由膝已下曰揭"。《诗经》共出现 4 次韵段。《匏有苦叶》第一章："深则厉，浅则揭。"毛传："以衣涉水为厉，谓由带以上也。揭，褰衣也。"厉揭为韵。《释文》："则揭，苦例反。褰衣渡水也。揭，揭衣，并苦例反。"此处揭中古音去声。《硕人》第四章："河水洋洋，北流活活。施罛濊濊，鳣鲔发发，葭菼揭揭。庶姜孽孽，庶士有朅。"毛传："濊，施之水中。揭揭，长也。"《释文》："濊，呼活反，马云：'大鱼网目大豁豁也。'《韩诗》云：'流貌。'《说文》云：'凝流也。'揭，其谒反，徐居谒反。"活濊发揭孽朅为韵。此处揭中古读入声韵。《大东》第八章:"维南有箕,载翕其舌。维北有斗,西柄之揭。"舌揭为韵。《释文》:"揭,居谒反,徐起谒也。"孔颖达正义:"维北有斗,亦徒西其柄之揭然耳。"此处揭中古读入声韵。《荡》第八章:"人亦有言:颠沛之揭。枝叶未有害,本实先拨。殷鉴不远,在夏后之世。"揭害拨世为韵。毛传:"揭,见根貌。"郑笺:"揭,蹶貌。言大木揭然将蹶,枝叶未有所伤。"《释文》:"揭,纪竭反。"中古读入声。

"濊",《广韵》呼会切,去声,义为"水多貌";呼括切,入声,用在"濊濊"一词中,义为"水声"。《诗经》出现1次。《硕人》第四章,见上文。此处濊,中古当读入声。

"蹶",《广韵》居卫切,去声,义为:"行急遽貌。《曲礼》曰:足无蹶。"又居月切,入声,义为:"蹶,失脚。"又纪劣切,入声,义为:"有所犯灾。"《诗经》出现2次。《蟋蟀》第二章:"蟋蟀在堂,岁聿其逝。今我不乐,日月其迈。无已大康,职思其外。好乐无荒,良士蹶蹶。"逝迈外蹶为韵。毛传:"蹶蹶,动而敏于事。"《释文》:"蹶,俱卫反。"《尔雅·释诂》:"蹶,动也。"《释训》:"蹶蹶,敏也。"蹶,此处中古当读去声。《板》第二章:"天之方蹶,无然泄泄。"蹶泄为韵。毛传:"蹶,动也。"《释文》:"蹶,俱卫反。"蹶,此处中古当读去声。

"芾",《广韵》方味切,去声:"毛苌《诗传》曰:蔽芾,小貌。"又分勿切:"芾,草木盛也。"《诗经》出现1次。《候人》第一章:"彼候人兮,何戈与祋。彼其之子,三百赤芾。"祋芾为韵。毛传:"芾,韠也。"《释文》:"芾音弗,祭服谓之芾。"芾,此处中古当读入声韵。

"哕",《广韵》呼会切,去声:"鸟声。"又于月切,入声:"逆气。"《诗经》出现2次。《庭燎》第二章:"夜未艾,庭燎晰晰。君子至止,鸾声哕哕。"艾晰哕为韵。《释文》:"哕,呼会反。"哕,此处中古当为去声。《泮水》第一章:"其旂茷茷,鸾声哕哕。无小无大,从公于迈。"毛传:"茷茷,言有法度也。哕哕,言有①声也。"《释文》:"伐,蒲害反,又普贝反。本作茷。哕,呼会反。"茷哕大迈为韵。哕,此处中古当读去声。

"茷",《广韵》房越切,入声:"茷,茂貌。"又博盖切,去声:"草木叶多。"《诗经》出现1次,见前文。茷,此处中古读去声。

---

① "有",原文作"其",根据阮元校刻改为"有"。

"拔",《广韵》蒲八切,入声:"拔,擢也。"《集韵》蒲盖切,去声:"拔,木生枝叶。"《诗经》出现1次。《皇矣》第三章:"帝省其山,柞棫斯拔,松柏斯兑。"拔兑为韵。毛传:"兑,易直也。"郑笺:"天既顾文王,乃和其国之风雨,使其山树木茂盛。"孔颖达正义:"柞棫拔然而枝叶茂盛,松柏之树兑然而材干易直。"《释文》:"拔,蒲贝反。兑,徒外反。"拔,此处中古读去声。兑,此处中古读去声。

"兑",《广韵》杜外切,去声:"突也。"《集韵》欲雪切,入声:"兑,兑命。"《诗经》出现1次,见前文。

《诗经》中月部有55个韵段。开口独押共有10次,合口独押10次,开合混押35次。开合口混押的比例远远高于开口、合口独押的比例。开合口,无论是从谐声系列还是从押韵的情况来看,都不能作为歌月元三部进一步分部的条件。李先生还进一步说道:"它们在上古音中的主要元音应有所不同,正如它们在中古《切韵》系统中有所不同一样。""戈类韵,包括戈、废、月、桓等部。它们是歌类相对的'合口'韵,但是它们的差别,并不是a与ua或an与uan的区别,而是a与o或an与on的区别。戈类韵的主要元音是一个圆唇元音,这从上古以至中古,一直如此。"[①]这样还无法解释上古汉语的内证材料。据孙玉文(2009)研究,双声兼叠韵联绵词的前后二字的区别主要表现在开合口上。比如:绵蛮、间关、便蕃、辗转、缱绻、燕婉、睍睆、蔽芾、契阔、孑孓。它们上古属于元部或月部,如果主元音不同,那么这些叠韵联绵词不能称其为叠韵。

(五)月部的相关问题

关于月部,问题主要集中在两个方面:歌月相配的问题以及月部长入字(祭部)的处理问题。

顾炎武《音学五书》第一次改变了《切韵》阳入相承的格局,他认为上古当是阴入相承(闭口韵依然是阳入相承),但是他的第六部歌部,却是纯粹的阴声韵部。从顾炎武到江有诰都认为歌部是独立的,没有入声韵与之相配。歌月元相配之理,清代江永发其轫。他在《四声切韵表》中说:"曷一等开口呼,为寒旱翰之入,末一等合口呼,为

---

① 李新魁《汉语音韵学》,北京:北京出版社,1986年,357页。

桓缓换之入，而曷又为歌哿个之入，末又为戈果过之入。"段玉裁《六书音均表》成书于江永之后，没有采纳江氏歌月相配的成果，戴震把鱼铎歌相配，歌的入声是铎，并且是歌为阳声韵，依然没有采纳江永的成果，原因是考《说文》谐声、《诗经》《楚辞》韵文，歌部与月部谐声上不相谐，韵文上不相押。

我们先看《诗经》《楚辞》的合韵。《诗经》《楚辞》歌部与其他韵部合韵共 10 次，其中歌部与支锡部：3 次。《斯干》第九章：地裼瓦仪议罹（歌锡合韵）[①]；《九歌·少司命》第四章：离知（歌支通韵）；《大招》佳规施卑移（支歌合韵）。歌部与微部：3 次。《九歌·东君》第二章：雷蛇怀归（微歌合韵）；《远游》妃歌夷蛇飞徊（微歌脂合韵）；《九辩》毁弛（微歌通韵）。歌部与脂部：1 次。《玄鸟》祁河宜何（脂歌合韵）。歌部与鱼部：1 次。《九辩》瑕加（鱼歌合韵）。元部与歌部：2 次。《东门之枌》第二章：差原麻娑（歌元通韵）；《桑扈》第三章：翰宪难那（元歌通韵）。《诗经》《楚辞》月部与其他韵部合韵共 14 次。元部与月部：1 次。《访落》艾涣难（月元通韵）。月部与质部：8 次。《旄丘》第一章：葛节日（月质合韵）；《正月》第八章：结厉灭威（质月合韵）；《十月之交》第八章彻逸（月质通韵）；《雨无正》第二章：灭戾勩（月质通韵）；《宾之初筵》第一章：旨偕设逸（月质合韵）；《皇矣》第二章翳栵（质月合韵）；《桑柔》第五章愍恤热（质月合韵）；《瞻卬》第一章：惠厉瘵疾届（质月合韵）。月部与物部：5 次。《出车》旆瘁（月物合韵）；《生民》第四章旆穟（月物合韵）；《哀郢》慨迈（物月合韵）；《九辩》带介慨迈秽败昧（月物合韵）；《招魂》沫秽（物月合韵）。

谐声方面，在与歌部谐声的其他韵部的 40 个字中，元部字 23 个，支部字 4 个，微部 6 个，鱼部 3 个，文部 1 个，谈部 1 个，铎部 1 个，侯部 1 个。在与月部谐声的 79 个字中，元部字 36 个，物部字 7 个，质部字 17 个，脂部字 5 个，叶部字 5 个，真部字 1 个，微部字 1 个，药部字 1 个，宵部字 1 个，缉部字 1 个，鱼部字 1 个，支部字 2 个，蒸部字 1 个。

[①] 王力《诗经韵读》虽然指出其为歌锡合韵，但是王力先生同时表示怀疑，认为"裼"字不入韵。《韩奕》第二章：虩厄（锡月合韵），王力先生根据段玉裁《六书音均表》十六部注改"虩"为"鞹"。

从顾炎武、段玉裁到王念孙、江有诰把歌部作为独立的歌部，是考古的结果。江永认为歌月相配则完全是审音之功。除了韵文和谐声材料，我们同样可以找出歌月相配的例证。李开《论江永上古韵元部阴阳入之分配及其古韵学说》①中已经列出例证，兹引如下。《礼记·聘礼》："廉而不刿，义也。垂之如队，礼也。"此韵文，为上古歌月对转，脂物旁对转。《说文·刀部》："刳，刳剫，曲刀也。"《广雅·释器》："刳剫，刀也。"王念孙疏证："刳之言阿曲，剫之言屈折也。"本书再举出一些可以证明歌月相配的文献材料。异文材料：折与科：《周易·说卦传》："离，其于木也，为科上槁。"《释文》："科，虞作折。"《集解》科作折。科溪歌，折章月。掣与觭：《周易·暌》："见舆曳，其牛掣。"《释文》："掣，荀作觭。"掣昌月，觭溪歌。彻与池：《礼记·檀弓上》："主人既祖，填池，推柩而反之。"郑玄注："填池，当为奠彻，声之误也。"《周礼·春官·丧祝》贾疏引填池作奠彻。池定歌，彻透月。《山海经·海外东经》："嗟丘，爰有遗玉、青马、视肉、杨柳。"郭璞注："嗟，音嗟，或作发。"②嗟为歌部，发为月部。读若材料：娞与唾：《说文》："娞，读若唾。"娞端月，唾透歌。穤与裹：《说文》："穤，读若裹。"穤溪歌，裹见歌。同源词：介与箇（个）：《尚书·秦誓》："如有一介臣。"《释文》："介字又作个。"《礼记·大学》引作"若有一个臣"。《礼记·月令》："天子居明堂左个。"《初学记·岁时部》引个作介。《左传·襄公八年》："亦不使一介行李。"《释文》介作个，《唐石经》同。《左传·昭公四年》："使实馈于个而退。"《文选·思玄赋》李注引个作介。介见月，箇（个）见歌。痂与疥：《说文》："痂，疥也。"段玉裁注："按痂本谓疥，后人乃谓疮所蜕鳞为痂，此古义今义之不同也。盖疮鳞可曰介，介与痂双声之故耳。"疥见月，痂见歌。何与曷（害）：《尚书·汤誓》："时日曷丧。"《史记·殷本纪》："是日何时丧。"何匣歌，曷匣月。施与设：《史记·韩世家》："公战而胜楚，遂与公乘楚，施三川而归。"《正义》："施犹设也。"《说文》："设，施陈也。"《广雅·释诂三》："设，施也。"施书歌，设书月。扡与夺：《淮南子·人间训》："秦牛缺径于山中而遇盗……扡其

---

① 李开《论江永上古韵元部阴阳入之分配及其古韵学说》，载《南京大学学报》（哲学·人文科学·社会科学），2001年第1期。

② 袁珂校注《山海经校注·海外北经》，上海：上海古籍出版社，1980年，245页。

衣被。"注:"挖,夺也。①"挖透歌,夺定月。

月部和祭部的问题。各方面材料都显示祭部和月部的关系密切。押韵材料:《诗经》月部自押 21 次,祭部自押 13 次,祭部月部混押 21 次。混押的比例要高于祭部自押的比例。异读材料:比如契,中古苦结切,又苦计切。缀,中古陟卫切,又陟劣切。掣,中古尺制切,又昌列切。揭,中古去例切,又居谒切。杀,中古所拜切,又所八切。月部 55 个谐声系列中,短入和长入互相谐声占了 29 个。与此同时,长入、短入又保持了各自的独立性。比如从会(长入)得声的字:荟哙髋脍郐儈稽狯鰀浍燴绘廥刽桧襘禬,皆为长入;从戉(短入)得声的字:越跋跀賊浅娍絨,皆为短入。有些谐声系列虽然同时有长入字和短入字,但长入与短入的个数相差很大。比如从曷(短入)得声的字:葛喝遏遏谒羯鶡堨饁楬暍碣褐歇鱐鬳碣獦竭渴闟蠍堨渇稭(都为短入)愒朅(都为长入)揭(长入、短入)。从岁(长入)得声的字:薉哕譺翽刿饖濊(都为长入)韱(短入)。

祭部和月部关系密切,同时又保持各自的独立性,所以有区分的必要。祭部(中古去声:祭泰夬废以及怪韵少数字)是否应该与月部合并,学界有不同的看法。王念孙、江有诰、黄侃、王力、李方桂、何九盈主张祭月应该合为一部,戴震、罗常培、周祖谟、李新魁主张祭月应该分立。何九盈先生给的理由是:"不能形成祭月同配歌的局面,相配的韵部只能有一个元音。"王力先生主张祭月合为一部,且采用了长短音的办法,上古分属于长入和短入。李新魁先生主张祭部和月部分立,且引入了"次入韵"这一概念。该概念被刘冠才所接受。刘先生在《两汉韵部与声调研究》中指出:"在《诗经》时代,次入韵祭部虽有独立的倾向,但与入声韵月部的关系仍是非常密切的,还不能肯定地说这个时代祭部就已经完全独立了。在《楚辞》用韵中,可以肯定次入韵祭部已经完全从入声月部中分离出来了。②"除了祭部这一次入韵之外,刘氏还有其他 6 个次入韵,分别是与之部职部相配的次入韵——代部,与幽部觉部相配的次入韵——啸部,与宵部药部相配的次入韵——悼部,与侯部屋部相配的次入韵——裕部,与鱼部铎部相配的次入韵——暮部,与支部锡部相配的次入韵——赐部。次入韵这

---

① 何宁《淮南子集释》,北京:中华书局,1998 年,1287 页。
② 刘冠才《两汉韵部与声调研究》,成都:巴蜀书社,2007 年,234 页。

一办法,有几个缺陷。就押韵来说,主元音和韵尾同时起着很重要的作用。如果把次入韵构拟为喉塞音韵尾,然后可以与收-t 或-k 的韵押韵,无异于承认了—t 和—b,-t 与-k 也可以押韵。而事实并非如此。第二,从整个系统上来看,增加次入韵这一说法,会造成整个系统的矛盾。主元音相同的韵部,则与之相应的次入韵则完全相同,这是不符合事实的。

二、歌月元三部与其他韵部相通原因分析

(一)同形字

何为同形字？蒋绍愚《古汉语词汇纲要》中指出:"和异体字相反,同形字是分别为两个不同的词造的字,而结果形体相同,这样,同一个字就记录了两个词。[①]"王宁《汉字学概要》:"记录不同词的相同字形,并且几个词的词义没有引申或假借关系。[②]"同形字,最重要的特征是字形相同,读音方面可同可异,意义方面没有任何联系。蒋绍愚在同章节下还指出造成同形字的原因有两个:"一是在替两个不同的词造字的时候不谋而合,二是在文字发展过程中字形起了变化。特别是在隶变之后,一些原来不同的字,变得形体一样了。[③]"

1.舌字

《说文·舌部》:"舌,在口,所以言也、别味也。从干从口,干亦声。"食列切。"舌"属月部字,从舌得声的"銛"亦属月部字。《说文·口部》:"甛,塞口也。从口,氒省声。甛,古文从甘。"古活切。"甛"隶变之后为舌,从甛得声的字也隶变为舌。甛为月部字,从甛得声的栝苦适餂话鸹骷刮梏秳佸頢髻活聒括姡鐍 18 个字亦为月部

[①] 蒋绍愚《古汉语词汇纲要》,北京:商务印书馆,2005 年,188 页。
[②] 王宁《汉字学概要》,北京:北京师范大学出版社,2001 年,98 页。
[③] 蒋绍愚《古汉语词汇纲要》,北京:商务印书馆,2005 年,189 页。

字，从錔得声的"憰"字，从活得声的"阔"字，同样属月部字。《说文·㕣部》："㕣，舌貌。从㕣省。象形。圅，古文㕣。"他念切。从㕣得声的有栝铦二字。这样，"舌"字就记录了三个意义都不同的词。

"栝透谈"与"楛见月"。《说文·木部》："栝，炊灶木。从木，舌声。"他念切。段注："栝，炊灶木，今俗语云灶橃是也。《广韵》云：橃，火杖。栝橃古今字也。从㕣得声，转写讹为舌耳。"《说文·木部》："楛，橜也。从木，昏声。一曰：矢栝，筑弦处。"古活切。《玉篇·木部》："栝，古活切，木名，柏叶松身。"又《木部》："楛，同上，《说文》：橜也。"可见到《玉篇》的时代"栝"字已经和"楛"字可写成同一个字形。《广韵·添韵》："栝，《说文》云：炊灶木也。"《广韵·末韵》："栝，古活切，同桧。见《书》。"《集韵》他点切、古活切、古外切。《释文》给"栝"字共注音 3 次。《尚书·禹贡》："杶干栝柏。"《释文》："栝，古活反。马云：'白栝也。'"《庄子·齐物论》："其发若机栝，其司是非之谓也。"《释文》："机栝，古活反，机，弩牙，栝，箭栝。"《尔雅·释草》："栝楼。"《释文》："栝，本或作'苦'，古活反。"《尚书·禹贡》："杶干栝柏。"《今文尚书》皆作栝字。可见"栝"字代表的是两个词，"楛"讹变为"栝"，今所见版本已经如此。《玉篇》《释文》《广韵》中"栝"与"楛"已经不能分别。

"铦心谈"与"錔见月"。《说文·金部》："铦，锸属。从金，舌声，读若棪。桑钦读若镰。"息廉切。《说文·金部》："錔，断也。从金，昏声。"古滑切。段玉裁认为该字同样从㕣得声。贾谊《过秦论》："非铦于句戟长铩也。"《史记·秦始皇本纪》铦作锬。《玉篇·金部》："铦，思廉切，铦利也。"《玉篇》无錔字。《方言》："铦，取也。"注："谓挑取物也，音忝。"可见在《玉篇》的时代"铦"与"錔"二字意义和字形划然有别。《广韵·盐韵》："铦，息廉切，铦利也，《说文》曰：臿属。《纂文》曰：铁有距施竹头以掷鱼为铦也。"又添韵："他玷切，取也。又锸属。又音纤。"又末韵："古活切，《说文》：断也。"《集韵》："思廉切，《说文》锸属。"《释文》给"铦"字注音 1 次。《仪礼·既夕礼》注："今文挞为铦。"《释文》："为铦，刘音括，一音息廉反。"《广雅》："铦，錍谓之铦，又断也。""铦"与"錔"，《广雅》《释文》《广韵》已经混淆。

2.㬎字

《说文》:"㬎,众微杪也。从日中视丝。古文以为显字。或曰:众口貌。读若唫唫。或以为茧;茧者,絮中往往有小茧也。"段注:"以上三义,画然三音,大徐总曰五合切,非也。惟第二义读若唫也,故湿水字从之为声。"《广韵》呼典切,又五盇切。《集韵·寝韵》:"㬎,渠饮切。絮中小茧。"《集韵·铣韵》:"㬎显,呼典切。《说文》:头明饰也。一曰:着也,光也。亦姓,古作㬎。"《集韵·合韵》:"㬎,鄂合切。《说文》:众微杪也,从日中视丝,古文以为显字。一曰:众口貌,或以为茧;茧者,絮中往往有小茧也。"《释文》没有注音。《说文》中从"㬎"得声者共5字,"显"为元部字,从显得声的"韅"字亦为元部字,隰湿堨湿为缉部字。在造字时代,"㬎"的字形代表了两个不同的词,元部音和缉部音的来源不同,属于"同形字"。关于㬎字的文章,可以参看郑妞(2021)的论文。

3.亘字

"㔸心元"字与"亘见蒸"字。《说文·二部》:"㔸,求㔸也。从二,从囘。囘,古文回,象㔸回形。上下,所求物也。"须缘切。《说文·二部》:"恒,常也。从心,从舟,在二之闲上下。心以舟施,恒也。𠄗,古文恒从月。《诗》曰:'如月之恒。'"胡登切。《说文·木部》:"楦,竟也。从木,恒声。亘,古文楦。"古邓切。㔸与亘,一从回,一从月,《说文》中从"㔸"得声的字有11个,分别是絙宣狟桓貆洹縆垣趄咺查,从亘得声的5个,分别是楦緪鮑揯恒,二者划然有别,甚至《玉篇》中二字还能从字形上分辨。《玉篇·二部》:"㔸,思缘切,求㔸也。今宣从亘,同。"《玉篇·木部》:"楦,古邓切,竟也,今作亘。"二字后来混同,字书韵书不能辨别,《广韵》《集韵》中,相混甚多。《广韵》中"絙"有古恒切、古邓切、胡官切。"峘",户登切、胡官切。"晅",况晚切、古邓切。"緪",古邓反、况晚切。以"絙"与"緪"为例。《说文·糸部》:"絙,缓也,从糸,㔸声。"胡官切。《说文·糸部》:"緪,大索也。一曰:急也。从糸,恒声。"古恒切。可见"絙"与"緪"二字所从声符不同,意义也不同。《玉篇·糸部》:"絙,胡官切,絙绶也。"无緪字。《广韵·桓韵》:"絙,缓也,胡官切。"《广韵·登韵》:

"絚，大索，緪，上同，古恒切。"《广韵·嶝韵》："絚，急张，亦作緪，古邓切。"《集韵》桓韵："絙，胡官切。《说文》：缓也。"又登韵："絙絚，居曾切。《说文》：大索。一曰：急也。"又嶝韵："絚，居邓切，索也。"《释文》为"絙、絚"各注音1次。《礼记·曾子问》注："以绳絚其中央。"《释文》："绳絚，本又作緪，古邓反，一音古恒反。"《周礼·冬官·弓人》注："郑司农云：恒读为緪絚之絚。"《释文》："絚，古邓反，或古登反，沈又居肯反。"可见到了《广韵》《释文》中，"絙、絚"二字已经不分。其他字也有类似情况，郑妞（2021）曾有论述，可参。

4.萑字

"萑[章微]"字与"萑[匣元]字。《说文·艸部》："萑，艸多貌。从艸，隹声。"职追切。《说文·隹部》："雈，鸱属。从隹，从丫，有毛角。所鸣，其民有祸。……读若和。"胡官切。萑属微部字，雈属元部字，从雈得声的"萑"亦属元部字。《说文·艸部》："萑，薍也。从艸，雈声。"胡官切。《玉篇·艸部》："萑，胡官切，细苇。"《玉篇·艸部》："萑，萑萑，至维切。"《玉篇·隹部》："雈，后官切，老兔似鸺鹠，有角，夜飞食鸡，鸣人有祸。"《广韵·脂韵》职追切："萑菼，茺蔚，又名益母。"《广韵·桓韵》胡官切："萑，木兔鸟也。"《广韵》中二者形体上已不能区分。

《释文》给"萑"共注音20次，其中音佳1次，《尔雅·释草》："萑，蓷。"《释文》："萑，音佳。蓷，他回切。"音丸19次，《周易·说》："为大涂、为长子、为决躁、为苍筤竹、为萑苇。"《释文》："萑，音丸。"《诗经·豳风·七月》："八月萑苇。"《释文》："户官反，薍也。"《诗经·豳风·鸱鸮》传："荼，萑苕也。"《释文》："萑音丸。"《诗经·小雅·小弁》："萑苇淠淠。"《释文》："萑，音丸。"《周礼·地官·大司徒》注："浅毛者丛物萑苇之属。"《释文》："萑，音丸。"《周礼·春官·宗伯》："其柏席用萑。"《释文》："用萑，音丸。"《周礼·夏官·川师》注："鱼泽之萑蒲。"《释文》："萑蒲，音丸。"《仪礼·大射礼》注："筲，萑苇器。"《释文》："萑音丸。"《仪礼·聘礼》注："加萑席寻。"《释文》："加萑，音完。"《礼记·曲礼上》注："不溉谓萑竹之器也。"《释文》："萑竹，音丸，苇也。"《礼记·曲礼下》注："作萑苇之器。"《释文》：

"萑苇，音丸。"《左传·昭公二十年》："泽之萑蒲，舟鲛守之。"《释文》："萑蒲，音丸。"《左传·昭公二十年》："郑国多盗，取人于萑苻之泽。"《释文》："萑音丸。"所有"音丸"之字本该作"雚"，从萑得声，省作"萑"，与"艸多貌"之"萑"字同。

表"芦苇"义的"萑"古书中常与"蓷"通。《周易·说》："震为萑苇。"《唐石经》萑作蓷。《左传·昭公二十年》："取人于萑苇之泽。"《韩非子·内储说上》"萑苇之泽"作"蓷泽"。《左传·昭公二十六年》："王次于萑谷。"《释文》萑作蓷。或与"莞"通。《诗经·小雅·小弁》："萑苇淠淠。"《说苑·杂言》引"萑"作"莞"。《仪礼·公食大夫礼》："加萑席寻。"郑玄注："今文萑皆为浣。"《左传·昭公二十年》："泽之萑蒲，舟鲛守之。"《风俗通·山泽》引萑作莞。《庄子·则阳》："为性萑苇蒹葭。"《释文》："萑音丸，苇类。"《尔雅·释鸟》："萑，老兔。"《释文》："萑音桓。"

5.鈆字

"鈆_{章东}"字与"铅_{余元}"字。《说文·金部》："铅，青金也，从金，㕣声。"与专切。鈆，《说文》中未见。《玉篇·金部》："铅，役川切，黑锡也，《说文》曰：青金也，亦作鈆。"《广韵·仙韵》："鈆，与专切。同铅。"《广韵·钟韵》职容切："鈆，铁鈆。"可见"鈆"字代表了"铅"和"鈆"两个词。《淮南子·齐俗训》："鈆不可以为刀。"①《汉书·江都王传》："以鈆杵舂。"颜师古注："鈆者，锡之类也。"《汉书·贾谊传》："莫邪为钝兮，鈆刀为铦。"又国名。《尔雅·释地》："东至于泰远，西至于邠国，南至于濮鈆，北至于祝栗，谓之四极。"郭璞注："皆四方极远之国。"

"㕣"变为"公"，也体现在其他一些从㕣得声的字中，比如"船"又作"舩"，"衮"，《说文》从公得声，段玉裁注改为从㕣得声。"沿"又作"㳂"。《释文》给鈆字注音2次。《尚书·禹贡》："岱畎丝、枲、鈆。"《释文》："鈆，寅专反，字从㕣，㕣音以选反。"《尔雅·释地》："西至于邠国，南至于濮鈆。"《释文》："鈆，悦全反。"《释文》给"㳂"注音4次，古书中㳂与均通：《书·禹贡》："㳂于江海。"《史记·夏本

---

① 何宁《淮南子集释》，北京：中华书局，1998年，768页。

纪》《汉书·地理志》浩作均。《释文》："浩，悦专反。郑本作'松'，松当为浩。马本作'均'，云：'均，平。'"《礼记·乐记》："礼乐之情同，故明王以相浩也。"《释文》："相浩，悦专反，因也，述也。"

6.厄字

"厄_{疑歌}"字和"厄_{影锡}"字。《说文·卪部》："厄，科厄，木节也。从卪，厂声。贾侍中说，以为厄，裹也。一曰：厄，盖也。"五果切。《说文》小篆的本义为木节，疑母歌部字。《玉篇》同时注有倚革切和牛果切二音，《广韵》只有于革切一音。"厄"字代表了两个不同的词，表"木节"义，为歌部字，该音义后来消失。表"车轭""险厄"之义，为锡部字，字又写作"軛"和"戹"。《诗经·大雅·韩奕》："鞹鞃浅幭，鞗革金厄。"《释文》："金厄，于革反，毛云乌噣也，郑谓缠搤。"从戹得声的"呃餲軛陀"又可写作"呝餪軛阸"。

7.鵋字

"鵋"的本义为欺老鸟，上古属于元部字。《说文·鸟部》："欺老也。从鸟，象声。"丑绢切。《玉篇》《广韵》《集韵》皆保留了这层音义。"鵋"又是"雉"的异体字，《广韵》："鵋，直几切。"

此外如"雅"字，表鸟名或者水名，古音在歌部；又为"蜼"的异体字，表示一种类似猴子的动物，古音在微部。"騧"字，用在"騧騉"一词中，指"野马"，古音在元部；用在"騧騧"一词中，表众多之义，古音在元部；"騧"字独用，指代连钱骢，古音在歌部。"磻"字，用在地名"磻溪"中，古音在元部；表"以石箸隿繁"义，最晚西汉时已读歌部。"蓡"字，指"蓡志"该草时，古音在元部；表姓氏时，古音在歌部。"郸"字，用在地名"邯郸"中，古音在元部；用在地名"郸县"时，古音在歌部。"餧"字，表"喂食"义，古音在歌部；表"饥饿"和"食物败坏"义，古音在微部。这些也都可以看作是同形字。

（二）字形讹变

字形讹变是文字发展过程的一种特殊现象。唐代张参《五经文字》中就已经开始区分正字和俗字。随着古文字研究的深入，学界对讹变的研究也在加深。何为字形讹变？林澐《古文字研究简论》："在对文字的原有结构和组成偏旁缺乏正确理解的情况下，错误地破坏了原结构或改变了原变化。"[①]张桂光《古文字中的形体讹变》："文中所谓的讹变，是指古文字演变过程中，由于使用文字的人误解了字形和原义的关系而将它的某些部件误写为与它意义不同的其他部件，以致造成字形结构上的错误的现象。"[②]

本书所探讨的讹变，主要是形近讹误。甲、乙由于形体相近，在文字结构中错误地以甲取代了乙。比如"陾"读蒸部音，"陾"当为"陑（隔）"之误。古文字中，"而"常讹为"天"，包山楚简（95）作𢆶，侯马盟书作𠀡。"㥄、㩴"读侯部音，当是误以为从需而致。"朘"，《集韵》有人之切一音，"朘"当为"胒"之误。"腝"，《玉篇》《广韵》《集韵》有乃到切一音，当是"臑"字之讹误。"㖾"，有丁角反一音，当为"啄"字之讹误，黄焯《经典释文汇校》："吴云：陟角反字应作啄，与㖾形近而音义并异，《释文》作音，每多相混。""㫃"字，本义表示旌旗竿，读元部音。《玉篇》以下韵书有陟陵切或丁陵切一音，乃是误认为"㫃"字的右边从丁。"晢"字，古读月部音，中古有思亦切一音，当误把"折"字讹误成"析"字。"獦"字，《广韵》有起法切一音。《集韵》"獦"又作"獚"。"獚"与"猎"在形体上有混。王鸣盛《蛾术编·说字》卷二十八："犬部之俗字：猎之为獦，……貜之为玃。"平行的例子还有臘和腊。《广韵》卢盍切："臘，俗腊。""陲"字，《玉篇》《广韵》《集韵》有羽求切一音。《史记·秦始皇本纪》："于是乃并勃海以东，过黄、陲。"《集解》："《地理志》东莱有黄县，陲县。"《正义》："陲，逐瑞反，字或作'陲'。""陲"与"邮"形体相似，故又有羽求切之音。"邮"，《说文·邑部》："邮，境上行书舍。从邑垂。垂，边也。"羽求切。"邮"，"从邑垂"会意。"陲"与"陲"异体，"陲"

---

① 林澐《古文字研究简论》，长春：吉林大学出版社，1986年，103页。
② 张桂光《古文字中的形体讹变》，载《古文字研究》第十五辑，北京：中华书局，1986年，153页。

与"邮"形近。"脴"字,《集韵》又有是为切一音,表"臀"义。该音义当为"脽"字之讹误。"锉"字,《广韵》《集韵》有昨木切一音,昨木切当为昨禾切之讹误。"木"与"禾"在字形结构上常有讹误的情况。比如"榖物"之"榖"与"楮榖"之"榖",文献中常混。又比如"休"字,包山楚简168作休。

(三) 同义换读

"换读"是近代学者沈兼士提出的一个概念,他说:"汉魏人作音之例,殆有非段玉裁《周礼汉读考》'读如'、'读为'、'当为'三例所能赅括者。盖古注中注音之字,往往示义。而释义之字,亦往往示音,不如后世字书中音义分界之严,故其注音不仅言通用,且以明同用,不如后世韵书反切之但识读音而已。通用者,义异而音通,即假借之一种,人习知之;同用者,辞异而义同,音虽各别,亦可换读。"[①]因换读的条件是"义同"或"义通",所以沈氏称之为"义同换读"或"义通换读"。书中列举了不少的例证,如"扰"有"驯"音、"龟"有"鞁"音、"铉"有"扃"音、"柅"有"坚"音,皆为此类。沈兼士之后,齐佩瑢、吕叔湘、李荣、裘锡圭也讨论过"义通换读"问题。吕叔湘认为该现象的性质接近于日本人的"训读",李荣称这种现象为"同义替代",裘锡圭则称为"同义换读":"人们不管某个字原来的读音,把这个字用来表示意义跟它原来所代表的词相同或相近的另一个词。"书中亦列举了"俛、俯"换读为"俯"、"石"换读为"担"、"圩"换读为"围"等几个例子。本书再举出如下几个例子。

喙换读为咮。《说文》训"喙"为"口","咮"为鸟口。"喙"从彖得声,音转为月部,为晓母月部字,"咮"从朱得声,为端母侯部字。"喙"与"咮"原来是读音截然不同的两个字。只是由于"喙"跟"咮"同义,后来就换读成"咮"了。《释文》共给"喙"字注音丁遘反、陟遘反4次,把"喙"读同"咮"的音了。

蜕换读为虺。《说文》训"蜕"为"蛇蝉所解皮"。"蜕"从兑得声,为透母月部字。"虺",《方言》:"虺,易也。"《广雅·释诂》:"蜕,虺,

---

[①] 沈兼士著,葛信益、启功整理《沈兼士学术论文集》,北京:中华书局,1986年,236页。

解也。"《广韵》汤卧切：'毻，鸟易毛也。"毻，隋省声，为透母歌部字。"蜕"，《广韵》有汤卧切一音，当为"毻"的训读。

潬换读为歃。《说文》训"潬"为"饮歃"，从算得声，为心母元部字。"歃"，《说文》："歠也。"《广韵》山洽切，《集韵》色洽切。《释文》给"歃"注音21次，皆为所洽反。《淮南子·齐俗训》："胡人弹骨，越人啮臂，中国歃血，所由各异，其于信一也。"① "歃"又可写作"唼"，《汉书·张陈王周传》："唼血而盟。""歃"，从臿得声，山母叶部字。"潬"，徐铉音衫洽切，当是"歃"的训读。

睘换读为嫈。"睘"，《说文》训为"目惊视"，从袁得声，为元部字。《诗经·唐风·杕杜》："有杕之杜，其叶菁菁。独行睘睘。岂无他人，不与我同姓。"毛传："睘睘，无所依也。"陈启源曰："无依之人，多彷徨惊顾。传与《说文》语虽异，义实相通矣。""嫈"，《说文》训为"回疾"，段注："回转之疾飞也。引申为嫈独，取徘回无所依之意。""嫈"，从营省声，为耕部字。"睘"与"嫈"皆有"孤独无依"之引申义，"睘"的耕部读音当为"嫈"的训读。

沈兼士《汉字义读法之一——〈说文〉重文之新定义》："许书重文包括形体变易、同音通借、义通换用三种性质。非仅如往者所谓音义悉同形体变易是为重文。"在"义通换用"条下，沈兼士说："考《经籍旧音》中之义通换读，为以注音方式表示两字义通可以换读。如《周礼音义》扰，音寻伦反，示扰、驯义通。"本书列出如下几个例子。

囮与圝重文。"囮"从化得声，为歌部字。"圝"从繇得声，为宵部字。《说文·口部》："囮，译也。从口化。率鸟者系生鸟以来之，名曰囮，读若讹。又音由。圝，囮或从繇。"五禾切。《广韵·戈韵》五禾切："囮，网鸟者媒。"《广韵·尤韵》："囮，鸟媒。""圝，同囮。"段注："本二字，一化声，一繇声。其义则同。《广雅·释言》曰：囮，圝也。是可证为二字转注矣。"《文选》潘岳《射雉赋》："恐吾游之晏起，虑原禽之罕至。"李善注："游，雉媒名。江、淮间谓之游。"又："良遊呃喔，引之规里。"李善注："良遊，媒也。""遊、游"皆为"圝"之假借字。钱坫《说文斠诠》云："囮、圝二形声不相近，本为两字，后人误合之耳。但《玉篇》已不复分。"徐灏《段注笺》云："许以圝为或体，则音义并同，从繇不必为声也。后人因繇有由音，故又读为

---

① 何宁《淮南子集释》，北京：中华书局，1998年，779-780页。

由耳。"王筠《说文释例》:"囮为古语,字从化,故音讹。后人语曰由,故字作圝。《字林》以与囮同义,遂附之囮下而冒讹音,不悟从繇声者不得音讹也。"沈兼士指出:"圝之音由,出于《字林》及《广雅音》,徐灏'从繇不必为声'之说非也。此为义通换用最显明之一例,诸家狃于积习,迷误不谕,遂使凿柄相牾,岂不惜哉!"

会与佮重文。会,为月部字,佮从合得声,为缉部字。《说文·会部》:"会,合也。从亼,从曾省。曾,益也。佮,古文会如此。"严氏《校议》:"佮,此从彳从合,即辵部迨字,会以合为义,故得借佮为会而非即会字也。疑后人所加。"王筠《说文句读》:"玄应引作𠈹,是从乡也,不甚可解,故不言所从。竹君本作佮,则从彳。"朱骏声《定声》:"古文从合从乡,乡亦众多意。"《汗简》彡部有𠈹,注云:"会,石经。"今考魏石经古文作佮,从彳,非从乡,是竹君本及严氏所说为长。学者辨伪之心过盛,或谓郭书不足信,恐后人本之以增窜《说文》,其实不然。考《说文》:"迨,沓也。""沓,迨也。""眔,目相及也。"然则沓为行相及,即会合之意,会合义通,自可互用。严氏不明许书之例,故致疑耳。

锐与劂重文。锐,为月部字。《说文·金部》:"锐,劂,籀文从厂剡。"段注:"劂,从剡,厂声。"朱骏声《说文通训定声》云:"从厂,从剡,会意。"《广雅·释诂》二:"锐,利也。"又四:"劂,伤也。"王念孙疏证:"劂者,锐伤也。《说文》以籀文锐字,《广韵》又此芮切,小割也。皆伤之意也。"是《广雅》以锐、劂为二字。《集韵》琰韵:"㿑,伤也。"沈兼士:"窃疑㿑为剡之增形字,而劂又为㿑之讹变。训伤者,剡利者能伤人,故引申训为伤而增疒旁,亦犹殳、殊也,斨、戕也,创伤之义由于枪,戍削之义由于戈,古者戍戈同字也。《说文》以剡为锐,盖亦义通换用之例,各家皆不得其解。"

丹与彤重文。丹,为元部字,彤,为冬部字。《说文·丹部》:"丹,巴越之赤石也。象采丹井,一象丹形。凡丹之属皆从丹。彤,古文丹。"严可均《说文校议》云:"当是《说文》续添。案下文彤,丹饰也。彤即彤字,而以为丹,错识耳。"段注云:"似是古文彤。"王筠《释例》云:"抑何与下文彤篆相似邪?"朱骏声云:"即彤之音读异耳。"沈兼士:"盖古者意符字形与音尚未固定之时,丹之容有彡、丹、彤三形互用之例。《𥃝侯鼎》𢒉 𢒙即彤弓彤矢,则彡亦可为彤。《左氏·庄公二十三年传》:'丹桓公之楹。'服虔注:'彤也。'是读丹为彤。皆其例也。

迨后乃分赤石为丹，丹饰为彤。许君遵修旧文，故丽彤于丹，世人不见远流，遂大共非訕之耳。"

琼与琁重文。琼，群母耕部，琁，邪母元部。《说文》训"琼"为"赤玉"。《玉篇·玉部》："璇，似宣切，美石次玉，亦作琁。"又："琼，渠营切，《说文》云：'赤玉也。'《庄子》云：'积石为树，名曰琼枝。其高一百二十仞，大三十围，以琅玕为之宝。'璚，同上。瓗，同上。"《广韵·仙韵》似宣切："琁，美石次玉。璇，同上。璿，玉名。"又渠营切："琼，玉名。璚，同上。"《说文》"琼""琁"为异体字。《广韵》"琼"下重文无"琁"；《玉篇》"琁"与"璇"同，而非与"琼"同，二书皆言美石次玉。清桂馥《说文解字义证》卷二："《山海经·中山经》：'升山黄酸之水，其中多璇玉。'郭璞注：'璇玉，石次玉者也。'不言赤玉，亦不言美玉。《淮南子》：'昆仑之山有琼宫琁室。'据此则琼琁不同。"如此可知"琼、璇（琁）"意义相关但又是两个不同的词。

（四）误判声符

文字的构件往往具有特定的作用，或者用来表意，或者用来表音，或者为了和形近的字区分开来，或者只是起纯粹的装饰作用。当不明了文字各个部件的作用时，有可能对该字的形体结构做出错误的分析和判断。从造字时代到东汉许慎的时代，汉字经过甲骨文、金文、大篆、小篆、隶书的演变和规范之后，有些字已经难以窥见其原貌。正如许慎在《说文解字叙》中所说："今虽有尉律不课，小学不修，莫达其说久矣。"至于"乃谓曰马头人为长，人持十为斗"。由于时代的局限性，许慎对于许多字的解读也有不尽合理之处，或者误把声符当作意符，或者误把意符当作声符。比如"舌"字，古文字材料说明舌为象形字，许慎解析为从干得声的形声字，不当。"烎"字从羊得声，误解析为从干得声。"虞"字，从咼，从虍的会意字。虍为咼文，而非声符。"豫"，徐铉认为象非声符，段玉裁认为当是从象得声，而非从象得声。"开"，象两手启门之形，而非从开得声。"并"字，《说文·从部》："并，相从也。从从，开声。一曰：从持二干为并。"府盈切。"并"字《说文》一解为形声，一解为会意。甲骨文作 (甲六〇七)， (零四五)，金文作 (辛伯鼎)，《汗简》作 。林义光《文源》："开非声，二人各持一干，亦非并声。秦权量皇帝尽并兼天下，并皆作 ，从二人并立，二并之象。"《诗经·秦风·车邻》："阪有漆，隰有栗。既见君子，并作鼓瑟。"用的就是"并"字的原义。可见"并"解为会意字为宜，为了和"从"分别，乃在字下加了横笔。"并"为会意字，而非从开得声的形声字。"兑"为象形字，而非从仌得声的形声字。"辰"字，或曰为雷震龙形，或为唇形，或为耕器，或为纺织器，虽所象之物不尽相同，然"辰"为象形字已确，而非从厂得声的形声字。"奥"字，林义光《文源》卷十："奥，弄非声。奥，从采（审）从阝，阝，探索之象。""奥"为会意字，而非从弄得声的形声字。"兢"字，林义光《文源》卷六："兢无二兄相竞之义。圥亦非声。⿱，二人首戴物形。▤即出，重物之象。戴重物于首。故常戒惕。《诗》：战战兢兢。传曰：兢兢，戒也。""矦"字，本义象手中持二矢之形，而非从中得声。"叀"字，各家或训为专，或训为转，或训为剬，或训为牵，或训为篿，或训为惠，或训为惟。但皆主张"叀"为象形字，而非从中得声的形声字。"妻"字，徐铉已指出不是从中得声。"赢"字，段玉裁认为是从贝䘳的会意字。"赢"字，当为"赢省声"，而非从䘳得声的形声字。"杏"字，《说文·木部》："杏，果也。从木，可省声。"何梗切。甲骨文中"杏"作⿱，古陶文中作⿱，《汗简》作⿱。对于"杏"字的声符，学术界莫衷一是。段玉裁、张慧言认为"向省声"，"囗"为"向"的初文，然据李孝定考证，甲骨文中有"帝⿱三屯"之句，字从木从凵不从囗。王筠、徐灏、俞樾等人认为非形声字，甚至认为从"哽省声"。总之"杏"字声符是否从"可"值得商榷。"员"字，《说文·员部》："物数也。从贝，口声。凡员之属皆从员。鼎，籀文从鼎。"王权切。读"口"与"围"同音。"口"字显然是由"〇"字变来的。秦汉简多以"员"表"圆"，"员"字是由鼎简化而成，本应是从鼎，"〇"声的字。由于"〇"字很容易和"囗"（方）、"丁"等字相混，所以古人借"员"代替了"〇"。总之，"员"不是从口得声，而是从"〇"得声，"〇"是"圆"的初文。其他如"段、杀、皮"等字虽然韵部与声首的韵部相同，但许慎析形同样有误。"段"字，《说文》："椎物也。从殳，耑省声。"《金文编》："⿱（段簋）。"《古陶文字征》："⿱（右段）。"《古玺文编》："⿱。"朱芳圃《殷周文字释丛》卷下："金文段象手持椎于厂中捶石之形。许君训为椎物，引申之义也。云耑省声，误象形为形声矣。""皮"字，金文：⿱（吊皮父簋）。先秦货币文：⿱。王国维："⿱者，革之半字也。从又持半革，故为剥去兽革之名。"林义光："⿱，象兽头角尾之形。𠃌，象其皮，⺄，象手剥取之。"高鸿缙持相同观点。"皮"为会意字，而非从为省声的形声字。"杀"字，《说文》："戮也。从殳，杀声。"《说文》无"杀"字。杀，甲骨文作𢔩（甲 1356）、𢔩（乙 8462）。从甲骨文字形可以看出为人头断之意。春秋以后，"杀"字右边增加了殳形。包山楚简：𣪠（156：24）。睡虎地秦简：𣪠。商承祚："杀，古文作𣪠、𣪠、𣪠，从𣪠，与古金文考老字所从之𣪠殆是一字。𣪠，象血滴之形。"

（五）音变构词

音变构词指通过改变音节中的某一个或几个音素构造意义有联系的新词。它分为变调构词、变声构词和变韵构词。变韵构词，是指通过音节中韵母的变化来构造意义有联系的新词。有些字，上古归属多个韵部，对应一组音义关系，且这组音义之间存在着联系，我们就可以说它们之间存在变韵构词。

"癉"字，表"疾病"义，音丁但反，元部上声字。《诗经·大雅·板》："上帝板板，下民卒癉。出话不然，为犹不远。靡圣管管，不实于亶。犹之未远，是用大谏。"毛传："癉，病也。"《释文》引作"僤"，曰："僤，本又作癉，当但反。"由"劳病"之义音变构词，音丁佐反，歌部字，表"劳苦"义。《诗经·小雅·大东》："契契寤叹，哀我惮人。"毛传："惮，劳也。"《尔雅·释诂》郭璞注、《说文·疒部》引该诗"惮"作"癉"。《释文》："惮人，丁佐反。徐又音但，下同。字亦作癉。"《尔雅·释诂》："伦、勩、邛、敕、勤、愉、庸、癉、劳也。"《释文》："丁贺反，本或作"惮"，音同。"《广雅》："勩、癉，苦也。"《博雅音》："多贺切。"

"惮"字，《释文》共注音 28 次，其中元部去声 22 次，月部 3 次，音都达反。"惮"的本义为"忌惮"，《说文·心部》："惮，忌难也。"《论语·学而》："主忠信，无友不如己者。过则勿惮改。"《释文》："勿惮，徒旦反。"由"忌难"义词义构词，引申出"使忌惮"，同属元部。《左传·昭公十三年》传："若惮之以威，惧之以怒，民疾而叛，为之聚也。"《释文》："惮之，待旦反。"由"忌惮"义变韵构词，引申出"惊赫"之义，上古属月部。《诗经·商颂·长发》："不震不动，不戁不竦，百禄是总。"郑笺："不震不动，不可惊惮也。"《释文》："惊惮，丹末反。"

《庄子·外物》："白波若山，海水震荡，声侔鬼神，惮赫千里。"《释文》："惮，丹末反。"《汉书·司马相如传》："与其穷极倦，惊惮詟伏。"颜师古："惮音丁曷反。詟音之涉反。"

"难"字，《释文》共注音 359 次，其中元部去声 338 次，乃旦反 334 次，奴旦反 4 次；元部平声注音 10 次，注如字 9 次，乃丹反 1 次；歌部平声注音 11 次，乃多反。"难"的本义为鸟名，从堇得声，堇为文部字，假借为"难易"之"难"，为元部平声字，周秦即如此；由"困难"变调构词，义为"灾难、祸患"，为元部去声字，由"祸患"义引申出"惶恐畏惮"义，又引申出"抗拒、拒斥、责难"义，又变韵构词，特指"抗拒驱赶疫鬼"，读为歌部音。这些音变构词，至晚在上古时期都已经完成。"难"上古本身就有两个读音：一为歌部音，一为元部音。䕺、䧜、戁从元部音得声为元部字，傩、䮟从歌部音得声为歌部字。

"献"字，《释文》注音 9 次，其中歌部对应的音 8 次：素何反 6 次，素多反 1 次，素河反 1 次；元部对应的音 1 次：轩建反 1 次。"献"，《说文·犬部》："献，宗庙犬名羹献。"本义为祭祀奉犬牲之称，谓以羹献作供祀，荐于鬼神享用，引申为凡荐进之称。由祭祀进献之义变韵构词，引申为特指祭祀所用酒器。《周礼·春官·司尊彝》："其朝践用两献尊，其再献用两象尊，皆有罍。"《释文》："两献，本或作牺，注作牺，同，素何反。注及下注'汁献'同。"此处"再献"陆德明没有注音，"再献"之"献"乃是"敬献"之义。

"斡"字，《说文·斗部》："斡，蠡柄也。""斡"的本义为勺柄。勺子，必执其柄而后可以挹物，引申为"主管、主领"之义，《集韵》古缓切，上古为元部字。《史记·平准书》："领大农，尽代仅筦天下盐铁。"《汉书·食货志》"筦"作"斡"。《汉书·百官公卿表上》："斡官、铁市两长丞。"颜师古注引如淳曰："斡音筦，主均输之事，所谓斡盐铁而唯酒酤也。""执其柄则运旋在我。"由勺柄之义变韵构词，引申为"运转"之义，中古音乌括切，上古归属月部。《史记·贾谊传》："斡弃周鼎兮宝康瓠。"《集解》引如淳曰："斡，转也。"《索隐》："斡音乌活反。"《说文》："斡，杨雄、杜林说皆以为轺车轮斡也。"轺车，小车也。小车之轮曰斡，亦取善转运之意，亦本义之引申也。

（六）音近相通

为了解释古韵异部（包括谐声、假借、押韵等）的现象，段玉裁提出了"合韵"说，并且按照读音远近分古韵为六类十七部，之部为第一类，宵幽侯鱼相近为第二类，蒸侵谈为第三类，东阳耕为第四类，真文元为第五类，脂支歌为第六类。段玉裁用这六类十七部来考察谐声、押韵、假借等文献材料，发现其总体特征为同部关系，所以段玉裁提出"古音韵至谐说""古谐声必同部说""古假借必同部说""古转注必同部说"。针对谐声不同部、押韵不同部、假借不同部的现象，段玉裁皆以"合韵"来解释。他说："合韵以十七部次第分六类求之。同类为近，异类为远。非同类而次第相附为近，次第相隔为远。"也就是说合韵的前提是"音近"。段玉裁还指出："不知有合韵，则或以为无韵，或指为方言，或以为学古之误，或改字以就韵。"继段氏之后，江有诰也以韵部的次第先后来展现韵部之间的亲疏关系，他说："以鄙见论之，当以之第一，幽第二，宵第三。盖之部间通幽，幽部或通宵，而之宵通者少，是幽者之宵之分界也。幽又通侯，则侯当次四，侯近鱼，鱼之半入于麻，麻之半通于歌，则当以鱼次五，歌次六，歌之半入于支，支之一与脂通，则当以支次七，脂次八，脂与祭合，则祭次九，祭音近元，《说文》谐声多互借，则元次十，元间与文通，真者文之类，则当以文十一，真十二。真与耕通，则耕次十三。耕或通阳，则阳次十四。晚周秦汉多东阳互用，则当以东十五。中者，东之类，次十六。中间与蒸侵通，则当以蒸十七，侵十八。蒸通侵而不通谈，谈通侵而不通蒸，是侵者，蒸谈之分界也。则当以谈十九。叶者，谈之类，次二十。缉间与之通，终而复始者也。故以缉为殿焉。"[①] "合韵"合理解决了韵部间的分合纠缠。"音近相通"是古音系统与语言材料之间例外异部的原因之一。元部与月部相谐35次，比如安与颁，炟与旦，怛与旦，靼与旦，黜与旦，掮与官，斡与轪，纂、潬与算，喙与象，覵与见，庐与厂，宪与害，莧与苜，懒与赖，璇与睿，講、蟎、劯、耩与万，掔、掔与叹，握与匽，颤与冤，轩与元，焗与冒，讦与干，瀗、蠚、轣、櫩与献等。元部与歌部相谐23次，比如瑞、楇、惴、揣与端，懦与耎，謠、鄱、嶓、磻、播与番，厌与厂，裸与果，雅与

[①] 江有诰《音学十书》，北京：中华书局，1993年，21页。

犬，虇、傩与难，歓与丸，鞻、罍与单，觍与裔，簒与鄂等。《诗经》《楚辞》中，元部与文部：10次。《大车》第二部：啍璊奔（元文合韵①）；《小戎》第三章：群錞苑（文元合韵）；《楚茨》第四章：爆愆孙（元文合韵）；《天问》言文（元文合韵）；《抽思》闻患（文元合韵）；《悲回风》还闻（元文合韵）、雾媛（文元合韵）；《远游》传垠然存先门（元文合韵）；《九辩》温餐垠春（文元合韵）；《招魂》先还先（文元通韵）。元部与歌部：2次。《东门之枌》第二章：差原麻娑（歌元通韵）；《桑扈》第三章：翰宪难那（元歌通韵）。元部与月部：1次。《访落》艾涣难（月元通韵）。元部与真部：3次。《生民》第一章：民嫄（真元合韵）；《湘君》第六章：浅翩闲（元真合韵）；《抽思》愿进（元真合韵）。元部与阳部：2次。《抑》第九章：言行（元阳合韵）；《抽思》亡完②（阳元合韵）。元部与鱼部：1次。《大招》赋乱变譔（鱼元合韵）。元部与微部：1次。《谷风》第三章：嵬萎怨（微元合韵）。元部与脂部：1次。《新台》第一章：泚弥鲜（脂元合韵）。歌部与支锡部：3次。《斯干》第九章：地裼瓦仪议罹（歌锡合韵③）；《九歌·少司命》第四章：离知（歌支通韵）；《大招》佳规施卑移（支歌合韵）。歌部与微部：3次。《九歌·东君》第二章：雷蛇怀归（微歌合韵）；《远游》妃歌夷蛇飞徊（歌脂合韵）；《九辩》毁弛（微歌通韵）。歌部与脂部：1次。《玄鸟》祁河宜何（脂歌合韵）。歌部与鱼部：1次。《九辩》瑕加（鱼歌合韵）。月部与质部：8次。《旄丘》第一章：葛节日（月质合韵）；《正月》第八章：结厉灭威（质月合韵）；《十月之交》第八章：彻逸（月质通韵）；《雨无正》第二章：灭戾勩（月质通韵）；《宾之初筵》第一章：旨偕设逸（月质合韵）；《皇矣》第二章：翳栵（质月合韵）；《桑柔》第五章：毖恤热（质月合韵）；《瞻卬》第一章：惠厉瘵疾届（质月合韵）。月部与物部：5次。《出车》旆瘁（月物合韵）；《生民》第四章：旆穟（月物合韵）；《哀郢》慨迈（物月合韵）；《九

---

① 王力《诗经韵读》把"璊"看作是文部字，何九盈也认为是文部字，郭锡良《汉字古音手册》（增订本）认为是元部字。

② 完，一本作"光"。

③ 王力《诗经韵读》虽然指出为歌锡合韵，但是王力先生同时表示怀疑，认为"裼"字不入韵。《韩奕》第二章：幭厄（锡月合韵），王力先生根据段玉裁《六书音均表》十六部注改"幭"为"幦"。

辩》带介慨迈秣败昧（月物合韵）；《招魂》沫秣（物月合韵）。

（七）方音所致

地域方言是语言发展的不平衡性在地域上的反映，汉语很早就有方音的差异。赵诚《上古谐声和音系》："汉字在本质上是表音的，但是不同音系的人可能对同一个汉字读出不同的音值。另一方面，某些不同音系之间的假借、谐声大多数却可以通用，只是少数不适应。而这少数的不适应正好能够反映不同音系的特点。"[①]少数的汉字，在不同的地方有不同的读音，正是不同方音音系的体现。比如"觯"字，郑玄《周礼》注："觯字，角旁支，汝颍之间师读所作。今礼角旁单，古书或作角旁氏。"又比如"笪"字，做"鞭笞"讲，读元部音，字又可写作"担"；作"籧篨"讲，读月部音。《方言》卷五："筕篖，自关而东周洛楚魏之间谓之倚佯。"郭璞注："似籧篨，直文而粗，江东呼为笪，音靼。""揣"字，文献中保留了元部音的痕迹。读歌部音，可能是方音所致。唐慧琳《一切经音义》卷七十二："抟食，徒官反，《通俗文》：手团曰抟。《三苍》：抟饭也。论文作揣，音初委反，测度前人曰揣，江南行此音。又都果反，《说文》揣，量也，关中行此音。""跢"字，表"倒跢"义，中古音当盖切，又音丁贺切，方音使然。《方言》卷十三："跌，蹶也。"郭璞注："偃地也[②]，江东言跢，丁贺反。"钱绎《方言笺疏》："跌蹶跢并语之转耳。"唐慧琳《一切经音义》卷二十四："垂觯，多可反。《考声》云：觯亦垂貌也。经文从足作跢，音都贺反，跢，倒也。"又卷五十："跢地，多个反，江南俗音带，谓倒地也。"清程先甲《广续方言》卷一："跢，多个反，江南俗音带，谓倒地也。""衮"字，从合得声，读文部音，乃为方音所致。平行例证表"沸水"的"湆"字方音中读文部音，字亦写作"滚"。

（八）语流音变

语流音变是语流连续中所发生的自然音变，是相邻音节相互影响

[①] 赵诚《上古谐声和音系》，载《古汉语研究》，1996年第1期。
[②] 戴震《方言疏证》："案《说文》：跌，越也。蹶，僵也。蹶蹶同。《玉篇》：跌，仆也。跢，小儿行貌。注内偃地也，各本也讹作反，今订正。"

所产生的脱落、弱化、央化、鼻化等音变现象。汉语中的儿化、轻声、连读变调都是语流音变的结果。俞敏《古汉语的连音变读（sandhi）现象》："在两个音连接起来的时候，其中的一个常是受了另外的那一个的影响，而改变了他的发音部位的。"①接着俞氏列出了四种音变类型，其中一个类型是两个紧紧接连着的语音里的一个，受了另外一个的影响，而把发音部位或方法改得和后者相同或相似。此种音变我们通常称为同化现象。上古汉语中，同化现象有许多例证。如"婠"字，上古只有元部读音，表"体德好"之义。用在"婠媠"一词中，中古有月部对应的读音，当是受到"媠"字读音的同化作用；"㯟"字，从襄得声，用在"弸㯟"一词，至晚汉代已有蒸部的读音，当是受到"弸"字读音的同化作用；"媻"字，上古为元部字，用在"媻娑"一词中，表盘旋舞动之貌，读为歌部，当是受到"娑"字读音的影响；"陮"，《说文·㠯部》："陮，磥陮也。从㠯，巫声。""陮"从巫得声，当为歌部字，用在"磥陮"一词中，读成微部，当是受到"磥"字读音的影响。

---

① 俞敏《古汉语的连音变读（sandhi）现象》，载《俞敏语言学论文集》，北京：商务印书馆，1999年，343页。

参考文献

一、数据源

[1] 班固著，颜师古注，《汉书》，中华书局，2012年。

[2] 白于蓝，《简牍帛书通假字字典》，福建人民出版社，2008年。

[3] 曹宪，《博雅音》，载王念孙《广雅疏证》，中华书局，2008年。

[4] 陈第，《毛诗古音考》，学津讨原本。

[5] 陈鼓应注译，《庄子今注今译》，中华书局，2009年。

[6] 戴震，《东原文集》，黄山书社，2008年。

[7] 丁福保等编，《说文解字诂林》，中华书局，1988年。

[8] 段玉裁，《六书音均表》，中华书局，1983年。

[9] 段玉裁，《说文解字注》，上海古籍出版社，1981年。

[10] 丁度等，《集韵（附索引）》，上海古籍出版社，1985年。

[11] 范晔著，李贤等注，《后汉书》，中华书局，2006年。

[12] 冯其庸、邓安生，《通假字汇释》，北京大学出版社，2006年。

[13] 高亨，《古字通假会典》，齐鲁书社，1987年。

[14] 高明，《帛书老子校注》，中华书局，1996年。

[15] 古文字诂林编纂委员会编，《古文字诂林》，上海古籍出版社，1999—2004年。

[16] 顾炎武，《音学五书》，中华书局，2005年。

[17] 顾野王，《宋本玉篇》，中国书店，1983年。

[18] 桂馥，《说文解字义证》，中华书局，2011年。

[19] 郭庆藩，《庄子集释》，中华书局，1985年。

[20] 郭锡良，《汉字古音手册（增订本）》，商务印书馆，2010年。

[21] 郭象著，成玄英疏，曹础基、黄发兰点校，《庄子注疏》，中华书局，2011年。
[22] 何琳仪，《战国古文字字典》，中华书局，1998年。
[23] 何琳仪，《战国古文字典——战国文字声系》，中华书局，2010年。
[24] 洪兴祖，《楚辞补注》，中华书局，1983年。
[25] 江有诰，《音学十书》，中华书局，1993年。
[26] 江永，《古韵标准》，中华书局，1982年。
[27] 孔广森，《诗声类》，中华书局，1983年。
[28] 郦道元著，陈桥驿校证，《水经注校证》，中华书局，2013年。
[29] 刘安著，何宁集释，《淮南子集释》，中华书局，1998年。
[30] 刘安著，张双棣校释，《淮南子校释》，北京大学出版社，1997年。
[31] 刘熙著，毕沅疏，王先谦补，祝敏彻、孙玉文点校，《释名疏证补》，中华书局，2008年。
[32] 刘向集录，范祥雍笺证，《战国策笺证》，上海古籍出版社，2011年。
[33] 刘义庆著，张撝之译注，《世说新语》，上海古籍出版社，2007年。
[34] 刘志基、董莲池、王文耀、张再兴、潘玉坤主编，《古文字考释提要总览》，上海人民出版社，2008年。
[35] 马叙伦，《说文解字六书疏证》（全八册），上海书店，1985年。
[36] 钱大昕，《潜研堂文集》，上海古籍出版社，1989年。
[37] 钱绎，《方言笺疏》，上海古籍出版社，1983年。
[38] 权少文，《说文古韵二十八部声系》，甘肃人民出版社，1987年。
[39] 阮元校刻，《十三经注疏》，中华书局，1997年。
[40] 司马迁著，裴骃集解，司马贞索隐，张守节正义，《史记》，中华书局，1982年。
[41] 孙诒让，《墨子闲诂》，中华书局，2001年。
[42] 史游，《急就篇》，岳麓书社，1989年。
[43] 王辉，《古文字通假释例》，艺文印书馆，1993年。
[44] 王筠，《说文解字句读》，中华书局，1988年。
[45] 王筠，《说文释例》，中华书局，1987年。
[46] 王利器，《盐铁论校注》，中华书局，1992年。
[47] 王念孙，《广雅疏证》，中华书局，2008年。
[48] 王先谦，《荀子集解》，中华书局，2012年。

[49] 王先慎著，钟哲点校，《韩非子集解》，中华书局，1998 年。
[50] 韦昭著，《国语注》，上海古籍出版社，1978 年。
[51] 吴则虞，《晏子春秋集释》，中华书局，1982 年。
[52] 萧统编著，李善注，《文选》，上海古籍出版社，1986 年。
[53] 许慎，《说文解字》，中华书局，1963 年。
[54] 许维遹撰，梁运华整理《吕氏春秋集释》，中华书局，2010 年。
[55] 徐锴，《说文解字系传》，中华书局，1987 年。
[56] 徐元诰撰，王树民、沈长云点校，《国语集解》，中华书局，2002 年。
[57] 徐中舒主编，《甲骨文字典》，四川辞书出版社，1990 年。
[58] 颜之推，《颜氏家训》，上海古籍出版社，2006 年。
[59] 扬雄撰，汪荣宝义疏，陈仲夫点校，《法言义疏》，中华书局，1987 年。
[60] 姚文田，《说文声系》，商务印书馆，1936 年。
[61] 余乃永，《新校互注宋本广韵》，上海古籍出版社，2008 年。
[62] 宗福邦、陈世铙、萧海波主编，《故训汇纂》，商务印书馆，2003 年。
[63] 章太炎，《国故论衡》，上海古籍出版社，2003 年。
[64] 周祖谟，《方言校笺及通检》，科学出版社，1956 年。
[65] 周祖谟，《广韵校本》，中华书局，2004 年。
[66] 朱骏声，《说文通训定声》，中华书局，1984 年。
[67] 朱熹，《四书章句集注》，中华书局，2011 年。

二、**参考论著**

[1] 陈独秀，《陈独秀音韵学论文集》，中华书局，2001 年。
[2] 陈复华、何九盈，《古韵通晓》，中国社会科学出版社，1987 年。
[3] 陈剑，《释"辠"及相关诸字》，载《出土文献与古文字研究》第五辑，上海古籍出版社，2013 年。
[4] 陈新雄，《〈《诗经》的古音学价值〉述评》，载《中国语言学》第一辑，山东教育出版社，2008 年。
[5] 程瑶田，《九谷考》，东方文化书局，1975 年。
[6] 戴侗，《六书故》，上海古籍出版社，2007 年。

[7] 董同龢,《上古音韵表稿》,台联国风出版社,1975年。
[8] 高本汉著,潘悟云、杨剑桥等译,《汉文典（修订版）》,上海辞书出版社,1997年。
[9] 高本汉著,聂鸿音译,《中上古汉语音韵纲要》,齐鲁书社,1987年。
[10] 耿振生,《20世纪汉语音韵学方法论》,北京大学出版社,2004年。
[11] 郭锡良,《汉语史论集（增补本）》,商务印书馆,2005年。
[12] 黄侃,《黄侃论学杂著》,上海古籍出版社,1980年。
[13] 黄征,《敦煌俗字典》,上海教育出版社,2005年。
[14] 何九盈,《中国现代语言学史》,商务印书馆,2008年。
[15] 何琳仪,《桥形布币考》,载《吉林大学社会科学学报》,1992年。
[16] 洪诚,《训诂杂议》,载《中国语文》,1979年第5期。
[17] 华学诚汇证,《扬雄方言校释汇证》,中华书局,2006年。
[18] 李旭升,《说文新证》,福建人民出版社,2010年。
[19] 李方桂,《上古音研究中声韵结合的方法》,载《语言研究》,1982年第2期。
[20] 李方桂,《上古音研究》,商务印书馆,2001年。
[21] 李建强,《来母字及相关声母字的上古音研究》,北京大学博士论文,2006年。
[22] 李开,《戴震〈声类表〉考综》,载《语言研究》,1996年第1期。
[23] 李新魁,《汉语音韵学》,北京出版社,1986年。
[24] 梁慧婧,《谐声与等列》,北京大学博士论文,2013年。
[25] 林焘主编,《中国语音学史》,语文出版社,2010年。
[26] 刘乐宝,《秦汉文字释丛》,载《考古与文物》,1991年第6期。
[27] 刘冠才,《论祭部》,载《古汉语研究》,2004年第2期。
[28] 刘冠才,《两汉韵部与声调研究》,巴蜀书社,2007年。
[29] 刘钊,《古文字构形学》,福建人民出版社,2006年。
[30] 龙宇纯,《说羸与嬴赢》,载《丝竹轩小学论集》,中华书局,2009年。
[31] 陆德明、黄焯汇校,《经典释文汇校》,中华书局,2006年。
[32] 陆志韦,《古音说略》,载《陆志韦语言学著作集（一）》,中华书局,1985年。

[33] 罗常培,《经典释文音切考》,中华书局,2012年。
[34] 罗常培、周祖谟,《汉魏晋南北朝韵部演变研究》,中华书局,2007年。
[35] 吕浩,《篆隶万象名义校释》,学林出版社,2007年。
[36] 毛远明,《汉魏六朝碑刻异体字研究》,商务印书馆,2012年。
[37] 潘悟云,《汉语历史音韵学》,上海教育出版社,2000年。
[38] 潘悟云,《境外汉语音韵学论文选》,上海教育出版社,2010年。
[39] 裘锡圭,《文字学概要》,商务印书馆,2004年。
[40] 孙玉文,《汉语变调构词研究》,商务印书馆,2007年。
[41] 孙玉文,《试论跟明母谐声的晓母字的语音演变》,载《上古音丛论》,北京大学出版社,2015年。
[42] 孙玉文,《先秦联绵词的语音研究》,载《上古音丛论》,北京大学出版社,2015年。
[43] 沈兼士,《沈兼士学术论文集》,中华书局,1986年。
[44] 王贵元,《汉墓帛书字形辨析三则》,载《中国语文》,1996年第4期。
[45] 王国维,《再与林博士论洛诰书》,载《观堂集林》,中华书局,2010年。
[46] 王力,《汉语音韵学》,中华书局,1956年。
[47] 王力,《龙虫并雕斋文集》(全三册),中华书局,1980-1982年。
[48] 王力,《清代古音学》,中华书局,1992年。
[49] 王力,《王力文集》(第八卷 同源字典),山东教育出版社,1992年。
[50] 王力,《王力语言学论文集》,商务印书馆,2000年。
[51] 王力,《上古汉语韵母系统研究》,载《王力语言学论文集》,商务印书馆,2003年。
[52] 王力,《汉语史稿》,中华书局,2004年。
[53] 王力,《诗经韵读 楚辞韵读》,中国人民大学出版社,2004年。
[54] 王若江,《试析"数韵共一入"与"异平同入"》,载《语文研究》,1990年第3期。
[55] 《武威汉简·甲本〈燕礼〉释文》,文物出版社,1964年。
[56] 徐通锵,《阴阳对转新论》,载《北京大学百年国学文粹·语言文献卷》,北京大学出版社,1998年。

[57] 杨树达,《积微居小学金石论丛》,中华书局,1983年。
[58] 尉迟治平,《鱼歌二部拟音述评》,载《龙岩师专学报》(社会科学版),1986年第2期。
[59] 于省吾,《甲骨文字释林》,中华书局,2009年。
[60] 张其昀,《〈广雅疏证〉导读》,社会科学文献出版社,2009年。
[61] 郑妞,《上古牙喉音特殊谐声关系研究》,北京大学出版社,2021年。
[62] 郑张尚芳,《上古音系》,上海教育出版社,2003年。

图书在版编目(CIP)数据

上古音歌月元三部的共时相通及历时演变研究/齐晓燕著. —武汉：华中科技大学出版社，2021.9
（华中人文学术研究文库）
ISBN 978-7-5680-7378-3

Ⅰ.①上… Ⅱ.①齐… Ⅲ.①汉语－上古音－研究 Ⅳ.①H111

中国版本图书馆CIP数据核字(2021)第193806号

上古音歌月元三部的共时相通及历时演变研究　　　　齐晓燕 著
Shangguyin Ge Yue Yuan Sanbu de Gongshi Xiangtong ji Lishi Yanbian Yanjiu

策划编辑：周晓方　杨　玲
责任编辑：吴柯静
封面设计：原色设计
责任监印：周治超
出版发行：华中科技大学出版社（中国·武汉）　　电话：（027）81321913
　　　　　武汉市东湖新技术开发区华工科技园　　邮编：430223
录　　排：华中科技大学惠友文印中心
印　　刷：湖北恒泰印务有限公司
开　　本：710mm×1000mm　1/16
印　　张：23.25　插页：2
字　　数：375千字
版　　次：2021年9月第1版第1次印刷
定　　价：168.00元

本书若有印装质量问题，请向出版社营销中心调换
全国免费服务热线：400-6679-118　　竭诚为您服务
版权所有　侵权必究